普通高等教育“十二五”规划教材

# 高级办公自动化教程

主　编　吴景海

副主编　付智华

中国水利水电出版社
www.waterpub.com.cn

## 内 容 提 要

随着计算机技术的不断发展及网络技术的不断提高，信息技术在人们日常工作和生活中越来越普及，越来越受到重视，这也引起了办公室里以信息化为主线的技术变革。本书围绕信息化下的高效办公，以技能培养为主线，引导读者在了解一定的职业规范的前提下，掌握处理办公环境中综合问题的能力。

全书共 8 章，包括：办公基础概述、办公中的文字处理、办公中的数据统计、办公中的数据展示、办公与计算机网络、办公中的网页设计基础、办公与时间管理、办公硬件常识。

本书适合具有一定计算机基础的读者，可作为高校多层次计算机基础教学的高层次补充教材，建议在开展了计算机文化基础或大学计算机基础第一层次计算机基础教学后，将其作为教学内容或参考书；也可作为高等院校（含部分专科和高职院校）、远程教育机构在管理、财经、文史类办公自动化教学中作为教材或参考书。希望为有志于提升计算机办公操作技术水平的有关人员提供帮助。

**本书配有免费的电子教案，读者可以从中国水利水电出版社网站和万水书苑上下载，网址为：http://www.waterpub.com.cn/softdown/和http://www.wsbookshow.com。**

图书在版编目（CIP）数据

高级办公自动化教程 / 吴景海主编. -- 北京 : 中国水利水电出版社, 2013.2（2015.12 重印）
普通高等教育“十二五”规划教材
ISBN 978-7-5170-0619-0

Ⅰ. ①高… Ⅱ. ①吴… Ⅲ. ①办公自动化－高等学校－教材 Ⅳ. ①C931.4

中国版本图书馆CIP数据核字(2013)第018101号

策划编辑：寇文杰　　责任编辑：陈　洁　　封面设计：李　佳

| 书　名 | 普通高等教育“十二五”规划教材<br>高级办公自动化教程 |
|---|---|
| 作　者 | 主　编　吴景海<br>副主编　付智华 |
| 出版发行 | 中国水利水电出版社<br>（北京市海淀区玉渊潭南路 1 号 D 座　100038）<br>网址：www.waterpub.com.cn<br>E-mail：mchannel@263.net（万水）<br>sales@waterpub.com.cn<br>电话：（010）68367658（发行部）、82562819（万水） |
| 经　售 | 北京科水图书销售中心（零售）<br>电话：（010）88383994、63202643、68545874<br>全国各地新华书店和相关出版物销售网点 |
| 排　版 | 北京万水电子信息有限公司 |
| 印　刷 | 三河市铭浩彩色印装有限公司 |
| 规　格 | 184mm×260mm　16 开本　19.25 印张　485 千字 |
| 版　次 | 2013 年 2 月第 1 版　2015 年 12 月第 5 次印刷 |
| 印　数 | 5601—7600 册 |
| 定　价 | 36.00 元 |

# 前　　言

随着计算机应用的大众化，自动化、信息化办公已经成为企事业单位提高办公效率的基础和保障,职场对于计算机能力的要求也逐步从简单的计算机操作提升到能够熟练使用办公场所里自动化环境中的各种硬件及软件上来,同时更提出了以信息化的方式实现高效时间管理的要求。因此，高校对学生计算机能力的提升教学也将随之转变，将计算机基础教学放在办公环境下，讲求综合能力、处理问题能力的开发和提升。思考学生在真实工作环境下所具备的信息化能力，才是高校计算机基础类教学的方向。让学生走出学校就能成为职场熟练工是每个高校教育工作者不断努力并力争实现的目标。本教材的编写目的就是希望能为实现这一目标提供助力。

全书共分 8 章，第 1 章办公基础概述，主要介绍了现在流行的办公自动化的概念及系统构成等相关内容,对信息化环境下的高效办公展开讨论,让读者从总体上把握现代办公的内涵；第 2 章办公中的文字处理，以主流的文字处理软件 Word 为主题，全面地介绍了文档从新建到排版，到最终成型并输出打印的整个流程，对表格编辑、图文混排、长文档排版以及宏、域等进行了介绍；第 3 章办公中的数据统计，以 Office 套件中的 Excel 为介绍对象，力求让读者了解如何将 Excel 作为小型办公数据统计、管理的有力工具；第 4 章办公中的数据展示，将 PowerPoint 作为通常的企业数据展示工具进行全面介绍，着重美化、特效及其他高级操作方法的描述；第 5 章办公与计算机网络，旨在让读者了解网络基础概述的同时，着重掌握 Internet 概念、应用以及局域网的多项设置；第 6 章办公中的网页设计基础，从当今各企业通过网站、网页进行自我推广的需求出发，以 Dreamweaver 为主要介绍对象让读者了解基本的网页制作手段和方法；第 7 章办公与时间管理，向读者传输时间管理的概念，提倡高效办公，以 Outlook 为工具，介绍办公管理的各种方法；第 8 章办公硬件常识，对办公室中除计算机外的打印机、复印机、传真机、扫描仪、数码相机等设备的使用、维护进行详细介绍，让读者全面了解各种办公硬件。

本书依据教育部高等学校非计算机专业计算机基础课程教学指导委员会提出的《关于进一步加强高校计算机基础教学的意见》中有关“计算机应用基础”课程的教学要求，以实际应用为目标，力求将计算机基础知识介绍和应用能力培养完美结合。

本书的编写人员都是多年从事高校计算机基础教学的专职教师，具有丰富的理论知识和教学经验，书中不少内容就是对实践经验的总结。全书由吴景海主编，付智华副主编。其中前言、第 8 章由吴景海执笔，第 1、7 章由付智华执笔，第 2、5 章由何光发执笔，第 3、4、6 章由敬会执笔。

编　者

2012 年 12 月

# 目　录

# 第 1 章 办公基础概述

随着计算机应用的大众化，自动化、信息化办公已经成为企事业单位提高办公效率的基础和保障，职场对于计算机能力的要求也逐步从简单的计算机操作提升到能够熟练使用办公场所里自动化环境中的各种硬件及软件上来，同时更提出了以信息化的方式实现高效时间管理的要求。

作为一个即将步入职场的学生或是初入职场的新人，我们应该熟悉如何在复杂信息化的办公环境中发挥自己的才能从而实现自我价值。现在让我们从办公基础开始逐步深入学习。

## 1.1 办公自动化基础

那么什么是办公呢？我们可以从字面上理解，办公，即办理公事或办理公共事务。而从事办公的个体我们不妨通称其为：办公文员。就像任何行业或职业都有一个行业或职业准则一样，办公文员也无一例外，有一个最基本的岗位职责。我们要了解企业各个环节的管理规定，如不完善的要及时向上级领导提出改善办法和措施，起草文案呈交上级领导审阅批示；我们要做好企业外部来函的接收、登记、报送、报批、复函、内部发送、传阅、回收以及文件起草等工作；这就难免要求我们要对文件资料进行校对，看看文件格式书写是否规范，文字，标点是否正确；我们还需要对文件资料进行整理，如编号，分类，归档等；我们要对企业或部门内部相关事务进行多方面、全方位的调查，归纳总结后，为领导提供一些真实的分析数据；当然，我们还要完成包括清洁工作、外事接待、客户联络、日常打印、登记台账、考勤统计等企业或部门的日常工作事务。以上列举如果放在一个信息化相对复杂的办公环境下，那么，对作为多面手的办公人员来说，如果利用自动化的工具高效地完成以上职责，是值得我们大家学习的。

现在让我们走近现代化办公，来了解一下什么是办公自动化。

有人说，办公自动化没有统一的定义，凡是在传统的办公室中采用各种新技术、新机器、新设备从事办公业务，都属于办公自动化的领域。所以我们可以这样理解，实现办公自动化的系统构成，涵盖了技术环境、功效环境、空间环境和人文环境四大方面。

首先，办公室是各行业工作的领导进行决策的场所。领导机关做出决策，发布指示，除了文档上的往来之外，更深层的工作实际上是信息的收集、存储、检索、处理、分析，从而做出决策，并将决策作为信息传向下级机构或合作单位，或业务关联单位。这些都需要办公自动化的辅助。

其次，人作为该系统中的第一要素，即办公室主要因素是工作人员，包括各种人员，除了传统办公室的角色外，现在又要加部分管理设备的专业技术人员，如计算机工程师、其他设备维护人员等。

另外，技术设备是办公自动化系统中不可或缺的方面，人们通常把计算机看成是技术设备这一环境方面的重要组成部分。当我们步入现代化的办公室里，环顾四周时，我们不难发现包括计算机在内、复印机、速印机、电话机、传真机、网络装置等现代办公技术装备的身影，而这些装备被统称为硬件。而硬件的背后，驱使其发挥功能的还有管理设备的软件，例如，计算机的操作系统、网络操作系统、文字处理软件、专项工作程序软件等，我们将其统称为软件。

最后，我们需要具备以上三大环境因素的办公室发挥其功能，即主要进行大量文件的处理，例如：起草文件、通知、各种业务文本；接受外来文件存档；查询本部门文件和外来文件；产生文件复件等。所以，采用计算机文字处理技术生产各种文档，存储各种文档，采用其他先进设备，如复印机、传真机等复制、传递文档，或者采用计算机网络技术传递文档，是办公室自动化的基本特征。

显然办公自动化这一人机系统，人、机缺一不可。而设备方面，硬件及必要软件都需齐备。我们也可以认为办公自动化系统是人类处理信息的系统，是人类进入信息时代后的一种新概念。办公自动化（Office Automation，简称 OA）是将现代化办公和计算机网络功能结合起来的一种新型的办公方式，是当前新技术革命中一个非常活跃和具有很强生命力的技术应用领域，是信息化社会的产物。“办公自动化”作为一个术语是由美国通过汽车公司 D.S.哈特于 1936 年首次提出。20 世纪 70 年代美国麻省理工学院教授 M.C. Zisman（季斯曼）为办公自动化下了一个较为完整的定义：“办公自动化就是将计算机技术、通信技术、系统科学及行为科学应用于传统的数据处理难以处理的数量庞大且结构不明确的、包括非数值型信息的办公事务处理的一项综合技术”。事实上，对于如何定义办公自动化，仁者见仁，智者见智。对于我国而言，普遍认为对办公自动化概念的提出是源于 20 世纪 80 年代，OA 规划讨论会给出的定义：办公自动化是指办公人员利用先进的科学技术，不断使人的办公业务活动物化于人以外的各种设备中，并由这些设备与办公室人员构成服务于某种目标的人－机信息处理系统，以达到提高工作质量、工作效率的目的。

总而言之，办公自动化是以行为科学为主导，系统工程学为理论基础，综合应用计算机技术和通信技术来完成各项办公事务。以计算机等现代办公设备取代传统的手工办公用具，以现代化的办公系统代替传统的手工办工系统。

## 1.2 办公自动化的发展

自公元 1560 年第一座有考证的“办公室”诞生以来，办公室就与人类工作方式的演化亦步亦趋，由工业革命时代的工厂小办公室，到 19 世纪大航海时代的保险与银行，以迄 20 世纪开端的企业总部，围着采光天井用钢笔抄写记录文件的工作，逐日变成了办公大楼里排排坐的办事员使用打字机、传真机和书架式档案柜。然后自 1993 年互联网商用化后，办公室场景则出现了前所未有的变化。穿着制服、强调秩序与纪律的旧时代办公室，正从企业争战地平线上快速消失，而液晶显示器和隔断摆满布偶、墙上贴满各色海报，穿着直排轮鞋穿流的办公室，正席卷世界老板的心坎。改变的关键，是低成本的沟通科技和威力强大的个人电脑。电脑科技的运算和处理效率，把“抄写”的传统白领工作丢到历史中；互联网的便利则使世界再无距离，顺便也把企业带进了全球化的竞赛中，办公室职员也被要求有更多创意和自我实践的人格特质。现代办公室及现代办公自动化系统以其全新长相，反映着“竞争”和“工作”的本质正出现革命性的变革。而这一切，是办公自动化不断发展的必然产物。

图 1.1

美国的办公自动化始于 20 世纪 60 年代初，发展很快，走在世界的前列。我国的办公自动化起步较晚，于 20 世纪 70 年代从国外传入，80 年代才得到真正的发展。中央和有关部门对办公自动化十分重视。国务院电子振兴领导小组于 1985 年设立了办公自动化专业领导小组，1986 年又成立了办公自动化专业的专家组，并多次举行全国办公自动化工作的研讨会，对我国发展各类 OA 设备和 OA 系统的功能和结构、通信网络、OA 集成和接口及应用软件等 7 个方面的问题进行了研究和讨论，还请专家编写了 OA 设计指导书。

随着时间的推移，人们不难发现，不论西方发达国家还是我国，办公自动化的发展都朝着一个较为统一的方向前进。小型化的进步不可阻挡，早期的计算机是一个庞大的系统，现如今高性能微机，其各项性能指标已经大大超过了原有的小型机甚至大型机，加上光、磁存储技术的发展，使大规模数据存储成为可能，也使计算机的体积进一步缩小。现在台式设备以及便携式设备已经成为办公自动化的主流设备，进一步促进了办公自动化系统的普及和应用。集成化的步伐从未放缓，办公自动化系统最初是单机运行、分别开发的。随着业务的发展、信息的交流，人们产生了集成的要求。而集成的要求来自办公的方方面面，它们有网络的集成、应用程序的集成、数据的集成、界面的集成等。而网络化的进程也使得办公自动化呈现出无比繁荣的发展态势，随着微机安装量的增长，分散的 OA 系统已不能满足需要。现代通信技术发展以及计算机网络通信技术的日臻完备，使网络成为一个必然的趋势。建立完善的网络环境，使 OA 系统超越时空的限制，这也是实现移动办公、在家办公、远程操作的基础。当然智能化在办公自动化的发展中也不可或缺，人工智能是当前计算机技术研究的前沿课题，在许多领域已取得了一些重要成果，尽管达到的智能可能还很低，但在很多方面对办公活动具有良好的辅助作用。而诸如手写输入识别、语音输入识别、多语互译、专家系统等方面的智能应用已经在现代化的办公室中不再新鲜。当然，多媒体化也为现代化办公带来了更加丰富的内涵，多媒体技术把计算机技术、网络通信技术和声像处理技术结合起来，使办公自动化系统不但善于处理数据和文字，也善于处理语音、图形、图像，为管理人员提供了多彩的工作环境、生动的人－机界面，最终实现全面的信息处理。

总而言之，从 20 世纪 90 年代到今天，国际上办公自动化的发展趋势是：办公自动化设备向高性能、多功能、复合化和系统化发展；整个办公自动化系统将向数字化、智能化、无纸化、综合化等方面发展；采用计算机的办公工作站将向同时能处理文字、数据、图形、图像和声音的多功能发展；通信在办公自动化系统中的地位将进一步增强，可以充分利用多种通信媒质的接续，建立全球性的通信网络体系。

## 1.3　现代办公特点

在信息浪潮变革生产方式的新世纪，信息化、网络化、全球化特征对办公自动化的要求已不仅限于事务性活动和管理性活动的应用，而且已上升至分析决策性活动，要求着重于办公信息的共享、交换、组织、传递和监控的实现，协同集文字、数据、声音、图像等多种信息为一体，公文管理、档案管理、日常办公服务、数据决策分析系统等各业务系统为一体的统一的数字中枢神经系统。

这样的一个精密的系统必须具备如下特点：

1. 必须有较为灵活且可扩展的基础构架

这首先是由各企事业单位以及各级国家机关的机构和结构层次来决定的。办公自动化系统是一个系统化的建设工程，真正要发挥网络经济时代办公自动化的优势，就需要在各个应用层面上有良好的基础构架，将单位的各种业务应用数据以及行政管理事务的数据通过各个信息点主动采集信息并共享出来。同时，从组织机构的级别看，不同级别层面的办公自动化需求和实现的方式会有一定程度的区别。分布在不同层次上需求的应用需要很好地统一在一起，形成科学、可量化分析的应用数据，起着决定基础构架平台的重要作用。

另外，从单位内部应用的信息考虑，有大量的现成的或即将构建的业务数据库结构化、可分析信息，还有大量的提供给管理分析作为参考的资料文件等非结构化数据，这两类数据又在系统运行的过程中相互转换，并产生新的数据，这些就构成了单位的虚拟数字化信息中心。这一切也需要基础构架上提供灵活、可扩展、可交换的基础数据平台。

2. 必须有很高的灵活性和强大的自定义功能

这也是由单位的组织结构决定的。单位上一级的领导和监管机构，其办公应用功能较大程度上集中在分析、统筹和决策方面；基层单位作为直接的业务处理机构，其职能活动更注重于各种业务的处理，同时接受上一级的监管和统筹规划，其办公自动化建设重点在以收发文为主的公文管理与众多业务系统的结合。越是上一级单位，越是强调管理职能，越是基层单位，越是强调业务处理能力。不同级别不同重点的业务需求、上下级之间复杂的公文方式要求办公自动化必须具备高灵活性。其次，单位为了在市场竞争中不断提高竞争力，也就需要不断进行业务流程的重组，这种机构改革、系统管理优化的需求，也要求办公自动化建设必须能适应日后经常性的需求变化，具备灵活的自定义功能。

3. 必须能实现各业务系统间信息的传递与交流

如前所述，各单位的业务系统较多，而各业务系统的软件开发商可能不尽相同，开发工具和所依赖的平台也可能不一样，要建立一个数字中枢神经系统，就要将这些业务系统和公文管理、档案管理等办公系统有机地结合在一起，建立一个整体上相当于人的神经系统的数字系统，既能有效地实现公文与业务系统信息的传递与交流，实现公文与业务系统信息的自动归档，又能迅速感知协同的工作环境，根据不同的变化及时做出调整反应，为主管领导决策提供数据基础和事实依据。

4. 必须符合规范标准，并能提供开放数据接口的档案管理系统

文档一体化的概念伴随着计算机技术的发展而提出，并伴随着办公自动化技术成熟而得以实现。

应用单位在日常办公中产生大量有保存价值的重要文件和信息，需要有一套既符合规范标准，又能够实现不同业务系统信息归档的档案管理系统。符合规范标准的档案管理系统，既有利于单位档案的科学管理，又方便系统上下级之间、机关与档案馆之间档案的接收与移交。实现不同业务系统间的信息归档，这就要求档案管理系统必须能够跨越数据库平台，并能提供开放的数据接口接纳不同数据库平台中的有价值信息。

5. 必须能实现量化考核，并具备分析决策的功能

全球性信息化、网络化的发展正以狂澜之势改变人们工作、生活的方方面面。然而，办公自动化的实现不仅要求能实现办公信息的自动化流转与管理，即不只限于事务型和管理型活动，而且也要求对这些自动化形式下产生、处理的信息的量化管理，同时也对领导的分析决策提供数据辅助。事实上，这一需求的实现在信息技术高速发展的今天已成为可能，办公自动化应用已日趋于成熟。以系统论为理论基础，将所有业务活动的子系统连接起来，建立一个数字中枢神经系统，通过对“神经系统”各个节点信息的综合集成、统计、分析，由计算机提供领

导评估决策的信息和方案，并由人决策，充分体现出发挥现代科技的决策辅助作用。

6. 必须具有系统内部广域网应用功能和远程办公功能及统一消息

如果单位存在跨地域关系，各级单位的联系相当紧密，相互间的数据和信息传递也很频繁，如何充分利用当今网络技术改变传统公文传递方式，实现系统内部文件、信息上传下达的便捷与安全，这是当今实现办公自动化的一个重要手段。

伴随社会生产力的不断提高，办公的信息量急剧增加，一个单位通常一天的收文就达好几十份，而领导出差却又是不可避免的事，如何保证领导出差与大量文件办理两不误、实现真正意义上的办公自动化？这就要求单位的办公自动化必须具有系统内部广域网应用功能和远程办公功能，以实现系统内部的信息畅通无阻和确保领导的远程办公的顺利进行。

同时，系统应该能提供多种多样的处理信息的方式，使用户可以通过互联网、可以通过上网手机、可以通过普通电话随时随地地从单位的办公自动化系统中获取并处理相应的信息，这就是"统一消息"的方式。

7. 必须充分利用和发挥智能大厦系统的功能

智能大厦是信息时代的必然产物，是高科技与现代建筑艺术的巧妙集成，也是综合经济实力的象征。智能大厦最主要的特征就在于它的"智能化"，在于它所采用的多元信息传输、监控、管理，以及一体化集成等一系列高新技术，尤其是应用计算机网络的功能，以实现信息、资源和任务的共享，达到经济、高效的目标。因此，办公自动化和"智能大厦"之间有着共同之处，这是现代社会发展的必然趋势所造成的。

智能大厦是一个管理系统，它是以目前国际上先进的分布式信息与控制理论为基础而设计的计算机分布式系统。它综合利用了现代计算机技术、现代控制技术、现代通信技术和现代图形显示技术。这样的系统是一个综合集成的计算机网络系统，该系统能将建筑物内的设备自控系统、通信系统、商业管理系统、办公自动化系统，以及具有人工智能的智能卡系统、多媒体音像系统等集成为一体化的大系统（这是一个计算机管理系统）。因此，面对着这样优越的办公环境，各类办公人员可以充分利用和发挥智能大厦系统的功能，最大限度地提高办公效率和改进办公质量，缩短办公周期，减少或避免各种差错，从而提高管理和决策的科学水平。

8. 必须具备可靠的安全性与稳定性

保密是任何单位的办公中不可回避的问题。由于办公自动化尚无 标准和信息技术保密程度的不可确定性，尤其是网上"黑客"的存在，给办公自动化的进行造成一定的障碍。

系统的办公自动化建设同样不可忽视这一问题，因此，建立一个集各种数据信息、业务系统为一体化的数字中枢神经系统，如果没有可靠的安全性与稳定性的保 证是无法应用于系统业务办公的。

9. 必须具备有高速、大容量、宽带传输网络（信息高速公路）

"瓶颈"现象的出现是目前普遍和急需解决的问题。通常是由于信息量的激增和网络传输速率不高造成的，它是一种信息超载现象，而这一现象不仅仅发生在企业的办公室里，几乎所有需要借助电子信息的领域，均遇到了"瓶颈"问题。在 20 世纪 90 年代，美国政府率先提出了"信息高速公路"概念。"信息高速公路"（Information Highway）的正式名称为"国家信息基础设施"（NII）。美国政府报告为信息高速公路下的定义是：国家信息基础设施是一个能给用户提供大量信息的，由通信网络、计算机、数据库以及日用电子产品组成的完备网络，它能使所有美国人享用信息，并在任何时间和地点，通过声音、数据、图像或文表相互传递信息。现代化的办公系统无疑也将借助这个成为整个世界的巨大神经中枢——信息高速公路。然而，无论是人们所熟知的 ATM、ISDN、光纤传输技术，还是对数据压缩能起到作用的 CLIP，都是工程技术人员不断拓宽“信息高速公路”，逐步消灭“瓶颈”的手段而已。

## 1.4 信息化办公的“副作用”

办公自动化系统是一种人机信息系统，具有一般信息系统的共性。办公自动化对于信息化的依赖与生俱来，只是随着社会、企业信息化进程的不断深入，这种依赖也将信息化所具备的“副作用”带给了办公自动化系统。而这些“副作用”基本表现在以下几个方面：

1. 信息安全问题

（1）信息源保密。在现代信息技术网络中，纵横交错的网络结构使信息源不再是高度集中、绝对封闭的唯一的源头，这使得控制更加困难。

（2）信息流的控制。信息流的多渠道交叉反馈，使信息封锁十分困难。信息流的复杂无绪不便于追踪和临监控，容易造成失控，使系统受到损害。

（3）计算机信息系统的安全。随着信息技术的普及及系统的扩大，分享资源和共用数据库已变得十分普遍，系统变得更易受到侵害。

另外，信息犯罪的愈演愈烈也反面证实了信息安全的重要性。信息系统的泄密问题导致了偷盗国库、调拨资金、金融投机、剽窃软件、出卖国家机密等犯罪行为的产生。而这些表现形式对于企业办公自动化系统而言，每一个都是“致命”的。“电子大盗”已成为西方发达国家一大社会忧患。

2. 系统脆弱问题

信息病毒的出现给人们敲响了警钟，1988 年，美国第一次发生电脑病毒事件，震惊了全世界。1992 年，仅预告的侵犯全球的病毒就有 10 多种，其他未被察觉的尚不计其数。

在办公自动化技术高度发展的今天，其信息网络系统的发展也正日趋复杂化、高度自动化、大型化。难以保证系统的指令真正置于控制之下，因此造成了大系统在技术上的脆弱。越是大的系统，一旦发生故障，对整个社会、企业危害就越大。

3. 数据处理的不完善问题

（1）数据的生成和记录缺乏控制。

（2）数据整理的标准化。标准化在提高工作效率的同时，一经建立立即倾向僵化，缺乏灵活性。

（3）系统计算错误。

4. 信息过剩与匮乏问题

人们被信息的大潮所淹没，判断能力在减弱，在信息海洋中搜寻的视线变得模糊不清。于是信息过剩既使人们背上了沉重的包袱，又使人们面临着新的信息匮乏问题。

5. 利益分配问题

（1）信息的获取、占有的不平等。信息的提供与利用程度很大程度上取决于用户本身的受教育程度和经济实力，其中的差别势必影响信息的获取和占有，可能导致信息占有方面的贫富分化。

（2）信息的分配和利益不均问题。由于信息的获取、占有和利益不均，造成了信息拥有的不平等。这种不平等不仅存在于个人之间，也存在于行业、地区、国家之间，将来的竞争由此会变得更加激烈。

6. 知识产权问题

信息技术的发展已经可以轻而易举地复制知识和信息产品，而且其手段之先进和隐蔽，更难查获，这就使知识产权的保护面临新的挑战。另外，知识和信息产品的生产者与传播、加工者之间的利益分配问题，也是知识产权保护的新的难题。

7. 文化冲击与心理压力

（1）个人隐私被泄露。信息系统的大容量存储和简便的检索手段，使得一些有关个人的资料在无防范或防范不力的情况下有可能被曝光。

（2）个人言行受到监控。

（3）陷入孤独。人与机器的接触日渐频繁，信息技术将终端带入了各种场所，人与人之间的直接交流大大减少。长此以往，人们会感到内心孤独。

（4）人的自尊受到挑战。在机器智能的高速发展面前，人显得渺茫无用；数据处理的标准化将转化成一个个代码，使人们感到自尊的丧失。

（5）环境的压力。信息技术的日新月异不断出现新的事物并改造人们的生活环境。人们从习惯中改变和高速适应新的环境亦有一定的过程和心理压力。

（6）信息污染的影响。清醒地认识办公自动化技术在信息化背景下给人们带来的便利与不便，是我们的企业选择适合自身 OA 系统，推动技术革新的关键。

## 1.5　办公室自动化、办公自动化、办公信息系统比较

当我们已经了解办公自动化及其系统的概念后，我们发现在我们的周围还包围着如办公室自动化、办公信息系统等词汇，在此将这三个相似概念进行比较。

通过上面的学习，我们已经认识到，所谓办公自动化系统是人机信息系统，是办公自动化技术与管理科学、行为科学、组织理论等相融合，贯穿到办公活动的各个方面，并对这些方面产生一系列影响之后形成的系统，其目的是尽可能充分利用信息资源，提高办公质量和办公效率。那么什么是办公室自动化？什么是办公信息系统呢？

由于办公过程和办公活动具有确定性，因此，人在办公自动化系统中应始终处于主导地位。办公的主体是办公人员，设备只是服务于人的技术手段。建立办公自动化系统后，人的办公活动和社会组织的办公过程已离不开设备的运行，而是与其结合在一起形成一个统一的系统。建立办公自动化系统的目的并不单纯是提高办公效率或减少办公人员，而首先是为了提高办公质量，在提高办公质量和办公效率的基础上，通过各种决策模型及时提供辅助决策的信息，以实现科学管理和科学决策。此外，办公自动化系统是一个开放式的系统。在设计和建立系统时，应充分考虑和社会环境的连接。人们也不难发现，办公自动化系统的功能与办公室自动化的功能概念上存在差别。办公室自动化功能通常指办公室中配备具有自动化功能的设备，这些设备能使某些办公活动自动化或实现某个单位业务的自动化处理；而办公自动化系统则是在办公室自动化功能的基础上发展起来，以办公自动化技术为主体，同人、组织、制度、环境等相结合的完整的系统。

在 2000 年 11 月的办公自动化国际学术研讨会上，有专家建议将办公自动化（OA）更名为办公信息系统（OIS）。办公信息系统继承了办公自动化的内涵，在概念上是共通的。在该系统中，指导思想是灵魂，规范标准是基础，信息资源是前提，硬件设备和软件系统是工具，系统管理和维护是保证，系统应用是目的。

办公信息系统通过数据的收集、存储、传递、管理和处理等手段，为办公人员提供信息服务，以提高办公效率和办公质量，从而获得经济效益和社会效益。

办公信息系统的推广应用，导致办公组织机构和工作方式以及办公流程等方面的变革，对原有办公人员的素质提出了新的要求，同时也提供了许多新的就业机会。办公信息系统的服务对象包括各级领导、一般管理人员、业务人员、秘书、操作员等。单位的高层领导主要用于进行战略决策，他们关心的是宏观信息。部门领导在其部门的战术决策上起关键作用，所关心的是本部门的管理信息。一般管理人员和业务人员分工处理各自的业务，进行业务操作和管理。秘书和操作员主要从事事务操作。

## 1.6 办公信息系统构成

办公信息系统的构成要素牵涉人员、业务、机构、制度、设备、环境等多个方面。

在办公信息系统的系统构成中，办公人员是办公信息系统的主体及核心，通常可以划分为 3 大类，即信息使用人员、系统使用人员和系统服务人员。而其中，信息使用人员一般指办公室管理人员及决策者；系统使用人员包括：文秘、财务等专职人员；系统服务人员则包括：系统管理员、系统维护人员和数据录入员等。

办公机构是指办公实体所处的办公组织。

此外，办公制度和办公例程在办公信息系统不可或缺，其中办公例程是指规范化的办公过程和办公程序。办公过程的制度化和规范化对办公信息系统有着重要意义。然而在办公信息系统建成之后，办公制度和办公例程又成为其必要组成部分。

在办公信息系统的构成中，现代化的办公设备、先进的办公技术和高效的办公手段都是其存在的必要因素。以计算机、通信网络为核心的现代信息技术和现代办公设备在是办公质量和效率的保证。其主要包括三个部分，即办公信息系统硬件、办公信息系统的软件和办公信息系统的网络平台。

办公自动化系统的硬件指各种现代办公设备。它是辅助办公人员完成办公活动的各种专用装置，为办公活动中的信息处理提供高效率、高质量的技术手段。列举如下：

（1）信息输入设备。包括键盘、鼠标、扫描仪、光学字符阅读机、触摸屏、光笔、数字化仪、麦克风、电子打字机等。

（2）信息处理设备。以计算机系统为主体，包括各类计算机、计算机终端、文字处理机等，也包括一些辅助设备，如汉卡、压缩/解压卡等。

（3）信息存储设备。主要是磁带、磁盘、光盘、缩微胶卷（片）等。

（4）输出设备。主要包括显示器、打印机、绘图机等图形图像输出设备，声卡、喇叭等语音输出设备。

（5）复制设备。主要包括复印机、缩微胶卷（片）等。

（6）信息通信设备。主要包括网卡、电话交换机、集线器、网桥、LAN 交换机、路由器、调制解调器等，也有电传机、传真机、多功能电话、无线寻呼机等信息通信设备。

（7）其他设备。办公自动化系统的销毁设备主要是用来销毁废弃文件、资料的设备，通常是各种类型的碎纸机等。

其他设备是办公活动中的辅助设备，例如常用的计算器、照相机、摄影机、幻灯机等；又如保护屏、稳压电源、不间断电源等。

办公自动化系统的软件主要是指能够管理和控制办公自动化系统，实现系统功能的计算机程序。

而办公信息系统的网络平台就是我们通常所指的基于网络的 OA 平台。

当然由办公活动所产生各类办公信息（数据、文字、声音、图形、图像等）以及必要的办公环境也是办公信息系统的构成成员，这里要特别指出的是，办公环境指办公实体之外的外部办公环境，包括社会组织、上下级部门、服务与被服务的对象等。

## 1.7　办公信息系统层次划分及网络平台

新一代办公信息系统从一开始就把打上了深深的时代烙印。可以说，办公信息系统是采用先进技术借助计算机网络对传统办公的模拟和改造。通常情况下，我们将办公信息系统技术按其在企业中的功能及系统构成情况划分为三个层次：

第一个层次只限于单机或简单的小型局域网上的文字处理、电子表格、数据库等辅助工具的应用，一般称之为事务型办公自动化系统。

信息管理型办公自动化系统是第二个层次，是把事务型（或业务型）办公系统和综合信息（数据库）紧密结合的一种一体化的办公信息处理系统。

决策支持型办公自动化系统是第三个层次。它建立在信息管理级 OA 系统的基础上。它使用由综合数据库系统所提供的信息，针对所需要做出决策的课题，构造或选用决策数字模型，结合有关内部和外部的条件，由计算机执行决策程序，做出相应的决策。

而如今人们经常以 OA 的方式称呼在办公自动化系统的构成中的软件部分——一种基于计算机网络的技术系统。

下面我们通过三张表格，将建立在以上三个层次划分上的一般网络平台软件功能列举如下：

第一层次：办公自动化基础功能（以事务为主），如表 1.1 所示。

表 1.1

| 模块类别 | 模块名称 | 系统功能 |
|---|---|---|
| 个人邮箱平台 | 写邮件 | 要发送邮件，首先需新建信笺并对其进行编撰、写作 |
| | 收件箱 | 当用户进入到个人邮箱时，默认打开收件箱。收件箱中显示当前用户的全部邮件记录，可以通过上、下翻页在视图中浏览所有邮件。在视图中点击某一封邮件的链接，就可以打开邮件 |
| | 发件箱 | 发信箱中保存的是在发送信件时选择了“保存到发信箱”选项的信件。用户可以再次查看这些已发送的信件内容 |
| | 草稿箱 | 写好的邮件如果不发送，可以单击“保存退出”按钮，该邮件将被保存到“草稿箱”中 |
| | 废纸篓 | 如果想删除某个邮件信息，那么用户可以在收件箱、发件箱、草稿箱的信息列表中选择要删除的邮件信息前的复选框后，单击“永久删除”按钮，该邮件信息将被直接删除；而如果单击“删除”，该邮件信息将被转移到“废纸篓”中。 |
| | 文件夹 | 文件夹中存储的是在“邮件规则”中设置的转入相应文件夹中的邮件，用户可以点击相应文件夹来查看 |

续表

| 模块类别 | 模块名称 | 系统功能 |
|---|---|---|
| 个人邮箱平台 | 邮件规则 | 通过制定一定的邮件规则来自动管理邮件。在规则中可以设置多个转移条件和多个转移操作，当规则删除或修改后，原来的规则将不再起作用 |
| | 邮箱配置 | 在邮箱配置中可以设置签名档和文件夹，还可以设置收到邮件后进行回复和全部回复时是否附带原文以及是否显示时区和选择所在时区 |
| | 邮箱信息 | 用户在使用邮箱时可以随时打开邮箱信息查看邮件总数和邮箱空间的使用情况等详细信息，方便用户作出针对性的调整。用户还可以单击页面中的“压缩邮箱”按钮来对邮箱内容进行自动压缩，以节约服务器磁盘空间 |
| 个人事务平台 | 待办事宜 | 把各个功能模块的待办文件通过建立连接，集中放到这里，方便用户集中处理公务 |
| | 委托办理 | 用于当用户在遇到特殊情况不能处理“待办事宜”模块下记录的文档时，可以通过本模块设置委托待办人，暂时代替自己处理授权的文档 |
| | 个人日历 | 定制个人日程安排的日、周、月、年计划，并提供计划的查询、维护 |
| | 个人文档 | 提供个人电子文档管理，作为保存备份。数据全部保存在网络存储器上，可以随时通过浏览器访问 |
| | 个人设置 | 包括“邮箱设置”、“修改密码”、“BBS 设置”、“个人信息”、“个人主页”、“收藏夹设置”模块设置页面的链接，方便当前用户快速设置自己在本系统中的相关信息 |
| | 个人主页 | 每个用户都可以建立自己的个性化页面，用户可以将自己最关心的业务内容安排到自己的页面中，只通过自己的页面，了解到自己相关工作和任务 |
| | 个人地址薄 | 可以查看当前用户地址薄中用户的信息。包括：姓名、Email 地址、所在城市、住宅电话等详细信息。可以查看个人、群组、从地址薄导入、查看公司通讯录 |
| | 收藏夹 | 用来存储当前用户经常访问的网站链接，方便用户快速访问所需网站。它就只有“链接管理”一个模块 |
| 办公信息平台 | 领导交办 | 领导要交给下级一些任务去完成。为了解决交办任务的遗忘问题，保证领导和下级之间进行清晰的沟通以及方便双方对自己已知的交办信息的管理 |
| | 催办督办 | 用于催办和提醒（以邮件、短信的方式）用户按时完成某项事务的处理。本模块由设置管理员和新建催办提醒两部分组成 |
| | 领导日程 | 用来安排领导的工作日程，使领导的工作井然有序 |
| | 领导信箱 | 用来接收员工的来信，使上级领导及时了解和处理员工的反映和意见，以便加强领导和员工之间的交流 |
| | 会议管理 | 会议安排的网上申请、审批、会议通知起草、通知发放、反馈收集、会议纪要生成、办理结果反馈。会议室资源管理，实现可视化调配 |
| | 公文统计 | 自动统计各部门业务流转的件数、办事周期，可以查看相应办理效率，以便高质量、高效率地完成工作任务 |
| | 通用流程统计 | 类似于公文统计，统计的范围来自模板管理。“应用级统计”只有系统管理员可以查看，普通用户查看不到“应用级统计” |
| | 流程定义 | 为所有需要进行审批流转的模块提供定制好的流程，即提供定流程。如果有模块的流转需要用到流程，只要在“流程定制”中定制即可 |
| | 发文管理 | 发文管理将提供针对各级部门和分公司之间的公文流转功能，实现从拟稿到红头文件下发的一个完整流程的控制，并支持公司与其子公司及各级下属单位的公文交换 |

续表

| 模块类别 | 模块名称 | 系统功能 |
|---|---|---|
| 办公信息平台 | 请示报告 | 提供内部请示文件的审批、反馈和办理过程的流转 |
| | 收文管理 | 提供外部单位来文的处理，包括电子文件的处理和纸介质的扫描处理。完成来文的登记、传阅、审批、办理和归档功能 |
| | 信访管理 | 信访管理主要由信访接待、信访电话转办、领导接待日、重大信访信息通报等几个子模块组成。主要用于各种形式信访的接待和处理工作 |
| 公共信息平台 | 公告栏 | 一个电子公告的地方，有通知、海报、新闻、简报，可实现信息的编辑、发布、回复、采集等功能。实现分部门类别进行管理 |
| | 大事记 | 记录单位或企业发生的大事，如周年庆祝、机构改革、信息化建设、重大案件等 |
| | 讨论区 | 提供了相互交流和学习的场所，任何人都可以在上面提出论题，可以对提出的论题发表自己的观点。可方便查看所有最新回复内容 |
| | 工作动态 | 领导或公司重要工作动态，提供清算总中心的重大项目进展动态等信息 |
| | 留言薄 | 通过专门的意见建议收集和处理渠道，集思广益，不断地发现和改善存在的问题 |
| | 公共通讯录 | 按组织结构维护和显示员工的联系方式和照片，增进员工相互认识，方便沟通 |
| | 规章制度 | 管理用户单位的各类规章制度、相关法律法规 |
| | 常用资料 | 存储公司或部门常用公用文档，方便指定人员查阅 |
| | 动态新闻 | 用来发布最新的新闻，使公司的员工及时的了解社会、经济的发展等信息 |
| | 常用信息 | 为员工提供一个日常办公所需要的各种常用的信息、表格、软件等 |
| | 手机短信 | 通过办公系统直接发送短信和公文的短信提醒功能，以及短信回复，使用户可以在未在线的情况下，与 OA 互通信息 |
| 行政业务管理平台 | 图书管理 | 对单位的图书资料提供登记、借阅、归还等管理 |
| | 办公用品管理 | 提供公司内部办公用品等物资的详细记录和管理，对物资的申请、购买、入库、领用等环节进行统一管理，并提供简单的金额登记管理，支持基本统计功能。包括电脑的管理等，实现类似网上商城选购的办公用品申购 |
| | 固定资产管理 | 对于公司的固定资产的申请、购买、领用、维修、报废等过程进行管理，保证固定资产的合理利用 |
| | 费用申请 | 对于各种日常各种费用申请，办公自动化系统中按照用户实际费用申请流转处理方式，进行流程配置，按照对应用户实际费用申请表的格式，制作费用申请表单 |
| | 费用报销 | 网页上的费用填写及单据打印可以替代日常用到的报销单及费用明细表，结合网上的处理流程共同完成报销 |
| | 车辆管理 | 实现单位车辆资源登记、用车申请审批，领导批车时可进行冲突检测，避免出现一辆车在同一时间内重复批给不同的用户使用，设有当前车辆使用情况一览表、部门用车费用统计表等，方便进行车辆查询 |
| | 外出管理 | 管理员对公司外出公差的人员及事务进行管理的模块。可记录外出人员外出地点、时间等信息。提供“快速搜索”和“高级搜索”两种检索方式，可以让用户方便、快捷地查看相关信息 |
| | 接待管理 | 接待审批要求实现对来客进行接待的审批过程，可以实现接待员登记、领导审批、相关部门办理等办公业务环节全过程的电子化处理 |

续表

| 模块类别 | 模块名称 | 系统功能 |
|---|---|---|
| 行政业务管理平台 | 电脑热线 | 用于解决公司内部的电脑故障，实现从电脑故障的申请、处理、解决等过程的电子化 |
| | 电话记录 | 电话记录要求实现来电的登记、领导审批、相关部门办理等办公业务环节全过程的电子化处理 |
| | 贺卡管理 | 支持普通图片、Flash 等贺卡的传送，可以给系统中用户发送贺卡。用户选择自己的要发送的贺卡，书写相关信息进行发送 |
| 系统管理平台 | 管理引擎 | 主要起到对整个 OA 系统各个模块进行统一调度管理的作用，本模块只有系统管理员有权限操作 |
| | 用户管理 | 提供系统用户的注册、机构调整和员工迁移等功能 |
| | 流程管理 | 现代技术手段将这些流程自动化，并对这些业务流程有效的管理便是工作流解决的问题；以网络和系统定义的规范执行流程，避免了人为的随意处理和拖沓，使员工责任明确，权限分明。把具体事务落实到人，公司的办公流程变得规范、有序，效率和执行力均得到提高 |
| | 配置中心 | 为系统中一些参数的定制接口，包括原来第三方工具的配置接口以及一些管理链接的打开入口。该模块只有管理员具有权限 |
| | 公文配置 | 提供公司及各级机构的公文库和流程定义数据库的配置管理 |
| | 模板管理 | 用于对 OA 系统中的模板进行同一配置管理和添加删除操作 |
| | 期刊管理 | 用来创建具体的期刊，方便员工查看 |
| | 签字库 | 用来维护用户的签字文件信息，以方便在审批公文时使用 |
| | 安全审计库 | 将系统中重要的操作记录到日志中。分别记录登录日志，删除日志和存取控制日志 |
| | 密钥管理 | 用于在公文审批过程中对处理人的身份进行确认，加强公文审批和流转的安全性，防止非法用户对公文进行未授权的操作 |
| | 统计中心 | 按照网站、部门、模块、人员的统计方式，提供分析、统计后的数据，以报表、图表、Excel 等方式展现给特定的用户。使其全面了解企业中办公自动化系统的运行情况，改善工作效率。管理员可以维护本系统权限，某些用户可以统计某部分报表。管理员和管理员指定的用户可以查看系统中的统计结果。管理员可以删除用户保存的统计报表 |
| 网站管理 | 网站配置 | 配置办公系统门户网站的页面格局、样式、数据源、权限等，用户可以按各自的需求去定制所需的信息源，使得用户由被动的接受信息，变为主动按需“索取” |
| | 网上调查 | 可以面向员工（可选择地）组织网上调查活动，以便快速、方便地了解员工对工作、生活方面的满意度，作为下一步工作决策与开展的参考 |
| | 图片新闻 | 发表公司图片新闻，并对其进行统一管理和发布 |
| | 站内搜索 | 提供全站所有信息的统一搜索，也可直接链接到公共的搜索引擎上进行相关信息搜索 |
| | 用户手册 | 提供在线的帮助功能。针对不同的功能模块，为用户提供相对便捷的帮助 |

上述表格实现了办公室中的一般事务处理和信息发布功能，并担负着对软件进行后台管理的功能。

第二部分：业务子系统功能介绍（管理），如表 1.2 所示。

表 1.2

| 模块类别 | 模块名称 | 系统功能 |
|---|---|---|
| 合同管理平台 | 模板管理 | 维护合同管理和对应流程定义库的地方，在系统创建后，首先需要在模块管理中创建好合同流程定义库和合同管理流转库 |
| | 流程定义 | 管理员需要预先定义好合同审批的各个流程，才能在合同管理模块中处理审批流转 |
| | 系统管理 | 由管理员来维护系统的各项配置信息，包括系统权限的维护、系统使用数据的配置、系统归档处理等 |
| | 基础数据 | 基础数据类别下面，主要维护了与合同管理系统相关的一些周边数据。如合同模板、客商信息、项目信息和联系人信息等。维护基础信息，使得合同管理系统能更完整的使用。模块只有合同管理员和基础数据人员有权限进行操作维护 |
| | 系统首页 | 合同管理系统有独立的系统首页，显示了系统中常用的信息和与当前用户业务相关的代办事宜 |
| | 合同中心 | 合同中心是所有用户都可以有权限访问的，主要有合同单以及与合同单相关的其他表单的审批处理，另外还有待办事宜和系统提醒。合同中心中的合同信息、紧急合同、履行情况、进展安排、合同变更、合同解除与结算中心下面的结算安排、结算细节一起，成为合同管理系统的核心部分 |
| | 结算中心 | 是专门提供给财务人员处理与合同相关的收付款结算记录的地方 |
| | 日常信息 | 日常信息包括“通知公告”和“业务知识”两部分。其中，“通知通告”模块用以合同系统中发布一些通知通告，方便员工查询 |
| | 统计中心 | 分别有统计报表、财务台账、合同台账和变更合同台账四个模块 |
| | 合同历史库 | 管理员可以在合同历史库类别下为其分配一个导航链接，这样，用户想要查看历史合同就非常方便。历史库分为以下五个信息管理类别：合同信息、履行情况、财务信息、统计中心和基础信息 |
| 人力资源管理 | 员工信息 | 人员信息管理和维护，在职、离职、退休员工的统计。人员变更、登记、信息的选择性导出等 |
| | 劳动合同管理 | 员工当前合同和历史合同的记录，待处理合同记录，合同编号管理 |
| | 员工异动 | 包括四种业务的管理：解聘申请、离职申请、续签申请、异动申请 |
| | 薪资管理 | 岗位级别工资的管理和维护，生成月工资和工资台账信息导出 |
| | 绩效考核管理 | 考核人员维护表，出勤登记，考核参数的设置，考核表的记录 |
| | 培训考试 | 其中培训系统用以起草培训计划，发布计划的管理和维护，其中考试系统用于课程、试卷、题目、答卷的管理和维护 |
| | 办事指南 | 图形展示公司职能结构图，每个部门的岗位设置，岗位职能，及常用业务、办公流程的说明，支持办事查询 |
| 考勤管理 | 假期申请 | 员工的假期申请，通过选择不同的假期类型发送给不同的领导进行审批，简化员工请、休假过程 |
| | 年假记录 | 对于员工一段时间积累的假期进行统一管理，通过发布更新年假记录的方式，让职工了解自己的年假剩余情况 |
| | 出差申请 | 对于出差进行审批，并可以进行出差计划、借款、行程安排、出差总结等一系列工作 |
| | 签到管理 | 用于对公司员工的出勤情况进行无纸化的统一管理和统计 |
| | 考勤统计 | 对于一段时间的考勤，系统自动综合出差、请假、外出等特殊情况，进行考勤统计，并可以导出报表 |

续表

| 模块类别 | 模块名称 | 系统功能 |
|---|---|---|
| 综合管理体系平台 | 文件维护 | 管理员可以在上侧导航到看到，主要是对系统中文件类型、存储库、体系分类、体系文件管理员等的维护 |
| | 文件阅览 | 实现当前登录者属于体系文件发送范围内接受到的一条通知记录，包括已读和未读两个视图 |
| | 文件处理 | 实现对体系中文件的发布、勘误、作废、记录等流转操作，用户可以在这看到自己要处理的文档和已经完成的文档 |
| | 文件清单 | 主要查询体系中除“记录格式”外分类下的文件，可以查找对应的公司、部门使用的文件 |
| | 记录清单 | 用于查询公司、部门等各种已发布的记录格式文件 |
| | 体系审核 | 对体系中文件进行内审、管理评审、外审、日常监察、并对审核标准进行管理、不合格项统计等功能 |
| | 体系通告 | 为了及时提示有关体系文件发布、勘误、版本更新的信息，将它们生成通知展示出来并进行管理 |
| | 图片新闻 | 用于发表体系自有的图片新闻，并对其进行统一的管理 |
| | 查看配置 | 管理员可以为每个模块设置管理，由模块管理员来管理体系中各个小模块 |
| 文档一体化管理（基本的档案管理类功能，但区别于专业的档案管理系统） | 文档中心首页 | 首页上用户可以看到文档中心分类树和顶节点分类下最新文档、文档排行、文档库统计。用户可以在分类树上选择要查看的分类，点击能看到此分类下所有发布的文档 |
| | 分类设置 | 设置文档中心导航中的各级分类名称，结构等。设计、各级分类权限，调整、修改，迁移分类等功能。具体包括：①修改顶节点分类信息；②新建分类；③修改和迁移分类；④删除分类 |
| | 投稿 | 投稿包括两部分：①直接发布，分类的管理员、发布者在分类树上选择有权限的分类，进入后能看到“投稿”按钮，进入文档信息栏，文档信息完成后，点击“提交”文档直接发布，“保存”将此文档保存到投稿中心中。②管理员审批，普通用户在提交投稿后，文档会暂时保留在投稿中心中，同时给管理员发送邮件提醒。待管理员审批后，即可发布 |
| | 文档签入、签出和版本控制 | 为实现文档修改版本的维护，文档作者可以签出编辑文档，签入后可以生成历史版本。文档修改完成后，会提示“是否手工修改版本号”的选择来修改版本号 |
| | 文档借阅 | 文档中心的首页面显示所有已发布的文档，对于没有权限查看发布文档的用户可以提出借阅，选择“借阅日期”和“归还日期”后，借阅单会提交给分类管理员。分类管理员可以“同意”或“拒绝”该借阅申请，同时借阅人也可以通过“借阅列表”查看该借阅申请是否通过 |
| | 文档列表直属、非直属的切换 | 通过切换显示当前分类直属或非直属（含子分类）文档，如选择显示直属项，则只显示该分类下的文档列表，如选择显示非直属项，则显示该分类以及其子分类下的所有文档列表 |
| | 文档导入 | 文档中心支持将其他的库中文档导入到其中的对应分类下，便于系统中的用户查看 |
| 工作计划和总结平台 | 公司计划和总结 | 工作计划：用于公司工作计划的制定。工作总结：对日常、项目中的工作进行管理，提供对公司日、周、月、季、年等时间维度的工作总结平台，对工作成果要可以随时查阅到并进行归档 |
| | 部门计划和总结 | 工作计划：用于公司各部门工作计划的制定。工作总结：对日常、项目中的工作进行管理，提供对部门日、周、月、季、年等时间维度的工作总结平台，对工作成果要可以随时查阅到并进行归档 |

续表

| 模块类别 | 模块名称 | 系统功能 |
| --- | --- | --- |
| 工作计划和总结平台 | 个人计划和总结 | 工作计划：用于用户个人工作计划的制定。工作总结：对日常、项目中的工作进行管理，提供对用户个人的日、周、月、季、年等时间维度的工作总结平台，对工作成果要可以随时查阅到并进行归档。 |
| 项目管理平台 | 项目配置 | 包括：项目基本信息、项目成员列表和导航节点设置三个基本信息。其中导航节点是项目管理员可以调整导航树中业务的顺序、修改某个业务工作对应的 URL 的链接地址和新建及删除某个业务 |
|  | 综合管理 | 对项目的计划、章程等管理，包括：项目建议书，项目可研报告，项目章程，项目计划纲要，项目重大变更管理，项目管理制度规定与程序和模板文件管理七个基本部分 |
|  | 进度管理 | 对项目进行进度管理，包括：WBS（项目管理工作结构分解）、项目总进度计划、项目月度计划、项目月度进展报告四个基本部分 |
|  | 费用管理 | 对项目中所需费用管理，包括：资源计划、项目概算/预算、项目月度支出计划、费用变更及审批五个基本部分 |
|  | 合同和采购管理 | 对项目中的合同和采购情况的管理，包括两部分：合同管理和采购管理。①合同管理下有：合同审批、合同文档和合同汇总表三个基本部分。②采购管理下有：请购申请、商务报价、供应商管理、物品管理管理、采购变更申请和催交报警六个基本模块 |
|  | 质量管理 | 是对项目实施中有关质量的计划和检验的管理，包括：质量管理计划、质量检验记录和整改记录 |
|  | 文档数据管理 | 对项目中产生图纸、文档和数据的管理，它由两部分组成，图纸资料管理和文件管理。其中图纸资料管理下有：收发文记录和电子文档两个基本部分。文件管理下有：设计文件、施工文件、设备文件、工艺文件、电议文件、综合文件和其他七个基本部分 |
|  | 沟通管理 | 是记录项目相互间沟通和会议记录的管理，包括：项目沟通关系矩阵和会议纪要 |
| 党群管理 | 党务管理 | 对党务相关流程的审批处理，已经相关信息的发布，向员工宣传党务信息、最新政策等 |
|  | 职工之家 | 为与企业组织文化管理相适应，需为员工建立个性化服务，包括员工关怀、政策解读、交流反馈等项管理功能 |
|  | 员工亲情关怀 | 通过员工生日祝福、子女出生在线祝贺、家庭生活照展示等栏目展示公司对员工的亲情关怀 |
|  | 政策解读 | 通过简单易懂的指引文件告知员工企业的各项规章制度以及各项事务的办理流程 |
|  | 员工服务信息 | 主要包括新员工入司、调动、竞聘结果、团体采购等增值福利性服务信息等；管理员还可以根据需要增加或调整信息的类别 |
|  | 员工意见反馈 | 提供在线征集员工意见并作反馈的功能，反馈的方式包括在线满意度调查、在线领导意见信箱、纪检监督信箱等 |
|  | 专题教育 | 针对特定专题提供培训、材料以及考试管理功能，解决党务专题学习及考核的管理要求 |

上述表格中的模块类别在软件系统构成中，可以根据企业的要求进行选择，我们不难看出其体现的管理及辅助决策的功能。

第三部分：附加子系统（与第三方软硬件平台集成实现），如表 1.3 所示。

表 1.3

| 模块类别 | 模块名称 | 系统功能 |
| --- | --- | --- |
| 即时通讯系统 | Gocom | 提供类似于 MSN 的内部交流工具，更加安全方便。提供待办工作的桌面提醒、远程视频语音交互、收发短信等功能，支持中国移动信息机、Push Mail 等接口方式 |
| 网络传真系统 | 传真信箱平台 | 通过办公系统采用邮件的方式收发传真，方便异地收发，便于保存和管理，使用户可以通过传真邮箱直接收、发传真。这项功能需要与 OA 系统配套使用的传真服务的支持，并且需要系统管理员为特定的用户启用该功能 |
| 移动办公子平台 | 移动办公子系统 | 实现基于智能终端的 OA 系统访问功能，满足移动办公的管理需要，实现随时、随地、方便的办公，将办公系统延伸到移动运营商网络所能覆盖的任何角落 |
| 档案管理平台 | 专业档案管理系统 | 借助专业的档案管理系统软件平台，实现档案的电子化管理。同时借助办公系统所提供的档案归档接口，满足办公系统产生的文书档案的归档要求 |

第三部分功能将实现与第三方软硬件平台集成，并提供相应接口，以方便功能扩展。

## 1.8 办公信息系统的安全与保密

首先我们一起来了解一下信息系统安全与保密的含义。

办公信息系统的安全与保密是两个不同的概念，安全是指为防止有意或无意的破坏系统软硬件及信息资源行为的发生，避免企业遭受损失所采取的措施，包括硬件安全、软件安全、数据安全和运行安全；保密是指为防止有意窃取信息资源行为的发生，使企业免受损失而采取的措施。

影响办公自动化系统安全与保密因素有哪些呢，列举出来，包括以下四方面的因素：

- 人为原因
- 自然原因
- 计算机病毒
- 其他原因

针对以上四个方面的因素，人们对系统安全与保密提出了系统安全及数据保密两大基本要求，具体包括：

1. 系统安全的基本要求

（1）能防止对信息的非法窃取。

（2）可以预防泄露和毁坏事件的发生。

（3）在毁坏后的更正以及恢复正常工作的能力较强，所需时间较短。

2. 数据保密的基本要求

（1）数据隐蔽，避免数据被非授权人截获或窃取。

（2）数据完整，根据通信期间数据的完整与否，检验数据是否被伪造和篡改。

（3）发送方鉴别，证明发送方的身份以防止冒名顶替

（4）防发送方否认，在保证数据完整性有发送方身份的前提下，防止发送方事后不承认发送过此文件。

那么，我们的企业在建设自己的信息系统时，应该在加强系统安全及保密上采取哪些措

施呢？列举如下：

- 严格制度管理
- 加速法制建设
- 加强宣传教育
- 开展技术研究

与此同时，在技术上采取保证办公信息系统安全的对策，包括：

- 安全监视技术
- “防火墙”技术
- 终端识别
- 计算机安全加权
- 计算机反病毒技术

在加强系统数据保密的常用对策上，企业一般会从四个方面入手，即：

1. 用户认证技术

（1）利用用户专有信息，如口令、密码、通行字。

（2）利用用户专有用品，如钥匙、IC 卡、磁卡。

（3）利用保密算法，如加密函数、动态口令。

（4）利用用户的生理特征，如指纹、声音、视网膜。

2. 计算机数据加密技术

所谓加密就是对原来为公开的文件、数据或信息按某种算法进行处理以后，使其成为一段正常情况下不可读的代码，即我们所谓的“密文”，对密文的阅读只有在输入事先设定好的密钥之后才能进行，否则显示的只是一连串错误的代码，通过这样的途径就可以实现对数据和信息的保护。数据加密过程的逆过程称为数据解密过程，该过程主要是将加密过程编写的编码信息转化为其原来的数据信息，以便进行正常阅读或修改。

3. 数字签字技术

利用数字签名技术能够实现在网上传输的文件具有以下身份保证，接收者能够核实发送者对报文的签名；发送者事后不能抵赖对报文的签名；接收者不能伪造对报文的签名。

4. 用户的自我保护

针对一般性，下面将典型的系统安全保密对策方案列举如下：

（1）加强系统安全的制度建设，进行安全知识宣传，加强系统使用人员的安全意识。

（2）直接利用操作系统、数据库、电子邮件以及应用系统提供的安全控制机制，对用户的权限进行控制和管理。

（3）在网络内的桌面工作站上安装防病毒软件，加强病毒防范。

（4）在 Intranet 与 Internet 的连接处加装防火墙和隔离设备。

（5）对重要信息的传输采用加密技术和数字签名技术。

办公信息系统和其他信息系统一样，有运作就有信息换换，在信息交换中，“安全”是相对的，而“不安全”是绝对的，随着社会的发展和技术的进步，信息安全标准不断提升，因此信息安全问题永远是一个全新的问题。“发展”和“变化”是信息安全的最主要特征，只有紧紧抓住这个特征才能正确地处理和对待信息安全问题，以新的防御技术来阻止新的攻击方法。

# 第2章　办公中的文字处理

文字处理软件作为办公软件的一种，一般用于文字的格式化和排版，文字处理软件的发展和文字处理的电子化是信息社会发展的标志之一。现有的中文文字处理软件主要有微软公司的 Word、金山公司的 WPS，下面将以 Word 2003 做为讲解的对象，让大家更加清楚的了解该软件的一些使用特征。

## 2.1　Word 2003 基础

在日常的办公活动中，撰写工作计划、项目策划、文件规章、汇报总结等都离不开文字处理，这些工作都需要借助文字处理工具而实现。一般地，文字处理需要如下操作：

（1）内容录入：包括文字录入、符号录入，表格、图片等其他对象制作、插入。

（2）文本编辑：包括选取、复制、移动、修改、删除、查找、替换、定位、校对等。

（3）格式排版：包括字体、段落排版，分页、分节、分栏排版，边框、底纹设置等。

（4）页面设置：包括纸张设置、边界设置、装订线设置、页面页脚设置等。

（5）打印预览：在实际打印前先在屏幕上模拟显示文档的打印效果。

（6）文档输出：包括打印输出、文档另存为其他格式等。

为实现以上目标，在琳琅满目的文字处理软件中，作为 Office 2003 的核心组件之一，Word 2003 脱颖而出，它继承了 Windows 友好的图形界面，可方便地进行文字、图形、图像和数据处理，轻松地创建各种形式的文档，从而满足日常办公中文字处理的需要。因此，学习和掌握 Word 2003 文字处理软件，办公人员不可或缺。

### 2.1.1　Word 2003 的启动与退出

1. Word 2003 的启动

Word 2003 启动与退出可以通过多种方法来实现，最常用的有以下几种：

（1）从“开始”菜单启动。执行“开始”→“程序”→“Microsoft Office”→“Microsoft Office Word 2003”命令。

（2）通过文件关联启动。双击已有的 Word 文档图标。

（3）通过桌面快捷方式启动。双击桌面上的 Microsoft Office Word 2003 图标。

2. Word 2003 的退出

退出 Word 2003 有多种方式，常用的主要有以下几种：

（1）单击 Word 2003 窗口右上角的“关闭”按钮。

（2）在主菜单中选择“文件”→“退出”命令。

（3）双击窗口标题栏左边的控制菜单（“程序图标”）按钮。

（4）单击窗口“程序图标”按钮，在弹出的快捷菜单中选择“关闭”命令。

（5）在标题栏的任意处右击，然后选择快捷菜单中的“关闭”命令。

（6）按下 Alt+F4 组合键。

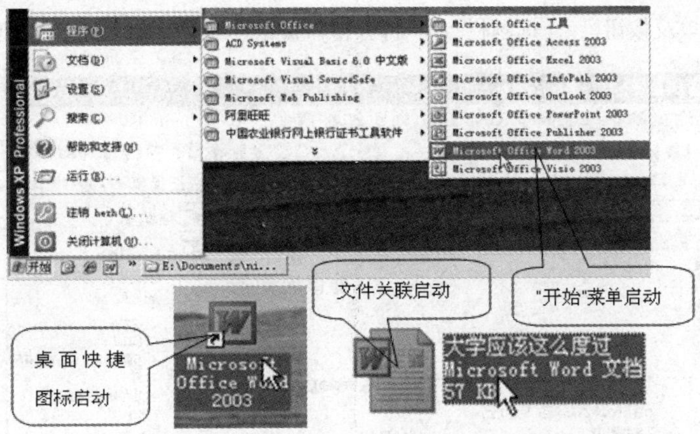


图 2.1

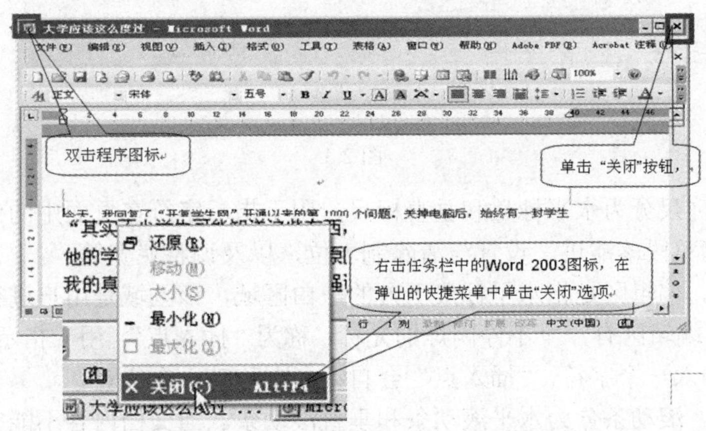


图 2.2

### 2.1.2 Word 2003 的工作界面

启动 Word 2003 后，就进入其主界面。Word 2003 的操作界面主要由标题栏、菜单栏、工具栏、任务窗格、状态栏及文档编辑区等部分组成。

（1）标题栏。标题栏是位于窗口顶端的蓝色长条区域，分为两个部分。左边用于显示当前正在运行的程序名及文件名等信息，右端有 3 个按钮，分别用来控制窗口的最小化、最大化和关闭应用程序。“Alt+空格”可弹出控制菜单。

（2）菜单栏。标题栏下方是菜单栏，包括“文件”、“编辑”、“视图”、“插入”、“格式”、“工具”、“表格”、“窗口”和“帮助”8 个菜单，涵盖了用于 Word 文件管理、正文编辑的所有菜单命令。除用鼠标单击菜单标题外，也可以用键盘选择和执行菜单命令，按 Alt 键或 F9 键会激活菜单栏，按 Enter 键执行命令所代表的操作。也可以用组合键，即用 Alt+菜单名后面括号中的字母打开菜单。

（3）工具栏。在 Word 2003 中，将常用命令以工具按钮的形式表示出来。通过工具按钮的操作，可以快速执行使用频率最高的菜单命令，从而提高工作效率。

在默认情况下，Word 显示常用工具栏和格式工具栏，其他工具栏会根据正在处理的任务自动显示或隐藏。

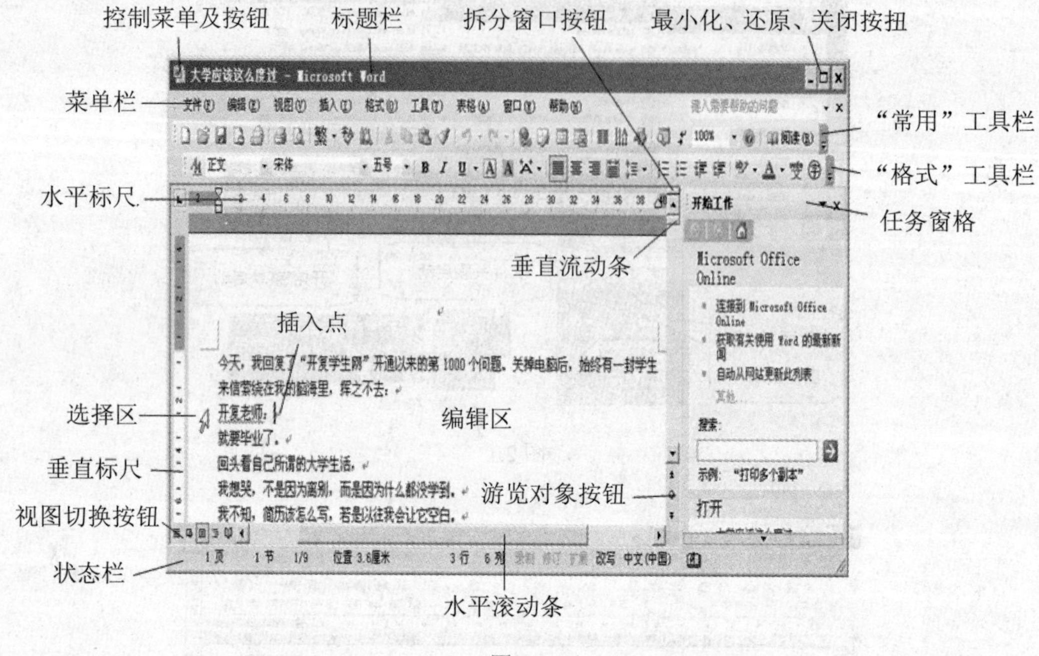


图 2.3

（4）标尺。标尺分为水平标尺和垂直标尺，用于指示字符在页面中的位置。另外，我们还可以利用标尺调整段落缩进，设置与清除制表位，以及调整栏宽等。

（5）编辑区。编辑区是指水平标尺下方的空白区域，该区域是用户进行文本输入、编辑和排版的地方。在编辑区有一个不停闪烁的光标，称为"插入点"，用于指示当前的编辑位置。在编辑区中，每输入一个字符，"插入点"会自动向右移动一个位置。

（6）滚动条。滚动条分为水平滚动条和垂直滚动条。当文档内容不能完全显示在窗口中时，我们可通过拖动文档编辑区下方的水平滚动条和右侧的垂直滚动条查看隐藏的内容。

（7）状态栏。状态栏位于 Word 窗口的底部，显示了当前的文档信息，如当前显示的文档是第几页、第几节等。在状态栏中还可以显示一些特定命令的工作状态，如录制宏、当前使用的语言等，当这些命令的按钮为高亮时，表示目前正处于工作状态，若变为灰色，则表示未在工作状态下。

（8）任务窗格。任务窗格位于操作界面右侧的分栏窗口中，可以利用任务窗格快速执行新建、打开文件、设置文字样式、插入剪贴画、搜索文件等操作，从而有效地控制 Word 的工作方式。启动 Word 2003 后，在工作界面右侧默认显示的是"开始工作"任务窗格。打开或关闭任务窗格快捷键 Ctrl+F1。

### 2.1.3 设置 Word 2003 工作界面

1. 显示或隐藏工具栏

在菜单栏中依次单击"视图"→"工具栏"，从弹出的子菜单中通过单击方式选择相应的工具栏命令，可以显示或隐藏所需工具栏。

2. 调整工具栏位置

要调整工具栏的位置，只需将鼠标指针移动到工具栏左侧位置，当鼠标指针变成✥形状时，按住鼠标左键不放将其拖动至所需位置，然后松开鼠标即可。

“常用”和“格式”工具栏，可通过单击工具栏右侧的按钮，在弹出的子菜单中选择“在一行内显示按钮”或“分两行显示按钮”，可将“常用”工具栏和“格式”工具栏合并为一行或分为两行显示。

3. 显示或隐藏工具栏中的按钮

单击“常用”工具栏右侧的按钮，在弹出的子菜单中选择“添加或删除按钮”→“常用”菜单项，打开命令列表，单击相应按钮命令可在工具栏中显示或隐藏相应按钮。

4. 显示或隐藏段落标记（标尺）

除工具栏外，用户还可根据需要选择是否显示段落标记（或标尺），具体操作方法为：选择“视图”→“显示段落标记”（或“标尺”）菜单项，可以显示或隐藏段落标记（或标尺）。

### 2.1.4　文档的基本操作

文档的基本操作主要包括创建新文档、保存文档、打开文档以及关闭文档等。

1. 新建文档

Word 文档是文本、图片等对象的载体，要在文档中进行操作，必须先创建文档。创建的文档可以是空白文档，也可以是基于模板的文档。

启动 Word 2003 后，系统会自动创建一个名为“文档 1”的空白文档。可使用下面几种方法创建新文档：

（1）单击“常用”工具栏中的“新建空白文档”按钮。

（2）按“Ctrl+N”组合键快速创建新文档。

（3）选择“文件”→“新建”菜单，在窗口右侧弹出“新建文档”任务窗格，选择一种创建方式创建文档。

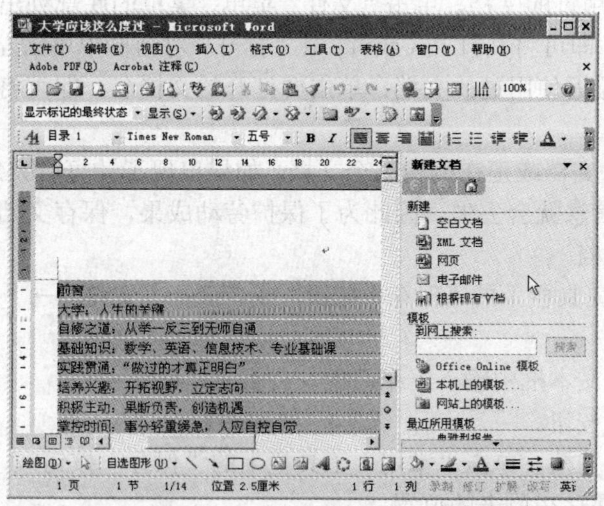


图 2.4

1）单击“空白文档”链接，新建一个空白文档。

2）单击“本机上的模板...”链接，打开“模板”对话框，选择所需模板后单击“确定”按钮新建一个文档。

3）单击“根据现有文档...”链接，打开“根据现有文档新建”对话框，选择现有的一个文档后单击“创建”按钮新建一个文档。

通过上述操作，都可以建立扩展名为.doc 的文档。

2. 打开文档

打开文档是 Word 的一项最基本的操作，对于任何文档来说都需要先将其打开，然后才能对其进行编辑。

（1）打开现有文档，如图 2.5 所示，步骤如下：

1）单击工具栏上的“打开”按钮，或者选择“文件”→“打开”命令，弹出“打开”对话框。

2）在对话框的“查找范围”下拉列表框中，选择该文档所在的驱动器，找出文档所在的目录。

3）单击要打开的文档名，单击“打开”按钮。

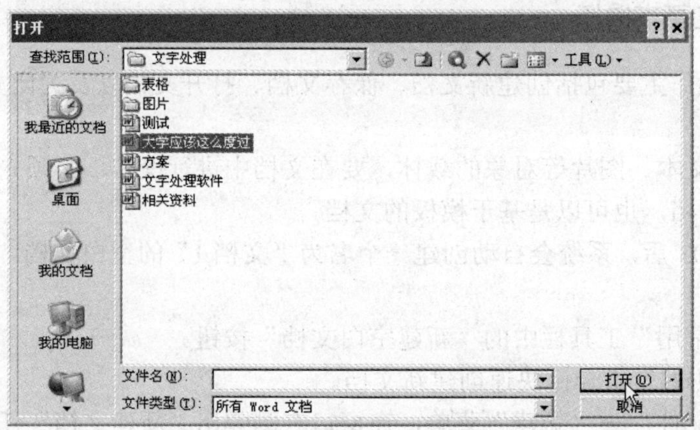


图 2.5

（2）打开最近使用过的文档。单击“文件”菜单，菜单的底部列出了最近使用过的文档，单击要打开的文档名，即可将其打开（或者：在“打开”对话框中单击左侧的“我最近的文档”按钮，也会显示大量最近使用过的文档，单击要打开的文档名，即可将其打开）。

3. 保存文档

对于新建的 Word 文档或正在编辑某个文档，如果出现了计算机突然死机、停电等非常关闭的情况，文档中的信息就会丢失，因此为了保护劳动成果，保存文档是十分重要的。

（1）保存新建文档。

1）单击“常用”工具栏上的“保存”按钮，或者选择“文件”→“保存”命令，打开“另存为”对话框。

2）在“文件名”文本框中输入一个新的文件名。

3）单击“保存”按钮。

（2）保存已有的文档。单击“常用”工具栏上的“保存”按钮或“Ctrl+S”，则当前编辑的内容将以原文件名保存在原来的位置。

（3）用另一文档名保存文档。

1）选择“文件”→“另存为”命令。

2）打开“另存为”对话框，其后操作与保存新建文档相同，如图 2.6 所示。

（4）多个文档的保存。打开了多个文档以后，如果逐个地进行保存或者关闭太繁琐，这时，可以按住 Shift 键后再打开“文件”菜单，原来的“保存”变为了“全部保存”，用此命令可以同时保存所有当前打开的文档。

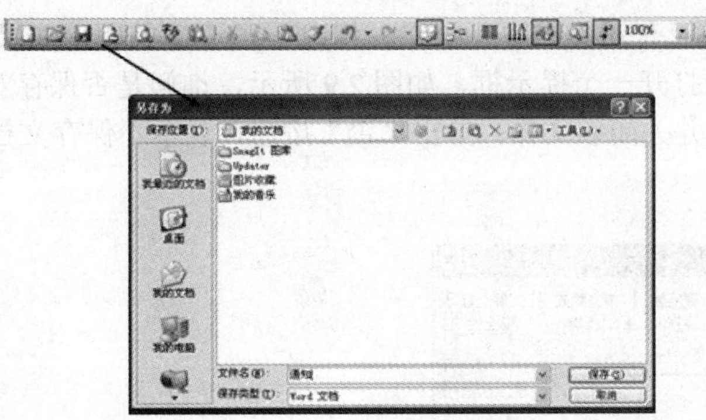


图 2.6

（5）自动保存文档。选择“工具”→“选项”命令，打开“选项”对话框，在“保存”选项卡中，进行相应的设置，如图 2.7 所示，Word 可以按设定方式自动保存文档，从而省去保存的操作。

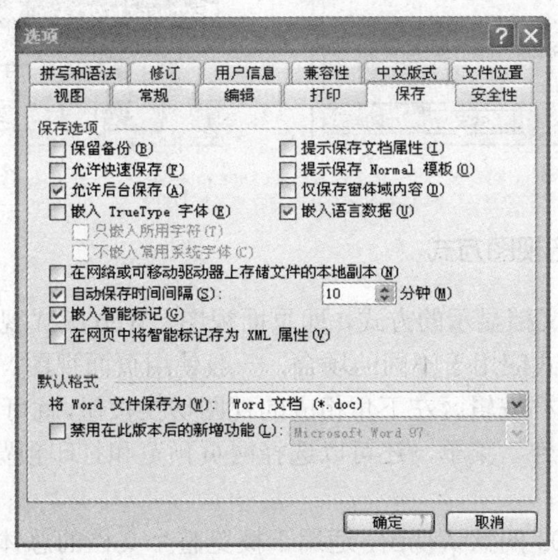


图 2.7

（6）保护文档。为使文档不被人任意查看或修改，可以在保存文档时为文档设置密码，这样，只有知道密码才能打开或修改文档。

1）选择“工具”→“选项”菜单，打开“选项”对话框。

2）单击“安全性”选项卡。

3）在“打开文件时的密码”和“修改文件时的密码”文本框中输入密码，单击“确定”按钮，完成设置。

4. 关闭文档

（1）关闭当前文档而不退出 Word 程序。Ctrl+W 或 Ctrl+F4 或或单击窗口右上角的“关闭”按钮或“文件”→“关闭”命令，关闭当前文档而不退出应用程序。

（2）关闭当前文档同时退出 Word 程序。按 Alt+F4 或选择“控制”→“关闭”命令或“文件”→“退出”命令，关闭当前文档和 Word 程序。

（3）一次关闭所有打开的文档。按 Shift 键，打开“文件”→“全部关闭”命令，关闭全部已打开的文档。

在关闭文档时，如果没有对文档进行编辑、修改，可直接关闭；如果对文档做了修改，但还没有保存，系统将会打开一个提示框，如图 2.9 所示，询问是否保存对文档所做的修改。单击“是”按钮即可保存并关闭该文档；单击“否”按钮，表示不保存文档；单击“取消”按钮，表示取消当前操作。

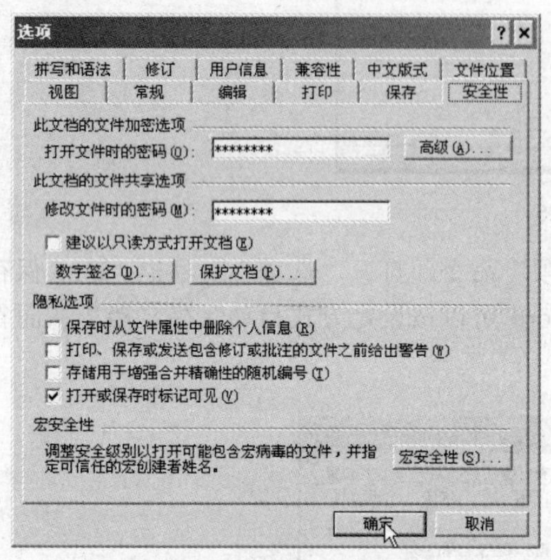


图 2.8

图 2.9

### 2.1.5 Word 2003 的视图方式

Word 2003 中有 5 种文档显示的方式，即页面视图、Web 版式视图、大纲视图、阅读视图和普通视图。各种显示方式应用于不同的场合，一般使用页面视图。通过选择“视图”菜单下的相应命令或通过单击文档编辑区左下角相应的视图切换按钮，就可以在这几种显示方式之间进行切换。此外，在“文件”菜单，还可以选择网页预览和打印预览两种视图方式。

1. 页面视图

页面视图是 Word 2003 的默认视图，适用于概览整个文档的总体效果，其显示效果与打印效果完全一致，如图 2.10 所示，注意图中圆圈所示。它除了可以显示文本外，还可以显示页面大小、页边距、页眉、页脚、分栏、图形和公式等元素。

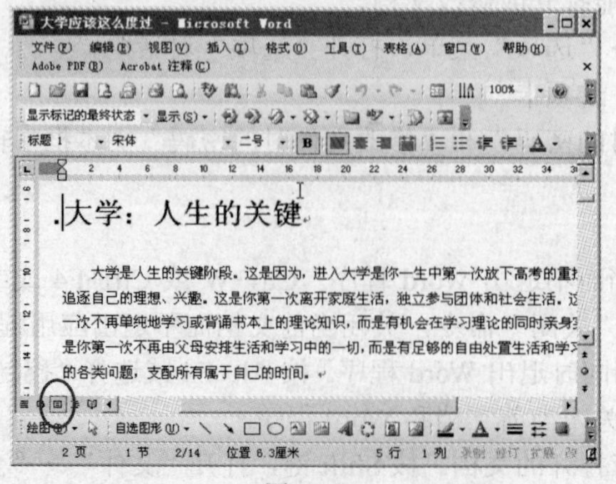


图 2.10

2. 普通视图

普通视图可以显示文档中的文本及文本格式，如图 2.11 所示，注意圆圈所示，该视图简化了文档的页面布局，例如，对文档中的图形、页眉、页脚和页边距不予显示，页与页之间以虚线分割等。因此其显示速度快，非常适合在含有大量图片的文档中录入和编辑文字以及编排文本格式。

3. Web 版式视图

利用 Web 版式视图可以预览 Word 文档在 Web 浏览器中的显示效果。如图 2.12 所示，注意圆圈所示。在该视图中，文档中的文本会自动换行以适应窗口的大小，而且文档的所有内容都显示在同一页面中。

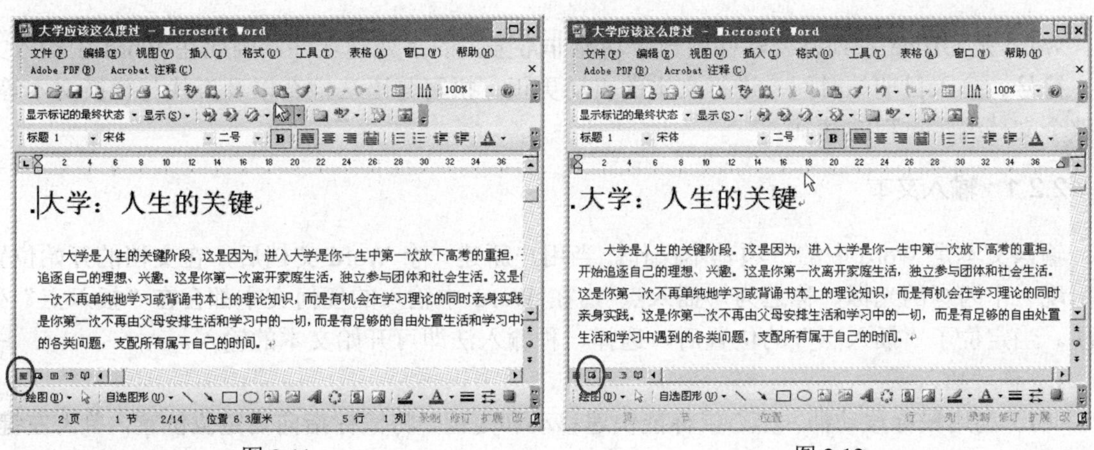

图 2.11　　　　图 2.12

4. 大纲视图

大纲视图非常适合编写和修改具有多级标题的长文档。如图 2.13 所示，注意圆圈所示。使用大纲视图不仅可以直接编写文档标题、修改文档大纲，还可以很方便地查看文档的结构，以及重新安排文档中标题的次序。

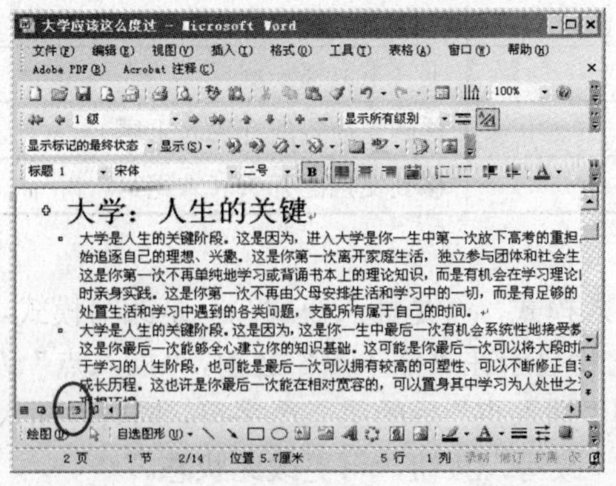

图 2.13

5. 阅读版式视图

阅读版式视图非常适合长篇文档的阅读，如果文档篇幅很长，系统还会自动将文档分成多屏显示。阅读版式视图不显示文档的页眉和页脚，在该视图下显示的页面也不代表打印时的实际页数。如果要查看文档的实际页数，可单击“阅读版式”工具栏中的“实际页数”按钮。

6. 其他视图

（1）文档结构图。文档结构图可以与上述五种视图配合使用，从而更方便查看文档。

（2）网页预览。执行“文件”→“网页预览”命令，文档编辑区变为网页预览视图。网页预览借助 Web 浏览器显示文档，该视图中不能对文档进行编辑，只是查看文档的 Web 页面外观效果的一种方式。

（3）打印预览。执行“文件”→“打印预览”命令或“常用”工具栏上的“打印预览”按钮，文档编辑区变为打印预览视图，显示出文档打印后的外观效果。

## 2.2 文档的内容输入编辑

Word 是 Office 系列办公软件中一个功能非常强大的字处理软件，因此在 Word 中输入文本、符号、插入日期与时间、进行文本的自动更正、拼写与语法检查以及查找与替换文本等，是整个文档编辑过程的基础。

### 2.2.1 输入文本

输入文本是 Word 中的一项基本操作。当用户新建一个 Word 文档后，在文档的开始位置将出现一个闪烁的光标，称之为“插入点”，在 Word 中输入的任何文本都会在“插入点”处出现。当定位了“插入点”的位置后，选择一种输入法即可开始文本的输入。

1. 移动插入点

（1）利用鼠标移动插入点。鼠标能快速移动和定位，将鼠标指向需定位位置，单击左键。

（2）用键盘移动插入点。

按钮功能如表 2.1 所示。

表 2.1

| 按键 | 移动插入点 |
|---|---|
| ←（→） | 左（右）移一个字符 |
| ↑（↓） | 上（下）移一行 |
| PageDown（Up） | 上（下）移一屏 |
| Home（End） | 移到当前行的开头（末尾） |
| Ctrl+Home（End） | 移到文档的开头（末尾） |

2. 输入模式

在 Word 中，有两种输入模式，一是插入模式，一是改写模式。默认是插入模式的。在插入模式下输入一个字符，它将显示在“插入点”之前，“插入点”及原有内容一起后移。在改写模式下，键入的字符将覆“插入点”后的第一个字符，同时“插入点”后移指向下一个字符。

（1）双击状态栏中的“改写”按钮，可更改此状态。

（2）按下键盘上的 Insert 键，插入模式将转换为改写模式，再次按下 Insert 键时，又能回到插入模式。

（3）执行“工具”→“选项”命令，在打开的“选项”对话框中，单击“编辑”选项卡，如图 2.14 所示。并找到“改写模式”，用空格改变该复选框的状态，就可以在编辑和改写模式间切换。

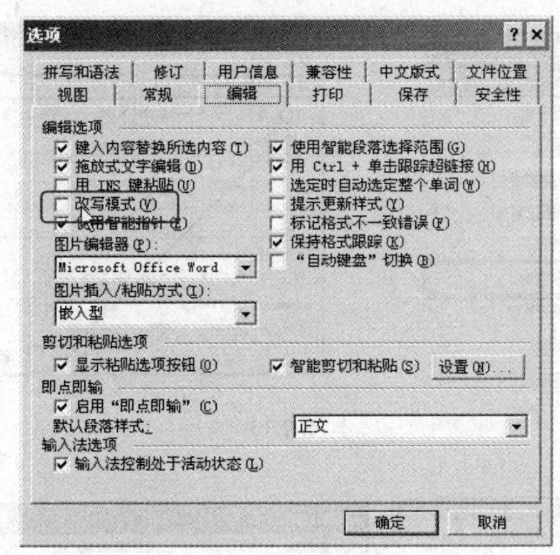


图 2.14

3. 文档换行

Word 有自动换行的功能，当输入满一行时，Word 会自动换行，不必在每行结束时按 Enter 键，只有当一个段落结束时才需按 Enter 键。按下 Enter 键后，将在段落末尾产生段落标记。此外，如果希望在未满一行时进行换行，但并不开始一个新段落，可按 Shift+Enter 组合键（俗称“软回车”或“手动换行”）。

在输入过程中，难免会有误输入，这时可以用 Backspace（退格键）和 Delete（删除键）进行修改。按下 Delete 键，删除“插入点”后的一个字符；按下 Backspace 键，删除“插入点”的一个字符。

4. 输入英文

在英文状态下通过键盘可以直接输入英文、数字及标点符号。

（1）按 CapsLock 键可输入英文大写字母，再次按该键输入英文小写字母。

（2）按 Shift 键的同时按双字符键将输入上档字符；按 Shift 键的同时按字母键输入与键盘大小写状态相反的英文字母。

（3）按空格键，在“插入点”的左侧插入一个空格符号。

5. 输入中文

在 Word 2003 中，选择一种中文输入法，就可以在“插入点”处开始文本的输入。

6. 输入符号

在文档中通常不会只有中文或英文字符，在很多情况下还需要输入一些符号，这时仅通过键盘是无法输入这些符号的。Word 2003 提供了插入符号的功能，用户可以在文档中插入各种符号。

（1）利用“符号”工具栏可输入。

（2）执行“插入”→“符号”或“特殊符号”命令，打开“符号”或“插入特殊符号”对话框，如图 2.15 所示，选择所需符号，单击“插入”按钮。

7. 插入当前日期和时间

执行“插入”→“日期和时间”，打开“日期和时间”对话框，如图 2.16 所示，选择所需格式即可。把“日期和时间”对话框中的“自动更新”复选框选中，可以让插入的时间与打开文档时的计算机时间同步。

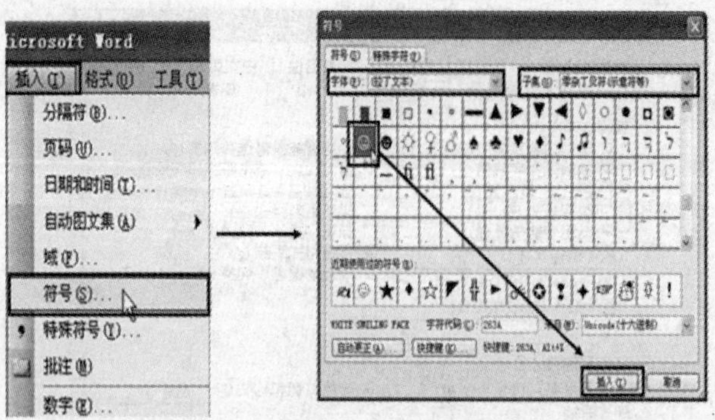

图 2.15

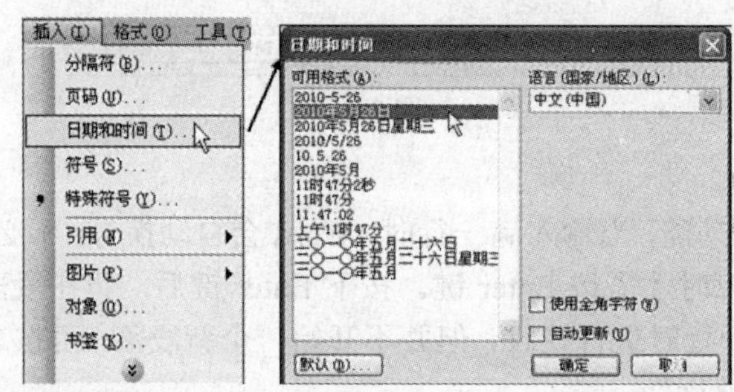

图 2.16

### 2.2.2 选取文本

在编辑文本之前，首先必须选取文本。选取文本既可以使用鼠标，也可以使用键盘，还可以结合鼠标和键盘进行选取。

1. 使用鼠标选取文本

（1）将光标置于要选取的文字前（后），按下鼠标向后（前）拖曳，可将文字选取。

（2）在一个词内或文字上双击鼠标，可将整个词和文字选取。

（3）在一段文本内三次单击鼠标，可将整个段落选取。

（4）选择区选取：单击鼠标，选择所在行；双击鼠标，选择所在段落；三击鼠标，选择全篇文档。

2. 使用键盘选取文本

快捷键及功能如表 2.2 所示。

表 2.2

| 快捷键 | 功能 |
|---|---|
| Shift+→（←） | 选取光标右（左）侧的一个字符 |
| Shift+↑（↓） | 选取光标位置至上（下）一行相同位置之间的文本 |
| Shift+Home（End） | 选取光标位置至行首（尾） |
| Shift+Pagedown（up） | 选取光标位置至下（上）一屏之间的文本 |
| Ctrl+Shift+Home（End） | 选取光标位置至文档开始（结尾）之间的文本 |
| Ctrl+A | 选取整篇文档 |

3. 鼠标键盘结合选取文本

（1）选取连续的较长文本。先定位到要选取的文本开始（结束）处，按住 Shift 键，再用鼠标定位到要选取的文本结束（开始）处。

（2）选取不连续文本。按住 Ctrl 键，再用鼠标选取文本。

（3）选取一句话。按住 Shift 键，再用鼠标单击选取。

（4）选取矩形区域。按住 Alt 键，再用鼠标拖动选取。.

### 2.2.3 文本的简单编辑

在文档编辑的过程中，常常需要对文本进行复制、移动和删除等操作。

1. 复制文本

在文档中经常需要重复输入文本时，可以使用复制文本的方法进行操作以节省时间，加快输入和编辑的速度。

首先选取需要复制的文本，然后通过下列方法实现：

（1）选择“编辑”→“复制”命令，把“插入点”移到目标位置，再选择“编辑”→“粘贴”命令。

（2）按 Ctrl+C 组合键，把“插入点”移到目标位置，再按 Ctrl+V 组合键。

（3）在“常用”工具栏上单击“复制”按钮，把“插入点”移到目标位置，单击“粘贴”按钮。

（4）按下鼠标右键拖动到目标位置，松开鼠标会弹出一个快捷菜单，从中选择“复制到此位置”命令。

（5）右击，从弹出的快捷菜单中选择“复制”命令，把“插入点”移到目标位置，右击，从弹出的快捷菜单中选择“粘贴”命令。

如果只需复制文本内容而不需要格式，可使用“选择性粘贴”命令。

2. 移动文本

移动文本的操作与复制文本类似，唯一的区别在于，移动文本后，原位置的文本消失，而复制文本后，原位置的文本仍在。

首先选取需要复制的文本，然后通过下列方法实现：

（1）选择“编辑”→“剪切”命令，把“插入点”移到目标位置，再选择“辑”→“粘贴”命令。

（2）按 Ctrl+X 组合键，把“插入点”移到目标位置，再按 Ctrl+V 组合键。

（3）在“常用”工具栏上单击“剪切”按钮，把“插入点”移到目标位置，单击“粘贴”按钮。

（4）按下鼠标右键拖动到目标位置，松开鼠标会弹出一个快捷菜单，从中选择“移动到此位置命令”。

（5）右击，从弹出的快捷菜单中选择“剪切”命令，把“插入点”移到目标位置，右击，从弹出的快捷菜单中选择“粘贴”命令。

3. 删除文本

在文档编辑的过程中，需要对多余或错误的文本进行删除操作。

（1）按 BackSpace 键删除光标左侧的文本。

（2）按 Delete 键删除光标右侧的文本。

（3）选取需要删除的文本，在“常用”工具栏中，单击“剪切”按钮。

（4）选取需要删除的文本，然后选择“编辑”→“清除”→“内容”命令。

（5）若要删除的内容较多，可在选中文本后，再按 Backspace 键或 Delete 键将其删除。

（6）若将光标置于段落标记的左侧，然后按 Delete 键，将使该段落标记前后的两个段落合并。

4. 剪贴板工具

Office 剪贴板是在内存中开辟的一个临时数据区域，用于在应用程序间交换文本或图像信息，剪贴板中可以同时存放最近 24 次复制和剪切的内容。

以下方法可调出 Office 剪贴板：

（1）选择“编辑”→“Office 剪贴板”命令，将在编辑区的右侧显示“剪贴板”任务窗格。

（2）单击“视图”→“任务窗格”命令调出任务窗格，单击“其他任务窗格”下拉按钮，在弹出的菜单中选择“剪贴板”。

### 2.2.4 查找与替换文本及文档定位

Word 2003 的查找与替换功能，可以轻松、快捷地完成文档中选定内容的查找及替换；定位功能可以快速地在文档中定位。

1. 查找文本

（1）选择“编辑”→“查找”命令，打开“查找和替换”对话框，如图 2.17 所示。

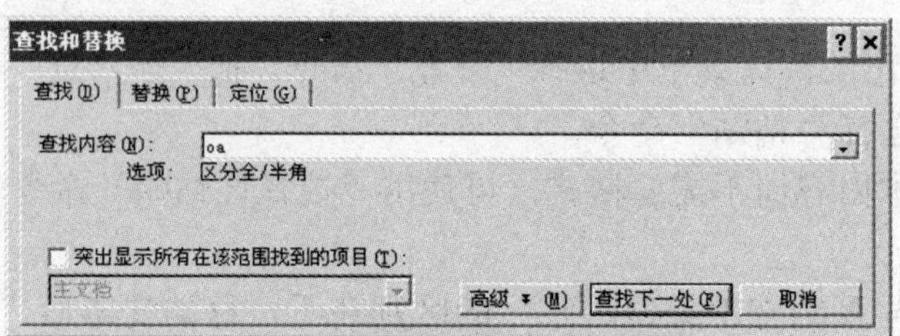


图 2.17

（2）在“查找内容”列表框内输入要查找的文字。

（3）单击“查找下一处”按钮，Word 2003 即开始查找，找到内容后将其反白相显示并停止查找；再单击“查找下一处”按钮可继续查找。如果所指定的内容没有找到，系统会给出相应的提示。

2. 替换文本

（1）选择“编辑”→“替换”命令，打开“查找和替换”对话框，并显示“替换”选项卡。如图 2.18 所示。

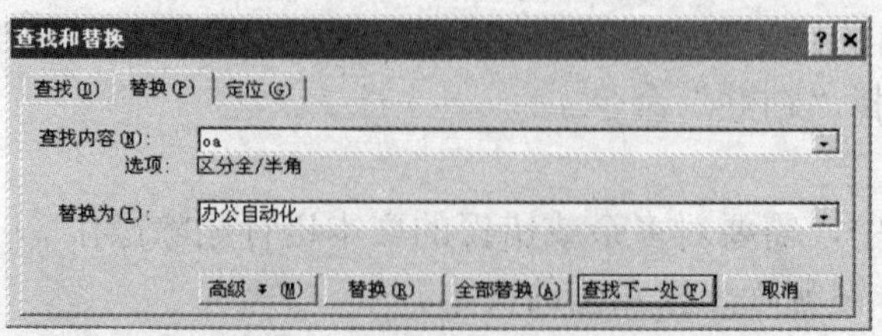


图 2.18

（2）在“查找内容”列表框中输入要查找的文字，在“替换为”列表框中输入替换文字。

（3）单击“替换”按钮，Word 2003 即将找到第一处相应内容按设置进行替换。单击“全部替换”按钮可将整个文档中的相应内容全部替换。

3. 高级查找和替换

单击“查找和替换”对话框中的“高级”按钮，如图 2.19 所示，可以更进一步地详细设置查找和替换的条件。

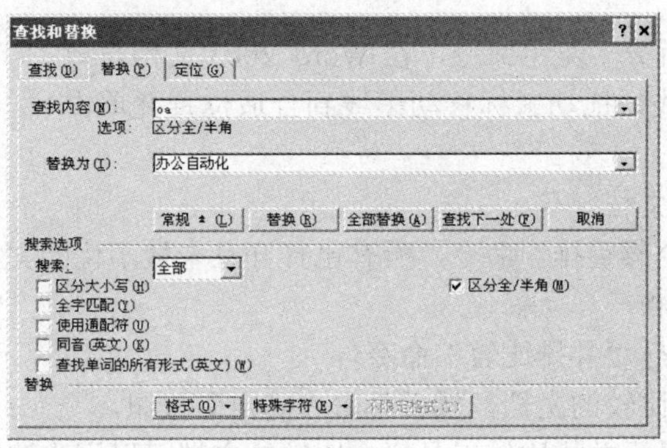


图 2.19

（1）“格式”按钮：利用该按钮可查找具有特定格式的文本，或将原文本格式替换为指定的格式。

（2）“特殊字符”按钮：可查找诸如段落标记、制表符等特殊符号。

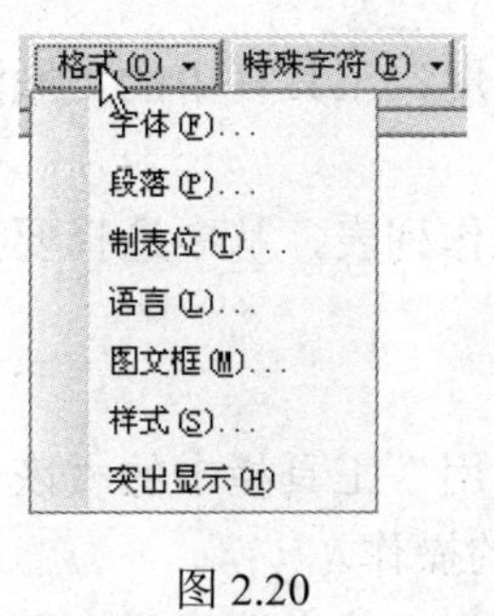


图 2.20

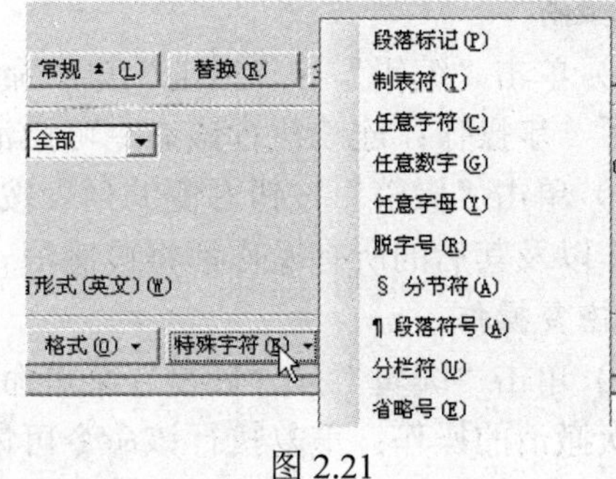


图 2.21

4. 文档定位

Word 的“定位”功能可以在文档中快速定位到指定位置。

（1）执行菜单栏中的“编辑”→“定位”命令，弹出“查找和替换”对话框，如图 2.22 所示。

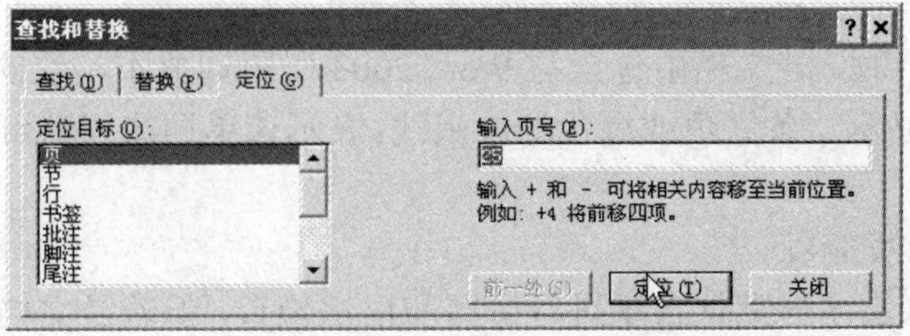


图 2.22

（2）单击“定位”标签，在“定位目标”列表框中选择相应的目标类型，然后在文本框中输入所需信息。

（3）单击“定位”按钮，即定位到文档指定位置。

### 2.2.5 文档的窗口操作

文档窗口操作通过“窗口”菜单命令实现，如图 2.23 所示。

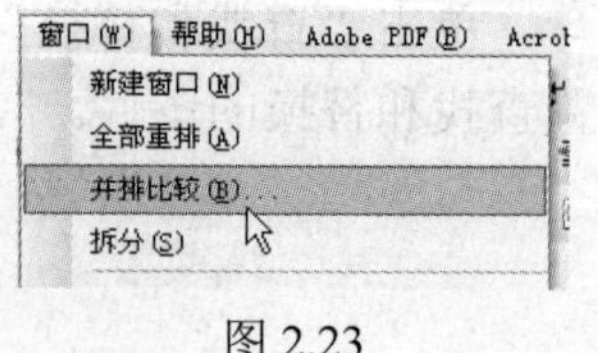


图 2.23

1. 拆分窗口

单击“窗口”→“拆分”菜单命令，在 Word 2003 文档窗口中将显示出一条黑色粗线，拖动鼠标移动黑线到合适位置并单击鼠标左键。

2. 在窗口显示多个文档

单击“窗口”→“全部重排”命令，所有已打开且未最小化的文档显示在屏幕上。

3. 并排比较两个文档

（1）单击“窗口”→“并排比较”命令。

（2）选择需要并排比较的文档，然后单击“确定”按钮。

打开并排比较后会显示并排比较工具栏，比较的文档可以同步滚动。

### 2.2.6 撤消、恢复和重复操作

编辑文档出现误操作或对编辑效果不满意时，可以应用“撤消”功能来取消这些操作，而需要取消“撤消操作”时，则可以应用“恢复”功能。

1. 撤消

（1）单击“编辑”→“撤消”菜单命令，或单击“常用”工具栏中的“撤消”按钮，可撤消最后一步操作；连续执行该命令可撤消多步操作。

（2）单击“撤消”按钮右侧的列表按钮，打开历史操作列表，从中选择要撤消的操作，则该操作以及其后的所有操作都将被撤消。

2. 恢复操作

（1）单击“编辑”→“恢复”菜单命令，或单击“常用”工具栏中的“恢复”按钮可恢复上一次撤消的操作；重复执行该命令可恢复多步被撤消的操作。

（2）单击“恢复”按钮右侧的列表按钮，打开恢复列表，从中选择要恢复的操作，则该操作以及其后的所有操作都将被恢复。

只有在执行了撤消操作后恢复选项才生效，如果在执行了撤消操作后又执行了其他操作，则被撤消的操作将无法恢复。

### 2.2.7 拼写与语法检查

在输入、编辑文档时，若文档中包含与 Word 2003 所附词典不一致的单词或词语时，会在该单词或词语的下方显示一条红色或绿色的波浪线，表示该单词或词语可能存在拼写或语法错误，提示用户注意。

1. 设置拼写与语法选项

Word 2003 在输入文本时默认自动进行拼写和语法检查，但若是文档中包含有较多特殊拼写或特殊语法，则启用键入时自动检查拼写和语法功能，就会对编辑文档产生一些不便。因此

在编辑一些专业性较强的文档时，可暂时将输入时自动检查拼写和语法功能关闭。

2. 拼写与语法检查

（1）执行“工具”→“拼写和语法”菜单命令，打开“拼写和语法”对话框，如图 2.24 所示。

（2）Word 将从光标当前位置开始检查，在错误提示框中以红色或绿色字体显示可能存在错误的单词或短语。如果确实错误，可以在错误提示框中直接修改，并单击“更改”按钮。如果没有必要更改则单击“忽略一次”或“全部忽略”按钮继续检查，如图 2.25 所示。

（3）检查完毕，单击该对话框中的“关闭”或“取消”按钮。

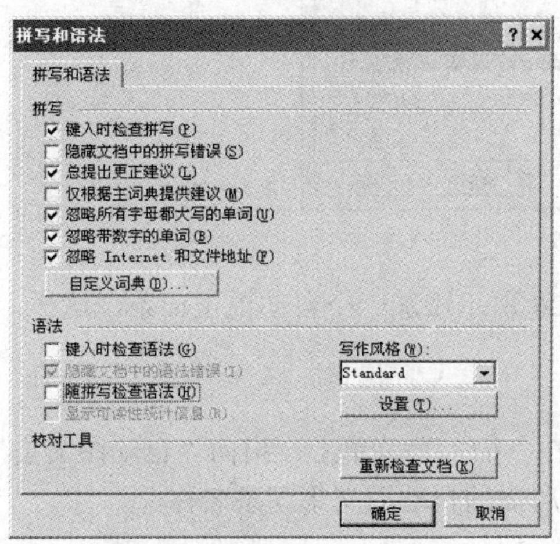

图 2.24

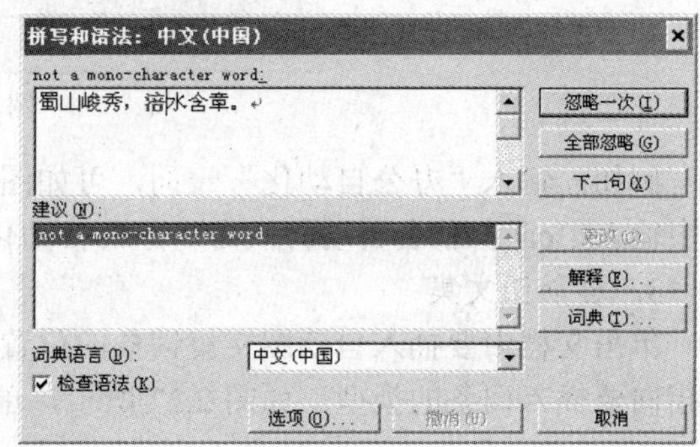


图 2.25

## 2.2.8　自动更正和自动图文集

在文本的输入过程中，难免会出现一些拼写错误，为改正这些错误，Word 2003 提供了自动更正功能，可以通过其自带的词典对一些常见的拼写错误进行更正。这一功能对英文特别有用。自动图文集可快速插入常用短语、页眉页脚的日期时间等。

1. 设置自动更正选项

在使用 Word 2003 的自动更正功能时，可根据需要设置自动更正选项。

单击“工具”→“自动更正”选项，打开“自动更正”对话框，如图 2.26 所示。单击“自动更正”选项卡，执行下列一项或多项操作：

（1）显示或隐藏“自动更正选项”按钮，选中或清除“显示‘自动更正选项’按钮”复选框。

（2）设置与大写更正有关的选项，选中或清除对话框中的后五个复选框。

（3）打开或关闭“自动更正”词条，选中或清除“键入时自动替换”复选框。

（4）打开或关闭拼写检查提供的更正功能，选中“键入时自动替换”复选框，然后选中或清除“自动使用拼写检查器提供的建议”复选框（选中“自动使用拼写检查器提供的建议”复选框，必须首先打开自动拼写检查）。

2. 创建自动更正词条

创建或更改自动更正词条，主要用于在输入某种常见的错误词条时或，系统会给与提示，并用正确的词条加以替代。

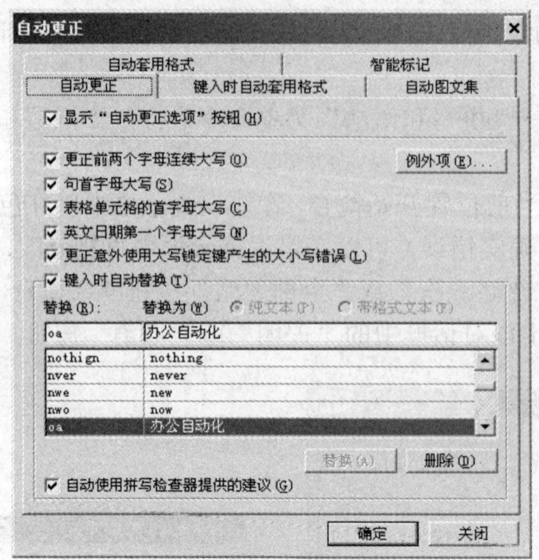


图 2.26

例如：输入“办公自动化”一词，可如图 2.26 所示添加一个自动更正词条，这样，在文档中输入“oa”，就会自动替换为“办公自动化”。

3. 自动图文集

单击文档中要插入自动图文集词条的位置。在“插入”菜单上，指向“自动图文集”，然后指向要插入词条的类型。如图 2.27 所示，单击所需的自动图文集词条名称。

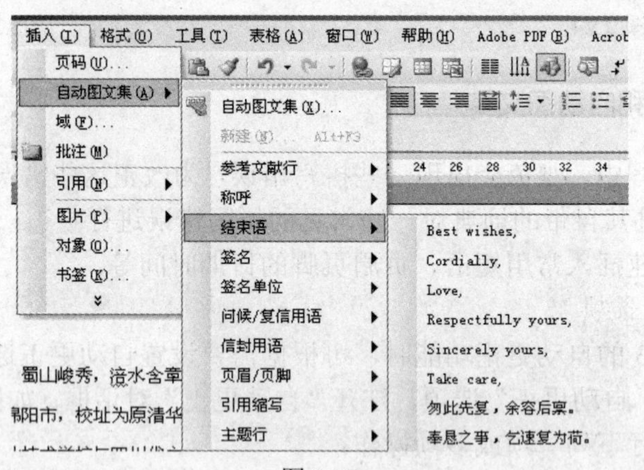


图 2.27

## 2.3 文档的格式排版

### 2.3.1 格式化文档

在文档中，文字是最基本内容，任何一个文档都是从文本开始进行编辑的，当用户输入完所需的文本内容后就可以对相应的文字和段落进行格式化操作，从而使文档更加美观。格式化文档最简便的方法是通过“格式”工具栏进行设置，是最常使用的方法。图 2.28 对“格式”工具栏进行了说明。

在实际工作中，我们可以先选中相应内容（如字符或段落），然后根据需要灵活设置格式。

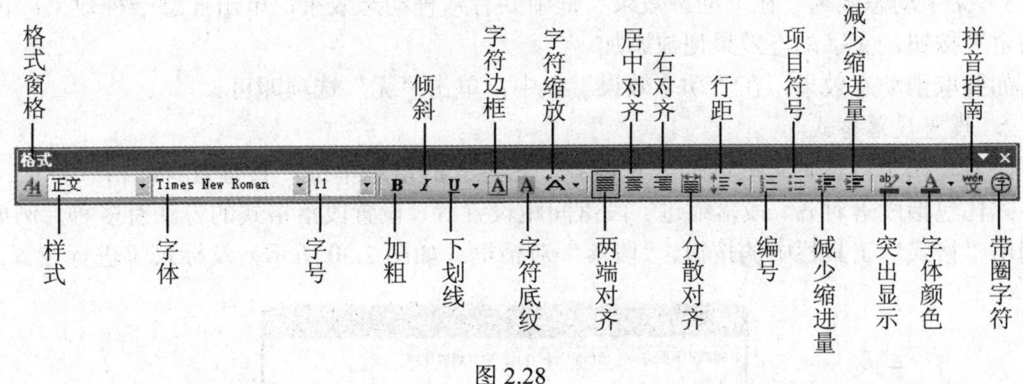


图 2.28

1. 设置字符格式

在 Word 中为了使文档更加美观、条理更加清晰，通常需要对字符格式进行设置。字符格式包括字体、字号、字形和字符颜色等。Word 2003 默认的中文字符格式为宋体、五号字，英文字体为 TimesNewRoman。

（1）“格式”工具栏设置。使用“格式”工具栏可以快速地设置文本的字体、字号、颜色、字形等。

（2）通过“字体”对话框设置。执行“格式”→“字体”命令，打开“字体”对话框，如图 2.29 所示。在“字体”对话框中，不仅可以完成“格式”工具栏中所有字体设置功能、有着更多的设置，而且还能给文本添加特殊的效果、设置字符间距等。

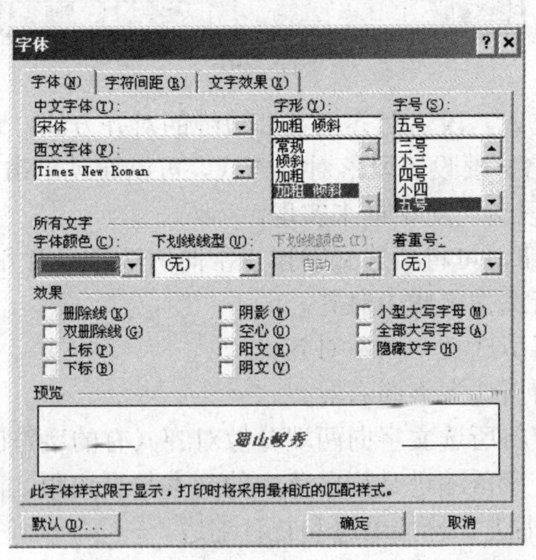


图 2.29

1）字体。单击“字体”选项，与“格式”工具栏中的命令大体相同，也对文本进行字体、颜色、大小、删除线等设置。

2）字符间距。单击“字符间距”选项，弹出的对话框，可以精确设置字符的显示比例、间距及位置。

- “缩放”选项：在不影响文字大小的情况下调整其宽度。
- “间距”选项：主要调整文字之间距离的大小。

● “位置”选项：调整所选文字相对于标准文字基线的位置。

3）文字动态效果。在“动态效果”框中共有六种动态效果，单击任意一种效果，再单击“确定”按钮，文字动态效果便被添加。

如要取消动态效果，在“动态效果”框中，单击“无”选项即可。

2. 设置段落格式

段落是两个段落标记之间的文本内容，是独立的信息单位，具有自身的格式特征。段落的格式化包括段落对齐、段落缩进、段落间距设置等。设置段落格式的方法有多种，例如，可以利用“格式”工具栏中的按钮，“段落”对话框（如图 2.30 所示）及标尺等进行设置。

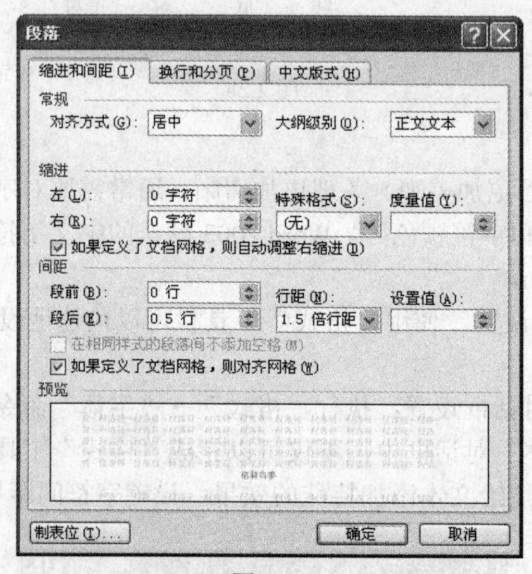


图 2.30

（1）设置段落对齐方式。段落对齐指文档边缘的对齐方式，包括两端对齐、居中对齐、左对齐、右对齐和分散对齐。要设置段落对齐方式，可以通过单击“格式”工具栏上的相应按钮来实现，也可以通过“段落”对话框来实现。

- “两端对齐”按钮，可将所选文字按正常向两端排列对齐。
- “居中”，可将所选文字居中对齐。
- “左对齐”，可将所选文字向左对齐。
- “右对齐”，可将所选文字向右对齐。
- “分散对齐”，可将所选文字向两端分散对齐（有的字符间距将被拉大）。

（2）设置段落缩进。段落缩进是指段落中的文本与页边距之间的距离。Word 2003 中共有 4 种格式：左缩进、右缩进、悬挂缩进和首行缩进。

1）使用“格式”工具栏设置段落缩进。“格式”工具栏中包含“增加缩进量”和“减少缩进量”两个段落缩进的命令。

将光标置于要调整的段落中的任意位置，单击“增加缩进量”按钮，整段文字将向右移动一个字的距离。

将光标置于要调整的段落中的任意位置，单击“减少缩进量”按钮，可将文字向左移动一个字的距离。

2）使用水平标尺设置段落缩进，如图 2.31 所示。

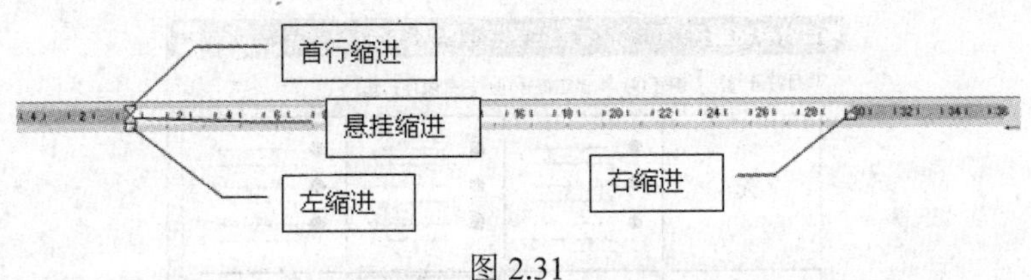


图 2.31

3）使用“段落”对话框设置缩进。执行菜单栏中的“格式”→“段落”命令，弹出“段落”对话框中，在“缩进”选项栏下，便可以设置段落缩进。

- “左”、“右”选项：设置该选项中的数值，可调整段落的左缩进和右缩进。
- “特殊格式”选项：共有“首行缩进”和“悬挂缩进”两种缩进方式，选取其中一种方式，调整右面的“度量值”选项栏中的数值，会精确地设定段落的缩进。

选取“首行缩进”时，“度量值”选项中设定的数值为段落第一行缩进的距离；选取“悬挂缩进”时，“度量值”选项中设定的数值为除第一行外的其他段落缩进的距离。

（3）设置段落间距。段落间距的设置包括文档行间距与段间距的设置。所谓行间距是指段落中行与行之间的距离；所谓段间距，就是指前后相邻的段落之间的距离。

1）设置行间距。在进行文本的输入时，行间距默认为单倍行距。

①使用“格式”工具栏设置。“格式”工具栏中，单击“行距”按钮右侧的下拉按钮，在弹出的下拉菜单中选择合适的行距即可，如 1.5、2、3 等。

②执行菜单栏中的“格式”→“段落”命令设置。执行该命令，会弹出“段落”对话框。在“段落”对话框中，单击“行距”下拉框中的按钮，将弹出一个下拉菜单。在这个菜单中可以选择“单倍行距”、“1.5 倍行距”、“2 倍行距”、“固定值”等选项。在选择“最小值”、“固定值”、“多倍行距”这三项中时，可以在“设置值”数值框中设置参数，调整行间距的大小。

2）设置段间距。段间距的设置与行间距基本相同，只要打开“段落”对话框，在“段前”、“段后”选项框中输入相应的数值，或者单击选项框右侧的微调按钮调整数值，表明要设置的间距即可。

### 2.3.2　设置项目符号和编号

使用项目符号和编号列表，可以对文档中并列的项目进行组织，或者将顺序的内容进行编号，以准确地表达各部分内容之间的并列关系、从属关系以及顺序关系等，使这些项目的层次结构更清晰、更有条理。Word 2003 提供了 7 种标准的项目符号和编号，如图 2.32 所示，并且允许用户自定义项目符号和编号。

1. 添加项目符号和编号

Word 2003 提供了自动添加项目符号和编号的功能，用户可以在输入文本时或输入文本后进行添加。

（1）在以“1.”、“(1)”、“A”等字符开始的段落中按 Enter 键，下一段开始将会自动出现“2.”、“(2)”、“B”等字符。

结束编号，请敲击两次 Enter 键，即可结束。

（2）输入“*”，接着按空格键或 Tab 键，再输入一段文本，按键盘中的 Enter 键，插入默认项目符号。

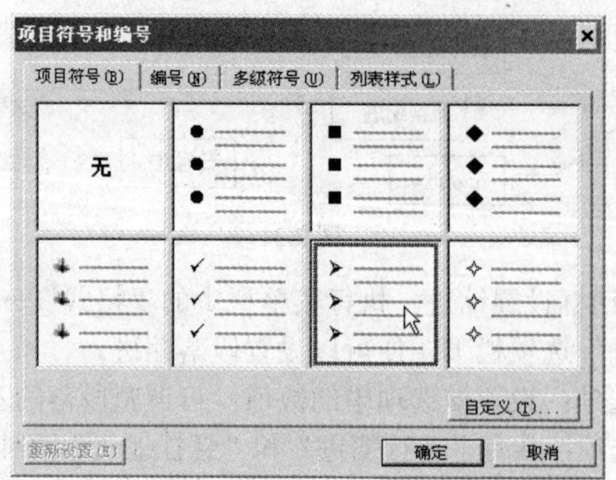


图 2.32

结束项目符号，请按两次 Enter 键，即可结束。

（3）在输入文本之后，选中要添加符号的段落，在“格式”工具栏上单击“项目符号”按钮，将自动在每一段落前面添加项目符号；单击“编号”按钮，将以 1.、2.、3.的形式编号。

2. 自定义项目符号和编号

在 Word 2003 中，还提供了其他 6 种标准的项目符号和编号，并且允许自定义项目符号样式和编号。

选取需要改变或创建项目符号和编号的段落，选择“格式”→“项目符号和编号”命令，打开“项目符号和编号”对话框，选择“项目符号”选项卡，显示了 6 种标准的项目符号，还可以单击“自定义”按钮重新选择一种项目符号；选择“编号”选项卡，同样也显示了 6 种标准的编号，也可以单击“自定义”按钮重新选择一种编号，如图 2.33 所示。

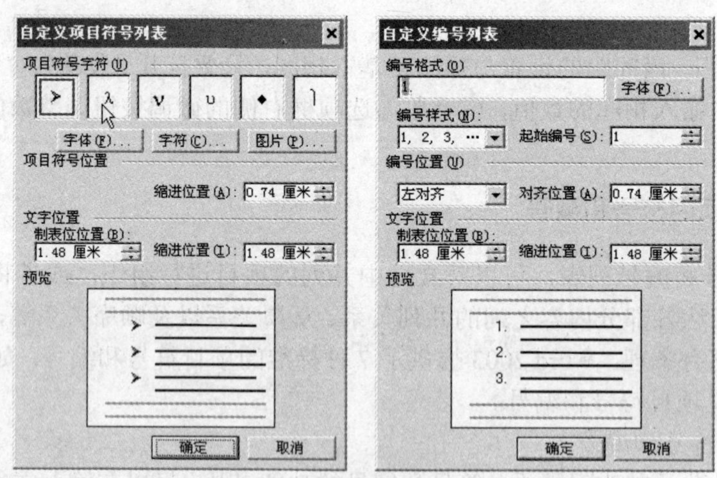


图 2.33

### 2.3.3 添加边框和底纹

使用 Word 编辑文档时，为了让文档更加吸引人，常常需要为文字、段落和页面添加边框和底纹，来增加文档的生动性。边框和底纹功能是实现这一目的手段。

图 2.34 是“边框和底纹”对话框，借助这个工具，我们能轻松地实现为段落添加边框和底纹。

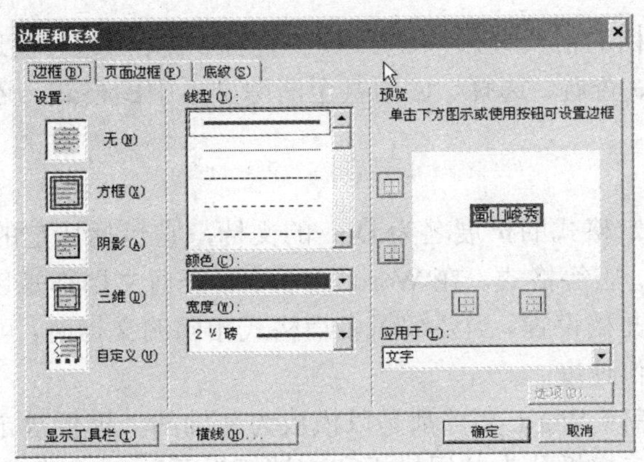


图 2.34

1. 添加边框

Word 2003 提供了多种边框供选择，用来强调或美化文档内容。

（1）选择“格式”→“边框和底纹”命令，打开“边框和底纹”对话框。

1）选择“边框”选项卡。在“设置”选项区域中有五种边框样式，从中可选择所需的样式；在“线型”列表框中列出了各种不同的线条样式，从中可选择所需的线型；在“颜色”和“宽度”下拉列表框中，可以为边框设置所需的颜色和相应的宽度；在“应用于”下拉列表框中，可以设定边框应用的对象是文字或者段落。

2）选择“页面边框”选项卡，可以设置页面边框。

“页面边框”添加了“艺术型”选项，应用该选项，可以给页面添加装饰性的边框。

2. 添加底纹

要设置底纹，只需在“边框和底纹”对话框中选择“底纹”选项卡，在其中对填充的颜色和图案等进行设置。

### 2.3.4　复制格式

在文档中常常有许多需要设置为相同格式的文本，此时，用户无需一一设置，利用“常用”工具栏中的“格式刷”按钮，可以快速地将设置好的格式复制到其他段落或文本中，从而提高工作效率。具体操作步骤如下：

图 2.35

（1）选定要复制的格式的文本。

（2）单击或双击“格式刷”按钮，此时光标变为刷子形状。若单击“格式刷”，格式刷只能应用一次；双击“格式刷”，则格式刷可以连续使用多次。

（3）然后将光标移到要改变格式的文本处，按住鼠标左键选定要应用此格式的文本，即可完成格式复制。

（4）取消格式复制，再次单击格式刷按钮或按 Esc 键或进行其他的编辑工作即可。

### 2.3.5　Word 2003 高级排版

为了帮助用户提高文档的编辑效率，创建有特殊效果的文档，Word 2003 提供了一些高级格式设置功能来优化文档的格式编排，如可以应用模板对文档进行快速的格式应用，可以利用“样式”任务窗格创建、查看、选择、应用甚至清除文本中的格式，还可以利用特殊的排版方式设置文档效果。

1．使用模板

模板是一种带有特定格式的扩展名为.Dot 的文档，它包括特定的字体格式、段落样式、页面设置、快捷键方案、宏等格式。在 Word 2003 中，任何文档都是以模板为基础的，模板决定了文档的基本结构和文档设置。当要编辑多篇格式相同的文档时，可以使用模板来统一文档的风格，还可以加快工作速度。

（1）了解模板。任何 Word 文档都是以模板为基础的，模板决定文档的基本结构和文档设置。在 Word 2003 中，模板分为共用模板和文档模板两种。

1）共用模板：就是包括 Normal 模板，其所含设置能够适用于所有文档的模板。例如，进入 Word 2003 时出现的空白文档就是基于 Normal 模板的。

Normal 模板默认安装在 C:\DocumentsandSettings\用户名\ApplicationData\Microsoft\Templates 文件夹中。若要安装新模板，只需将模板文件拷贝到该文件夹下即可。若要删除不必要的模板，只需删除该文件夹下的相应模板文件即可。

2）文档模板：就是所含设置仅适用于以该模板为基础的文档的模板。如备忘录模板就是文档模板。

（2）使用模板创建文档。Word 2003 自带了一些常用的文档模板，使用这些模板可以帮助用户快速创建基于某种类型的文档。

要想通过模板创建文档，选择“文件”→“新建”命令，打开“新建文档”任务窗格，并在“模板”选项区域中，单击“本机上的模板”链接，打开“模板”对话框，如图 2.36 所示。

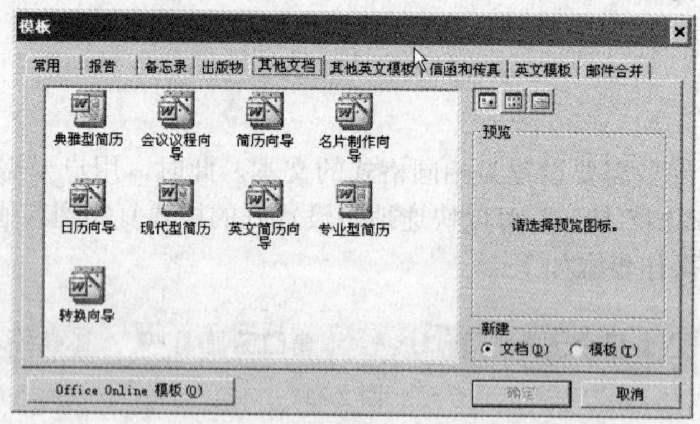


图 2.36

（3）创建模板。在文档处理过程中，当需要经常用到同样的文档结构和文档设置时，就可以根据这些设置自定义并创建一个新的模板来进行应用。在创建新的模板时有根据现有文档创建和根据现有模板创建两种方法。

1）根据现有文档创建模板。

- 打开用做模板的文档。
- 执行菜单栏中的“文件”→“另存为”命令，弹出“另存为”对话框。
- 在对话框的“保存类型”列表框中选择“文档模板”选项，系统将自动进入“Templates”（临时模板）文件夹。

- 在“文件名”选项的列表框中输入模板的名称，然后单击“确定”按钮，即可完成模板的创建。

2）根据现有模板创建模板。

- 执行菜单栏中的“文件”→“新建”命令，打开“新建文档”任务窗格。
- 在“新建文档”任务窗格中，单击“本机上的模板”选项，在弹出“模板”对话框中，设置选项，再选取已有的模板文件。
- 单击“确定”按钮。
- 创建完成，将其保存，它将自动以.dot 文件扩展名保存在“模板文件夹”内。

（4）加载和卸载共用模板。每次运行 Word 2003 时，其默认的共用模板是 Normal 模板，如果希望在运行 Word 后，所有的文档还可以应用其他模板中的设置，可以将这些模板加载为共用模板供文档选用，不需要使用时还可以将其卸载。

执行菜单栏中的“工具”→“模板和加载项”命令，弹出“模板和加载项”对话框，如图 2.37 所示，在该对话框选择设置模板的选用、加载和卸载。

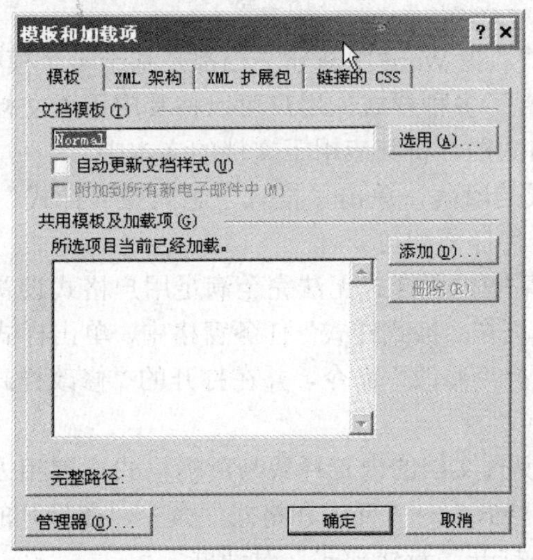


图 2.37

（5）修改文档模板。

1）执行菜单栏中的“文件”→“打开”命令，弹出“打开”对话框。

2）在对话框中，查找到模板所在的文件夹，并将其模板文件打开。

3）修改模板内容后，保存即可。当模板正在使用时，不能保存对它的更改，但是可以命令为其他名称进行保存。

2. 使用样式

在 Word 中编排一些格式繁多的文档时，经常使用样式来快速调整或统一文档的格式。Word 提供了内置样式，它是应用于文档中的文本、表格和列表的一套格式特征，能迅速改变文档的外观，利用样式还可辅助生成目录。当 Word 提供的内置样式有部分格式定义和需要应用的格式组合不相符，还可以修改该样式，甚至可以重新定义样式，以创建规定格式的文档。

Word 2003 中，样式有两类：一类是字符样式，一类是段落样式。

字符样式：只包含文本格式，如字体、字号和字形等。可以对一段文本应用段落样式，对其中的部分文字应用字符样式。

段落样式：既包含了文本格式，又包含了对齐方式、缩进、行间距、边框和底纹等段落格式。段落样式可以应用于一个或多个段落。

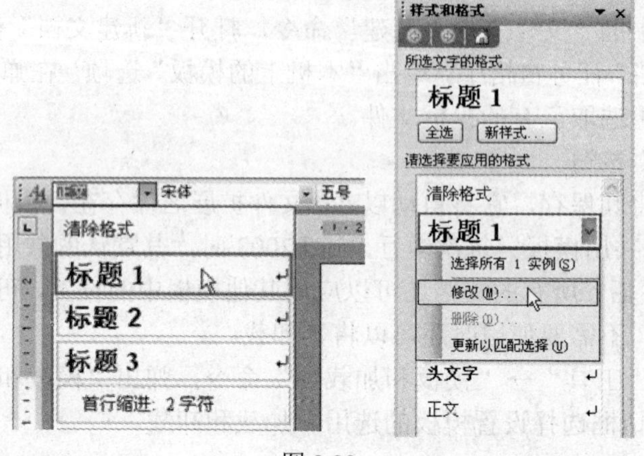

图 2.38

（1）在文本中应用样式。在 Word 中新建文档都是基于一个模板，而 Word 默认的模板是 Normal 模板，该模板中内置了多种样式，用户可以将其应用于文档的文本中。同样，用户也可以打开已经设置好样式的文档，将其应用于文档的文本中。

插入点置于需使用样式的段落，单击“格式”工具栏“样式”框下拉箭头，或在“样式和格式”任务窗格中选择一种样式即可。

（2）修改样式。如果某些内置样式无法完全满足用户格式设置的要求，则可以在内置样式的基础上进行修改。这时可在“格式样式”任务窗格中，单击样式选项的下拉列表框旁的箭头按钮，在弹出的菜单中选择“修改”命令，并在打开的“修改样式”对话框中更改相应的选项即可。

（3）创建样式。如果现有文档的内置样式与所需格式设置相去甚远时，可以创建一个新样式将会更有效率。选择“格式”→“样式和格式”命令，在打开的“样式和格式”任务窗格中，单击“新样式”按钮，打开“新建样式”对话框。

（4）删除样式。在 Word 2003 中，对于不需要使用的样式，可以将其删除。

在“格式样式”任务窗格中，单击需删除样式选项的下拉列表框旁的箭头按钮，在弹出的菜单中选择“删除”命令即可。

3. 特殊排版方式

一般报刊杂志都需要创建带有特殊效果的文档，这就需要使用一些特殊的排版方式。Word 2003 提供了多种特殊的排版方式，例如，首字下沉、中文版式、分栏排版等。

（1）首字下沉。首字下沉是报刊杂志中较为常用的一种文本修饰方式，使用该方式可以很好地改善文档的外观。

在 Word 2003 中，首字下沉共有 2 种不同的方式，一个是普通的下沉，另外一个是悬挂下沉。两种方式区别之处就在于：“下沉”方式设置的下沉字符只占用前几行文本前一个小方块，而不影响首字以后的文本排列，而“悬挂”方式设置的字符所占用的列空间不再出现文本。

要设置首字下沉，可以选择“格式”→“首字下沉”命令，将打开“首字下沉”对话框，如图 2.39 所示，在该对话框中进行设置。

（2）使用中文版式。为了使 Word 2003 更符合中国人的使用习惯，开发人员还特意增加了中文版式的功能，用户可在文档内添加“拼音指南”、“带圈字符”、“纵横混排”、“合并字符”与“双行合一”等效果。

要设置中文版式，首先选定文字，再选择“格式”→“中文版式”命令，将弹出“中文版式”下拉列表，如图 2.40 所示，在列表中选择一种版式。

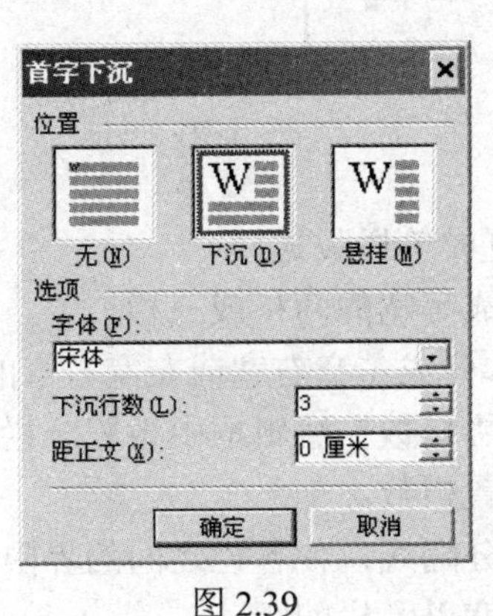


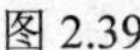
图 2.39

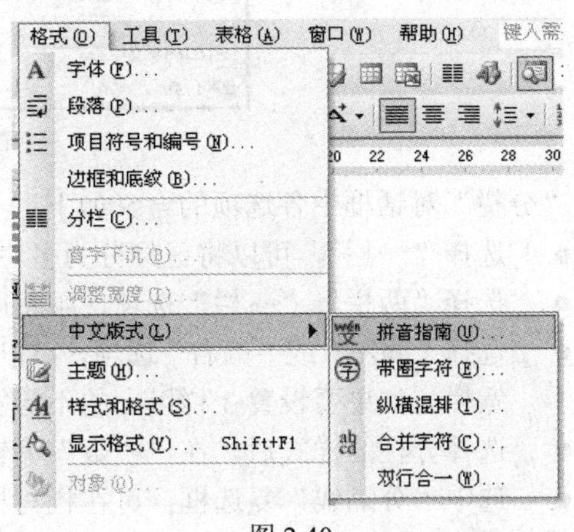


图 2.40

1）拼音指南。需要编排带拼音的文本，可以利用 Word 2003 提供的“拼音指南”来快速完成。

“拼音指南”功能一次最多只能为不超过 45 个字标注拼音，若要标注拼音的文本较多，则需重复多次操作。此外，在“拼音指南”对话框中设置的字体和字号只针对拼音，不包括文字。

若要取消拼音标注，可在“拼音指南”对话框中单击“全部删除”按钮。

2）带圈字符。在编排文档时，为了突出显示某些字符或数字的意义，可以为它们加上一个圈。需要注意的是，该操作每次只能设置单个汉字或两位数字。

要取消字符的带圈效果，只需先选中带圈字符，然后打开“带圈字符”对话框，在“样式”选项区选中“无”即可。

3）纵横混排。使用纵横混排功能可以使文档中的部分文本纵向或横向排列。

若要取消纵横混排效果，可首先选择纵向排列的文本，然后打开“纵横混排”对话框，单击“删除”按钮即可。

4）合并字符。合并字符就是将选定的多个字符上下排列，使多个字符占据一个字符的位置。在合并字符时一定要注意，无论中英文，最多只能选择 6 个字符，多选的字符会被自动删除。

若取消合并的字符，只需在选中已合并的字符后打开“合并字符”对话框，单击“删除”按钮即可。

5）双行合一。使用 Word 2003 提供的“双行合一”功能，可以实现单行、双行文字的混排效果。

（3）分栏排版。在阅读报刊杂志时，常常发现许多页面被分成多个栏目。这些栏目有的是等宽的，有的是不等宽的，从而使得整个页面布局显示更加错落有致，更易于阅读。Word 2003 具有分栏功能，可以把每一栏都作为一节对待，这样就可以对每一栏单独进行格式化和版面设计。

1）单击“常用”工具栏“分栏”按钮。

2）选择“格式”→“分栏”命令，将打开“分栏”对话框，如图 2.41 所示。

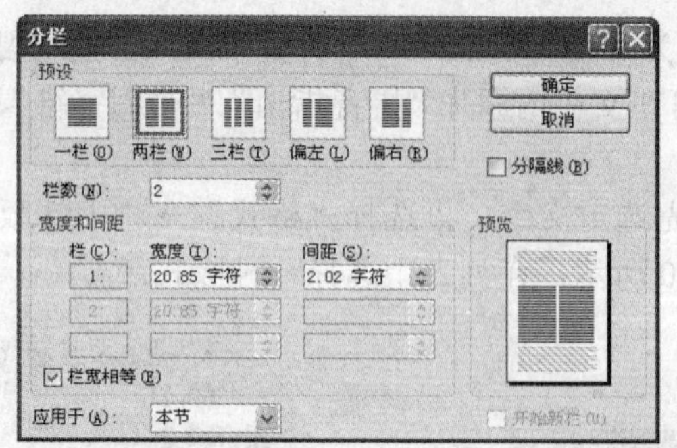


图 2.41

“分栏”对话框中各选项的含义如下：

- 选择“一栏”，可以将已经分为多栏的文本恢复成单栏版式。
- 选择“两栏”、“三栏”选项，可将所选文本分成等宽的两栏或三栏。
- 选择“偏左”或“偏右”选项，可以将所选文本分成左窄右宽或左宽右窄的两个不等宽栏。如果要设置 3 栏以上的不等宽栏，需在“栏数”编辑框中设置分栏的栏数。
- 选择分栏的样式后，在“栏数”编辑框中可设置栏数。
- 选中“分隔线”复选框，可在栏与栏之间设置分隔线，使各栏之间的界限更明显。
- 在“宽度和间距”编辑框中可设置每一栏的栏宽以及栏间距。
- 选中“栏宽相等”复选框，可将所有的栏设置为等宽栏。
- 在“应用于”下拉列表中：
- 选中“本节”，将本节设成多栏版式。
- 选中“插入点之后”，将插入符之后的文本设为多栏版式。
- 选中“整篇文档”，则对文档全部内容应用分栏设置。

## 2.4 使用表格

在编辑文档时，为了更形象地说明问题，常常需要在文档中制作各种各样的表格。例如，课程表、个人简历表、商品数据表等。Word 2003 提供了强大的表格功能，可以快速创建与编辑表格。

### 2.4.1 创建表格

在 Word 2003 中可以使用多种方法来创建表格，例如按照指定的行、列插入表格；绘制不规则表格和插入 Excel 电子表格等。表格的基本单元称为单元格，它由许多行和列的单元格组成一个综合体。

1. 使用工具栏上的按钮创建表格

使用“常用”工具栏上的“插入表格”按钮，可以直接在文档中插入表格，这也是最快捷的方法，如图 2.42 所示。首先将光标定位在需要插入表格的位置，然后在“常用”工具栏上单击“插入表格”按钮，将弹出网格框。

2. 使用对话框创建表格

使用“插入表格”对话框来创建表格，可以在建立表格的同时设定列宽并自动套用格式。具体方法是选择“表格”→“插入”→“表格”命令，打开“插入表格”对话框。

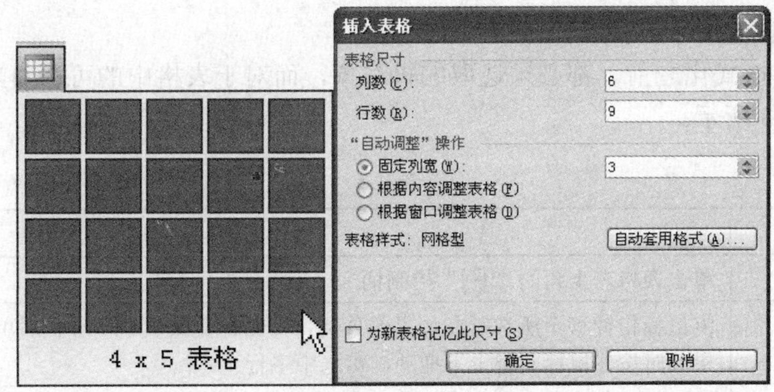


图 2.42

3. 自由绘制表格

在实际应用中，行与行之间以及列与列之间都是等距的规则表格很少，在很多情况下，还需要创建各种栏宽、行高都不等的不规则表格。在 Word 2003 中，通过“表格和边框”工具栏（图 2.43）可以创建不规则的表格。

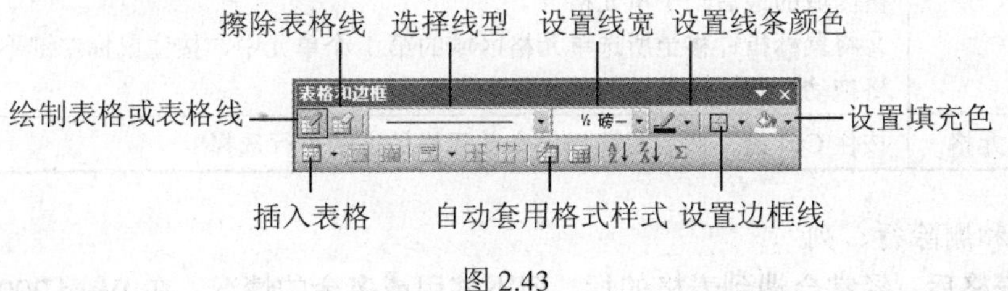


图 2.43

4. 绘制斜线表头

在实际工作中，经常需要使用到带有斜线表头的表格。表头总是位于所选表格的第 1 行第 1 列的单元格中，斜线表头是指在表格的第 1 个单元格中以斜线划分多个项目标题，分别对应表格的行和列。

Word 2003 特别提供了绘制斜线表头的功能。要为表格添加一个斜线表头，可以选择“表格”→“绘制斜线表头”命令，将打开“插入斜线表头”对话框，如图 2.44 所示。

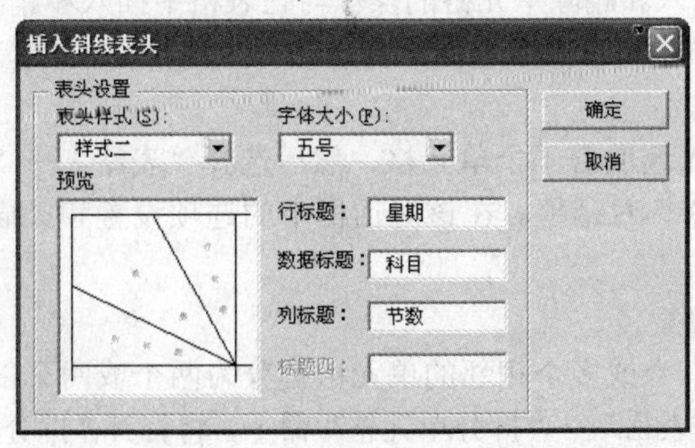


图 2.44

## 2.4.2 编辑表格

表格创建完成后，还需要对其进行编辑修改操作，以满足不同的需要。

1. 在表格中选取对象

对表格进行格式化之前，都必须选取编辑对象，而对于表格中的可选对象及对象的选择方法汇总如表 2.3 所示。

表 2.3

| 选择对象 | 操作方法 |
|---|---|
| 选择表格 | 单击表格左上角的“⊞”控制柄 |
| 选择行 | 将鼠标指针移至所选行左边界的外侧，待指针变成“↗”形状后单击鼠标左键；如果此时按住鼠标左键上下拖动，可选中多行 |
| 选择列 | 将鼠标指针移至所列的顶端，待指针变成“⬇”形状后单击鼠标左键；如果此时按住鼠标左键并左右拖动，可选中多列 |
| 选择单个单元格 | 将鼠标指针移至单元格右边框，待指针变成“↗”形状后，单击鼠标左键可选中该单元格；若此时双击可选中该单元格所在的一整行 |
| 选择连续的单元元区域 | 有如下两种方法：<br>①在所选单元格区域的第 1 个单元格中单击，然后按住 Shift 键的同时单击所选单元格区域的最后一个单元格<br>②将鼠标指针移至所选单元格区域的第 1 个单元中，按住鼠标左键不放向其他单元格拖动，则鼠标经过的单元格均被选中 |
| 选择不连续单元格 | 按住 Ctrl 键，然后用选择单个单元格的方法进行选择 |

2. 插入和删除行、列

在创建表格后，经常会遇到表格的行、列不够用或多余的情况。在 Word 2003 中，可以很方便地完成行、列的添加或删除操作，以使文档更加紧凑美观。

要在表格中添加行或列，应先将鼠标指针定位在需要添加行或列相邻的单元格中，然后选择“表格”→“插入”命令，在弹出的菜单中选择相应的命令即可。

要在表格中删除行或列，应先将鼠标指针定位在需要删除行或列的单元格中，然后选择“表格”→“删除”→“行”（或“列”）命令即可。

3. 插入和删除单元格

在 Word 2003 中，插入和删除单元格的操作与在表格中插入和删除行和列类似。要插入单元格，可先选取若干个单元格，然后选择“表格”→“插入”→“单元格”命令，将打开“插入单元格”对话框。

要删除单元格，可先选取若干个单元格，然后选择“表格”→“删除”→“单元格”命令，将打开“删除单元格”对话框。在该对话框中的选项设置和“插入单元格”对话框中的设置类似。

4. 拆分和合并单元格

拆分单元格是指把一个或多个相邻的单元格拆分为两个或两个以上的单元格。选取要拆分的单元格，然后选择“表格”→“拆分单元格”命令，将打开“拆分单元格”对话框，在“列数”和“行数”文本框中分别输入需要拆分的列数和行数即可。

合并单元格是指把两个或多个相邻的单元格合并为一个单元格。在表格中选取要合并的单元格，选择“表格”→“合并单元格”命令，此时 Word 就会删除所选单元格之间的边界，建立起一个新的单元格，并将原来单元格的列宽和行高合并为当前单元格的列宽和行高。

5. 调整表格的行高和列宽

创建表格时，表格的行高和列宽都是默认值，而在实际工作中常常需要随时调整表格的行高和列宽。

（1）自动调整。单击“表格”→“自动调整”命令，在弹出的列表中选择一种调整方式。

（2）使用鼠标拖动进行调整。将鼠标指向表格边框线或标尺适当位置，按住左键拖动进行模糊调整。

（3）使用“表格属性”对话框进行调整。单击“表格”→“表格属性”命令，打开“表格属性”对话框，在对话框中对行高和列宽精确调整。

6. 拆分表格

所谓拆分表格，就是将一个表格拆分为两个独立的子表格。拆分时，将光标置于要拆分开的行分界处，也就是要成为拆分后第二个表格的第一行处。选择“表格”→“拆分表格”命令，或者按下 Ctrl+Shift+Enter 组合键，这时，光标所在行以下的部分就从原表格中分离出来，形成另一个独立的表格。

7. 移动表格

（1）将光标放置在表格内，待表格的左上角出现表格控制柄时，将光标移到该处。

（2）当光标变为十字箭头时，按住鼠标拖曳，便可移动表格。

### 2.4.3 编辑表格内容

表格创建完成后，还需要在表格中添加文本等内容。在表格中处理文本的方法与在普通文档中处理文本略有不同。因为在表格中，每一个单元格就是一个独立的单位，在输入过程中，Word 2003 会根据文本的多少自动调整单元格的大小。

1. 在表格中输入数据

用户可以在表格的各个单元格中输入文字、插入图形，也可以对各单元格中的内容进行剪切和粘贴等操作，这和正文文本中所做的操作基本相同。用户只需将光标置于表格的单元格中，然后直接利用键盘输入文本即可。

在为表格输入内容的过程中，要在各单元格之间切换，可按 Tab 键或“↑”、“↓”、“←”、“→”方向键。

2. 移动或复制表格内容

在编辑表格内容的过程中，常常需要对表格内容进行移动和复制等操作，具操作方式与普通文本相同。

### 2.4.4 表格的格式化

1. 设置文本格式

在表格的每个单元格中，可以进行字符格式化、段落格式化、添加项目符号等，其方法与在 Word 文档中设置普通文本的方法基本相同。

2. 文本在单元格中的方向及对齐方式

（1）文字方向。

1）将光标放置在需要设置方向的单元格中。

2）右击，在弹出的子菜单中单击“文字方向”命令，可弹出五种文字方向。

3）根据需要可选取任意一种方向。

（2）对齐方式。

1）将光标放置在需要对齐文本的单元格中。

2）单击鼠标右键，在弹出的子菜单中单击“单元格对齐方式”命令，可弹出九种对齐方式。

3）根据需要可选取任意一种对齐方式。

3. 表格的对齐方式及文字环绕

（1）将光标放置在表格中。

（2）执行菜单栏中的“表格”→“表格属性”命令，在弹出的“表格属性”对话框中，选择“表格”选项卡。

（3）在对话框中设置一种对齐方式及文字环绕方式，单击“确定”按钮完成设置。

4. 设置表格的边框、底纹

默认情况下，创建的表格边线是黑色的单实线，无填充颜色，我们可以为选择的单元格或表格设置不同的边线和填充颜色，以美化表格。

（1）将插入点置于表格中。

（2）执行菜单栏中的“表格”→“表格属性”命令，在弹出的“表格属性”对话框中，选择“表格”选项卡。

（3）在对话框中，单击底部的“边框和底纹”按钮，打开“边框和底纹”对话框进行设置。

### 2.4.5 表格的计算与排序

Word 2003 的表格提供了计算和排序的功能，用户可以对其中的数据执行一些简单的操作。

1. 在表格中计算

在 Word 2003 的表格中，不仅可以方便地对数据进行求和计算，还能通过公式进行比较复杂的运算。

将插入点置于目标单元格中，执行“表格”→“公式”命令，打开“公式”对话框，在对话框中公式编辑框中书写公式或选择函数即可。

2. 在表格中排序

Word 2003 的排序功能可以将列或表格中的文本、数字或数据按升序或降序进行排序。

选中表格需要排序的一列，执行“表格”→“排序”命令，打开“排序”对话框，在对话框中选择排序方式。

### 2.4.6 表格与文本的转换

在 Word 2003 中，可以将文本转换为表格，也可以将表格转换为文本。当用户要把文本转换为表格时，应首先将需要进行转换的文本格式化，即把文本中的每一行用段落标记隔开，每一列用分隔符（如逗号、空格、制表符等）分开，否则系统将不能正确识别表格的行列分隔，从而导致不能正确地进行转换。

1. 将表格转换为文本

将表格转换为文本，可以去除表格线，仅将表格中的文本内容按原来的顺序提取出来，但会丢失一些特殊的格式。选取需要转换的表格或单元格，然后选择“表格”→“转换”→“表格转换成文本”命令，将打开“表格转换成文本”对话框。在对话框中选择将原表格中的单元格文本转换成文字后的分隔符的选项，然后单击“确定”按钮即可。

2. 将文本转换为表格

将文本格式化后，选择“表格”→“转换”→“文本转换成表格”命令，将打开“将文字转换成表格”对话框。

### 2.4.7 表格自动套用格式

具体操作步骤如下：

（1）将光标放置在需要套用格式的表格中。

（2）执行菜单栏中的“表格”→“表格自动套用格式”命令，弹出“表格自动套用格式”对话框。

（3）移动“表格样式”选项右侧的滑块，单击下拉菜单中的任意样式，“预览”窗口中都会显示其外观效果，选取表格样式。

（4）单击对话框中的“应用”按钮，光标所在的表格被套用了该样式。

### 2.4.8 标题行重复

当创建表格时，有时表格占用不止一页。为了醒目，通常希望在每页的第一行重复显示表格的标题行，此时不用重复输入标题，只须执行菜单栏中的“表格”→“标题行重复”命令即可。

## 2.5 图文混排

如果一篇文章全部都是文字，没有任何修饰性的内容，这样的文档在阅读时不仅缺乏吸引力，而且会使读者阅读起来劳累不堪。在文章中适当地插入一些图形和图片，不仅会使文章、报告显得生动有趣，还能帮助读者更快地理解文章内容。所以，在排版中图文混排是一项必须掌握的排版技术。

### 2.5.1 插入艺术字

在流行的报刊杂志上，常常会看到各种各样的美术字，这些美术字给文章增添了强烈的视觉效果。在 Word 2003 中可以创建出各种文字的艺术效果，甚至可以把文本扭曲成各种各样的形状设置为具有三维轮廓的效果。

1. 创建艺术字

在 Word 2003 中可以创建带阴影的、扭曲的、旋转和拉伸的文字，也可以按预定义的形状来创建文字，由于这些艺术字是图形化的对象，可以使用“艺术字”工具栏上的按钮来改变效果。

（1）执行菜单栏中的“插入”→“图片”→“艺术字”命令，会弹出“艺术字库”对话框，如图 2.45 所示。

（2）在“艺术字库”对话框中，选取其中一种艺术字效果，单击对话框中的“确定”按钮，会弹出“编辑‘艺术字’文字”对话框，如图 2.46 所示。

（3）在对话框中输入需要编辑的文字，然后设置字体和字号。

（4）单击“确定”按钮，该艺术字将被插入光标所在的位置。

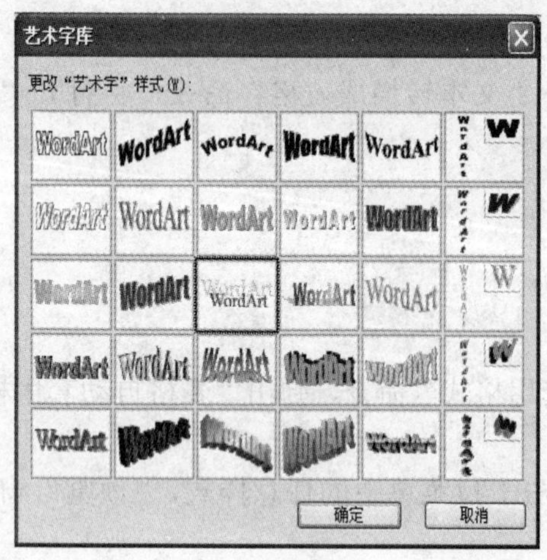

图 2.45

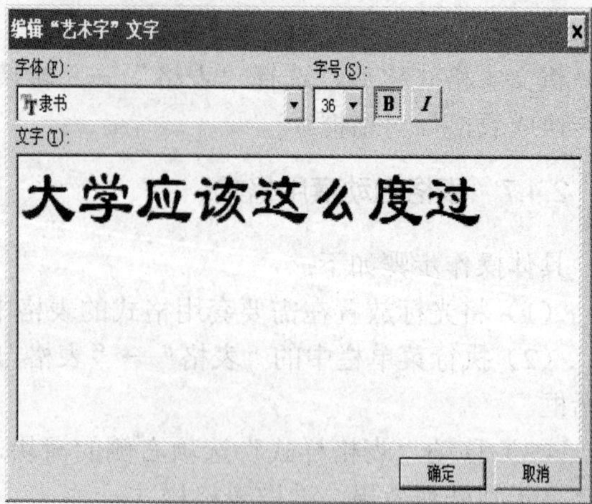

图 2.46

2. 编辑艺术字

创建完艺术字后，选中艺术字，就会出现“艺术字”工具栏，如图 2.47 所示，可通过该工具栏对艺术字进行编辑修改。

图 2.47

“艺术字”工具栏中从左至右按钮的功能如表 2.4 所示。

表 2.4

| | |
|---|---|
| 插入艺术字 | 单击此按钮，可打开“艺术字库”对话框，插入新的艺术字 |
| 编辑文字 | 选定艺术字后，单击此按钮，打开“编辑‘艺术字’文字”对话框，可对文字内容进行修改 |
| 艺术字库 | 选定艺术字后，单击此按钮，打开“艺术字库”对话框，可重新选择一种样式以替代原样式 |
| 设置艺术字格式 | 单击此按钮，打开“设置艺术字格式”对话框，可对选中的艺术字进行颜色与线条、大小、版式等进行设置 |
| 艺术字形状 | 单击此按钮，可进一步利用预设的形状来修饰选中的艺术字 |
| 文字环绕 | 可具体设置艺术字的文字环绕形式 |
| 艺术字字母高度相同 | 可使高度不同的字母等高 |
| 艺术字竖排文字 | 使选中的横排艺术字变为竖排，如果本来为竖排，此按钮为选中状态，单击可将其变为横排 |
| 艺术字对齐方式 | 如果艺术字为多排，可使用此按钮调整其对齐方式 |
| 艺术字字符间距 | 调整艺术字的字间距 |

（1）将艺术字的版式设为浮动型后，其周围将出现三种标志，拖动 8 个白色控点，可改变其大小；转动绿色旋转控点可对其进行旋转;拖动黄色菱形控点可改变其形状。

（2）利用“绘图工具栏”上的“填充颜色”、“线条颜色”、“线型”、“虚线线型”、“阴影样式”、“三维阴影样式”等按钮对艺术字进行修饰。

### 2.5.2 插入自选图形

Word 2003 包含一套可以手工绘制的现成图形，例如，直线、箭头、流程图、星与旗帜、标注等，这些图形称为自选图形。

1. 绘制自选图形

使用“绘图”工具栏上的“自选图形”按钮，如图 2.48 所示，可以制作各种图形及标志。在“绘图”工具栏上单击“自选图形”按钮，将打开一个菜单，在其中选择一种图形类型，即可弹出子菜单。根据需要选择菜单上相应的图形按钮，在文档中拖动鼠标就可以绘制出对应的图形。

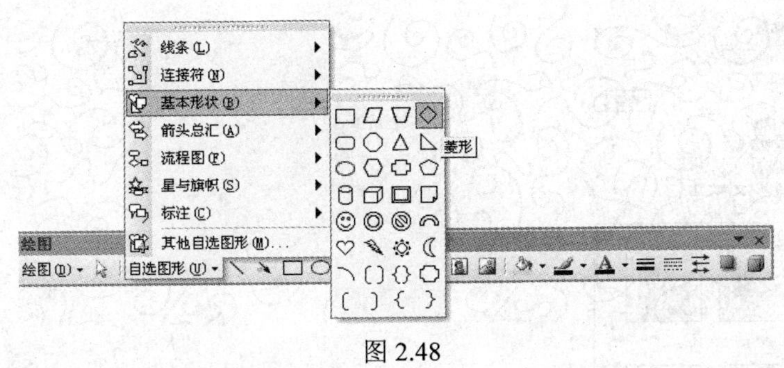


图 2.48

2. 编辑自选图形

绘制完自选图形后，需要对其进行编辑。右击自选图形，在弹出的快捷菜单中选择“编辑自选图形格式”命令，打开“设置自选图形格式”对话框对图形进行编辑操作。

3. 图形文字添加

右击要加入文字的图形，从快捷菜单中选择“添加文字”命令，输入文字。

4. 箭头的编辑

（1）单击“绘图”工具栏中的“箭头”按钮，绘制一个箭头。

（2）单击“绘图”按钮，再“编辑顶点”命令，按住 Ctrl 键在单击箭头线的任意位置，可以添加一个顶点，拖动顶点移动可以改变形状。

5. 图形的对齐分布

选中图形，单击“绘图”按钮，打开“对齐和分布”子菜单，选择对齐和分布方式。

### 2.5.3 插入图片

为了使文档更加美观、生动，可以在其中插入图片对象。在 Word 2003 中，不仅可以插入系统提供的图片，还可以从其他程序或位置导入图片，或者从扫描仪或数码相机中直接获取图片。

1. 插入剪贴画

Word 2003 所提供的剪贴画库内容非常丰富，设计精美、构思巧妙，能够表达不同的主题，适合于制作各种文档，从地图到人物、从建筑到名胜风景，应有尽有。

要插入剪贴画，可以选择“插入”→“图片”→“剪贴画”命令，打开“剪贴画”任务窗口。在任务窗口的“搜索文字”文本框中输入剪贴画的相关主题或文件名称后，单击“搜索”

按钮，来查找电脑与网络上的剪贴画文件，如图 2.49 所示。

2. 插入来自文件的图片

在 Word 中不但可以插入剪贴画，还可以从磁盘的其他位置中选择要插入的图片文件。这些图片文件可以是 Windows 的标准 BMP 位图，也可以是其他应用程序所创建的图片，例如，CorelDraw 的 CDR 格式矢量图片、JPEG 压缩格式的图片、TIFF 格式的图片等。

选择“插入”→“图片”→“来自文件”命令，打开“插入图片”对话框，在其中选择图片文件，单击“插入”按钮即可将该图片插入到文档中。

3. 编辑图片

插入到 Word 中的图片，使用“图片”工具栏，可以对其进行移动、复制、缩放、裁剪、旋转及调整亮度和对比度等编辑处理。

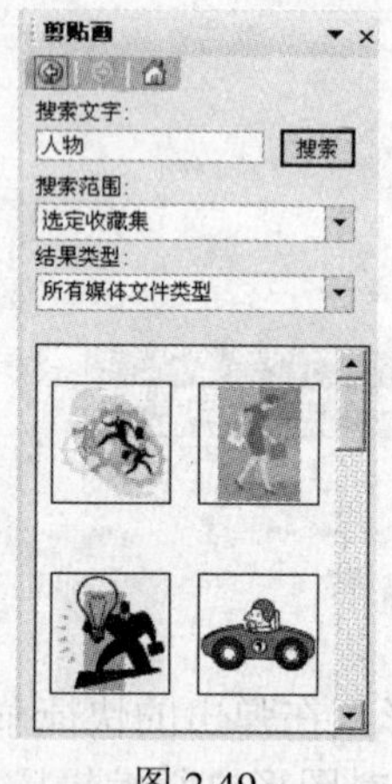


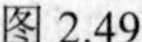
图 2.49

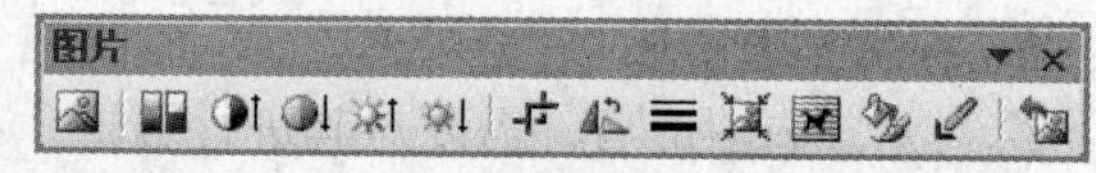


图 2.50

“图片”工具栏中从左至右按钮的功能如表 2.5 所示。

表 2.5

| 插入图片 | 在当前工作表的插入点处插入一幅已存在的图片 |
|---|---|
| 颜色 | 设置图片的颜色，包含主动、灰度、黑白和水印四种颜色 |
| 增加对比度 | 增添所选图片色彩的饱和度跟明暗度，对照度越高，灰色就越少 |
| 降低对比度 | 降低所选图片颜色的饱和度和明暗度，对比度越低，灰色就越多 |
| 增加亮度 | 通过增加白色，使所选图片的颜色变亮，颜色越亮，白色就越多 |
| 降低亮度 | 通过增加黑色，使所选图片的颜色变暗，颜色越暗，黑色越多 |
| 裁剪 | 裁剪或修补图片 |
| 向左旋转 90 度 | 将选定图形对象逆时针旋转 90 度 |
| 线型 | 单击此按钮，将弹出一个线型列表，能够设置选定对象线条的宽度 |
| 压缩图片 | 通过转变图片的辨别率以及永恒删除图片的已裁剪局部，以减小文件大小 |
| 文字环绕 | 单击此按钮，弹出菜单，设置文字的环绕方式 |
| 设置图片格式 | 单击该按钮，将弹出“设置图片格式”对话框 |
| 设置透明色 | 设置选定图片的透明颜色，此工具只适用于位图图片 |
| 重设图片 | 还原图片的初始设置，包括大小、颜色等属性 |

### 2.5.4　文本框

文本框是一个能够容纳正文的图像对象，可以置于页面中的任何位置，可以进行诸如线条、颜色、填充色等格式化设置。

1. 插入文本框

文本框也是 Word 的一种图形对象，用户可在文本框中输入文字，放置图片、表格和艺术字等，并可将文本框放在页面上的任意位置，从而设计出较为特殊的文档版式。在文本框中加入文字或图片等内容，并且将其移动到适当的位置，可以使文档更具有阅读性。

在 Word 2003 中，可以选择"插入"→"文本框"→"横排"命令或"插入"→"文本框"→"竖排"命令，在文档中拖动鼠标来创建不同类型的文本框。

2. 给已有的文字等添加文本框

选中要添加文本框的文本，单击"绘图"工具栏上的"文本框"按钮。

3. 编辑文本框

插入文本框后，也可以对其进行编辑操作，使其符合用户要求。要编辑文本框，可以右击该文本框，从弹出的快捷菜单中选择"设置文本框格式"命令，在打开的"设置文本框格式"对话框中，就可以设置大小、位置、边框、填充色和版式等。

4. 设置文本框的链接

在文档中插入两个文字排列方式相同的文本框，将光标放到其中一个文本框的边上，当光标变成四向箭头的移动光标时右击，在弹出的快捷菜单中选择"创建文本框链接"命令，光标就变成了一个水杯形状的形状，将这个水杯移动到另一个空文本框上，水杯就变成了一个倾倒的样子，单击鼠标左键，就创建了两个文本框之间的链接。以此类推，可以建立多个文本框的链接。

文本框建立链接后，当在每一个文本框中输入的内容容纳不了时，会自动转到下一个文本框内显示。

### 2.5.5　图示

Word 提供了创建图示的功能，如公司组织结构图等，可以用来说明各种概念性的内容，并可使文档更加形象生动。

1. 插入图示

要插入图示，可以选择选择"插入"→"图示"命令，打开"图示库"对话框，如图 2.51 所示，其中包括组织结构图、循环图、射线图、棱锥图、维恩图和目标图等，用户可以根据需要选择合适的类型建立图示。

图 2.51

2. 编辑图示

在文档中插入的图示，会显示与之相对应的工具栏，如图 2.52 所示。使用该工具栏，可以对图示进行添加和删除组件、设置版式和更换图示类型等编辑操作。

图 2.52

### 2.5.6 图表

Word 提供了建立图表的功能，用来组织和显示数据信息，在文档中适当加入图表可使文本更加直观、生动、形象。

1. 插入图表

在 Word 中，先选定数据表格，再通过选择“插入”→“图片”→“图表”命令，可直接插入一个图表。

2. 设置图表选项

组成图表的选项，例如图表标题、坐标轴、网格线、图例、数据标签等，均可重新添加或重新设置。

3. 图表格式化

利用图表各区域的格式设置，可以达到美化图表的效果，例如设置图表标题格式、图表区背景等。

双击图表，移动鼠标到图表的不同区域，再右键单击，会弹出相应快捷菜单，执行菜单中的有关命令，打开相应的对话框，在此对话框中对图表属性进行设置。

### 2.5.7 插入公式

编辑科技类文档时，有时会遇到数学公式，而这些公式往往用键盘是很难直接输入的，在 Word 2003 中，可以使用“公式编辑器”在文档中来插入这类比较复杂的数学公式。创建公式时，“公式编辑器”会根据数学排字约定，自动地调整公式中字体的大小、间距和格式编排。

1. 插入公式

（1）光标定位于公式插入位置，选择“插入”→“对象”命令，打开“对象”对话框。

（2）选择对话框中的“新建”选项卡，在“对象类型”列表框中选择“Microsoft 公式 3.0”选项，如图 2.53 所示。

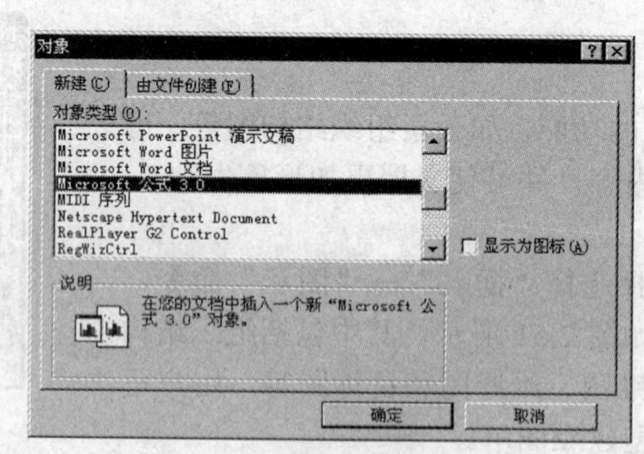


图 2.53

（3）单击“确定”按钮，将打开“公式编辑器”窗口和“公式”工具栏，如图 2.54 所示。

（4）在“公式编辑器”窗口中的文本框中进行公式编辑，编辑完后在文本框外任意处单击，即可结束公式编辑、返回文档编辑状态。

“公式”编辑工具栏分为数学符号和数学公式两行模板，第一行 10 个符号模板、第二行 9 个公式模板。编辑公式时，应注意先选择公式模板、再输入符号，通过键盘能输入的符号直接用键盘输入。

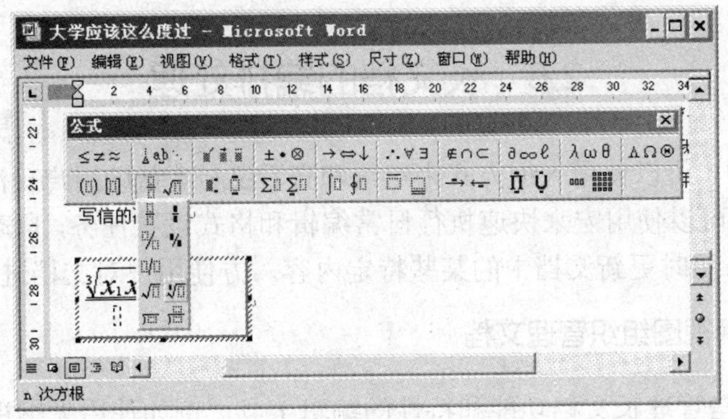


图 2.54

2. 修改公式

要修改公式，先激活公式编辑。双击公式，会打开公式编辑窗口，此时，即可对公式进行编辑操作。

### 2.5.8 图形、文本框和艺术字等的通用操作

1. 对象的格式设置

（1）选定对象。

（2）单击鼠标右键弹出快捷菜单。

（3）在快捷菜单中执行“设置××格式”命令，打开相应对话框，在此对话框中设置格式。

2. 非嵌入型对象的组合和取消组合

（1）组合对象。选取需要组合的对象右击，在弹出的快捷菜单中选择“组合”→“组合”命令，或单击“绘图”工具栏中的“绘图”按钮，在弹出的列表中选择“组合”。

（2）取消组合。右击组合，在弹出的快捷菜单中选择“组合”→“取消组合”选项，或选中组合后，单击“绘图”工具栏中的“绘图”按钮，在弹出的列表中选择“取消组合”。

3. 设置对象的叠放次序

默认情况下，对于非嵌入型的图形，Word 会根据插入图形的先后顺序确定图片的叠放层次，即先插入的图形在最下面，最后插入的图形在最上面。这样处在上层的图形就可能遮盖住下面的图形。若要调整图形的叠放次序，可右击要调整层次的图形，在弹出的菜单中选择“叠放次序”项，然后在展开的子菜单中选择一种叠放方式。

4. 其他通用操作

（1）选择“绘图”工具栏中的“选择对象”按钮，然后在非嵌入型对象四周拖出一个方框，释放鼠标后，方框内的对象将同时被选中。

（2）按住 Shift 键依次单击要选择的对象，可同时选中多个对象。

（3）按住 Ctrl 键拖动对象四角的控制点，可以以对象的中心为中心，等比例缩放对象。

（4）按住 Alt 键拖动对象四周的控制点，可对其大小进行微调。

（5）按住 Shift 键拖动对象，可使对象沿水平或垂直方向移动。

（6）按住 Ctrl 键拖动对象，可复制对象。

（7）按住 Shift+Ctrl 组合键拖动对象，可沿水平或垂直方向复制对象。

（8）按“Ctrl+方向键”可对对象位置进行微调。

## 2.6 长文档的编排处理

在 Word 2003 中，可以使用大纲方式来组织和查看文档，帮助用户理清文档思路，迅速把握文档的中心思想；可以使用宏来快速执行日常编辑和格式设置任务，自动执行一系列复杂的任务；可以使用域来随时更新文档中的某些特定内容，方便用户对文档进行操作。

### 2.6.1 使用大纲视图组织管理文档

Word 提供了一些管理长文档功能和特性的编辑工具，例如使用大纲视图方式。大纲视图主要有两个作用，一是方便修改和组织具有多级标题的文档，通过设置文档的标题级别还可以辅助提取目录；二是可以在大纲视图中使用主控文档组织子文档，从而轻松修改长篇文档，或提取长篇文档的目录。

1. 创建大纲

大纲视图非常适合修改具有多级标题的文档，使用大纲视图不仅可以直接编写文档大纲，还可以很方便地查看现有文档的结构，以及重新设置现有文档中的标题顺序和标题级别等，从而为提取目录做准备。

（1）选择“视图”→“大纲”命令或单击水平滚动条前的“大纲视图”按钮，就可以切换到大纲视图模式，并自动打开“大纲”工具栏，如图 2.55 所示。

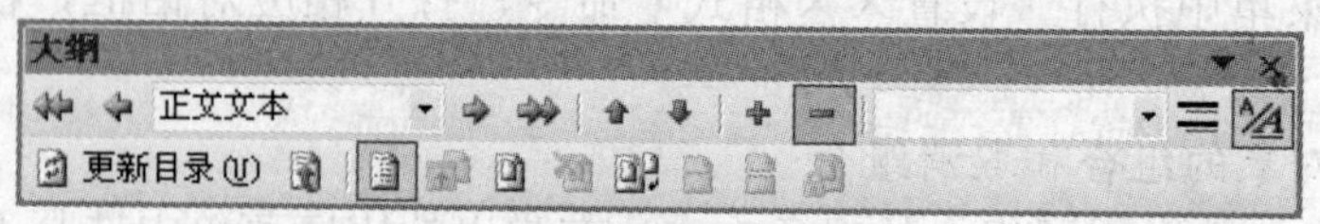


图 2.55

设置时，先选定作标题的段落或文字，通过该工具栏中的“大纲级别”框可以方便地设定标题级别，也可通过“提升”或“降低”按钮改变其级别，如表 2.6 所示。

表 2.6 “大纲”工具栏常用按钮功能

| 按钮名称 | 功能 |
|---|---|
| 提升到“标题 1” | 单击该按钮，可将当前标题设置为“标题 1”的格式 |
| 降为“正文文本” | 单击该按钮，可将当前标题设置为正文文本格式 |
| 提升和降低 | 单击该按钮，可将当前标题提升或降低一级 |
| 大纲级别 1 级 | 单击按钮右侧的三角按钮，在弹出的下拉列表中可选择大纲级别 |
| 上移和下移 | 单击该按钮，可将标题向上或向下移动 |
| 展开和折叠 | 单击该按钮，可展开或折叠该标题的下级标题 |
| 显示级别 显示级别 9 | 单击按钮右侧的三角按钮，在弹出的下拉列表中可选择要显示的标题级别 |
| 只显示首行 | 控制是否只显示各段落的首行文字 |
| 显示格式 | 控制是否显示文本格式 |
| 更新目录 | 当在大纲视图中提取了目录，然后又对文档进行了修改时，单击该按钮可更新目录 |

（2）已经设置了标题级别，在大纲视图模式下选择标题和段落，方法如下：

1）选择标题：若只选择一个标题，而不包括它的子标题和正文，可以将鼠标指针移至标题左侧选择，当鼠标指针变为向右上的箭头形状时单击鼠标左键即可。

2）选择段落：若只选择正文段落，可单击段落左侧的小方框符号，或将鼠标指针移至段落左侧，当鼠标指针变为向右上的箭头形状时单击鼠标左键即可。

3）同时选择标题和段落：若要选择一个标题及其所有的子标题和正文，只需单击标题左侧的空心的“+”或“-”号即可。

2. 使用主控文档组织子文档

主控文档是一组单独文档（或子文档）的容器，如图 2.56 所示。为了避免由于篇幅较长给文档处理带来的麻烦，我们可将文档的组成部分保存为若干个文档，然后在大纲视图中将它们组织在某一文档中，该文档被称为主控文档，组织在其中的文档被称为子文档。

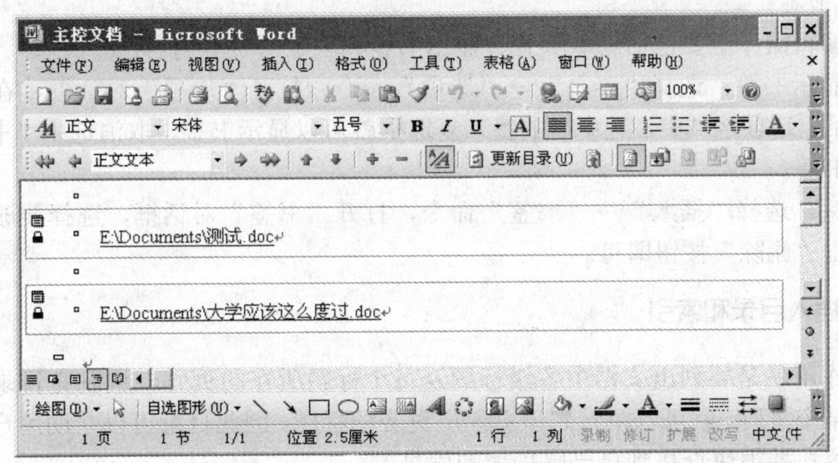


图 2.56

由于子文档与主控文档之间只是建立了链接关系，而每个子文档是独立存在的，所以用户可单独对某一子文档进行编辑，此时主控文档中相应的子文档也同时得到更新。

（1）创建独立的主控文档。新建一个空白文档并切换到大纲视图，单击“大纲”工具栏“插入子文档”按钮，打开“插入子文档”对话框，在对话框中选择将现有文档作为子文档插入，也可以创建子文档。

（2）编辑主控文档。当创建一个主控文档之后，可以对其进行多种操作。在大纲视图下，可将整个文档作为一个大纲来处理，每一个子文档相当于一节，可以扩展、折叠、降级或升级任意一节；在正常视图模式下，对主控文档的操作完全像普通文档的操作一样。

（3）编辑子文档。除了在 Word 程序中直接打开编辑外，还可在主控文档中按住 Ctrl 键的同时单击以超链接形式显示的子文档名称，或者当子文档处于展开状态时，双击该子文档的标记，打开子文档进行编辑。

（4）删除子文档。从主控文档中删除子文档，可单击子文档标记，选中该子文档，然后按键盘上的 Delete 键。

需要注意的是，在主控文档中删除子文档，只是删除了与该子文档的链接关系，该子文档仍保存在原文件夹中。

### 2.6.2 使用书签

1. 添加书签

将光标定位到要添加书签的位置，然后打开“插入”菜单，选择“书签”命令，打开“书签”对话框，如图 2.57 所示，在对话框中键入书签名，然后单击“添加”按钮，就可以创建新的书签；要注意，书签名中不能有空格。

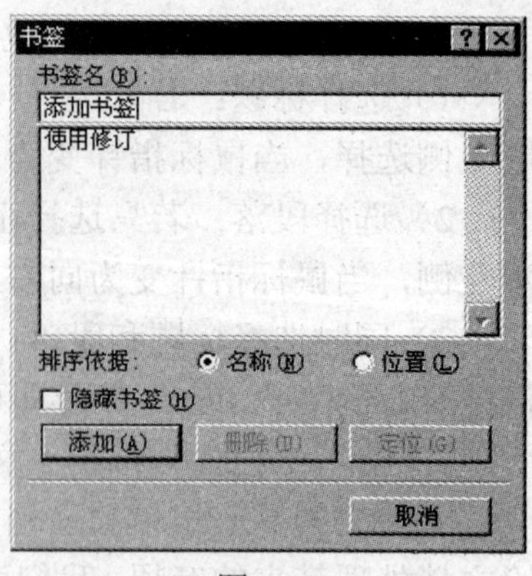


图 2.57

2. 定位书签

在定义了一个书签之后，可以使用两种方法来定位它。一种是利用“定位”对话框来定位书签；另一种是使用“书签”对话框来定位书签。

3. 编辑书签

书签的编辑操作主要包括隐藏书签、显示书签和删除书签等内容。

隐藏和显示书签。选择“工具”→“选项”命令，打开“选项”对话框，在“视图”选项卡的“显示”选项区域中，选中“书签”复选框就可以显示书签，取消选中“书签”复选框就可以隐藏书签。

删除书签。选择“插入”→“书签”命令，打开“书签”对话框，选择要删除的书签选项，然后单击“删除”按钮即可。

### 2.6.3 插入目录和索引

目录的作用就是要列出文档中各级标题及每个标题所在的页码，编制完目录后，只需要单击目录中某个页码，就可以跳转到该页码所对应的标题。因此目录可以帮助用户迅速了解整个文档的内容，并很快查找到自己感兴趣的信息。

1. 目录

（1）创建目录。使用 Word 预定义标题样式创建目录的操作步骤如下：

1）将 Word 预定义标题样式应用到文档中希望出现在目录中的标题上。

2）将光标定位在要建立目录的地方，通常是文档的最前面或者是最后面。

3）选择“插入”→“引用”→“索引和目录”命令，打开“索引和目录”对话框，如图 2.58 所示，再打开“目录”选项卡，单击“确定”按钮。

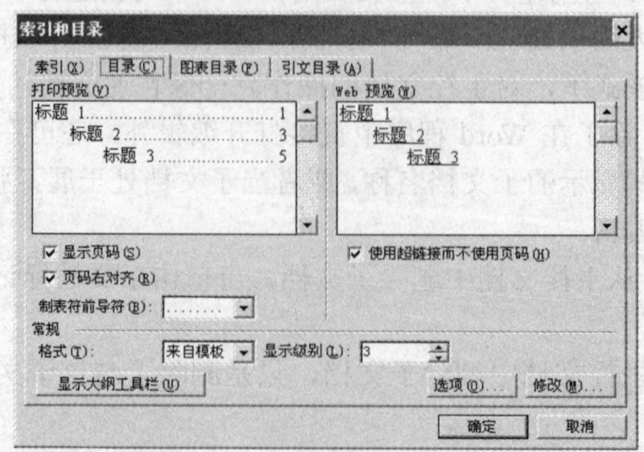


图 2.58

（2）更新目录和删除目录。当创建了一个目录以后，如果再次对源文档进行编辑，那么目录中标题和页码都有可能发生变化，因此必须更新目录，使它与文档的内容保持一致。

要更新目录，右击目录区，在弹出的快捷菜单中选择“更新域”项，或单击索引区后按 F9 键，则打开“更新目录”对话框，如图 2.59 所示，根据需要选择后单击“确定”按钮。

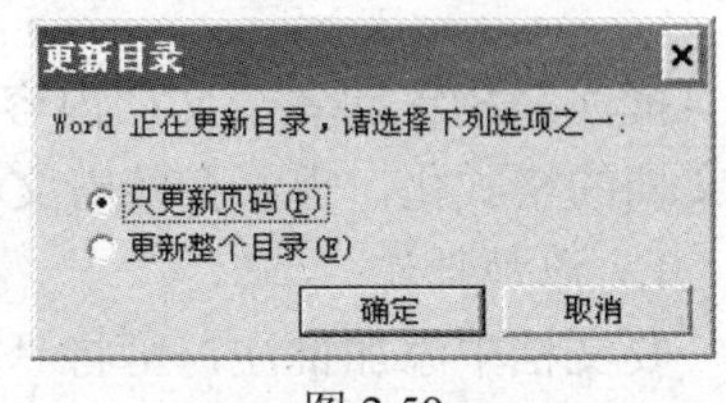


图 2.59

如果只添加了正文文本而没有添加新标题，选择“只更新页码”单选钮即可，在长文档中这种方式可以快速更新目录，节省时间；如果在文档中标记了新标题或更改了标题文本，则应选择“更新整个目录”单选钮。

要删除目录，选择目录区，按 Delete 键即可。

2. 索引

所谓索引，实际上就是标出文档中的单词、词组或短语所在的页码，这样，就可以迅速方便地查找到这些单词、词组和短语。一般来说，创建一个索引要分为两步：首先在文档中标记出索引条目；其次通知 Word 根据文档标记的条目来安排索引。Word 一般是将主题和关键字按照字母顺序编译成一个列表，并在列表中用一个或多个页码标记它们。

（1）标记索引条目。先选定要标记为索引的术语，然后打开“插入”菜单，单击“索引和目录”命令，在“索引”选项卡中单击“标记索引项”按钮，打开“标记索引项”对话框，单击对话框中的“标记”按钮，就可以将所选择的术语标记为索引项。

这样标记了索引项后，不用关闭对话框，直接继续滚动文档来查找要标记为索引项的术语，在文档中选中它们，再回到对话框中将其标记为索引项，在标记完了所有的索引项后单击“关闭”按钮关闭对话框。

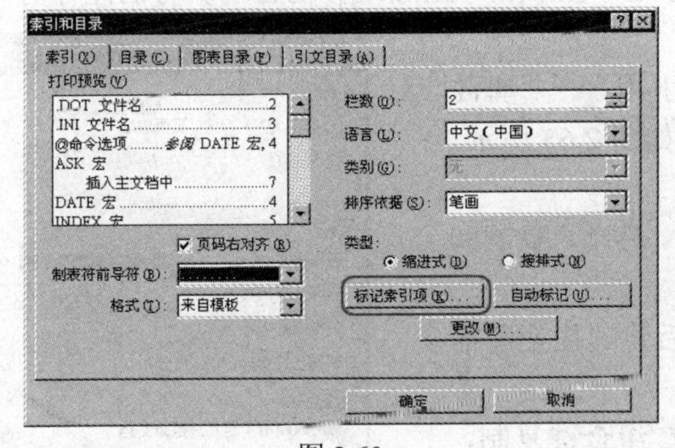


图 2.60

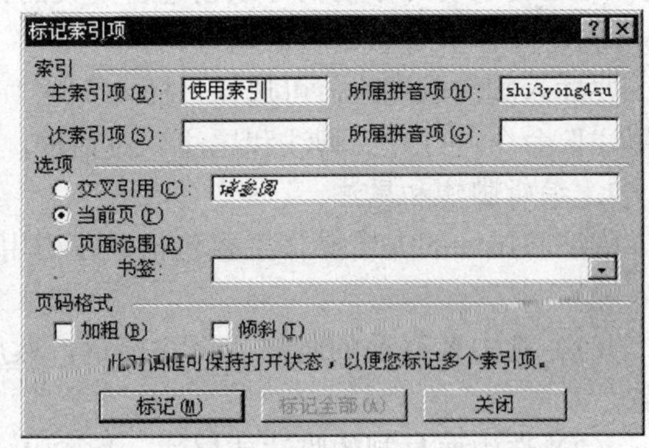


图 2.61

（2）创建索引。在标记完了所有的索引项后，将插入点放在要生成索引的位置，然后选择“插入”菜单的“索引和目录”命令，打开“索引和目录”对话框，在“索引”选项卡中选择索引的类型和格式，这里的“打印预览”框可以显示所选择的索引的外观；然后单击“确定”按钮就可以生成索引了，同时会显示索引项所在的页码。

由于索引标记也占用文档空间，所以在提取索引前，需单击“常用”→“显示/隐藏编辑标记”按钮，隐藏索引标记，否则会导致索引中的页码错误。

若增加或减少了索引项或索引项所在的页码发生了变化，此时需要更新索引。为此，可右击索引区，在弹出的快捷菜单中选择“更新域”项，或单击索引区后按 F9 键。

### 2.6.4 插入批注

批注是指审阅者给文档内容加上的注解或说明，或者是阐述批注者的观点。批注并不影响文档的格式化，也不会随着文档一同打印。

1. 添加批注

要文档中添加批注，可将“插入点”定位在要添加批注的位置或选中要添加批注的文本，然后选择“插入”→“批注”命令，即可在文档中插入批注框，在其中插入内容即可。

2. 编辑批注

插入批注后，将出现“审阅”工具栏，如图 2.62 所示，通过它可以对批注进行编辑操作。

图 2.62

### 2.6.5 脚注和尾注

脚注和尾注是用来对文档中的引用信息进行注释的，其作用完全相同都是对文档中文本的补充说明，如单词解释、备注说明或提供文档中引用内容的来源等。

1. 插入脚注和尾注

脚注和尾注由两个关联的部分组成：注释引用标记和与其对应的注释文本。注释引用标记出现在正文中，一般为上角标记字符，用来表示脚注的存在；注释文本在页面底端或文档末尾，用一条短横线与正文分开，是对注释引用标记的解释。

Word 可自动为标记编号或创建自定义的标记。在添加、删除或移动自动编号的注释时，Word 将对注释引用标记重新编号。

要插入脚注或尾注，可选择“插入”→“引用”→“脚注和尾注”命令，打开“脚注和尾注”对话框，如图 2.63 所示。

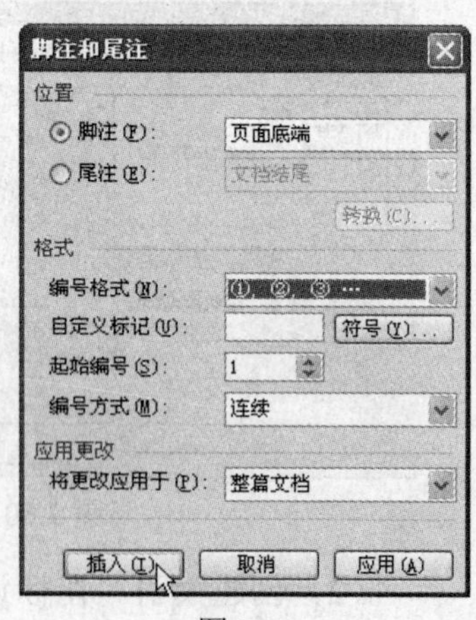


图 2.63

2. 编辑脚注和尾注

脚注和尾注的编辑操作主要包括重复引用、移动、复制和删除等。

（1）选中要移动的脚注或尾注标记，然后将其拖至所需位置。

（2）选中要复制的脚注或尾注，按 Ctrl+C 组合键复制，然后按 Ctrl+V 组合键将其粘贴至所需位置。此时，脚注或尾注的编号会自动重新编号。

3. 删除脚注和尾注

若要删除脚注或尾注，需选中正文中的注释引用标记，然后按 Delete 键。

4. 转换脚注和尾注

在文档中插入脚注或尾注后，还可以对其进行转换，转换后系统会自动对脚注和尾注重新编号。

### 2.6.6　插入题注

在文档中插入图形、公式、表格时，需要对插入的项目进行顺序编号，Word 为用户提供了自动编号的标题题注。

1. 添加题注

在文档中插入图形、公式、表格时，要自动添加题注，可以选择“插入”→“引用”→“题注”命令，打开“题注”对话框，如图 2.64 所示。单击“自动插入题注”按钮，打开“自动插入题注”对话框，在其中选择需要插入题注的项目，就可以自动为该项目添加题注。

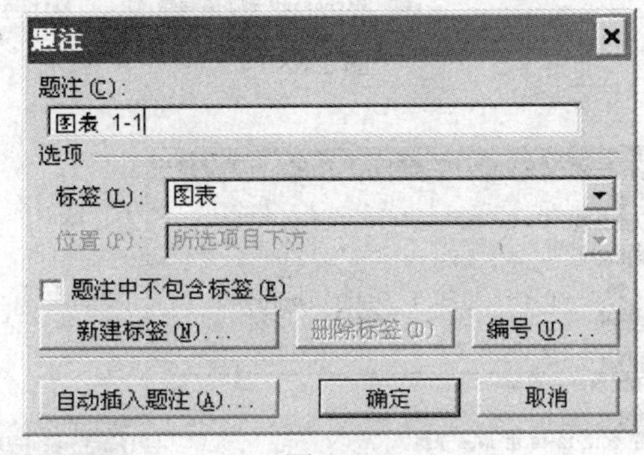


图 2.64

2. 修改题注

添加的题注并不一定符合实际的需求，有时需要对个别或所有的题注的标签或格式进行修改。

## 2.7　Word 中的宏与域简介

宏是一系列 Word 命令和指令的组合，用于自动执行一项或一组操作。

域是指 Word 在文档中自动插入文字、图形、页码和其他资料的一组代码。

### 2.7.1　宏

如果需要在 Word 中反复进行某项工作，可以利用宏来自动完成这项工作。在 Word 中，宏实现任务的自动执行，可以创建并执行宏（宏实际上就是一条自定义的命令），以替代人工进行的一系列费时而单调的重复性 Word 操作，自动完成所需任务。

在默认情况下，Word 将宏存储在 Normal 模板内，每个 Word 文档都可以使用它。如果需在单个文档中使用宏，则可以将宏存储在该文档中。

1. 录制宏

（1）执行“工具”→“宏”→“录制新宏”命令（或双击“状态栏”上的“录制”按钮），打开“录制宏”对话框，如图 2.65 所示。

（2）在“宏名”输入框中输入宏的名字，单击“确定”按钮，开始录制，如图 2.66 所示。

（3）执行需自动实现的操作，该操作完成后单击“停止录制”工具栏上的“停止”按钮，宏录制完成。

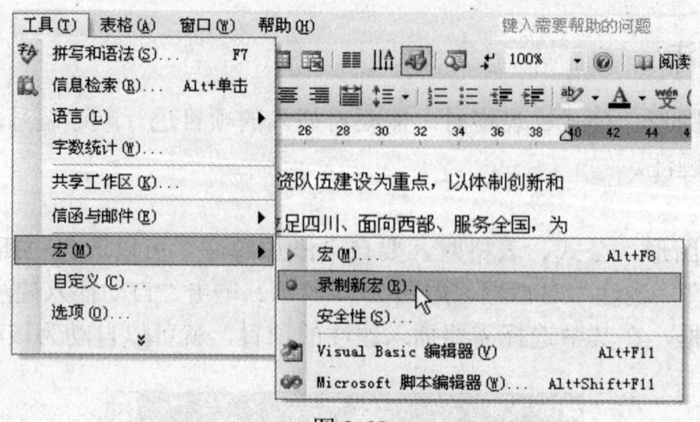


图 2.65

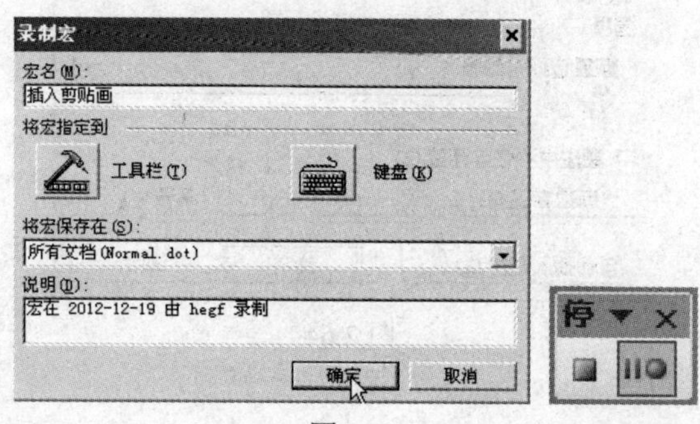


图 2.66

2. 运行宏

执行“工具”→“宏”→“宏”命令，打开“宏”对话框，如图 2.67 所示，选择需运行的宏，单击“运行”按钮。

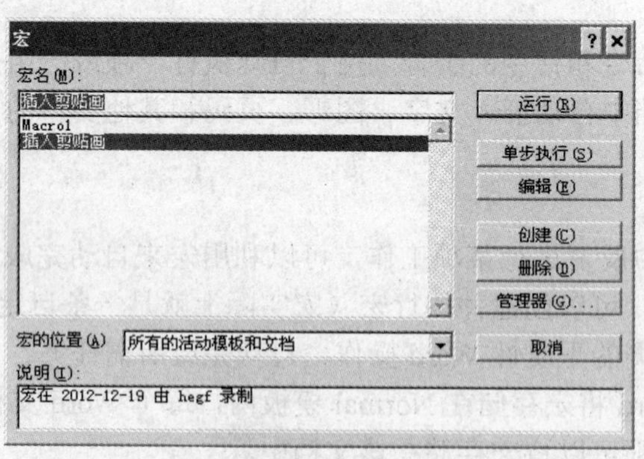


图 2.67

3. 重命名宏

（1）执行“工具”→“宏”→“宏”命令，打开“宏对话框”。

（2）单击“管理器”按钮，打开“管理器”对话框，单击“宏方案项”选项卡，选中要修改的宏名，单击“重命名”按钮，弹出“重命名”对话框。

（3）在“新名称”文本框中键入新的宏名称回车，然后关闭“管理器”对话框即可。

此处，通过“宏”对话框中相应的命令按钮可以编辑和删除宏。

4. 运行 Word 系统的自动宏

在“宏”对话框中，单击“宏的位置”下拉按钮，选择“Word 命令”选项，在“宏名”框中会显示 Word 提供的宏，选择一个即可执行，如图 2.68 所示。

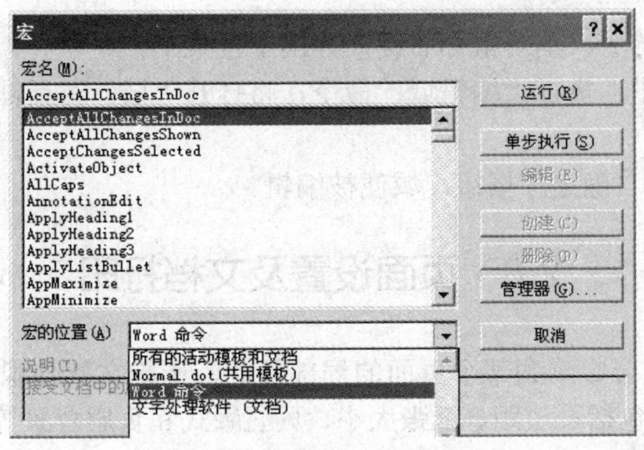


图 2.68

## 2.7.2 域

1. 域的分类

编号域、等式和公式域、链接和引用域、日期和时间域、索引和目录域、文档信息域、文档自动化域、用户信息域和邮件合并域。

2. 插入域

（1）执行“插入”→“域”命令，在弹出“域”对话框。

（2）单击“域”对话框中“类别”右侧下拉按钮，选择域类别。选取了类别选项后，右侧“域属性”内容会随之变化、“域选项”会显示或隐藏。

在“域属性”框中选择一种所需属性，再单击“确定”按钮，域即被插入到文档中。

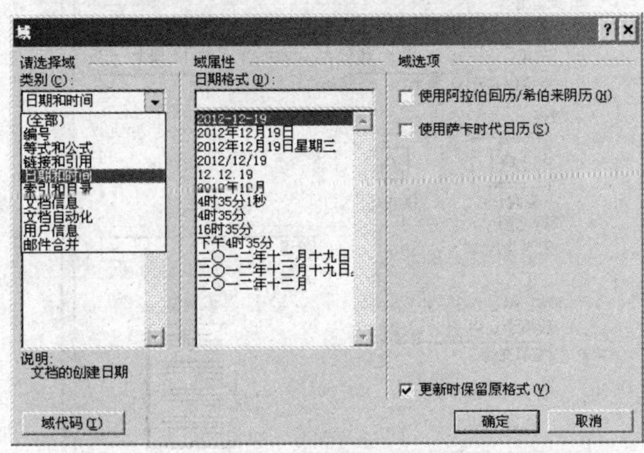


图 2.69

3. 查看域（切换域代码）

（1）打开插入域的文档文件。

（2）按下 Alt+F9 组合键，此时插入的所有域变为域代码效果。

（3）再次按下 Alt+F9 组合键，返回原来的效果。

4. 更新域

（1）选取文档正文中需更新的域，按下 F9 键。

（2）页眉、页脚、脚注和尾注中插入的域，单独更新。

5. 编辑域

（1）选取欲编辑的域，单击鼠标右键，弹出下拉菜单。

（2）在下拉菜单中，执行“编辑域”命令，将打开“域”对话框，在该对话框中，可以对域进行重新设置。

设置完成后，单击“确定”按钮，域便被编辑。

## 2.8 页面设置及文档打印

字符和段落文本只会影响到某个页面的局部外观，影响文档外观的另一个重要因素是它的页面设置。页面设置包括页边距、纸张大小、页眉版式和页眉背景等。使用 Word 2003 能够排出清晰、美观的版面。

### 2.8.1 设置页面大小

在编辑文档时，直接用标尺就可以快速设置页边距、版面大小等，但是这种方法不够精确。如果需要制作一个版面要求较为严格的文档，可以使用“页面设置”对话框来精确设置版面、装订线位置、页眉、页脚等内容。

1. “页面设置”对话框

选择“文件”→“页面设置”命令，打开“页面设置”对话框，如图 2.70 所示，该对话框中有 4 个选项卡。

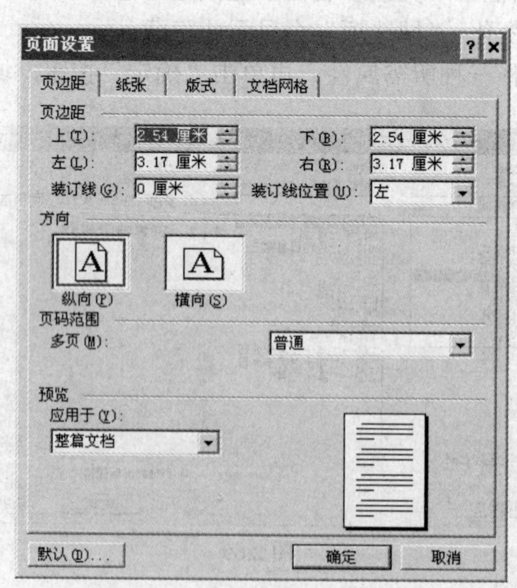


图 2.70

2. 使用对话框设置页面

为了满足不同用户的需求，可以使用“页面设置”对话框设置出各种大小不一的文档。

### 2.8.2　设置页眉和页脚

页眉和页脚通常用于显示文档的附加信息，例如页码、日期、作者名称、单位名称、徽标或章节名称等。其中，页眉位于页面顶部，而页脚位于页面底部。Word 可以给文档的每一页建立相同的页眉和页脚，也可以交替更换页眉和页脚，即在奇数页和偶数页上建立不同的页眉和页脚。

要在文档中添加页眉和页脚，只需要选择“视图”→“页眉和页脚”命令，激活页眉和页脚，就可以在其中输入文本、插入图形对象、设置边框和底纹等操作，同时打开“页眉和页脚”工具栏，如图 2.71 所示。

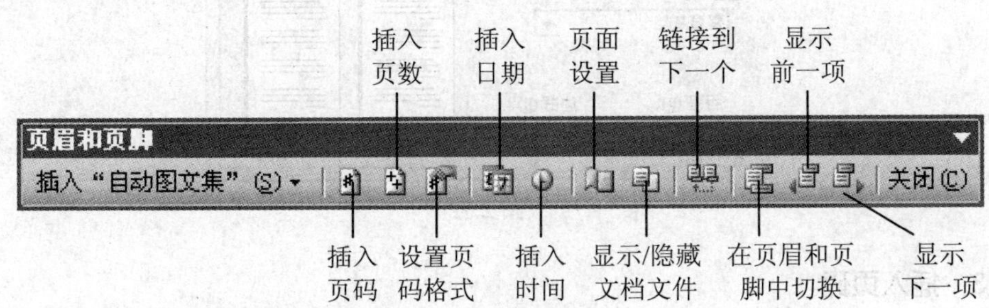


图 2.71

工具栏各按钮功能如表 2.7 所示。

表 2.7

| | |
|---|---|
| 单击“插入自动图文集”按钮右侧的下拉黑箭头 | 在弹出的下拉菜单中显示可以为页眉或页脚添加的自动图文集内容，如页码、文档创建日期、作者等 |
| 插入页码 | 可在光标所在处插入页码 |
| 插入页数 | 可在光标所在处插入文档的总页数 |
| 设置页码格式 | 将弹出“页码格式设置”对话框，在该对话框中可以设置页码的格式 |
| 插入日期 | 可将当前日期插入到光标所在位置 |
| 插入时间 | 可将当前时间插入到光标所在位置 |
| 页面设置 | 弹出“页面设置”对话框，可以在对话框中设置页眉和页脚的格式 |
| 显示/隐藏文档文字 | 将显示或隐藏文档的主要文字 |
| 链接到前一个 | 可以将不同节之间的页眉和页脚链接。如果文档只有一节，那么该按钮为不可选状态 |
| 在页眉和页脚间切换 | 向上或向下滚动页面，可以在页眉和页脚的编辑状态间转换 |
| 如果页眉和页脚在奇偶页上不同 | 可以运用“显示前一项”和“显示下一项”按钮从一项移到另一项 |

如果要为首页及奇偶页分别设置不同的页眉页脚，需要先在“页面设置”→“版式”对话框的“页眉和页脚”中选择“奇偶页不同”和“首页不同”，如图 2.72 所示，然后分别设置。

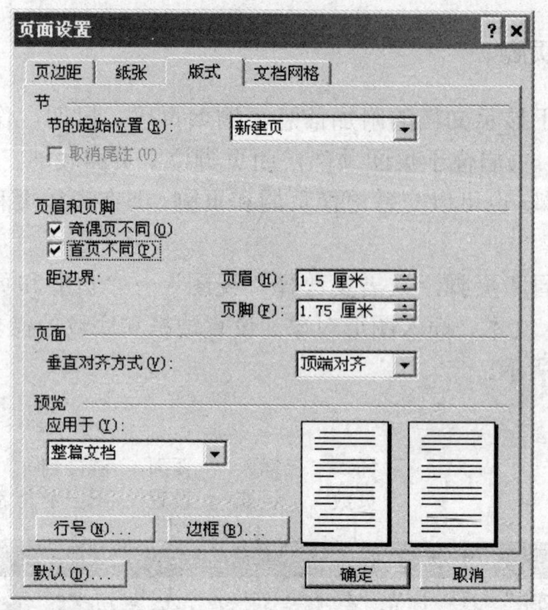


图 2.72

### 2.8.3 插入页码

页码就是给文档每页所编的号码，以便于读者阅读和查找。页码一般添加加在页眉或页脚中，当然，也可以添加到其他地方。

1. 插入页码

要在文档中插入页码，可以选择“插入”→“页码”命令，打开“页码”对话框。

2. 设置页码格式

在文档中，如果需要使用不同于默认格式的页码，例如 I 或 A 等，就需要对页码的格式进行设置。要对页码进行格式化设置，可以在“页码”对话框中，单击“格式”按钮，打开“页码格式”对话框设置格式，如图 2.73 所示。

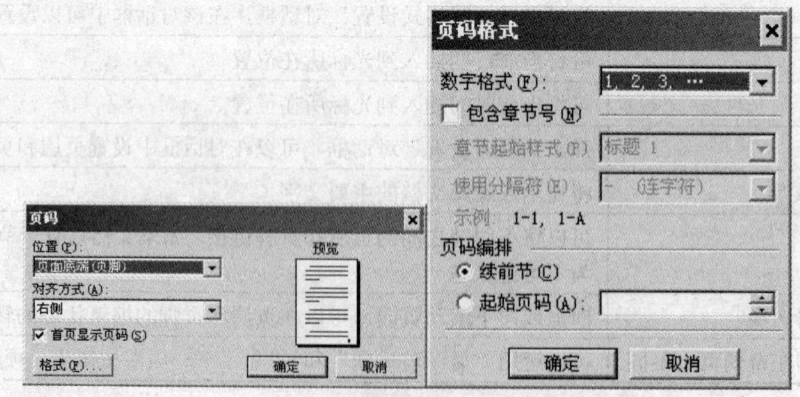


图 2.73

### 2.8.4 插入分页符和分节符

使用正常模板编辑一个文档时，Word 是将整个文档作为一个大章节来处理，但在一些特殊情况下，例如要求前后两页、一页中两部分之间有特殊格式时，操作起来相当不便。此时可在其中插入分页符或分节符。

1. 插入分页符

分页符是用来标记一页终止并开始下一页的点。

执行“插入”→“分隔符”命令，在弹出的“分隔符”对话框中，点选“分页符”选项即可。

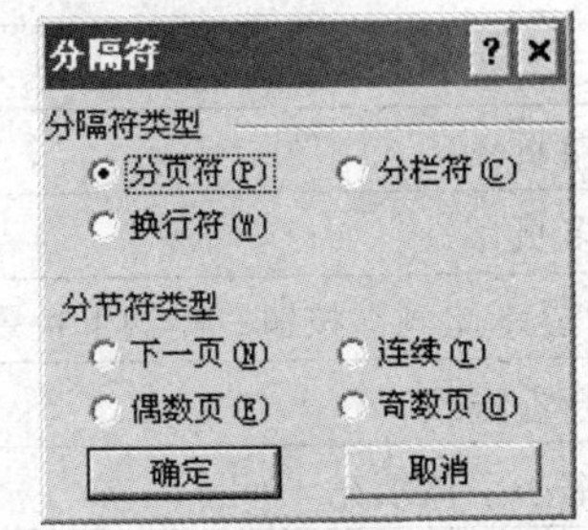


图 2.74

2. 插入分节符

如果把一个较长的文档分成几节，就可以单独设置每节的格式和版式，从而使文档的排版和编辑更加灵活。

执行“插入”→“分隔符”命令，在弹出的“分隔符”对话框中，点选“分节符”选项即可。

### 2.8.5 设置页面背景和主题

给文档加上丰富多彩的背景和主题，可以使其更加生动和美观。

1. 设置页面背景

Word 2003 提供了强大的背景功能，其颜色可以任意调制，可以给文本添加织物状的底纹，还可以使用一个图片作为文档背景制作出水印效果等。

执行菜单栏中的“格式”→“背景”命令，在背景列表中可以为文档设置背景颜色、填充效果及水印效果。

2. 设置主题

主题是一套统一的设计元素和颜色方案。利用主题，可以非常容易地创建具有专业水准、设计精美的文档，然后通过 Word、电子邮件或网站进行阅读。

要设置主题，可以选择“格式”→“主题”命令，打开“主题”对话框，在“请选择主题”列表框中选择适合的主题即可。

### 2.8.6 打印文档

Word 2003 提供了一个非常强大的打印功能，可以很轻松地按要求将文档打印出来，在打印文档前可以先预览文档、设置打印范围、一次打印多份、对版面进行缩放、逆序打印，也可以只打印文档的奇数页或偶数页，还可以后台打印以节省时间。

1. 打印预览

单击“常用”工具栏中的“打印预览”按钮（或者执行菜单栏中的“文件”→“打印预览”命令），可进入文件打印预览状态，并显示“打印预览”工具栏，如图 2.75 所示，以便于对预览状态进行调整。

图 2.75

“打印预览”工具栏各个按钮功能如表 2.8 所示。

表 2.8

| 打印 | 可立即开始文稿打印 |
| --- | --- |
| 放大镜 | 可对文档进行 100%放大或缩小显示 |
| 单页 | 文档将以单页进行预览显示 |
| 多页 | 将弹出下拉列表，在这 6 种形式中可选择显示的页数 |
| “显示比例”按钮右侧的下拉黑箭头 | 可以设置预览比例 |
| 查看标尺 | 将在预览界面中显示或隐藏标尺 |
| 缩小字体填充 | 系统将自动缩减文档页数，避免将较少的文字排在单独的一页上 |
| 全屏显示 | 文档将以全屏方式显示 |
| 关闭 | 回到正常文档窗口 |

2. 打印文档

在 Word 软件中，有两种打印方法，一种是直接单击“常用”工具栏中的 “打印”按钮进行打印，这种打印方法是将全部的文档打印一份。另一种方法是通过菜单栏中的“打印”命令来完成。

执行菜单栏中的“文件”→“打印”命令，弹出“打印”对话框，如图 2.76 所示。

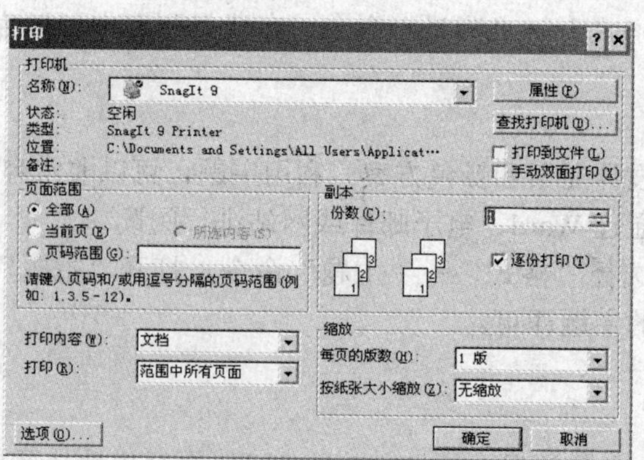


图 2.76

在“打印”对话框中各选项的功能如表 2.9 所示。

表 2.9

| 打印机 | 选择打印文稿的打印机 |
| --- | --- |
| 页面范围 | 设置打印文档的内容范围 |
| 副本 | 设置要打印的份数 |
| 打印内容 | 指定要打印文档的某个部分 |
| 打印 | 包含了三个选项，它们是用来设定打印的奇偶数页。如：先打 1、3、5……奇数页、再打 2、4、6……偶数页，以实现双面打印 |
| 缩放 | 有“每页的版数”和“按纸张大小缩放”两种选项，作用是将文档内容以缩放的形式打印在纸张中 |

设置完成，单击对话框中的“确定”按钮，即可进行文档的打印。

# 第 3 章　办公中的数据统计

Excel 2003 是微软公司推出的功能非常强大的电子表格管理分析软化，专门为需要对各种数据进行处理的人员所开发的应用软件，也是计算机办公自动化软件中最重要的部件之一。

Excel 是集成数据采集、数据编辑、数据图表化、数据管理和数据分析处理等功能为一体的软件工具包，它可以创建和修改工作表、三维图表，同时还可以创建和使用宏。我们可以用它完成一系列商业、科学和工作任务，因此，被广泛地应用于管理、统计、财经、金融等众多领域。另外，Excel 不仅仅能够方便地处理表格和进行图形分析，其更强大的功能体现在对数据的自动处理和计算上。

本章将介绍一些 Excel 在办公实践中最常用的功能、技巧和操作方法。

## 3.1 Excel 工作表的基本操作

Excel 2003 是一个使用方便、操作简单、功能强大的电子表格制作软件，它主要用于对数据的处理、统计分析和计算。下面先简单介绍 Excel 2003 的一些基本操作。

### 3.1.1 Excel 2003 窗口简介

Excel 2003 工作界面除了具有与 Word 相同的标题栏、菜单栏、工具栏外，还具有其特有的组成部分，下面分别进行介绍。

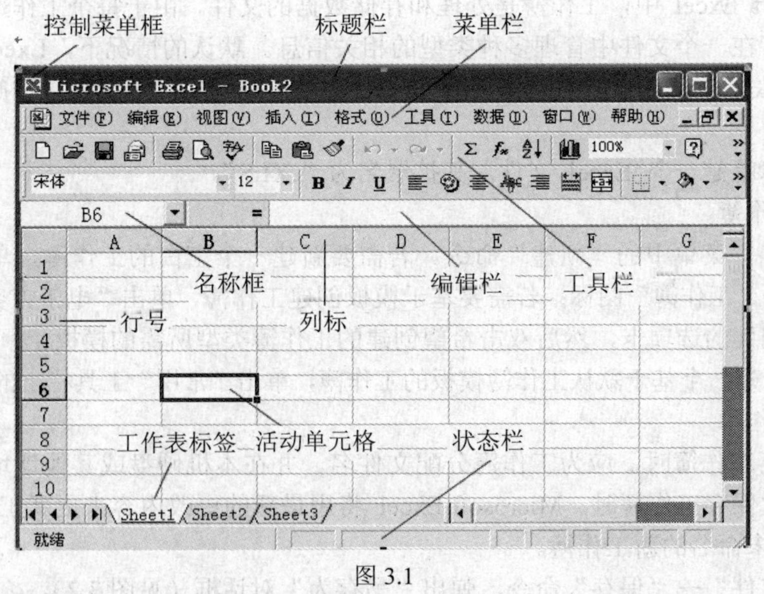


图 3.1

（1）标题栏。显示当前工作簿文件的名字。

（2）菜单栏。在每组下拉菜单中包括了一组相关操作或命令，可以根据需要选取菜单中的选项，完成相关的操作。包括：文件、编辑、视图、插入、格式、工具、表格、窗口和帮助等菜单。

（3）工具栏。工具栏是一些图标按钮，每一个按钮都代表了一个命令，这些命令都等价于菜单中相关的命令。窗口中显示两个工具栏：格式工具栏和常用工具栏。

（4）数据编辑栏。数据编辑栏是用来输入或编辑单元格或图表的值的区域。显示活动窗口中的内容。当在活动单元格中键入数据、公式或函数时，输入的内容会同时显示在单元格和编辑区中，既可以在单元格中修改数据，也可在编辑栏中修改数据。

（5）编辑栏。编辑栏最左边的是名称框，最右边的是编辑栏。当用户向活动单元格输入或编辑内容时，编辑栏中将出现三个按钮。

（6）状态栏。状态栏即屏幕底端有关执行过程中的选定命令或操作的信息。当选定命令时，状态栏左边便会出现该命令的简单描述。状态栏左边也可以指示操作过程，如打开或保存文件，复制单元格或记录宏表等。

（7）滚动条。使用滚动条可以在长工作表中来回移动。

（8）工作表标签。标签栏位于状态栏上面，显示当前工作簿中所有工作表的名称，如Sheet1、Sheet2、Sheet3……。

（9）工作区。即工作表，用于输入、编辑和计算数据，是Excel 2003的编辑核心区域。

（10）状态栏。在对工作表进行编辑的过程中，提示一些相关信息。如图3-1所示，我们可以在状态栏中看到“就绪”、“数字”等相关字样。

在了解了Excel 2003界面构成之后，用户还必须掌握Excel 2003数据处理的基本构件：单元格、工作表及工作簿。

### 3.1.2 工作簿、工作表和单元格

#### 3.1.2.1 工作簿

在Microsoft Excel中，工作簿是处理和存储数据的文件。由于每个工作簿可以包含多张工作表，因此可在一个文件中管理多种类型的相关信息。默认的情况下，Excel 2000的一个工作簿中有3张工作表，当前的工作表为Sheet1，用户根据实际情况可以增减工作表和选择工作表。

一个工作簿就是一个Excel文件，其扩展名为“.XLS”。

1. 新建工作簿

单击“文件”菜单中的“新建”命令。若需要新建一个空白的工作簿，单击“常用”选项卡，然后双击“工作簿”图标；若需要基于模板创建工作簿，单击“电子方案表格”选项卡或是“其他文档”的选项卡，然后双击希望创建的工作簿类型所需的模板。

如果需要新建一个基于默认工作簿模板的工作簿，单击“常用”工具栏上的“新建”按钮。

2. 保存工作簿

第一次保存工作簿时，应为工作簿分配文件名，并在本机硬盘或其他地址为其指定保存位置。以后每次保存工作簿时，Microsoft Excel将用最新的更改内容来更新工作簿文件。

（1）保存未命名的新工作簿。

①单击“文件”→“保存”命令，弹出“另存为”对话框（见图3.2）。

②在“保存位置”列表中，选择希望保存工作簿的驱动器和文件夹。

③在“文件名”框中，键入工作簿名称。

④单击“保存”按钮。

（2）保存已有工作簿。单击“常用”工具栏的“保存”按钮。

（3）保存工作簿副本。

①打开需要制作副本的工作簿。

②单击“文件”菜单中的“另存为”命令。

③在“文件名”框中，为工作簿键入一个新名称，或在“保存位置”框中单击一个不同的驱动器，或在文件夹列表中单击一个不同的文件夹名称。

④单击“保存”按钮。

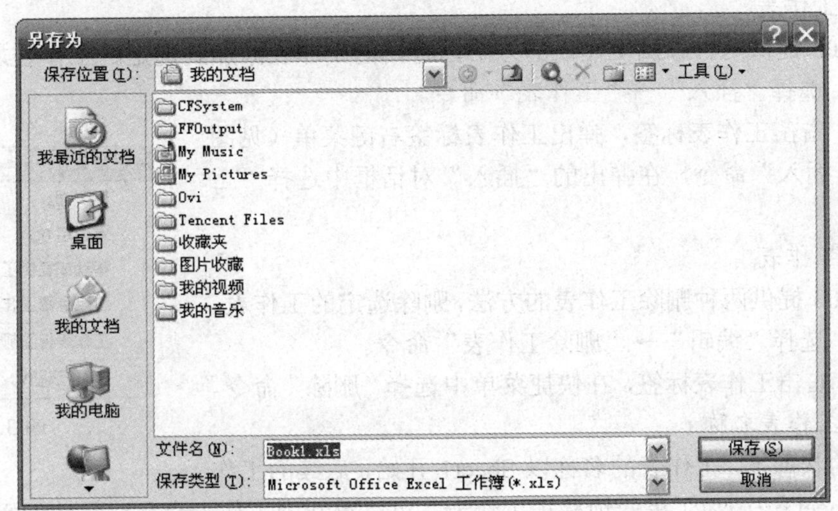


图 3.2

3. 打开已有的工作簿

（1）单击“文件”菜单中的“打开”命令，或单击“常用”工具栏的“打开”按钮 。

（2）在“查找范围”列表中，单击包含所需工作簿的驱动器、文件夹或 FTP 地址，然后找到并双击包含有该工作簿的文件夹。

（3）双击需要打开的工作簿。

3.1.2.2　工作表

在 Microsoft Excel 中，工作簿是处理和存储数据的文件，而每个工作簿可以包含多张工作表。使用工作表可以显示和分析数据，可以同时在多张工作表上输入并编辑数据，并且可以对不同工作表的数据进行汇总计算。在创建图表之后，既可以将其置于源数据所在的工作表上，也可以放置在单独的图表工作表上。

工作表标签位于工作簿文档窗口的左下底部，显示工作表的名称。活动工作表的名称带有单下划线。

1. 选定工作表

如果要切换到工作簿中的其他工作表，单击其他工作表的工作表标签。若看不到所需的标签，那么单击标签滚动按钮可显示此标签，然后单击此标签。在工作簿中包含多张工作表时，也可以用鼠标右键单击标签滚动按钮，然后单击所需工作表的标签。

工作簿中工作表选定的方法如表 3.1 所示。

表 3.1 工作簿中工作表的选定方法

| 选定区域 | 选定方法 |
| --- | --- |
| 单张工作表 | 单击工作表标签 |
| 两张以上相邻的工作表 | 选定第一张工作表，按住 Shift 键再单击最后一张工作表 |
| 两张以上不相邻的工作表 | 选定第一张工作表，按住 Ctrl 键再单击其他的工作表 |
| 工作簿中所有的工作表 | 右单击工作表标签，选定快捷菜单中的“选定全部工作表”命令 |

2. 添加工作表

Excel 2003 提供两种添加工作表的方法，将新的工作表添加到选定的工作表之前。

方法一：选择“插入”→“工作表”命令。

方法二：右击工作表标签，弹出工作表标签右键菜单（见图 3.3），选择“插入”命令，在弹出的“插入”对话框中选择“工作表”。

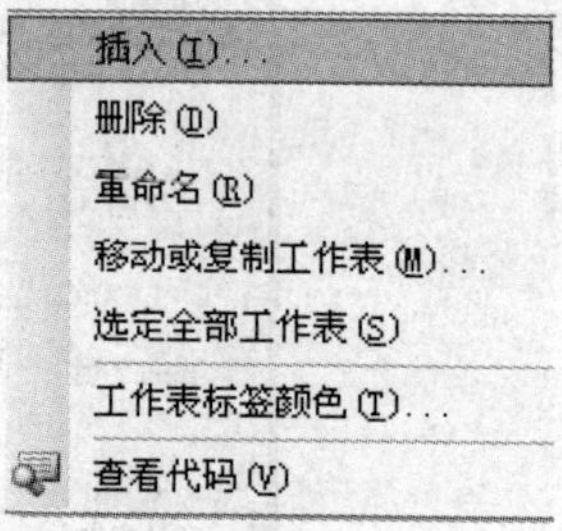

插入(I)...
删除(D)
重命名(R)
移动或复制工作表(M)...
选定全部工作表(S)
工作表标签颜色(T)...
查看代码(V)

图 3.3

3. 删除工作表

Excel 2003 提供两种删除工作表的方法，删除选定的工作表。

方法一：选择“编辑”→“删除工作表”命令。

方法二：右击工作表标签，在快捷菜单中选择“删除”命令。

4. 改变工作表名称

在默认的状态下，工作表的名称以 Sheet1 开始，后续的工作表 Sheet2，Sheet3……为了更好地标识工作表，可以重新为工作表命名。具体的操作步骤：双击要重新命名的工作表标签，使其变成可编辑的区域，在编辑区域输入新的工作表名称，按 Enter 键确定。

5. 移动工作表

Excel 2003 提供 2 种移动工作表的方法，移动当前活动工作表到指定位置。

方法一：选择“编辑”→“移动或复制工作表”命令。

方法二：鼠标指向要移动的工作表，按住鼠标左键拖动到指定位置后，松开鼠标左键。

6. 复制工作表

Excel 2003 提供 2 种复制工作表的方法，复制当前活动工作表到指定位置。

方法一：选择“编辑”→“移动或复制工作表”命令，在“移动或复制工作表”对话框中选中“建立副本”复选框。

方法二：鼠标指向要移动的工作表，按住鼠标左键和 Ctrl 键，拖动到指定位置后，松开鼠标左键和 Ctrl 键。

7. 隐藏和取消隐藏工作表

为了避免屏幕上显示的工作表太多，可以选择隐藏工作表。隐藏的工作表仍然是打开的，其他文档仍然可以使用其信息，同样也可以隐藏未被使用或不希望其他用户看到的行和列。

（1）隐藏工作表。

选定要隐藏的工作表；执行“格式”→“工作表”→“隐藏”命令。

（2）取消隐藏工作表。

执行“格式”→“工作表”→“取消隐藏”命令，打开“取消隐藏”对话框，在“取消隐藏工作表”列表中，双击想要取消隐藏的工作表名称。

#### 3.1.2.3 单元格

单元格是组成工作表的最小单位。Excel 2003 的工作表由 65536 行、256 列组成，每一行列交叉处即为一单元格。行编号为 1～65536，列编号为 A～IV（A，... Z，AA，... AZ，BA，... BZ，... IA，... IV）。每个单元格的地址用它所在的列标和行标来引用，如 A6、D20 等。对单元格数据的编辑和运算是建立工作表的基础。

要输入单元格数据，首先要激活单元格。在任何时候，工作表中有且仅有一个单元格是激活的，鼠标单击单元格即可使单元格为粗边框包围，此时输入数据即出现在该单元格中。

单元格的选取是单元格操作中的常用操作之一，它包括单个单元格选取、多个连续单元格选取和多个不连续的单元格选取。

1. 选取单个的单元格

单个单元格的选取即单元格的激活。除了用鼠标、键盘上的方向键外，使用“编辑”菜单中的“定位”命令，在对话框中输入单元格地址（如 C26），或者在编辑栏的名称框输入单元格地址，也可选取单个单元格。

2. 选取多个连续单元格

鼠标拖拽可使多个连续单元格被选取。或者用鼠标单击要选择区域的左上角单元，按住 Shift 键再用鼠标单击右下角单元格。选取多个连续单元格的特殊情况如表 3.2 所示。

表 3.2　选取多个连续单元格特殊情况列表

| 选择区域 | 方法 |
| --- | --- |
| 整行（列） | 单击工作表相应的行（列）号 |
| 整个工作表 | 单击工作表左上角行列交叉的按钮 |
| 相邻行或列 | 鼠标拖拽行号或列标 |

3. 选取多个不连续的单元格

用户可选择一个区域，再按 Ctrl 键不放，然后选择其他区域。

在工作表中任意单击一个单元格即可清除单元区域的选取。

## 3.2 工作表数据的输入和编辑

下面以制作一个“报名登记表”和“培训成绩表”为例，对工作表的操作进行介绍。

### 3.2.1 单元格内容的录入

在工作表中输入数据是一种基本操作，Excel 的数据不仅可以从键盘直接输入还可以自动输入，输入时还可以检查其正确性。

在工作表中，总有一个单元格由黑色边框包围着，称该单元格为活动单元格。如果想在某个单元格中输入数据，只要将鼠标移到希望选定的那个单元格上，然后单击使其成为活动单元格即可。活动单元格四周黑框的右下角有一个小黑方块，这个黑方块被称为填充柄。

在 Excel 中，可以在工作表单元格中输入的数据有两类：常量和公式。常量是指直接从键盘输入的字符、数字、日期和时间等，常量一旦输入，数值将一直保留，除非用户去修改它们。

公式是指以等号开头的表达式、函数等，由操作符、常量、函数、单元格引用等组成，公式的结果将随着引用单元格中数据的变化而变化。常量和公式都需要 Excel 进行管理和处理。

在工作表中可以输入的常量有数值型、日期和时间型、字符型，输入的数据不同，所采用的输入方法也将不同，而且输入数据要遵守一定的规则，才能被 Excel 识别。下面我们就对常用数据类型及其输入方法、输入规则分别进行介绍。

Excel 2003 每个单元格最多可输入 32,000 个字符。输入结束后按回车键、Tab 键或鼠标单击编辑栏的“√”按钮均可确认输入。按 Esc 键或单击编辑栏的“×”按钮可取消输入。

输入的数据类型分为文本型、数值型和日期型。以下介绍这三种类型数据的输入。

（1）文本输入。在 Microsoft Excel 中，文本包括汉字、英文字母、数字、空格以及其他键盘能键入的符号。在默认时，所有文本在单元格中均左对齐。有些数字如电话号码、邮政编码常常当作字符处理。此时只须在输入数字前加上一个英文单引号，Excel 将把它当作字符沿单元格左对齐。

如输入的文字超出单元格的宽度，若右边单元格无内容，则扩展到右边列，如图 3.4 所示，A1 单元格；否则，截断显示，如 F2 单元格中的“详细通讯地址”。实际上这些内容还是各就各位的，只要单击 A1 或 F2 使之成为活动单元格，在编辑栏内就会显示出该单元格内的所有内容。

F2 fx 详细通讯地址

| | A | B | C | D | E | F | G | H | I | J | K | L | M |
|---|---|---|---|---|---|---|---|---|---|---|---|---|---|
| 1 | 报名登记表 | | | | | | | | | | | | |
| 2 | 序号 | 姓名 | 性别 | 年龄 | 单位 | 详细通讯 | 联系电话 | 邮政编码 | E-mail | 报到时间 | 房间安排 | 备注 | |
| 3 | | | | | | | | | | | | | |

图 3.4

（2）数值输入。Microsoft Excel 中，数字只可以为下列字符：

0 1 2 3 4 5 6 7 8 9 + - ( ) / $ % . E e

Excel 将忽略数字前面的正号“+”，并将单个句点视作小数点。所有其他数字与非数字的组合均作文本处理。输入分数时，为避免将输入的分数视作日期，在分数前键入 0（零）和空格，如键入 0 1/2。输入负数时，在负数前键入减号“-”，或将负数置于括号（ ）中。在默认状态下，所有数字在单元格中均右对齐。

如输入的数值超出单元格的宽度，Excel 自动以科学记数法表示。无论显示的数字的位数如何，Excel 都只保留 15 位的数字精度。如果数字长度超出了 15 位，Excel 则会将多余的数字位转换为零。

（3）日期时间数据的输入。Microsoft Excel 将日期和时间视为数字处理。工作表中的日期和时间的显示方式取决于所在单元格中的数字格式。Excel 常见的日期和时间格式为“mm/dd/yy”、“dd-mm-yy”、“hh:mm（am/pm）”，其中 am/pm 与分钟之间应有空格，如 8:20PM，缺少空格当作文本数据处理。在键入了 Excel 可以识别的日期或时间数据后，单元格格式会从“常规”数字格式改为某种内置的日期或时间格式。默认状态下，日期和时间项在单元格中右对齐。如果 Excel 不能识别输入的日期或时间格式，输入的内容将被视作文本，并在单元格中左对齐。如果要输入当前日期，按组合键“Ctrl+；”。如果要输入当前时间，按组合键“Ctrl+Shift+；”。

### 3.2.2　数据自动输入

1. 在同一行或列中复制数据

先选定包含需要复制数据的单元格。然后用鼠标拖动填充柄经过需要填充数据的单元格，然后释放鼠标按键。

如果在填充过程中，要想让类似于数字或日期等数值发生增长而不是照原样复制，先选定原始数据，然后按住 Ctrl 键，再拖动填充柄。

对于“报名登记表”来说，“序号”是正整数，可以视为一个等差序列，可以输入“1”之后，按住 Ctrl 键，拖动填充柄到“10”，其右下角有个“自动填充选项”按钮，展开后如图 3.5 所示。

2. 填充数字、日期或其他序列

初始值为文字数字混合体，填充时文字不变，最右边的数字递增。如初值为 A1，填充为 A2，A3，……。

初始值为 Excel 预设的自动填充序列中的一员，按预设序列填充。如初值为二月，自动填充三月、四月，……如图 3.6 所示。

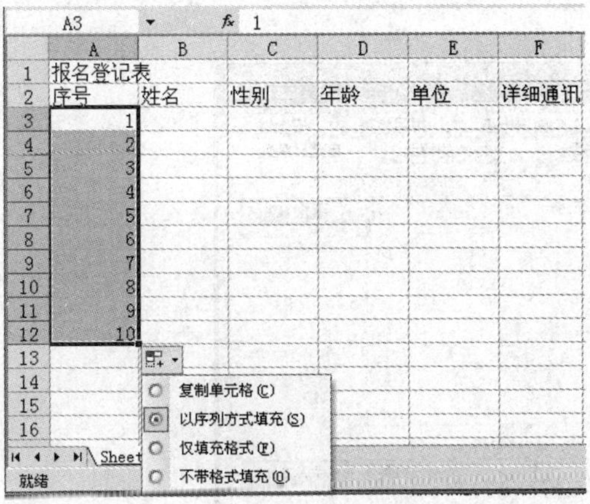

图 3.5

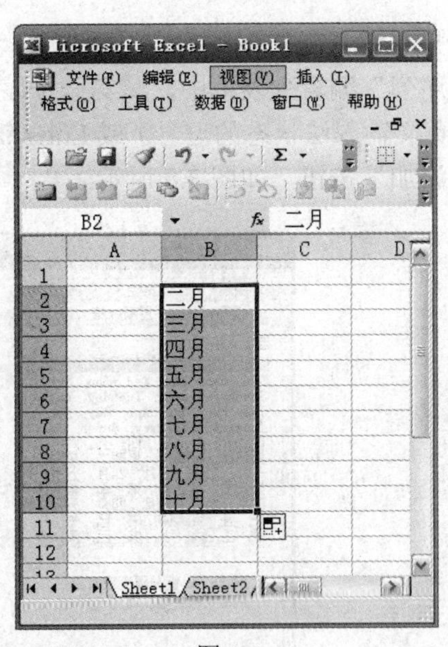


图 3.6

在相邻的两个单元格中输入两个初值，可以生成一个等差数列。先选定待填充数据区的起始单元格，输入序列的初始值，再选定下一单元格，在其中输入序列的第二个数值。头两个单元格中数值的差额将决定该序列的增长步长。选定包含初始值的两个单元格，用鼠标拖动填充柄经过待填充区域。如果要按升序排列，请从上向下或从左到右填充，如果要按降序排列，请从下向上或从右到左填充。

3. 创建自定义填充序列

通过工作表中现有的数据项或以临时输入的方式，可以创建自定义序列。

如果已经输入了将要用作填充序列的数据清单，请选定工作表中相应的数据区域，如“报名登记表”中的“姓名”这一列。在“工具”菜单上，单击“选项”命令，再单击“自定义序列”选项卡，如图 3.7 所示。然后单击“导入”按钮，即可使用选定的数据清单。

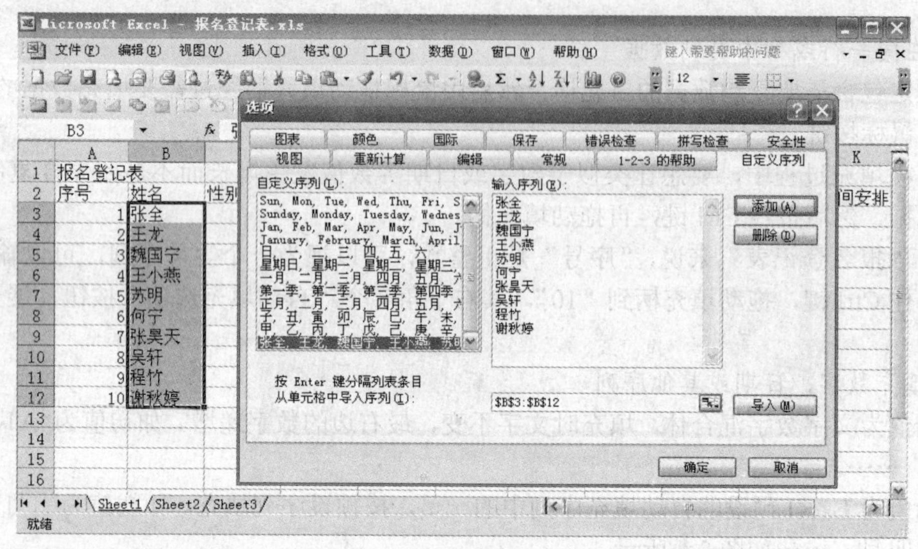

图 3.7

如果要键入新的序列列表，请选择“自定义序列”列表框中的“新序列”选项，然后在“输入序列”编辑列表框中，从第一个序列元素开始输入新的序列，。在键入每个元素后，按“,”（英文输入法状态的逗号）或 Enter 键。整个序列输入完毕后，如“赵，钱，孙，李，张”，单击“添加”按钮，如图 3.8 所示。

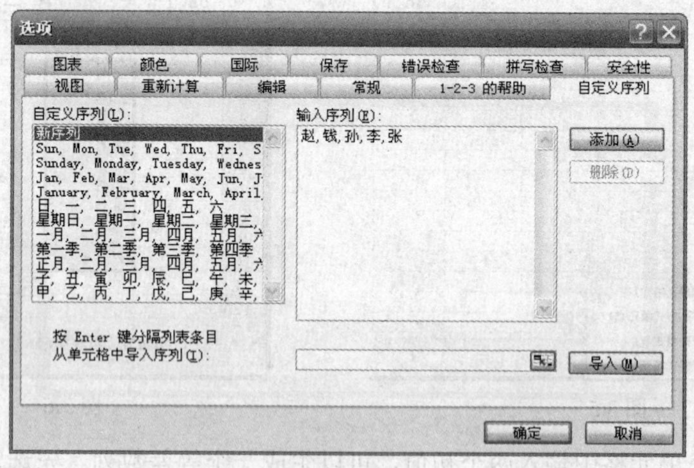

图 3.8

对于自定义序列的填充，同按预设序列填充一样，拖动填充柄进行填充。

4. 产生一个序列

除了使用鼠标拖动进行填充外，还可以使用菜单项进行填充：首先在单元格中填入数列开始的数值，然后选中要填充数列的单元格，打开“编辑”菜单，单击“填充”项，选择“序列”命令，弹出“序列”对话框，如图 3.9 所示。在“序列”对话框中，选择“序列产生在”行或列，选择“等差数列”或“等比数列”，设置“步长值”，单击“确定”按钮，就可以在选定的单元格中填入相应的数列，如图 3.10 所示。

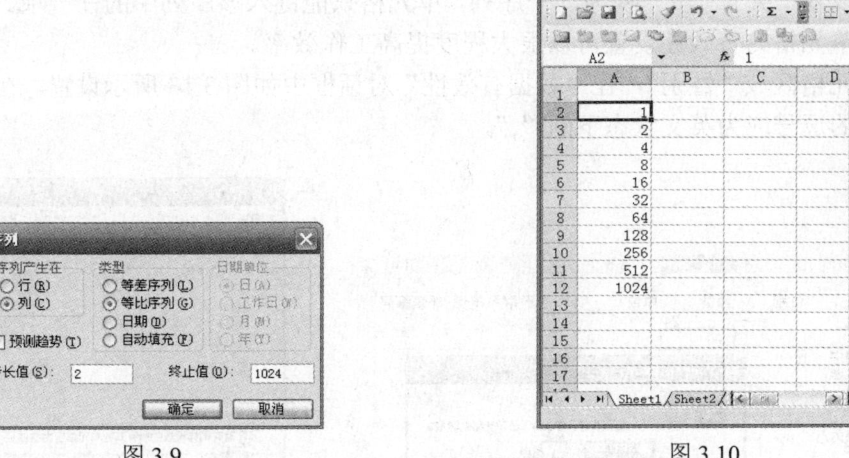


图 3.9　　　　图 3.10

### 3.2.3　单元格数据的有效性

在 Excel 中，为保证工作表中输入数据的正确性，可以预先设置某个单元格允许输入的数据类型、范围，并可以设置数据输入提示信息和输入错误提示信息。

1. 单元格数据的有效性设置

选定希望限制其数据有效性范围的单元格区域，如示例中的“年龄”一列。

单击需要设置其数据有效性范围或相关提示信息的单元格。

在“数据”菜单中，单击“有效性”命令。打开“数据有效性”对话框。

在“设置”选项卡上，在“允许”下拉列表框中，单击选定允许输入的数据类型，如“整数”。在“数据”下拉列表框中，单击选定所需的操作符“介于”，然后根据选定的操作符指定数据的最小值“10”和最大值“90”，并清除“忽略空置”复选框选项，如图 3.11 所示。

单击“确定”按钮。

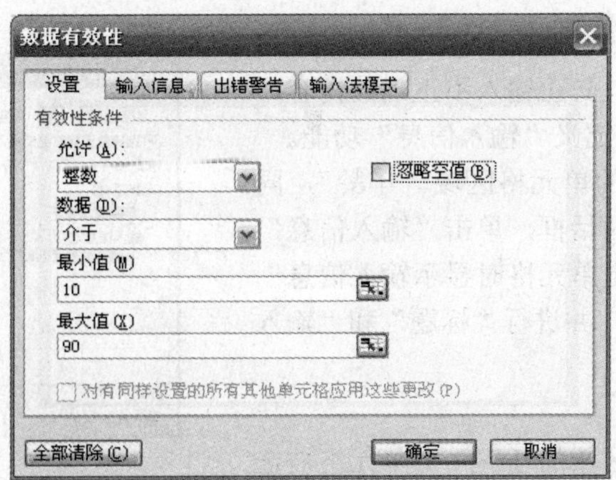


图 3.11

如果在设置了该数据有效性的单元格区域内输入信息，则只能输入 10～90 之间的整数，一旦不符合该范围，Excel 会给出错误提示，如图 3.12 所示。

此外，在“报名登记表”中的“性别”一项，填写的内容是“男”或“女”中的一个，那么我们可以将“男”、“女”视为一个序列，单元格只能键入该序列中的任一项。对于此类单元格，使用单元格的有效性设置可以很大程度提高工作效率。

选定单元格区域“性别”，在“数据有效性”对话框中如图 3.13 所示设置。在“来源”编辑框中键入的逗号应为英文状态下的“,”。

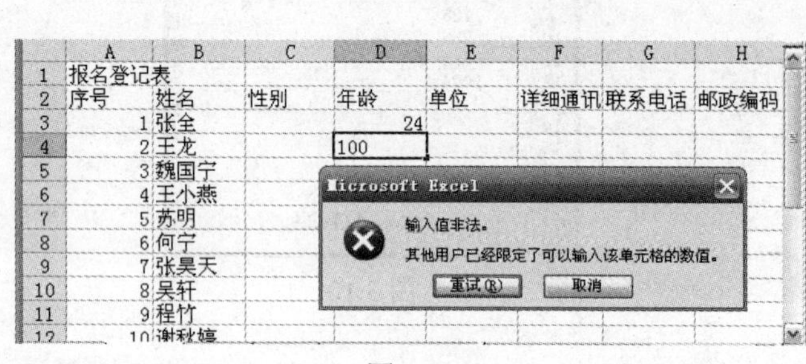


图 3.12

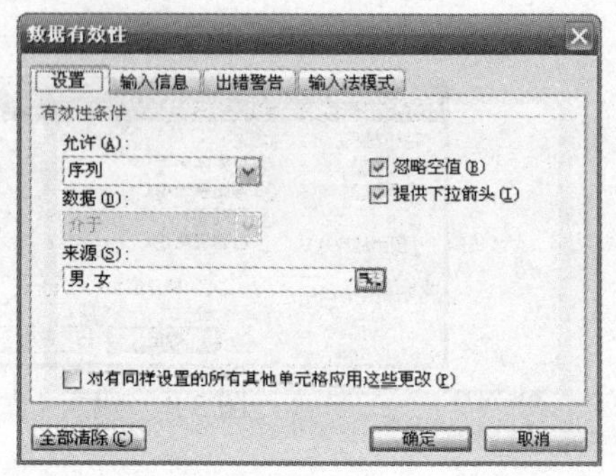


图 3.13

当“性别”单元格区域的任何一个单元格被选定后，Excel 会显示列表框，单击下拉箭头，选择需要内容即可填充到单元格，如图 3.14 所示。

图 3.14

2. 定义“输入信息”

为了方便用户使用并防止输入不正确的内容，Excel 为用户提供了可以定义“输入信息”功能。

选定需要显示信息的单元格区域“年龄”，同上打开“数据有效性”对话框，单击“输入信息”选项卡。确认选中“选定单元格时显示输入信息”复选框，如图 3.15 所示，并进行“标题”和“输入信息”的设置。

单击“确定”按钮。

当“年龄”单元格区域的任何一个单元格被选定就会出现提示信息，如图 3.16 所示。

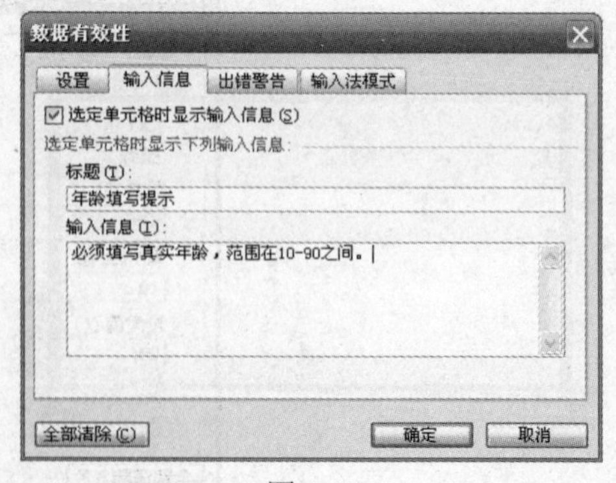


图 3.15

3. 定义“错误警告”

如果要在单元格输入不正确时有所提示，则可以在“出错警告”选项卡中指定并输入所需提示信息即可。

图 3.16

例如，之前设置好的“年龄”区域的输入要求是 10～90 的整数，如果输入的信息不符合，希望 Excel 给出错误警告，则可以在“数据有效性”对话框中设置好了数据的有效性为 10～90 的整数后，再单击“出错警告”选项卡，并进行设置，如图 3.17 所示。

如果输入的年龄不在 10～90 之间，那么就会出现如图 3.18 所示的出错警告。

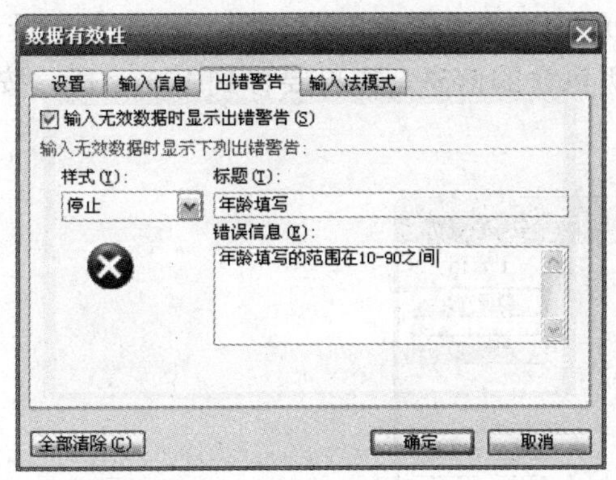

图 3.17

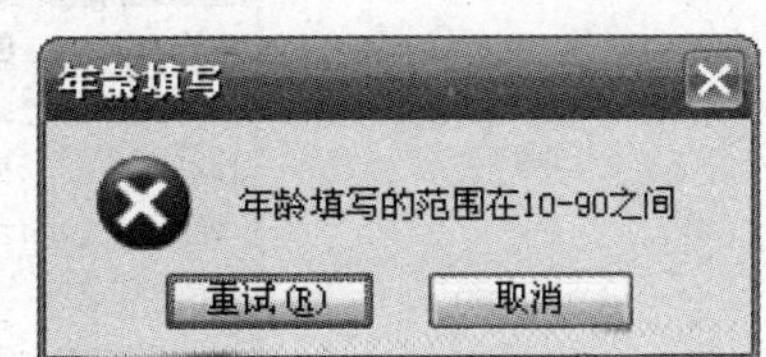

图 3.18

4. 定义“输入法模式”

对于“报名登记表”来说，大部分的单元格使用中文输入法。但是，在键入“E-mail”时切换到英文输入法状态要方便一些，但这样中英文切换起来比较麻烦，这里我们可以通过数据有效性来解决此类问题。

选定“E-mail”单元格区域，打开“数据有效性”对话框，如图 3.19 所示，选择“输入法模式”选项卡，在该选项卡中选择“关闭（英文模式）”，再单击“确定”按钮完成。

当“E-mail”单元格区域的单元格被选中时，输入法会自动切换到英文状态。

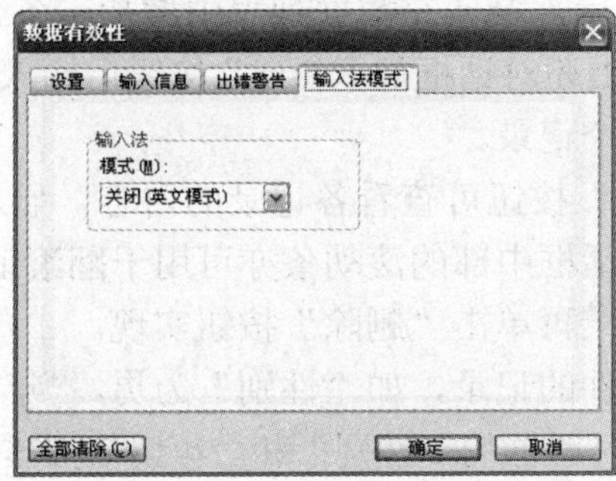

图 3.19

注意：当正在向具有限制范围和信息的单元格输入数据时，不能对限制范围和信息进行修改。当工作簿被共享时，不能通过“数据有效性”对话框来修改限制范围和信息。当向共享工作簿输入数据时，在工作簿被设置为共享之前指定的限制范围和信息仍起作用。

### 3.2.4 使用数据记录单为数据清单添加记录

数据列表，又称数据清单。它与一张二维数据表非常相似，数据由若干列组成，每列有一个标题，相当于数据库的字段名称，列也就相当于字段，数据列表中的行相当于数据库记录。每张工作表仅使用一个数据清单。在数据表的数据清单与其他数据间至少留出一个空白列和一个空白行。数据列表中应避免空白列和空白行，单元格不要以空格打头。

数据列表与一般的工作表的区别除以上的所述外，还在于数据列表必须有列名，且每一列必须是同类型数据。可以说数据列表是一种特殊的工作表。数据列表既可以像一般工作表一样进行编辑，又可通过“数据”菜单的“记录单”命令来查看、更改、添加及删除数据列表中的记录。

单击需要向其中添加记录的数据清单中的单元格，在“数据”菜单上，单击“记录单”命令，打开记录单，如图 3.20 所示。输入该记录所包含的信息，如果要移到下一字段，按 Tab 键，移到上一个字段，按 Shift+Tab 组合键。

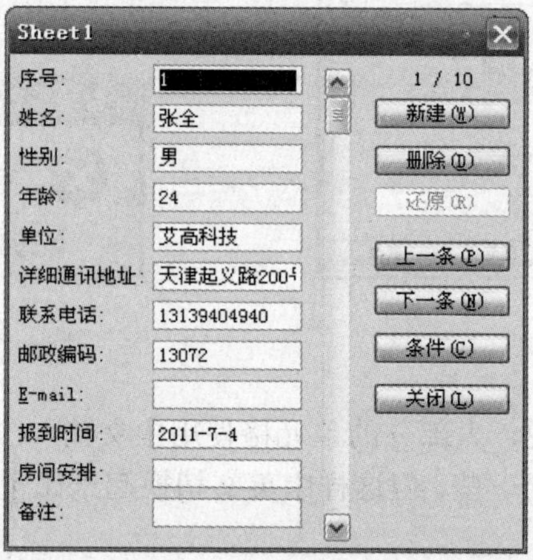

图 3.20

输入完成一条记录后，按下 Enter 键，或者单击“下一条”或方向键“↓”，为下一条记录输入信息。完成记录添加后，单击“关闭”按钮完成记录的添加并关闭记录单。

如果在数据列表添加完成后，希望在数据列表中增加一条记录，既可在工作表中增加空行输入数据来实现，也可单击上述对话框的“新建”按钮后输入数据实现，新建记录位于列表的最后，且可一次连续增加多个记录。

单击“上一条”、“下一条”按钮可查看各记录的内容，显示的记录内容除为公式外，其余可直接在文本框中修改。对话框中部的滚动条亦可用于翻滚记录。

当要删除时可先找到该记录再单击“删除”按钮实现。

如果需要查找符合一定条件的记录，如“性别”为男，“年龄”大于 30 岁的记录，可通过单击“条件”按钮，在出现对话框的“性别”和“年龄”文本框中分别输入“男”和“>30”的条件，单击“表单”后，单击“下一条”、“上一条”按钮查看符合该组合条件的记录。

### 3.2.5　插入批注

在 Excel 中，用户可以为单元格添加一些说明或注释性的文字，即单元格批注。使用单元格批注可以更好地了解单元格的内容信息。

首先选中需要插入批注的单元格，再选择“插入”菜单中的“批注”命令，便在选中单元格旁边出现一个淡黄色的文本框，在框内输入内容即可。

批注设置好了之后，只要将鼠标指针移至设置了批注的单元格上，在单元格旁边便会显示该单元格的批注内容，如图 3.21 所示。

| A | B | C | D | E | F | G | H | I |
|---|---|---|---|---|---|---|---|---|
| | | | | | 报名登记表 | | | |
| 序号 | 姓名 | 性别 | 年龄 | 单位 | 培训人员现在的工作单位 | 联系电话 | 邮政编码 | E-mail |
| 1 | 张全 | 男 | 24 | 艾高科技 | | 3139404940 | 013072 | |
| 12 | 张春霆 | 男 | 35 | 艾高科技 | | 3139404940 | 013072 | |
| 13 | 谢浩 | 男 | 27 | 艾高科技 | | 3139404940 | 013072 | |
| 14 | 吴宇浩 | 男 | 46 | 艾高科技 | 天津起义路200号 | 13139404940 | 013072 | |
| 2 | 王龙 | 男 | 31 | 长虹集团 | 绵阳长虹大道87号 | 13789898989 | 621000 | |

图 3.21

如果需要修改单元格的批注，则在需要修改的单元格上右击，在弹出的快捷菜单上选择“编辑批注”命令。

如果删除单元格批注，则在弹出的快捷菜单中选择“删除批注”命令。

单击“视图”菜单下的“批注”命令，会显示工作簿的所有批注，并弹出“审阅”工具栏。

### 3.2.6　数据编辑

单元格中的数据输入后可以修改、删除、复制和移动。

1. 修改数据

在 Excel 中，修改数据有两种方法：一是在编辑栏修改，只须先选中要修改的单元格，然后在编辑栏中进行相应修改，按“√”按钮确认修改，按“×”按钮或 Esc 键放弃修改，这种方法适合内容较多者和公式的修改；二是直接在单元格修改，此时须双击单元格，然后进入单元格修改，这种方法适合内容较少者的修改。

2. 删除数据

在 Excel 中数据的删除有两个概念：数据清除和数据的删除。如果删除了单元格，Microsoft Excel 将从工作表中移去这些单元格，并调整周围的单元格填补删除后的空缺；而如果清除单元格，则只是删除了单元格中的内容（公式和数据）、格式（包括数字格式、条件格式和边界）或批注，但是空单元格仍然保留在工作表中。

（1）数据的清除。先选定需要清除的单元格、行或列，在“编辑”菜单上，指向“清除”，再单击“全部”、“内容”或“批注”。

如果选定单元格后按 Delete 或 Backspace 键，Microsoft Excel 将只清除单元格中的内容，而保留其中的批注和单元格格式。

如果清除了某单元格，Microsoft Excel 将删除其中的内容、格式、批注或全部三项。此时，清除后的单元格值为 0（零）。因此，对该单元格进行引用的公式将接收到一个零值。

（2）数据的删除。数据删除针对的是单元格，删除后选取的单元格连同里面的数据都从工作表中消失。

先选定需要删除的单元格或一个区域后，在“编辑”菜单上，单击“删除”命令，弹出“删除”对话框，如图 3.22 所示，周围的单元格将移动并填补删除后的空缺。

3. 数据的复制和移动

（1）复制和移动数据。Excel 数据复制方法多种多样，可利用剪贴板，也可以利用鼠标拖放操作。

剪贴板复制数据与 Word 中操作相似，稍有不同的是在源区域执行复制命令后，区域周围会出现闪烁的虚线。只要闪烁的虚线不消失，粘贴可以进行多次，一旦虚线消失，粘贴无法进行。如果只须粘贴一次，有一种简单的粘贴方法，即在目标区域直接按回车键。

选择目标区域时，要么选择该区域的第一个单元格，要么选择与源区域一样大小的区域。当选择的目标区域与源区域大小不一致时，如果选择的目标区域是源区域大小的若干倍，则依倍数进行多次复制；否则将无法粘贴信息，出现如图 3.23 所示的粘贴警告框。

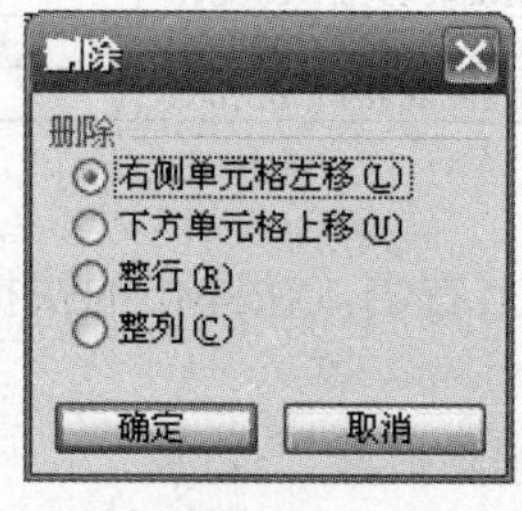


图 3.22

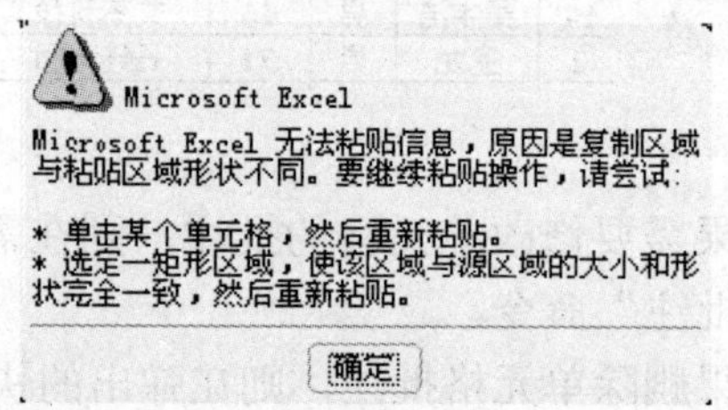


图 3.23

鼠标拖放复制数据的操作方法也与 Word 有稍有不同：选择源数据区域和按 Ctrl 键后鼠标指针应该指向源数据区域的四周边界而不是指向源数据区域内部，此时鼠标变为右上角为小十字的空心箭头。

此外当数据为纯字符或纯数值且不是自动填充序列的一员时，使用鼠标自动填充的方法也可以实现数据的复制。这种方法在同行或同列的相邻单元格内复制数据时，非常快捷有效，且可达到多次复制的目的。

数据的移动和复制相类似，可以利用剪贴板先“剪切”再“粘贴”的方式，也可利用鼠标拖放，但不按 Ctrl 键。

（2）选择性粘贴。一个单元格含有多种特性，如内容、格式、批注等，另外它还可能是一个公式，含有有效规则等，数据复制时往往只须复制它的部分特性。此外复制数据的同时还可以进行算术运算、行列转置等。这些都可以通过选择性粘贴来实现。

选择性粘贴的操作步骤为：先将数据复制到剪贴板，再选择待粘贴目标区域中的第一个单元格，选择“编辑”菜单的“选择性粘贴”命令，弹出“选择性粘贴”对话框，如图 3.24 所示。选择相应选项后，单击“确定”按钮完成选择性粘贴。

选择性粘贴用途非常广泛，实际运用中只粘贴公式、格式或有效数据的例子非常多。使用到公式运算后，如果只需要复制通过公式计算出的数值，那么可以在“选择性粘贴”中选择“数值”选项。

如果在“报名登记表”中选中姓名列，复制后选中 B13 单元格，选择“编辑”菜单的“选择性粘贴”命令，选中“转置”复选框，确定后如图 3.25 所示。

图 3.24

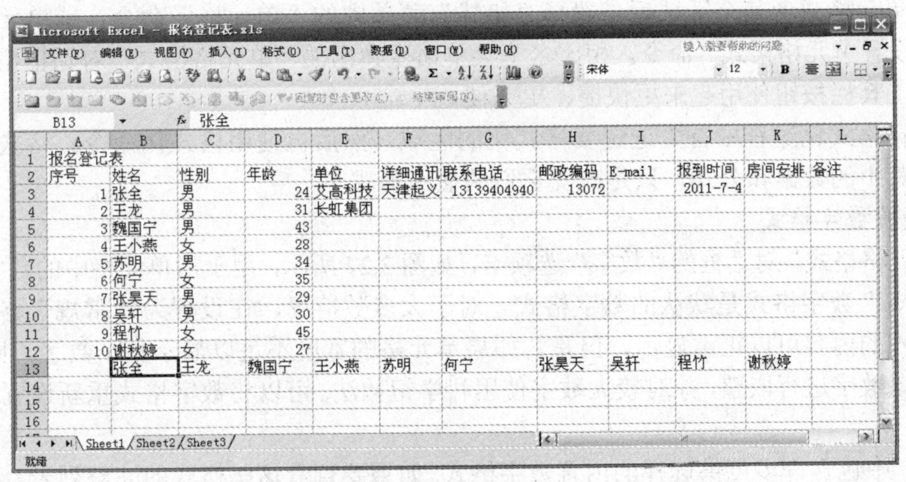


| | A | B | C | D | E | F | G | H | I | J | K | L |
|---|---|---|---|---|---|---|---|---|---|---|---|---|
| 1 | 报名登记表 | | | | | | | | | | | |
| 2 | 序号 | 姓名 | 性别 | 年龄 | 单位 | 详细通讯 | 联系电话 | 邮政编码 | E-mail | 报到时间 | 房间安排 | 备注 |
| 3 | 1 | 张全 | 男 | 24 | 艾高科技 | 天津起义 | 13139404940 | 13072 | | 2011-7-4 | | |
| 4 | 2 | 王龙 | 男 | 31 | 长虹集团 | | | | | | | |
| 5 | 3 | 魏国宁 | 男 | 43 | | | | | | | | |
| 6 | 4 | 王小燕 | 女 | 28 | | | | | | | | |
| 7 | 5 | 苏明 | 男 | 34 | | | | | | | | |
| 8 | 6 | 何宁 | 女 | 35 | | | | | | | | |
| 9 | 7 | 张昊天 | 男 | 29 | | | | | | | | |
| 10 | 8 | 吴轩 | 男 | 30 | | | | | | | | |
| 11 | 9 | 程竹 | 女 | 45 | | | | | | | | |
| 12 | 10 | 谢秋婷 | 女 | 27 | | | | | | | | |
| 13 | | 张全 | 王龙 | 魏国宁 | 王小燕 | 苏明 | 何宁 | 张昊天 | 吴轩 | 程竹 | 谢秋婷 | |
| 14 | | | | | | | | | | | | |
| 15 | | | | | | | | | | | | |
| 16 | | | | | | | | | | | | |

图 3.25

4. 单元格、行、列的插入和删除

输入数据时难免会出现遗漏，有时是漏输一个数据，有时可能漏掉一行或一列。这一切可通过 Excel 的“插入”操作来弥补。

（1）插入单元格。操作方法为：用鼠标单击要插入单元格的位置；选择“插入”菜单的“单元格”命令，出现如图 3.26 所示的“插入”对话框；选择“活动单元格右移”将选中单元格右移，新单元格出现在选中单元格的左边，选择“活动单元格下移”将选中单元格下移，新单元格出现在选中单元格的上方；单击“确定”按钮插入一个空白单元格。

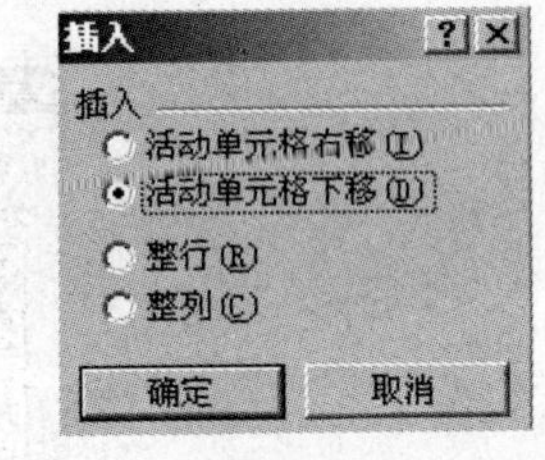


图 3.26

（2）插入行、列。要插入一行或一列，操作方法是：鼠标单击要插入新行或新列的单元格；选择“插入”菜单的“行”命令或“列”命令，选中单元格所在行向下移动一行或者所在列向右移动一列，以腾出位置插入一空行或空列。此外，在图 3.26 的“插入”单元格对话框中，选择“整行”或“整列”也可插入一空行或空列。如须插入多行或多列，则须选择多个单元格。

单元格、行、列的删除参见本节前述的“删除数据”。

数据编辑时如有误操作，均可使用“常用”工具栏的“撤消”按钮来恢复到误操作之前的状态。如“撤消”有误，可使用“常用”工具栏的“恢复”按钮来恢复已经执行过的撤消操作。

## 3.3 单元格的格式化

从一张工作表的创建到数据输入及编辑，用户已经完成了工作表内容的基本建立，接下来就可对工作表的各单元进行格式化，使工作表的外观更漂亮，排列更整齐，重点更突出。

单元格数据格式主要有六个方面的内容：数字格式、对齐格式、字体、边框线、图案和列宽行高的设置等。数据的格式化一般通过用户自定义格式化，也可以通过 Excel 提供的自动化格式功能实现。

### 3.3.1 设置单元格格式

选定单元格或者某个区域后，选择“格式”菜单中的“单元格”命令，或单元格右键菜单中的“设置单元格格式”命令。相比之下菜单命令弹出的“单元格格式”对话框格式功能更完善，但工具栏按钮使用起来更快捷、更方便。

在数据格式化过程中首先选定要格式化的区域，然后再使用格式化命令。格式化单元格并不改变其中的数据和公式，只是改变它们的显示形式。

1. 设置数字格式

“单元格格式”对话框的“数字”选项卡，如图 3.27 所示，用于对单元格中的数字格式化。

“常规”数字格式是默认的数字格式。对于大多数情况，在设置为“常规”格式的单元格中所输入的内容可以正常显示。但是，如果单元格的宽度不足以显示整个数字，则“常规”格式将对该数字进行取整，并对较大数字使用科学记数法。可以将数字格式重新设置为“常规”格式。

Excel 中包含许多可供选择的内置数字格式。如果要查看这些格式的完整列表，请单击“格式”菜单中的“单元格”命令，然后单击“数字”选项卡。在左边的分类框中将显示所有的格式，其中包括“会计专用”、“日期”、“时间”、“分数”、“科学记数”和“文本”。而“特殊”分类包括邮政编码和电话号码之类的格式。各分类的选项则显示在“分类”列表的右边，如图 3.27 所示。

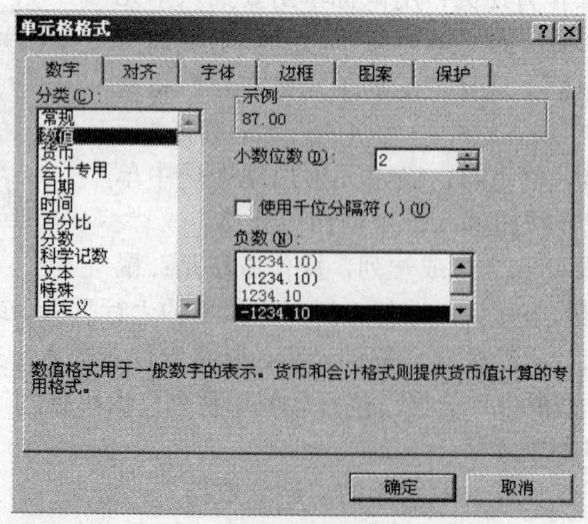


图 3.27

如果内置数字格式不能按需要显示数据，则可使用“数字”选项卡（“格式”菜单中的“单元格”命令）上的“自定义”分类创建自定义数字格式。自定义数字格式使用格式代码来描述数字、日期、时间或文本的显示方式。

2. 设置对齐格式

默认情况下，Excel 根据输入的数据自动调节数据的对齐格式，比如文本内容左对齐、数值内容右对齐等。为了产生更好的效果，可利用“单元格格式”对话框的“对齐”选项卡（见图 3.28）自己设置单元格的对齐格式。

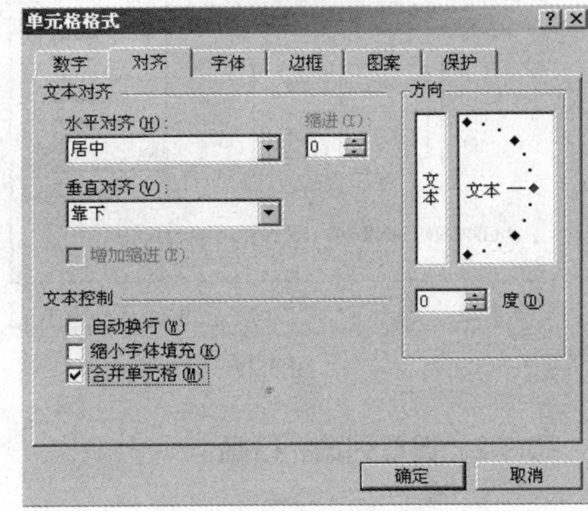

图 3.28

- “水平对齐”列表框：包括常规、左缩进、居中、靠左、填充、两端对齐、跨列居中、分散对齐。
- “垂直对齐”列表框：包括靠上、居中、靠下、两端对齐、分散对齐。
- “文本控制”下面的三个复选框用来解决有时单元格中文字较长，被截断的情况：
  - ➢ “自动换行”对输入的文本根据单元格列宽自动换行。
  - ➢ “缩小字体填充”减小单元格中的字符大小，使数据的宽度与列宽相同。
  - ➢ “合并单元格”将多格单元格合并为一个单元格，和“水平对齐”列表框中的“居中”选项结合，一般用于标题的对齐显示。在“格式”工具栏中“合并及居中”按钮直接提供了该功能。
- “方向”框用来改变单元格中文本的旋转的角度，角度范围为–90 度到 90 度。

3. 设置字体

在 Excel 中的字体设置中，字体、字形、字号是最主要的三个方面。“单元格格式”对话框的“字体”选项卡，各项的含义与 Word 2003 的“字体”对话框相似，在此不再作详细介绍。

4. 设置边框线

默认情况下，Excel 的表格线都是统一的淡虚线。这样的边线不适合于突出重点数据，可以给它加上其他类型的边框线。

“单元格格式”对话框的“边框线”选项卡如图 3.29 所示。

边框线可以放置在所选区域各单元格的上、下、左、右或外框（即四周），还有斜线；边框线的式样有点虚线、实线、粗实线、双线等，在“样式”框中进行选择；在“颜色”列表框中可以选择边框线的颜色。

边框线也可以通过“格式”工具栏的“边框”列表按钮来设置，这个列表中含有 12 种不同的边框线设置。

5. 设置图案

图案，就是指区域的颜色和阴影。设置合适的图案可以使工作表显得更为生动活泼、错落有致。“单元格格式”对话框中的“图案”选项卡，如图 3.30 所示。

其中“颜色”框用于选择单元格的背景颜色；“图案”框中则有两部分选项：上面三行列出了 18 种图案，下面七行则列出了用于绘制图案的颜色。

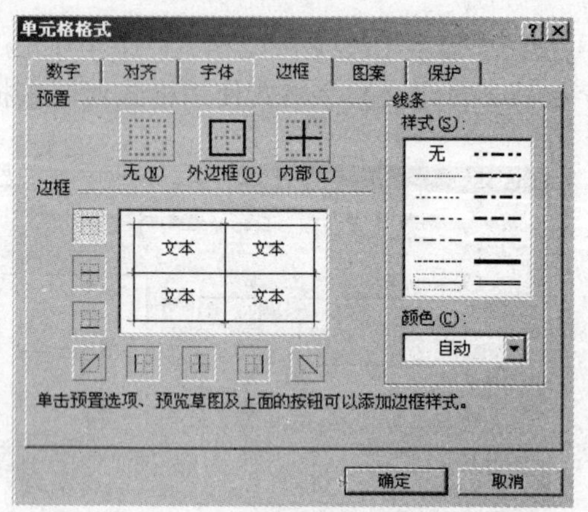

图 3.29

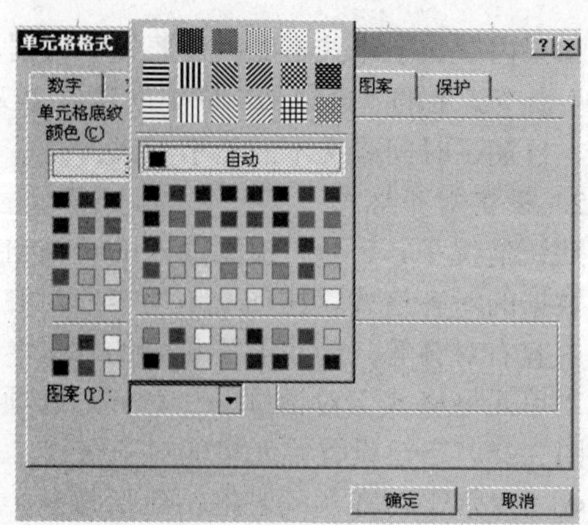


图 3.30

## 3.3.2 设置列宽、行高

当用户建立工作表时，所有单元格具有相同的宽度和高度。默认情况下，当单元格中输入的字符串超过列宽时，超长的文字被截去，数字则用“########”表示。当然完整的数据已经被存储了，只不过没有显示出来。因此可以调整行高、列宽，以便于数据的完整显示。

列宽、行高的调整用鼠标来完成比较方便。鼠标指向要调整列宽（或行高）的列标（或行标）的分隔线上，这时鼠标的指针会变成一个双向箭头的形状，拖拽分隔线至适当的位置。

列宽、行高的精确调整，可用“格式”菜单中的“列”命令或“行”命令及其子命令进行设置。

- 选择“列宽”或“行高”子命令，显示其对话框，输入所需的宽度或高度，如图 3.31 和图 3.32 所示。

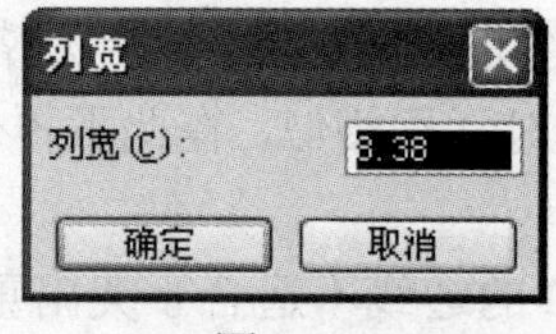


图 3.31

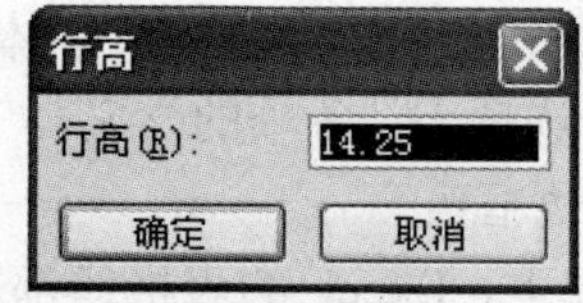


图 3.32

- “最合适的列宽”子命令取选定列中最宽的数据为宽度自动调整，“最合适的行高”子命令取选定行中最高的数据为高度自动调整。
- “隐藏”子命令将选定的行或列隐藏。
- “取消隐藏”子命令将隐藏的行或列重新显示。

## 3.3.3 条件格式

“条件格式”功能用于对选定区域各单元格中的数值是否在指定的范围内动态地为单元格自动设置格式。

在“报名登记表”中，如果希望对不同年龄的人员加以区别，可以在“年龄”单元格区域设置条件格式。

选择“年龄”单元格区域。

单击“格式”菜单中的“条件格式”命令，弹出“条件格式”对话框，如图 3.33 所示。

在“条件格式”对话框的“条件”栏内选择“单元格数值”，选择“小于或等于”，再输入“30”，然后单击相应条件的“格式”按钮，打开“单元格格式”对话框设置需要突出显示的格式。

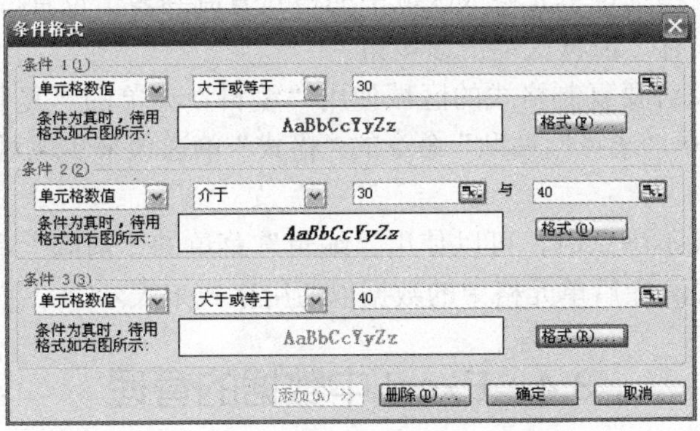

条件格式
条件 1(1)
单元格数值
大于或等于
30
条件为真时，待用格式如右图所示:
AaBbCcYyZz
格式(F)...
条件 2(2)
单元格数值
介于
30
与
40
条件为真时，待用格式如右图所示:
AaBbCcYyZz
格式(O)...
条件 3(3)
单元格数值
大于或等于
40
条件为真时，待用格式如右图所示:
AaBbCcYyZz
格式(R)...
添加(A) >>
删除(D)...
确定
取消

图 3.33

要添加一个新的条件，请单击“添加”按钮。最多只能添加 3 种条件格式。

要删除一个或多个条件，请单击“删除”按钮，然后选中要删除条件的复选框。

## 3.3.4　自动套用格式

利用“格式”菜单或“格式”工具栏按钮对工作表中的单元格逐一进行格式化，但如果每次都要这样做，那就实在太烦琐了。Excel 提供了自动套用格式的功能，预定义好了十多种制表格式供用户使用。这样既可节省大量的时间，并且有较好的效果。

自动套用格式的方法：选择要格式化的区域；单击“格式”菜单中的“自动套用格式”命令；在弹出的“自动套用格式”对话框（见图 3.34）中单击所需格式。

自动套用格式
确定
取消
选项(O)...
简单
经典 1
经典 2
经典 3
会计 1
会计 2

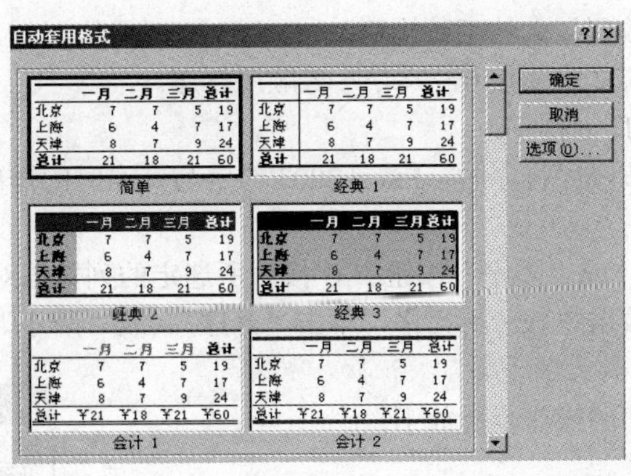

图 3.34

如果只想使用自动套用格式的选定部分，请单击“选项”按钮，然后清除不需用格式的复选框。

## 3.3.5　格式的复制和删除

对已格式化的数据区域，如果其他的区域也要使用该格式，可以不必重复设置格式，通过格式复制来快速完成。对已格式化的数据区域，也可以把不满意的格式删除。

1. 格式复制

操作方法：选择含有要复制格式的单元格或单元格区域；单击“常用”工具栏上的“格式刷”按钮；选择要设置新格式的单元格或单元格区域。

连续复制：如果要将选定单元格或区域中的格式复制到多个位置，那么请双击“格式刷”按钮。当完成复制格式时，请再次单击该按钮。

格式的复制也可以对要复制格式的区域使用“编辑”菜单的“复制”命令；再选定目标区域，使用“编辑”菜单“选择性粘贴”命令的“格式”单选项来实现对目标区域的格式复制。

2. 格式删除

当对已设置的格式不满意时，可以使用“编辑”菜单的“清除”命令的“格式”子命令进行格式的清除。格式清除后单元格中的数据以通用格式来表示。

## 3.4 Excel 中数据的管理

Excel 不仅具有简单数据计算处理能力，还具有数据库管理的一些功能，这就是 Excel 的数据列表功能。它可对数据进行排序、筛选、分类汇总和数据透视表等操作。

### 3.4.1 数据的排序

排序是将某个数据按从小到大或从大到小的顺序进行排列。通过排序，可以根据某特定的内容来重排数据表中的行。当选择“排序”命令后，Excel 2003 会利用该列和指定的排序次序，或利用自定义排列次序来重新排列行或单个的单元格。否则，Excel 2003 将根据选择的“主要关键字”列的内容以升序（由低到高）对行进行排序。排序时，Excel 2003 将按指定的排序顺序重新设置行、列以及各单元格。

Excel 2003 的默认排序顺序约定如下：

数字：从最小的负数到最大的正数排序。

文本以及包含数字的文本：按 0～9、A～Z 顺序排序。

逻辑值：按 False、True 排序。

空格：排在最后。按降序排序时，Excel 2003 约定与升序时的情况相反。

1. 简单排序

利用“升序”按钮或“降序”按钮，按照所选定的列数据对清单进行排序。首先激活作为排序标准的字段数据中任一单元格，单击“升序”（或“降序”）按钮，系统完成排序。

2. 按列排序

按照某一选定列排序的操作步骤如下：

- 首先选定数据区。
- 用鼠标单击“数据”菜单上的“排序”命令，出现“排序”对话框，如图 3.35 所示。
- 在“主要关键字”列表框中，选定重排数据表的主要列字段，如“单位”，并选“升序”或“降序”。
- 单击“确定”按钮即可。

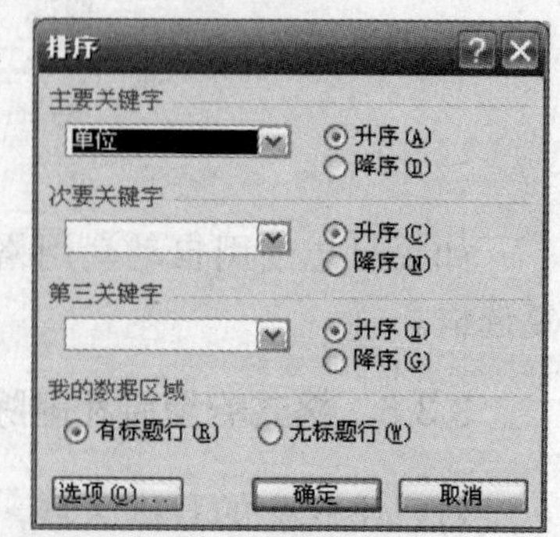


图 3.35

3. 多列排序

“排序”命令一次只能按三列排序。若要按四列或更多列将数据清单排序，可通过重复执行排序命令达到这一效果。

4. 用户自定义排序次序

对数据的排序一般是按数值大小，或按英文字母顺序排序。用户也可自定义排序，操作是：在“排序”对话框中单击“选项”按钮，打开“排序选项”对话框，如图 3.36 所示。在“自定义排序次序”下拉列表中，可选择自定义顺序；也可在“方向”和“方法”选项组中定义排序形式。

5. 排序的撤消

若想将排序后的数据清单恢复到排序前，仅通过使用“撤消”功能有时无法做到。有效的一种方法是排序前事先在数据清单中增加一个名为“编号”的字段，依次为每行数据记录建立编号 1，2，3，…。在对数据清单进行多次排序后，若要恢复原状，则只要按照“编号”字段重新进行一次升序排序即可。

图 3.36

## 3.4.2 数据筛选

筛选是查找和处理数据清单中数据子集的快捷方法。筛选清单仅显示满足条件的行，该条件由用户针对某列指定。

筛选有两种：自动筛选和高级筛选。“自动筛选”能满足大部分要求；而对需要建立复杂条件的筛选操作，可选择“高级筛选”。

与排序不同，筛选并不重排清单，只是暂时隐藏不必显示的行。

### 3.4.2.1 自动筛选

1. 自动筛选

自动筛选是在访问含有大量数据的数据清单中，快速获取所需数据的简单处理方法，仅显示需要看到的数据内容。特点是对单一字段定义筛选条件。操作步骤如下：

选中数据清单中的任一单元格（否则系统提示找不到列表）。选择“数据”→“筛选”→“自动筛选”命令，数据清单的每个列标题旁出现一个下指箭头。以图 3.37 所示数据表为例。

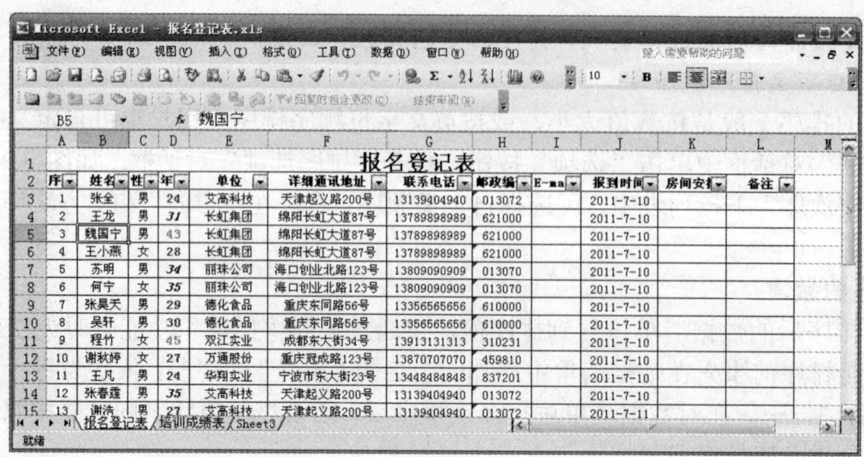


报名登记表

| 序 | 姓名 | 性 | 年 | 单位 | 详细通讯地址 | 联系电话 | 邮政编 | E-ma | 报到时间 | 房间安排 | 备注 |
|---|---|---|---|---|---|---|---|---|---|---|---|
| 1 | 张全 | 男 | 24 | 艾高科技 | 天津起义路200号 | 13139404940 | 013072 | | 2011-7-10 | | |
| 2 | 王龙 | 男 | 31 | 长虹集团 | 绵阳长虹大道87号 | 13789898989 | 621000 | | 2011-7-10 | | |
| 3 | 魏国宁 | 男 | 43 | 长虹集团 | 绵阳长虹大道87号 | 13789898989 | 621000 | | 2011-7-10 | | |
| 4 | 王小燕 | 女 | 28 | 长虹集团 | 绵阳长虹大道87号 | 13789898989 | 621000 | | 2011-7-10 | | |
| 5 | 苏明 | 男 | 34 | 丽珠公司 | 海口创业北路123号 | 13809090909 | 013070 | | 2011-7-10 | | |
| 6 | 何宁 | 女 | 35 | 丽珠公司 | 海口创业北路123号 | 13809090909 | 013070 | | 2011-7-10 | | |
| 7 | 张昊天 | 男 | 29 | 德化食品 | 重庆东同路56号 | 13356565656 | 610000 | | 2011-7-10 | | |
| 8 | 吴轩 | 男 | 30 | 德化食品 | 重庆东同路56号 | 13356565656 | 610000 | | 2011-7-10 | | |
| 9 | 程竹 | 女 | 45 | 双江实业 | 成都东大街34号 | 13913131313 | 310231 | | 2011-7-10 | | |
| 10 | 谢秋婷 | 女 | 27 | 万通股份 | 重庆冠成路123号 | 13870707070 | 459810 | | 2011-7-10 | | |
| 11 | 王凡 | 男 | 24 | 华翔实业 | 宁波市东大街23号 | 13448484848 | 837201 | | 2011-7-10 | | |
| 12 | 张春霆 | 男 | 35 | 艾高科技 | 天津起义路200号 | 13139404940 | 013072 | | 2011-7-10 | | |
| 13 | 谢浩 | 男 | 27 | 艾高科技 | 天津起义路200号 | 13139404940 | 013072 | | 2011-7-11 | | |

图 3.37

选择数据清单的某一个字段来设置筛选条件。在“报名登记表”中，单击“单位”右侧的下指箭头，打开下拉列表，选择“长虹集团”作为筛选数据的标准，选定标准后即执行“筛选”命令，这时只显示单位为“长虹集团”的数据。

现在，需要基于单位为“长虹集团”的数据，再单击“性别”右侧的下指箭头，打开下拉列表，选择“男”，如图 3.38 所示。此时，符合单位为“长虹集团”、“性别”为“男”的信息就会被自动筛选出来，显示在登记表中。

Microsoft Excel - 报名登记表.xls

报名登记表

| 序 | 姓名 | 性 | 年 | 单位 | 详细通讯地址 | 联系电话 | 邮政编 | E-ma | 报到时间 | 房间安排 | 备注 |
|---|---|---|---|---|---|---|---|---|---|---|---|
| 2 | | | 31 | 长虹集团 | 绵阳长虹大道87号 | 13789898989 | 621000 | | 2011-7-10 | | |
| 3 | | | 43 | 长虹集团 | 绵阳长虹大道87号 | 13789898989 | 621000 | | 2011-7-10 | | |
| 4 | | | 28 | 长虹集团 | 绵阳长虹大道87号 | 13789898989 | 621000 | | 2011-7-10 | | |

升序排列
降序排列
(全部)
(前 10 个...
(自定义...)
男
女

“筛选”模式

图 3.38

2. 自定义自动筛选

筛选的条件还可以复杂一点，比如如果想看到年龄 30 到 45（包括 30 和 45）的数据记录，操作步骤如下：

（1）鼠标单击数据列表中任一单元格。

（2）在“数据”菜单中，指向“筛选”，再单击“自动筛选”命令。

（3）单击“年龄”列的筛选箭头，在下拉列表中选择“(自定义…)”，出现如图 3.39 所示“自定义自动筛选方式”对话框，在左边操作符下拉列表框中选择“大于或等于”，在右边值列表框中输入 30。

（4）选中“与”单选框按钮，在下面的操作符列表框中选择“小于或等于”，在值列表框中输入 45，单击“确定”按钮，可筛选出符合条件的记录。

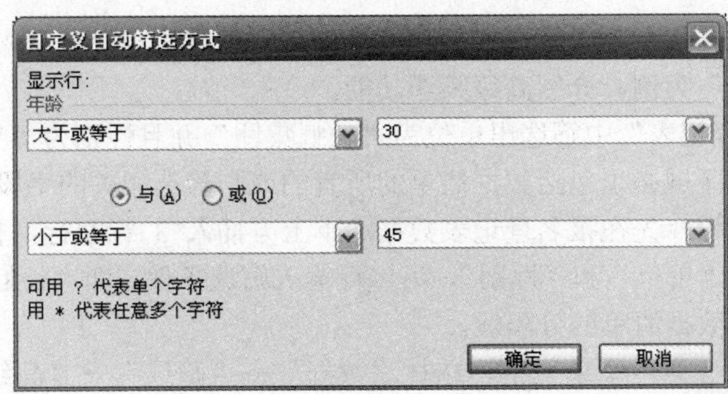


图 3.39

筛选条件如果再复杂一点，想看到年龄 30 到 45，单位为“长虹集团”的男士记录，则在上述操作基础上“单位”列简单自动筛选为“长虹集团”，“性别”列简单自动筛选为“男”即可。

在“自定义自动筛选方式”中，运算符除了图中所示的外，还包括各种其他的数学关系运算，以及“始于”、“止于”、“并非起始于”、“并非结束于”、“包含”、“不包含”等字符关系运算。利用它们可以筛选姓“王”的记录、名字。

如果只想看到年龄最大的 5 条记录，则可用“自动筛选前 10 个”功能，操作时在“年龄”列的筛选下拉菜单中选择“(自动筛选前 10 个…)”，在弹出对话框中选择“最大”，数字框中输入 5 即可显示年龄最大的五条记录。

3. 取消筛选

取消筛选结果的常用方法有以下三种：

- 若要取消对某一列筛选操作，则可单击该列右端的下指箭头，从弹出的下拉列表中选择“全部”选项，即可恢复全部数据的显示。
- 若要取消对所有列所作的筛选操作，则可选择“数据”→“筛选”→“全部显示”命令。
- 如果想取消自动筛选的功能，可选择“数据”菜单的“筛选”命令，在级联菜单中选择“自动筛选”命令，则所有列标题旁的筛选箭头消失，所有数据恢复显示。

#### 3.4.2.2 高级筛选

高级筛选是在多个字段间设置筛选条件，显示的条件表达式有多个，且在表的条件区域中输入条件表达式。条件区域内容需用户建立，这是使用高级筛选的前提。自动筛选以单一字段来建立筛选条件，不需建立条件区域。

为了更好地理解高级筛选，首先对如表 3.3 所示表格的逻辑关系进行定义。

表 3.3

<table>
<tr>
<td><table><tr><td>A</td><td>B</td></tr><tr><td>A1</td><td></td></tr><tr><td>A2</td><td></td></tr></table></td>
<td><table><tr><td>A</td><td>B</td></tr><tr><td>A1</td><td>B1</td></tr><tr><td></td><td></td></tr></table></td>
<td><table><tr><td>A</td><td>B</td></tr><tr><td>A1</td><td></td></tr><tr><td></td><td>B2</td></tr></table></td>
<td><table><tr><td>A</td><td>B</td></tr><tr><td>A1</td><td>B1</td></tr><tr><td>A2</td><td>B2</td></tr></table></td>
</tr>
<tr>
<td>筛选字段 A 中符合 A1 条件或 A2 条件的所有记录</td>
<td>筛选字段 A 中符合 A1 条件并且字段 B 中符合 B1 条件的所有记录</td>
<td>筛选字段 A 中符合 A1 条件或者字段 B 中符合 B2 条件的所有记录</td>
<td>筛选字段 A 中符合 A1 条件且字段 B 中符合 B1 条件，以及字段 A 中符合 A2 条件且字段 B 中符合 B2 条件的的所有记录</td>
</tr>
</table>

自动筛选的条件不影响高级筛选的运行和结果，两种方法相互独立。

以“报名登记表”为例，介绍高级筛选功能。

（1）在“报名登记表”中筛选出单位为“长虹集团”并且性别为“男”的记录

建立条件区域。区域必须包括数据清单的所有的或与筛选相关的字段名。

条件区域建立过程：先在报名登记表数据清单上方插入 3 行空行，首行输入所有的或在筛选中必要的字段名“单位”和“性别”。第二行输入筛选条件，即“长虹集团”和“男”。第三行作为条件区域与数据清单的分隔线。

单击数据清单内任意一个单元格，选择“数据”→“筛选”→“高级筛选”命令，打开“高级筛选”对话框，在此设置数据清单的列表区域、筛选条件区域和定义筛选结果存放位置。分别单击“列表区域”、“条件区域”文本框的“折叠对话框”按钮，可返回到数据清单中，然后用鼠标指针实际圈划这些区域。此例中，对话框内设置各数据区引用内容如图 3.40 所示。

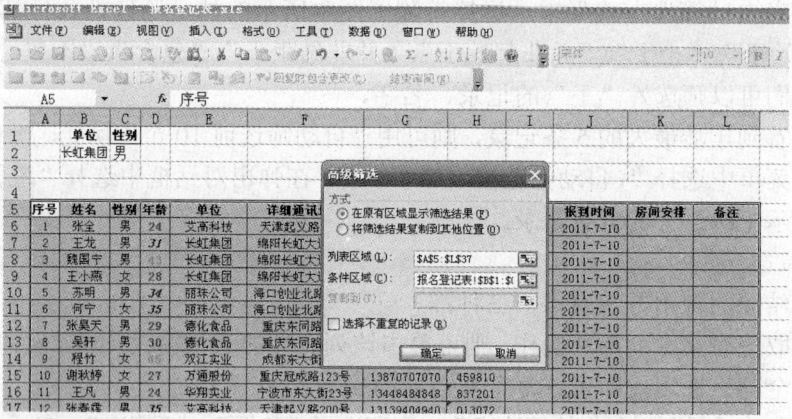

图 3.40

系统默认选择在原有区域内显示筛选结果，若使用系统默认值，则单击“确定”按钮。如图 3.41 所示。需要显示出全部记录，则可选择“数据”→“筛选”→“全部显示”命令。

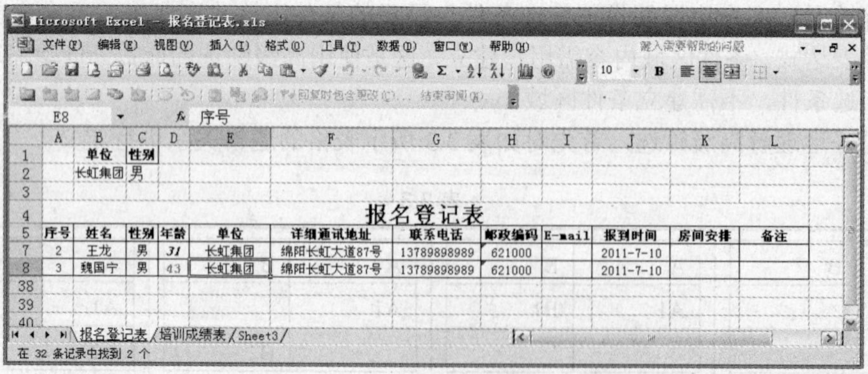

图 3.41

（2）在“报名登记表”中筛选出单位为“长虹集团”并且性别为“男”或者单位为“德美化工”并且年龄大于“35”的记录。

首先，条件设置如图 3.42 所示。

在“高级筛选”对话框中，也可选择将结果存放到其他的位置，以保全原来的数据。方法是选中对话框内“方式”选项组中“将筛选结果复制到其他位置”单选按钮，使“复制到”文本框呈可修改状态，再单击此文本框右侧的“折叠对话框”按钮退回到清单中，这时单击A40 单元格，复制到文本区域将显示“报名登记表!$A$40”，再次单击“折叠对话框”按钮，这时回到如图所示状态，单击“确定”按钮，则筛选结果显示在以 A40 单元格为左上角，在它的右方和下方的区域内。

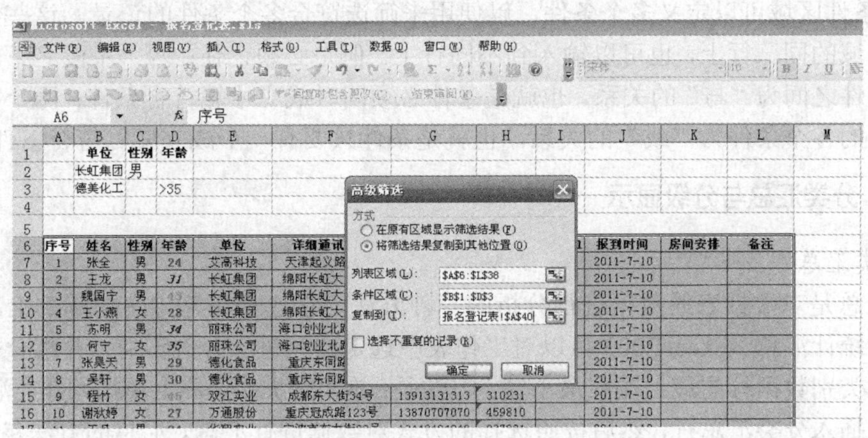


图 3.42

根据以上操作，所得结果如图 3.43 所示。

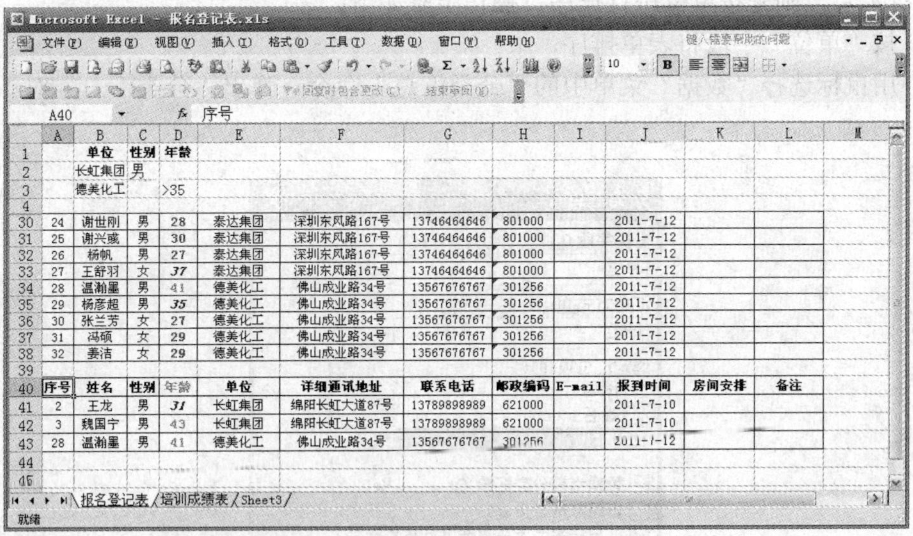

| | A | B | C | D | E | F | G | H | I | J | K | L |
|---|---|---|---|---|---|---|---|---|---|---|---|---|
| 1 | | 单位 | 性别 | 年龄 | | | | | | | | |
| 2 | | 长虹集团 | 男 | | | | | | | | | |
| 3 | | 德美化工 | | >35 | | | | | | | | |
| 4 | | | | | | | | | | | | |
| 30 | 24 | 谢世刚 | 男 | 28 | 泰达集团 | 深圳东风路167号 | 13746464646 | 801000 | | 2011-7-12 | | |
| 31 | 25 | 谢兴彧 | 男 | 30 | 泰达集团 | 深圳东风路167号 | 13746464646 | 801000 | | 2011-7-12 | | |
| 32 | 26 | 杨帆 | 男 | 27 | 泰达集团 | 深圳东风路167号 | 13746464646 | 801000 | | 2011-7-12 | | |
| 33 | 27 | 王舒羽 | 女 | 37 | 泰达集团 | 深圳东风路167号 | 13746464646 | 801000 | | 2011-7-12 | | |
| 34 | 28 | 温瀚墨 | 男 | 41 | 德美化工 | 佛山成业路34号 | 13567676767 | 301256 | | 2011-7-12 | | |
| 35 | 29 | 杨彦超 | 男 | 35 | 德美化工 | 佛山成业路34号 | 13567676767 | 301256 | | 2011-7-12 | | |
| 36 | 30 | 张兰芳 | 女 | 27 | 德美化工 | 佛山成业路34号 | 13567676767 | 301256 | | 2011-7-12 | | |
| 37 | 31 | 冯硕 | 女 | 29 | 德美化工 | 佛山成业路34号 | 13567676767 | 301256 | | 2011-7-12 | | |
| 38 | 32 | 姜洁 | 女 | 29 | 德美化工 | 佛山成业路34号 | 13567676767 | 301256 | | 2011-7-12 | | |
| 39 | | | | | | | | | | | | |
| 40 | 序号 | 姓名 | 性别 | 年龄 | 单位 | 详细通讯地址 | 联系电话 | 邮政编码 | E-mail | 报到时间 | 房间安排 | 备注 |
| 41 | 2 | 王龙 | 男 | 31 | 长虹集团 | 绵阳长虹大道87号 | 13789898989 | 621000 | | 2011-7-10 | | |
| 42 | 3 | 魏国宁 | 男 | 43 | 长虹集团 | 绵阳长虹大道87号 | 13789898989 | 621000 | | 2011-7-10 | | |
| 43 | 28 | 温瀚墨 | 男 | 41 | 德美化工 | 佛山成业路34号 | 13567676767 | 301256 | | 2011-7-12 | | |

图 3.43

3. 高级筛选的注意事项

使用高级筛选时需要注意以下几个问题：

（1）高级筛选必须指定一个条件区域，它可以与数据库表格在一张工作表上，但是必须与数据库之间有空白行隔开；条件区域也可以与数据库表格不在一张工作表上。

（2）条件区域中的字段名必须与数据库中的完全一样，最好通过复制得到。

（3）如果“条件区域”与数据库表格在一张工作表上，在筛选之前，最好把光标放置到数据库中某一单元格上，这样数据区域就会自动填上数据库所在位置，省去再次鼠标选择或者重新输入的麻烦。当两者不在一张工作表，并且想让筛选结果送到条件区域所在工作表中，鼠标必须先在条件区域所在的工作表定位，因为筛选结果只能送到活动工作表。

（4）选中“将筛选结果复制到其他位置”单选按钮，在“复制到”文本框中输入或选取将来要放置位置的左上角单元格即可，不要指定某区域，因为事先无法确定筛选结果需要显示区域的大小。

（5）条件区域可以定义多个条件，以便用来筛选符合多个条件的记录。这些条件可以输入到条件区域的同一行上，也可以输入到不同行上。但是必须记住：两个字段名下面的同一行中的各个条件之间为“与”的关系，也就是条件必须同时成立才算符合条件；两个字段名下面的不同行中的各个条件为“或”的关系，也就是条件只要有一个成立就算符合条件。

### 3.4.3 分类汇总与分级显示

1. 分类汇总

分类汇总是对数据表的数据进行分析的一种方法。它建立在已排序的基础上，将同类别的数据进行统计汇总。Excel 2003 可以对工作表中选定的列进行分类汇总，并将分类汇总的结果插入相应类别数据行的最上端或最下端。方法是：在“数据”菜单上单击“分类汇总”命令，在数据表中插入分类汇总行，然后按照选择的方式对数据进行汇总。汇总的方法包括求和、求平均值、统计个数等。

在分类汇总之前，需要先对数据表中的分类汇总的字段进行排序，如“报名登记表”中，按单位进行汇总，则先按单位进行排序。操作步骤如下：

（1）按“单位”字段将表单排序。

（2）用鼠标选择“数据”菜单中的“分类汇总”命令，弹出“分类汇总”对话框，如图 3.44 所示。

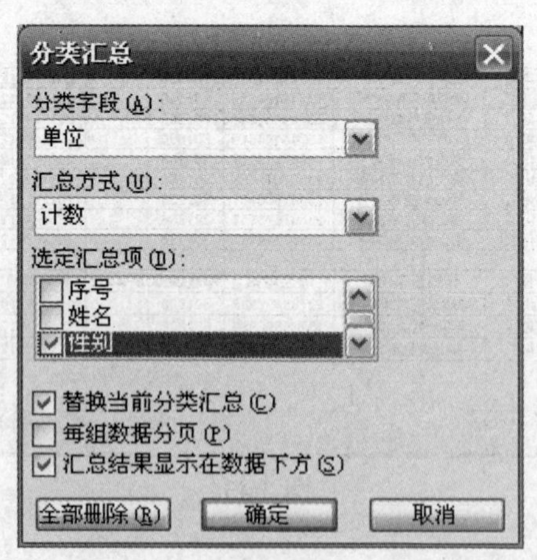


图 3.44

（3）在“分类字段”下拉列表框中选择“单位”字段。注意：这里选择的字段就是在第一步排序时选择的主关键字。

（4）在“汇总方式”下拉列表框中选择“计数”。

（5）在“选定汇总项”选定“性别”。

（6）单击“确定”按钮即可完成。分类汇总的结果如图 3.45 所示。

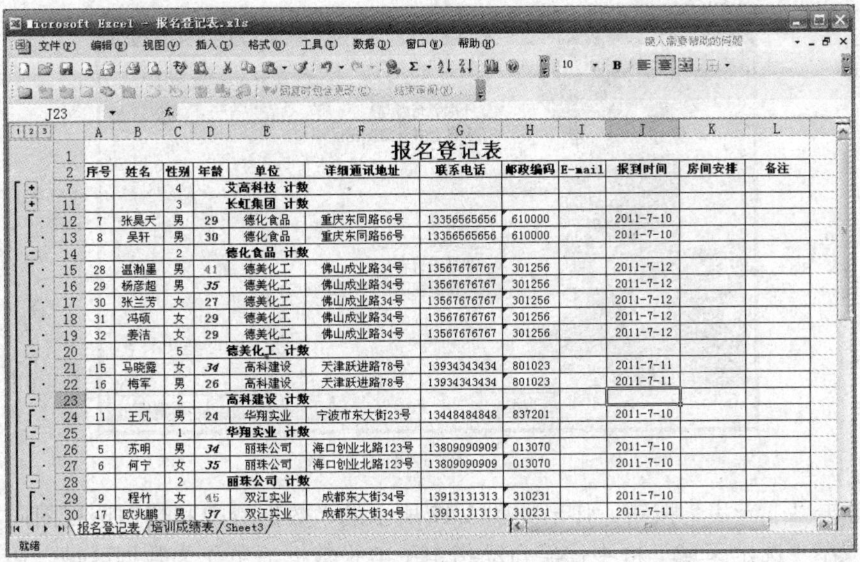

| | A | B | C | D | E | F | G | H | I | J | K | L |
|---|---|---|---|---|---|---|---|---|---|---|---|---|
| 1 | 报名登记表 | | | | | | | | | | | |
| 2 | 序号 | 姓名 | 性别 | 年龄 | 单位 | 详细通讯地址 | 联系电话 | 邮政编码 | E-mail | 报到时间 | 房间安排 | 备注 |
| 7 | | | 4 | | 艾高科技 计数 | | | | | | | |
| 11 | | | 3 | | 长虹集团 计数 | | | | | | | |
| 12 | 7 | 张昊天 | 男 | 29 | 德化食品 | 重庆东同路56号 | 13356565656 | 610000 | | 2011-7-10 | | |
| 13 | 8 | 吴轩 | 男 | 30 | 德化食品 | 重庆东同路56号 | 13356565656 | 610000 | | 2011-7-10 | | |
| 14 | | | 2 | | 德化食品 计数 | | | | | | | |
| 15 | 28 | 温瀚墨 | 男 | 41 | 德美化工 | 佛山成业路34号 | 13567676767 | 301256 | | 2011-7-12 | | |
| 16 | 29 | 杨彦超 | 男 | 35 | 德美化工 | 佛山成业路34号 | 13567676767 | 301256 | | 2011-7-12 | | |
| 17 | 30 | 张兰芳 | 女 | 27 | 德美化工 | 佛山成业路34号 | 13567676767 | 301256 | | 2011-7-12 | | |
| 18 | 31 | 冯硕 | 女 | 29 | 德美化工 | 佛山成业路34号 | 13567676767 | 301256 | | 2011-7-12 | | |
| 19 | 32 | 姜洁 | 女 | 29 | 德美化工 | 佛山成业路34号 | 13567676767 | 301256 | | 2011-7-12 | | |
| 20 | | | 5 | | 德美化工 计数 | | | | | | | |
| 21 | 15 | 马晓露 | 女 | 34 | 高科建设 | 天津跃进路78号 | 13934343434 | 801023 | | 2011-7-11 | | |
| 22 | 16 | 梅军 | 男 | 26 | 高科建设 | 天津跃进路78号 | 13934343434 | 801023 | | 2011-7-11 | | |
| 23 | | | 2 | | 高科建设 计数 | | | | | | | |
| 24 | 11 | 王凡 | 男 | 24 | 华翔实业 | 宁波市东大街23号 | 13448484848 | 837201 | | 2011-7-10 | | |
| 25 | | | 1 | | 华翔实业 计数 | | | | | | | |
| 26 | 5 | 苏明 | 男 | 34 | 丽珠公司 | 海口创业北路123号 | 13809090909 | 013070 | | 2011-7-10 | | |
| 27 | 6 | 何宁 | 女 | 35 | 丽珠公司 | 海口创业北路123号 | 13809090909 | 013070 | | 2011-7-10 | | |
| 28 | | | 2 | | 丽珠公司 计数 | | | | | | | |
| 29 | 9 | 程竹 | 女 | 45 | 双江实业 | 成都东大街34号 | 13913131313 | 310231 | | 2011-7-10 | | |
| 30 | 17 | 欧兆鹏 | 男 | 37 | 双江实业 | 成都东大街34号 | 13913131313 | 310231 | | 2011-7-11 | | |

图 3.45

如果要撤消分类汇总，可以选择“数据”菜单中的“分类汇总”项，进入“分类汇总”对话框，单击“全部删除”按钮即可恢复原来的数据清单。

2. 分级显示

从分类汇总表可以看出，数据按分级显示，工作表的左边为分级显示区，列出各级分级符和分级按钮。

在默认情况下，分级显示区分为三级，从左到右分别表示最高级、次高级和第三级。各按钮的作用如下：

级别按钮[1]：单击此按钮，则只显示总的汇总结果，即总计数据。

级别按钮[2]：单击此按钮，则显示部分数据及其汇总结果。

级别按钮[3]：单击此按钮，则显示全部数据及其汇总结果。

隐藏细节按钮[-]：单击此按钮，可以隐藏分级显示信息。

显示细节按钮[+]：单击此按钮，可以显示分级显示信息。

级别条[：指示属于某一级别的细节行或列的范围。

### 3.4.4 使用数据透视表

数据透视表是一种对大量数据快速汇总和建立交叉列表的交互式表格，可以转换行和列以看查源数据的不同结果，可以设置不同的显示页面来筛选数据，它集筛选、分类汇总于一体，用户只需对字段进行适当的拖放操作，就可以在数据清单中重新组织和统计数据。

数据透视表的基本术语：

源数据：是数据透视表提供的数据清单，是数据透视表的基础。

字段：数据透视表的字段有 4 种，分为行字段、列字段、页字段和数据字段。

1. 创建数据透视表

（1）首先选定数据清单中的任一单元格。

（2）用鼠标选择“数据”菜单中的“数据透视表”命令，弹出如图 3.46 所示的“数据透视和数据透视图向导-3 步骤之 1”的对话框，选择数据源为“Microsoft Excel 数据清单或数据库”。

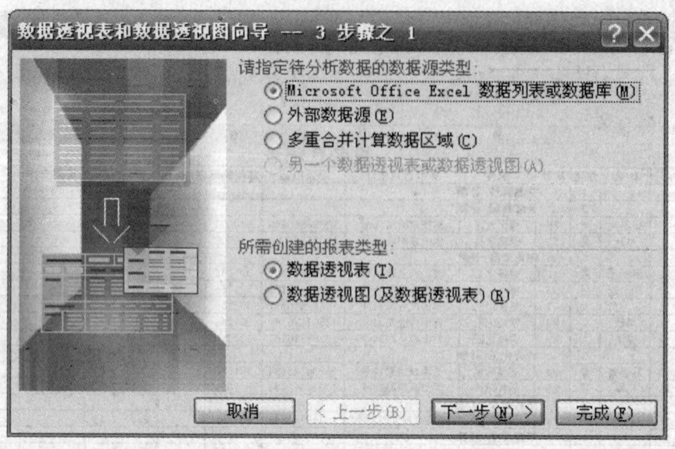


图 3.46

（3）单击“下一步”按钮，弹出如图 3.47 所示的“数据透视和数据透视图向导-3 步骤之 2”对话框，在“选定区域”框中已经自动指定了整张数据清单作为数据区域，用户可以直接修改或进入数据清单重新选择数据区域。本例选择区域为“$A$2:$L$34”。

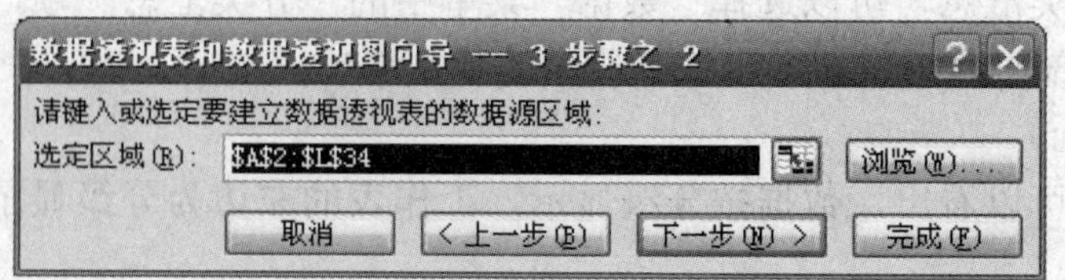


图 3.47

（4）再单击“下一步”按钮，弹出 “数据透视和数据透视图向导-3 步骤之 3”对话框，如图 3.48 所示。在其中选择“新建工作表”选项。

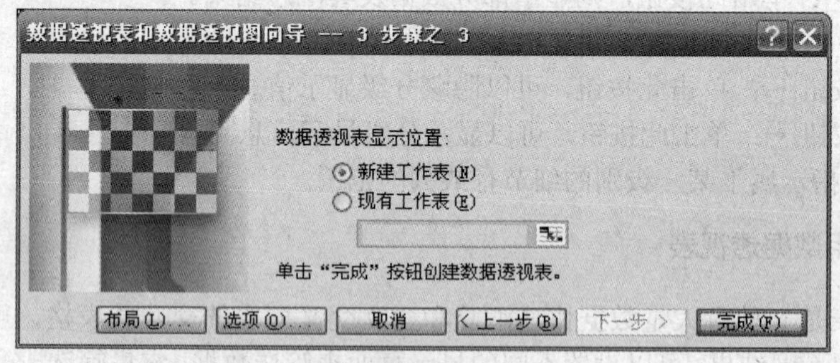


图 3.48

单击“完成”按钮即可，数据透视表如图 3.49 所示。

接下来，利用鼠标拖放“数据透视表”工具栏上的相应字段，最关键的是两个框中字段名的选取。一个是“页字段”，它相当于“自动筛选”；另一个是“数据项”，它相当于分类汇总。审清题意，正确地拖放符合要求的字段名于这两个框中，接下来就是“行”、“列”框的拖放。如本例中，将“性别”拖放到页字段，将“报到时间”拖放到行字段，“单位”拖放到列字段位置，最后将“姓名”拖放到数据项位置，完成后，数据透视表就显示出来，如图 3.50 所示。拖放过程是可以逆向的，也就是可以将拖动错误的内容撤消。

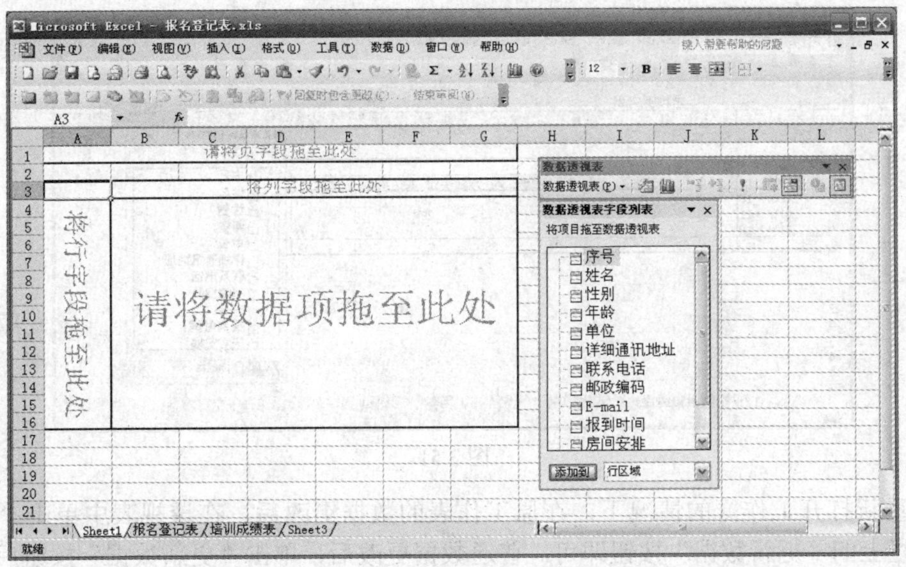

图 3.49

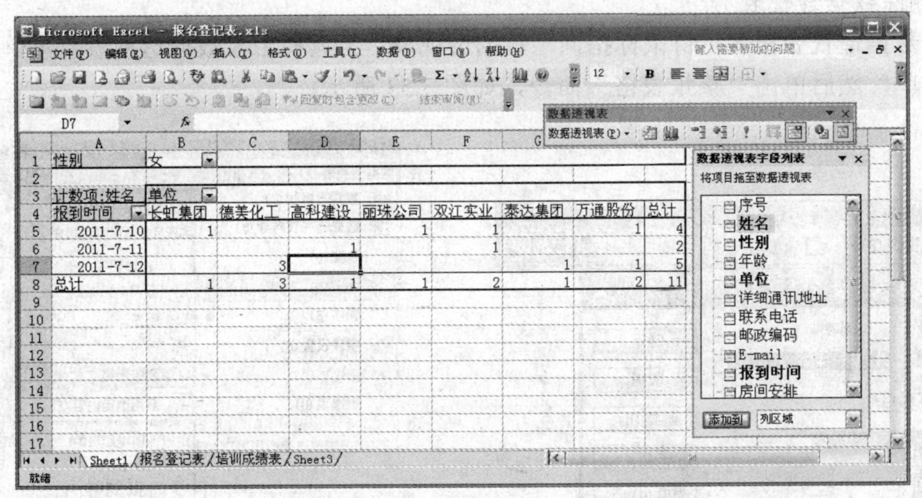

图 3.50

图中可以看出，页字段可以选择性别“男”或“女”，如图选择“女”的话，则统计出了各个单位，不同报到时间的女士的人数。

2. 改变汇总方式

不同类型的数据有不同的默认汇总方式。如果不想使用默认的汇总方式可以改变为其他如均值、最大（小）值的汇总方式。比如将年龄拖放到数据项，如图 3.51 所示，其汇总方式为“求和项”，如果希望将其方式改为“计数项”。其操作步骤如下：

单击数据透视表报表以激活“数据透视表”工具栏。单击“数据透视表”工具栏上的“字段设置”按钮，弹出的如图 3.52 所示的“数据透视表字段”对话框，在汇总方式栏选择“计数”，单击“确定”按钮即可。

3. 数据透视表的更新

若原工作表中的数据更改后，透视表作相应更新的方法：默认情况下，当重新打开工作簿时，透视表数据将自动更新。

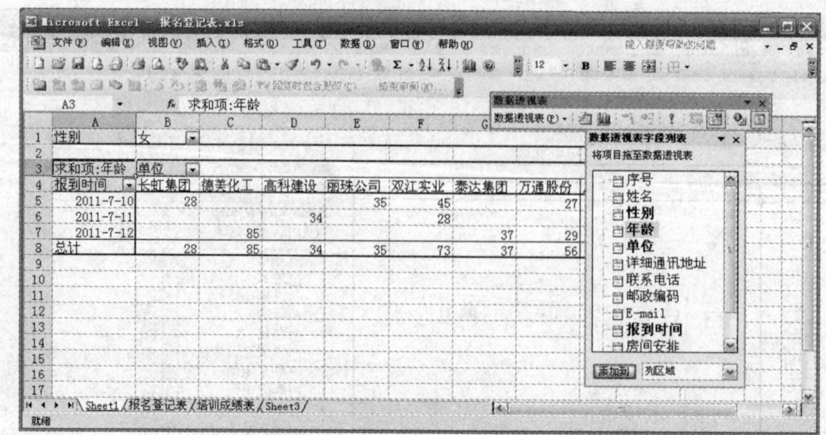


图 3.51

在不重新打开工作簿的情况下，在原工作表的数据更改后，在透视表中单击“数据透视表”工具栏上的“更新数据”按钮即可。普通数据更改后，单击“更新数据”按钮后，即可完成更新。若更改了已经拖入透视表中的字段名，则该字段将从透视中删除，需要重新添加。

4. 删除数据透视表

单击数据透视表报表；将鼠标指向“数据透视表”工具栏上“数据透视表”菜单中的“选定”子菜单，然后单击“整张表格”命令，如图 3.53 所示。

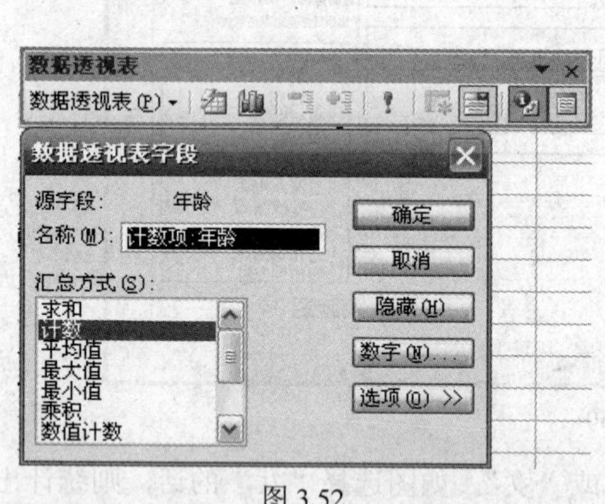


图 3.52

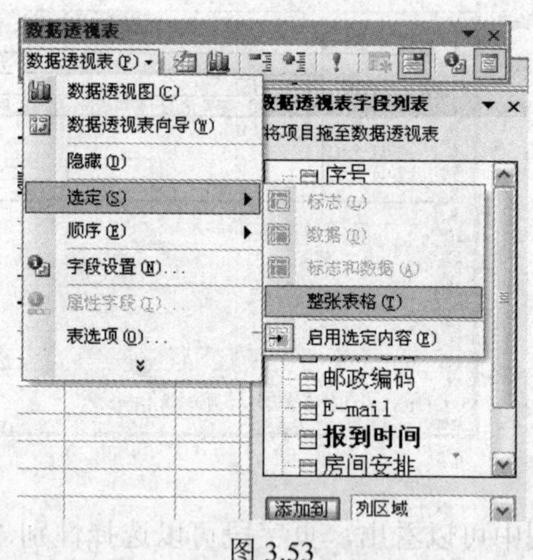


图 3.53

选择“编辑”菜单中的“清除”子菜单，然后单击“全部”命令，就可以删除数据透视表。

## 3.5 公式与函数

在大型的数据报表中，统计、计算工作是不可避免的，Excel 的强大功能正是体现在计算上，通过在单元格中输入公式和函数，可以对表中的数据进行总计、平均、汇总以及其他更为复杂的运算，从而避免了用户手工计算的繁杂和容易出错，数据修改后，公式计算结果也自动更新，则更是手工计算无法企及的。

之前的报名工作结束后，就是对培训学员培训并进行考核，本节针对考核后成绩的处理来对 Excel 中的公式和函数进行介绍。

### 3.5.1　计算培训总成绩

#### 3.5.1.1　用公式计算总成绩

公式中元素的结构或次序决定了最终的计算结果。Microsoft Excel 中的公式遵循一个特定的语法或次序：最前面是等号（=），后面是参与计算的元素（运算数），这些参与计算的元素又是通过运算符隔开的。每个运算数可以是不改变的数值（常量数值）、单元格或引用单元格区域、标志、名称、或工作表函数。

1. 运算符

运算符对公式中的元素进行特定类型的运算。Microsoft Excel 包含四种类型的运算符：算术运算符、比较运算符、文本运算符和引用运算符。

算术运算符包括：+（加号）、-（减号）、*（乘）、/（除）、%（百分号）和^（乘方），完成基本的数学运算。

比较运算符包括：=、>、>、>=（大于等于）、<=（小于等于）、<>（不等于）。当用比较运算符比较两个值时，结果是一个逻辑值，不是 True 就是 False。

文本运算符，使用&（和号）将两个文本值连接或串起来产生一个连续的文本值。

引用运算符包括：:（冒号）——区域运算符，对两个引用之间，包括两个引用在内的所有单元格进行引用；,（逗号）—— 联合操作符，将多个引用合并为一个引用。

Excel 对运算符的优先级规定，由高到低各运算符的优先级是：()，%，^，*、/，+、-，&，比较运算符。如果运算优先级相同，则按从左到右的顺序计算。

2. 公式输入

公式一般都可以直接输入，操作方法为：先选取要输入公式的单元格如 H3，再输入诸如“=E3+F3+G3”的公式。最后按回车键或鼠标单击编辑栏中的“√”按钮。

公式输入还是可以采用选择单元格地址输入公式：选中要输入公式的单元格 H3，键入“=”表示开始输入公式。用鼠标单击要在公式中加入的单元格地址，如上例中的 E3 单元格，此时单元格周围出现虚线框，同时 E3 出现在等号后面。然后输入运算符和公式中的数字，如“+”，再单击 F3 单元格，这时 F3 单元格被一虚线框所包围。再如上输入“+”和“G3”，如图 3.54 所示，最后按 Enter 键或单击“编辑栏”中的“输入”按钮，就可完成输入。

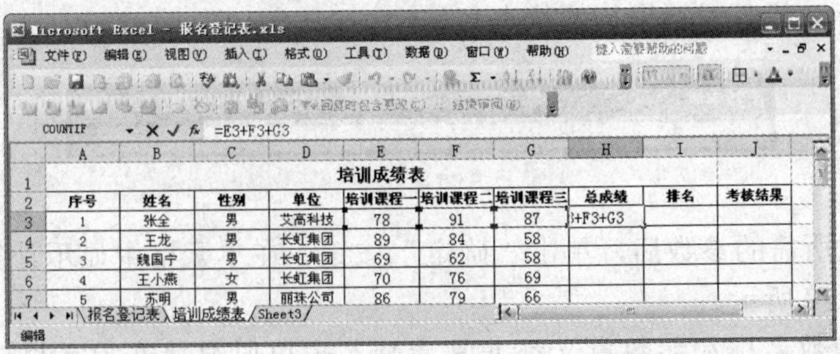

图 3.54

#### 3.5.1.2　使用求和函数

函数是一些预定义的公式，它们使用一些称为参数的特定数值按特定的顺序或结构进行计算。例如，SUM 函数对单元格或单元格区域进行加法运算，PMT 函数在给定的利率、贷款期限和本金数额基础上计算偿还额。

函数的语法形式为“函数名称（参数 1，参数 2…）”，其中的参数可以是常量、单元格、区域、区域名和其他函数。如果区域是连续的单元格，用单元格左上角:右下角表示，如 A3:B6。

1. 输入函数

输入函数有两种方法：粘贴函数法和直接输入法。

由于 Excel 有几百个函数，记住函数的所有参数难度很大。为此，Excel 提供了粘贴函数的方法，引导用户正确输入函数。

选择要输入函数的单元格（如 H3）。

鼠标单击“常用”工具栏的 *fx*（粘贴函数）按钮，或选择“插入”菜单的“函数”命令，出现如图 3.55 所示的“插入函数”对话框。

在“函数分类”列表中选择函数类型（如“常用函数”），在“函数名”列表框中选择函数名名称（如 SUM），单击“确定”按钮，出现如图 3.56 所示的“函数参数”对话框。

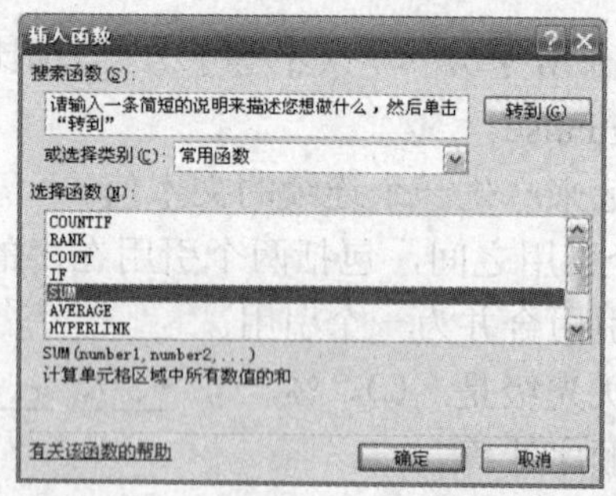


图 3.55

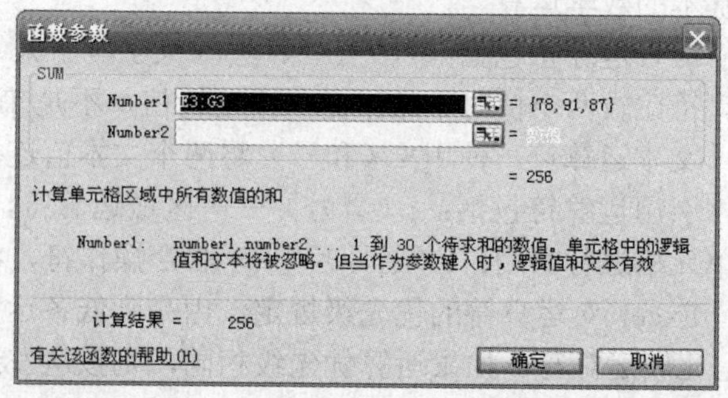


图 3.56

在“函数参数”对话框中，根据参数描述输入正确参数。如本例，用户可在 Number1 中直接输入 E3:G3（其中“:”代表连续单元格，如果系统默认出现单元格区域是正确的话，就可以省略自己输入的步骤，否则重新输入区域或选择区域）或者单击 Number1 文本框右侧的图标，“函数参数”将以收缩的形式出现，如图 3.57 所示，这时，用户可以先用鼠标点选本次计算中函数参数表中的第一个参数单元格，若参数表为连续单元格，可以通过按住鼠标左键不松，拖曳的方式进行连续选择，否则需按住 Ctrl 键，用鼠标点选非连续的多个单元格，选定后，单元格外围将所现虚线框。然后，在图 3.57 所示的对话框中，单击“函数参数”对话框右侧的图标，恢复对话框初始状态。

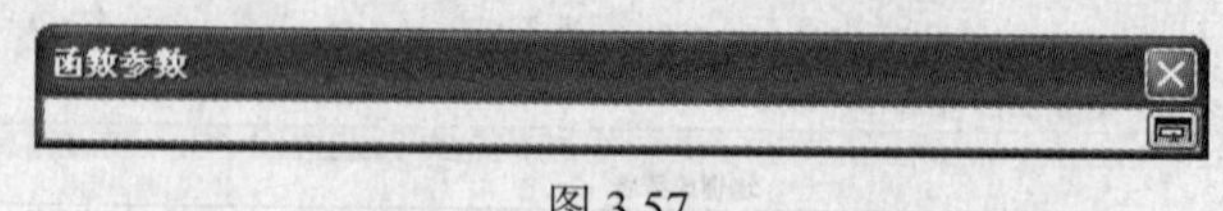


图 3.57

输入完成函数所需的参数后，单击“确定”按钮，在单元格中显示计算结果，编辑栏中显示公式，如图 3.58 所示。

如果用户对函数名称和参数意义都非常清楚，也可以直接在单元格中输入该函数，如“SUM(E3:G3)”，再按回车键得出函数结果。

函数输入后如果需要修改，可以在编辑栏中直接修改，也可用“粘贴函数”按钮或编辑栏的“=”按钮，单击左边的函数选择下拉列表框的下拉箭头，在函数列表中选择常用函数（见图 3.59）进行修改。如果要换成其他函数，应选中要换掉的函数，再去选择其他函数，否则会将原函数嵌套在新函数中。

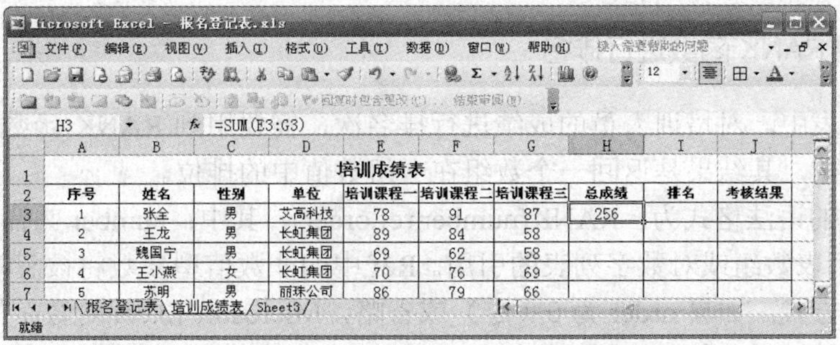

图 3.58

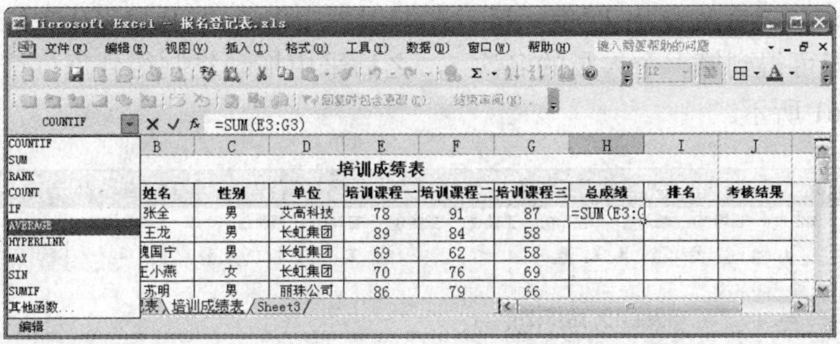

图 3.59

2. 自动求和

最常用的函数功能就是求和，Excel 中求和功能有很多的用法，最简单的就是自动求和功能了。

选中需要求和的单元格和右侧的“总分”单元格，然后单击工具栏上的“自动求和”按钮Σ，在“总分”栏中就出现了左侧单元格的数字的和。

Excel 也有求平均数的函数：选中要放置平均数的单元格，单击“自动求和”按钮Σ右边的函数选择下拉列表框的下拉箭头，选择平均数函数“AVERAGE”项，然后选择需要求平均值的单元格区域，单击“确定”按钮或回车键就可以了。

3. 自动计算

Excel 提供自动计算功能，利用它可以自动计算选定单元格的总和、均值、最大值等，其默认计算为求总和。在状态栏右击，可显示自动计算快捷菜单，设置自动计算功能菜单，选择某计算功能后，选定单元格区域时，其计算结果就会在状态栏中显示出来。如图 3.60 所示状态栏中显示选定区域的平均值为 112.2。

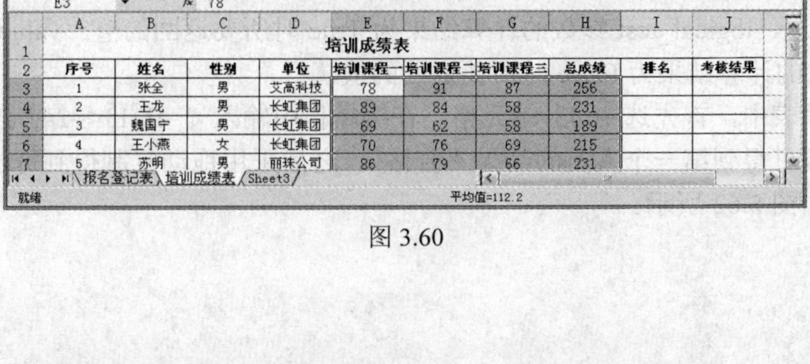

图 3.60

### 3.5.2 使用 RANK 函数进行排名

在这张成绩表中，对培训人员的成绩进行排名次，需要用到 RANK 函数，该函数是专门进行排名次的函数，其结果是返回一个数组在一组数值中的排位。

RANK 函数的语法格式为：RANK(number,ref,order)，其中：number 为需要找到排位的数字。Ref 为数字列表数组或对数字列表的引用。Ref 中的非数值型参数将被忽略。Order 为一数字，指明排位的方式。如果 order 为 0（零）或省略，Microsoft Excel 对数字的排位是基于 ref 为按照降序排列的列表。如果 order 不为零，Microsoft Excel 对数字的排位是基于 ref 为按照升序排列的列表。

在培训成绩表中，首先选中 I3 单元格，在编辑栏中输入“=RANK(H3,$H$3:$H$34)”，然后按 Enter 键，即可得到第一个人员的名次 5，之后采用拖动复制得到每位培训人员的成绩名次。结果如图 3.61 所示。

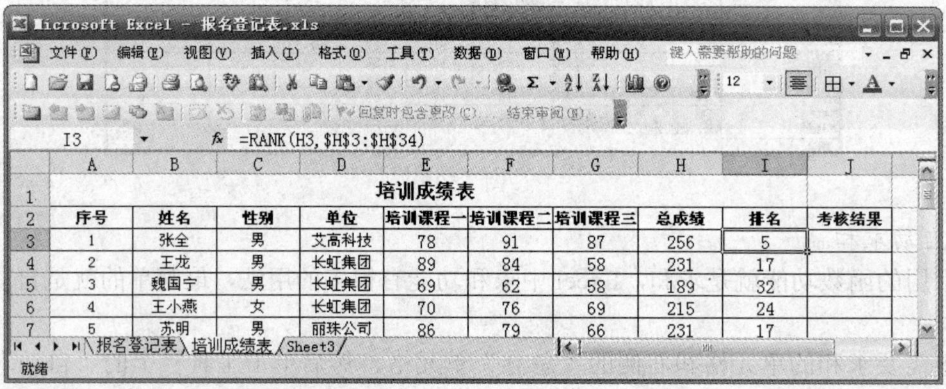

Microsoft Excel - 报名登记表.xls

I3 =RANK(H3,$H$3:$H$34)

| | A | B | C | D | E | F | G | H | I | J |
|---|---|---|---|---|---|---|---|---|---|---|
| 1 | 培训成绩表 | | | | | | | | | |
| 2 | 序号 | 姓名 | 性别 | 单位 | 培训课程一 | 培训课程二 | 培训课程三 | 总成绩 | 排名 | 考核结果 |
| 3 | 1 | 张全 | 男 | 艾高科技 | 78 | 91 | 87 | 256 | 5 | |
| 4 | 2 | 王龙 | 男 | 长虹集团 | 89 | 84 | 58 | 231 | 17 | |
| 5 | 3 | 魏国宁 | 男 | 长虹集团 | 69 | 62 | 58 | 189 | 32 | |
| 6 | 4 | 王小燕 | 女 | 长虹集团 | 70 | 76 | 69 | 215 | 24 | |
| 7 | 5 | 苏明 | 男 | 丽珠公司 | 86 | 79 | 66 | 231 | 17 | |

报名登记表 / 培训成绩表 / Sheet3

图 3.61

在公式“=RANK(H3,$H$3:$H$34)”中，H3 为第一个人员总成绩所在的单元格，$H$3:$H$34 为所有培训人员总成绩所占的单元格区域，第三个参数省略，则排名按降序排列，也就是最高分名次为 1。这里需要注意的是$H$3:$H$34 采用的是绝对引用，是为了保证之后人员的名次在复制公式时，这个所有人员总成绩区域$H$3:$H$34 不发生变化，而 H3 使用的是相对引用，在复制公式时会随之变化。在之后会详细介绍单元格引用的知识。

### 3.5.3 使用 IF 函数确定培训人员的考核结果

在 Excel 中，利用 IF 函数可以非常方便地进行条件判断。在本例中，如果选取前 75%的人员拿到培训合格证书，也就是前 24 位通过，那么可以使用 IF 函数来进行判断是否为合格。

IF 函数的语法格式为：IF(logical_test,[value_if_true],[value_if_false])，其中：logical_test 必需。计算结果可能为 True 或 False 的任意值或表达式。此参数可使用任何比较运算符。value_if_true 可选，logical_test 参数的计算结果为 True 时所要返回的值。value_if_false 可选，logical_test 参数的计算结果为 False 时所要返回的值。

在培训成绩表中，首先选中 J3 单元格，在编辑栏中输入“=IF(I3<=24,"合格","")”，然后按 Enter 键，即可得到第一个人员的结果“合格”，之后采用拖动复制得到每位培训人员的考核结果，如果如图 3.62 所示。

Microsoft Excel - 报名登记表.xls

J3　=IF(I3<=24,"合格","")

| 序号 | 姓名 | 性别 | 单位 | 培训课程一 | 培训课程二 | 培训课程三 | 总成绩 | 排名 | 考核结果 |
|---|---|---|---|---|---|---|---|---|---|
| 1 | 张全 | 男 | 艾高科技 | 78 | 91 | 87 | 256 | 5 | 合格 |
| 2 | 王龙 | 男 | 长虹集团 | 89 | 84 | 58 | 231 | 17 | 合格 |
| 3 | 魏国宁 | 男 | 长虹集团 | 69 | 62 | 58 | 189 | 32 | |
| 4 | 王小燕 | 女 | 长虹集团 | 70 | 76 | 69 | 215 | 24 | 合格 |
| 5 | 苏明 | 男 | 丽珠公司 | 86 | 79 | 66 | 231 | 17 | 合格 |
| 6 | 何宁 | 女 | 丽珠公司 | 89 | 89 | 79 | 257 | 4 | 合格 |

图 3.62

### 3.5.4　对考核合格人数进行计数统计

1. COUNTIF 函数统计合格人数

COUNTIF 函数计算区域中满足给定条件的单元格的个数。

在培训成绩表中，选择 L3 单元格，在编辑栏中输入"=COUNTIF(J3:J34,"合格")"，然后按 Enter 键，即可得到结果 24，如图 3.63 所示。J3:J34 为需要计算其中满足条件的单元格数目的单元格区域，"合格"为所需满足的条件。

统计函数中常用的还有 COUNT 函数，返回包含数字以及包含参数列表中的数字的单元格的个数。利用函数 COUNT 可以计算单元格区域或数字数组中数字字段的个数。比如在 L4 单元格中输入"=COUNT(I3:I34)"，回车后可统计出总培训人数 32，如图 3.63 所示。

Microsoft Excel - 报名登记表.xls

L3　=COUNTIF(J3:J34,"合格")

| 序号 | 姓名 | 性别 | 单位 | 培训课程一 | 培训课程二 | 培训课程三 | 总成绩 | 排名 | 考核结果 | | |
|---|---|---|---|---|---|---|---|---|---|---|---|
| 1 | 张全 | 男 | 艾高科技 | 78 | 91 | 87 | 256 | 5 | 合格 | | 24 |
| 2 | 王龙 | 男 | 长虹集团 | 89 | 84 | 58 | 231 | 17 | 合格 | | 32 |
| 3 | 魏国宁 | 男 | 长虹集团 | 69 | 62 | 58 | 189 | 32 | | | |
| 4 | 王小燕 | 女 | 长虹集团 | 70 | 76 | 69 | 215 | 24 | 合格 | | |
| 5 | 苏明 | 男 | 丽珠公司 | 86 | 79 | 66 | 231 | 17 | 合格 | | |
| 6 | 何宁 | 女 | 丽珠公司 | 89 | 89 | 79 | 257 | 4 | 合格 | | |
| 7 | 张昊天 | 男 | 德化食品 | 90 | 72 | 77 | 239 | 13 | 合格 | | |
| 0 | 吴轩 | 男 | 德化食品 | 79 | 92 | 80 | 251 | 8 | 合格 | | |
| 9 | 程竹 | 女 | 双江实业 | 78 | 70 | 66 | 214 | 25 | | | |
| 10 | 谢秋婷 | 女 | 万通股份 | 83 | 66 | 65 | 214 | 25 | | | |
| 11 | 王凡 | 男 | 华翔实业 | 65 | 71 | 81 | 217 | 23 | 合格 | | |
| 12 | 张春霆 | 男 | 艾高科技 | 74 | 67 | 63 | 204 | 30 | | | |
| 13 | 谢浩 | 男 | 艾高科技 | 60 | 78 | 72 | 210 | 28 | | | |
| 14 | 吴宇浩 | 男 | 艾高科技 | 81 | 74 | 63 | 218 | 22 | 合格 | | |

图 3.63

2. 使用数组公式进行多条件的计数统计

数组公式可以同时进行多个计算并返回一种或多种结果。数组公式对两组或多组被称为数组参数的数值进行运算。每个数组参数必须有相同数量的行和列。在培训成绩表中，使用函数组合，可以统计出性别为"男"并且考核结果为"合格"的人数。

培训成绩表中，在 L5 单元格输入"=SUM((C3:C34="男")*(J3:J34="合格"))"，输完后按

Ctrl+Shift+Enter 键，让它自动在公式两边加上数组公式符号“{}”。这时单元格中显示出结果“15”，如图 3.64 所示。“C3:C34”和“J3:J34”分别为性别列和考核结果列。

Microsoft Excel - 报名登记表.xls

L5 {=SUM((C3:C34="男")*(J3:J34="合格"))}

| 培训成绩表 | | | | | | | | | | |
|---|---|---|---|---|---|---|---|---|---|---|
| 序号 | 姓名 | 性别 | 单位 | 培训课程一 | 培训课程二 | 培训课程三 | 总成绩 | 排名 | 考核结果 | |
| 1 | 张全 | 男 | 艾高科技 | 78 | 91 | 87 | 256 | 5 | 合格 | |
| 2 | 王龙 | 男 | 长虹集团 | 89 | 84 | 58 | 231 | 17 | 合格 | |
| 3 | 魏国宁 | 男 | 长虹集团 | 69 | 62 | 58 | 189 | 32 | | 15 |
| 4 | 王小燕 | 女 | 长虹集团 | 70 | 76 | 69 | 215 | 24 | 合格 | |
| 5 | 苏明 | 男 | 丽珠公司 | 86 | 79 | 66 | 231 | 17 | 合格 | |
| 6 | 何宁 | 女 | 丽珠公司 | 89 | 89 | 79 | 257 | 4 | 合格 | |
| 7 | 张昊天 | 男 | 德化食品 | 90 | 72 | 77 | 239 | 13 | 合格 | |
| 8 | 吴轩 | 男 | 德化食品 | 79 | 92 | 80 | 251 | 8 | 合格 | |
| 9 | 程竹 | 女 | 双江实业 | 78 | 70 | 66 | 214 | 25 | | |
| 10 | 谢秋婷 | 女 | 万通股份 | 83 | 66 | 65 | 214 | 25 | | |
| 11 | 王凡 | 男 | 华翔实业 | 65 | 71 | 81 | 217 | 23 | 合格 | |
| 12 | 张春霆 | 男 | 艾高科技 | 74 | 67 | 63 | 204 | 30 | | |
| 13 | 谢浩 | 男 | 艾高科技 | 60 | 78 | 72 | 210 | 28 | | |
| 14 | 吴宇浩 | 男 | 艾高科技 | 81 | 74 | 63 | 218 | 22 | 合格 | |
| 15 | 马晓露 | 女 | 高科建设 | 78 | 89 | 69 | 236 | 16 | 合格 | |
| 16 | 梅军 | 男 | 高科建设 | 60 | 80 | 66 | 206 | 29 | | |
| 17 | 欧兆鹏 | 男 | 双江实业 | 90 | 90 | 89 | 269 | 1 | 合格 | |

报名登记表 培训成绩表 Sheet3

就绪

图 3.64

### 3.5.5 单元格引用

公式的复制可以避免大量重复输入公式的工作，当复制公式时，若在公式中使用单元格或区域，则在复制的过程中根据不同的情况使用不同的单元格引用。单元格引用分相对引用、绝对引用和混合引用。

1. 相对引用

在创建公式时，单元格或单元格区域的引用通常是相对于包含公式的单元格的相对位置。例如，单元格 B3 包含公式=A2；Microsoft Excel 将在距单元格 B3 上面一个单元格和左面一个单元格处的单元格中查找数值。这就是相对引用。

在复制包含相对引用的公式时，Excel 将自动调整复制公式中的引用，以便引用相对于当前公式位置的其他单元格。例如，单元格 B3 中含有公式=A2，A2 是 B3 左上方的单元格，当公式复制至单元格 B4 时，其中的公式已经改为=A3，即单元格 B4 左上方单元格处的单元格。

2. 绝对引用

如果在复制公式时不希望 Excel 调整引用，那么请使用绝对引用。例如，如果公式将单元格 A3 乘以单元格 C2（=A3*C2），现在将公式复制到另一单元格中，则 Excel 将调整公式中的两个引用。如果不希望改变，那么可以在不希望改变的引用前加上美元符号（$），比如对单元格 C2 进行绝对引用，那么就在公式中加入美元符号：=A3*$C$2，这样在公式复制时，A3 会随填充规律发生变化，而 C2 不会变化。

3. 混合引用

混合引用是指在一个单元格地址中，既有绝对地址引用又有相对地址引用。如果公式所在单元格的位置改变，则相对引用改变，而绝对引用不变。如果多行或多列地复制公式，相对引用自动调整，而绝对引用不作调整。

如果需要引用不同工作簿的其他单元格，比如 Sheet2 的 B2 单元格内容与 Sheet1 的 A2 单元格内容相加，其结果放入 Sheet1 的 A3 单元格中，则在 Sheet1 的 A3 单元格中输入公式：“=Sheet2!B2+ Sheet1!A2”，即在工作表名与单元格引用之间用感叹号分开。

### 3.5.6 利用 Excel 的关联表格制作工资管理系统表

在办公中制作表格时，有些数据的存放和计算需要使用多个工作表，并且在相互之间需要进行引用和参照，这就需要使用 Excel 的关联表格操作来实现数据的处理。

某公司的办公室工作人员，制作该公司员工的工资表，其工资组成包括以下两个部分：

- 工资收入包含有基本工资、岗位工资和奖金，这三项均是按照员工的所属部门和职工类别来制定出不同的标准。
- 工资的支出包含有保险扣款、请假扣款和所得税扣款。

1. 工作表的添加

该工资管理系统需要设置 8 张工作表，在 Excel 打开后默认的工作表有 3 个，所以首先需要添加工作表，并对工作表的名称进行修改，其操作步骤如下：

启动 Excel 之后，在工作表标签上单击 Sheet1，然后单击鼠标右键，从弹出的快捷菜单中选择“插入”命令，在弹出的对话框中选择“工作表”，便可以添加一个新工作表 Sheet4。如果希望一次添加多个工作表，可先选取多个工作表再单击右键选择“插入”命令，则会快速添加与选取个数一样多的工作表。

添加好 5 张工作表之后，分别将 8 个工作表的名称依次更改为“主界面”、“员工信息表”、“基本工资记录表”、“岗位工资记录表”、“奖金表”、“考勤表”、“工资表”和“工资条”。

将工作簿文件以“工资管理系统”为名存盘。

2. “主界面”工作表的制作

“主界面”工作表的效果如图 3.65 所示，利用“主界面”工作表，可以快速看到整个工资管理系统的组成，同时可以根据需要快速切换到其他工作表。

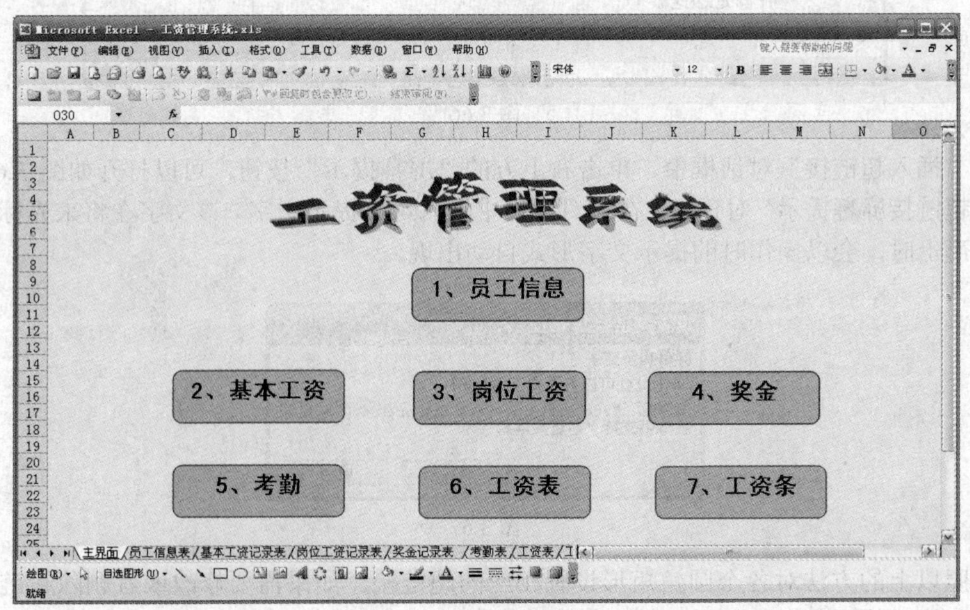


图 3.65

该工作表制作中要用到工作表网格线的取消、单元格填充颜色的设置、艺术字标题设置、自选图形的绘制以及超链接的创建等知识。

（1）单击工作表标签上的“主界面”，选取该工作表。

（2）选择“工具”菜单里的“选项”命令，在弹出的“选项”对话框中选择“视图”选项卡，取消选中“网格线”复选框，这样便可以取消工作表中的网格线。

（3）选中整个工作表，利用“格式”工具栏上的按钮设置工作表填充颜色为浅黄色。

（4）利用“绘图”工具栏中的圆角矩形工具绘制出圆角矩形，然后设置填充颜色，线条颜色，并调整好大小。

（5）将上面制作的圆角矩形再复制出 6 个，放到适当的位置，然后依次右键单击各个矩形，从弹出的快捷菜单中选择“添加文字”命令，分别输入相应的文字。

（6）接下来对圆角矩形设置超链接，以便快速打开相应的工作表。

选中第一个圆角矩形“员工信息”，选择“插入”菜单中的“超链接”命令，弹出如图 3.66 所示的“插入超链接”对话框。

在“插入超链接”对话框中，链接到列表中可以选择链接到网页、本文档、新建文档或者电子邮件等位置。这里选择“本文档中的位置”按钮，从右侧的“或在这篇文档中选择位置”中选择链接的对象，即“员工信息表”工作表。

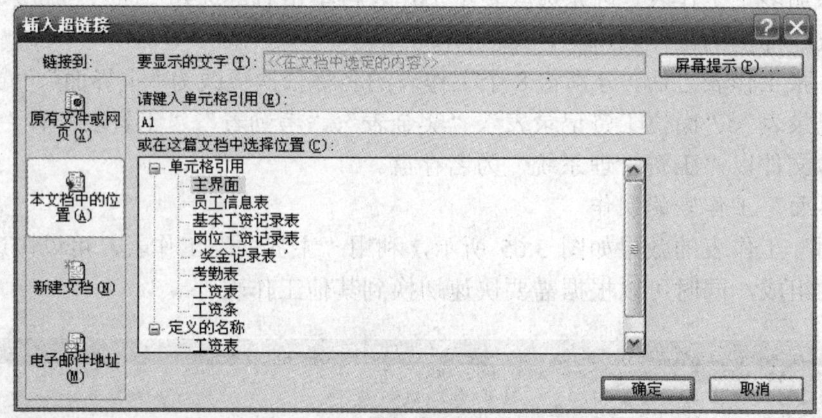


图 3.66

在“插入超链接”对话框中，单击右上方的“屏幕提示”按钮，可以打开如图 3.67 所示“设置超链接屏幕提示”对话框，在该对话框中输入屏幕提示文字，该文字在将来光标停留在圆角矩形上时，会以操作时的提示文字形式自动出现。

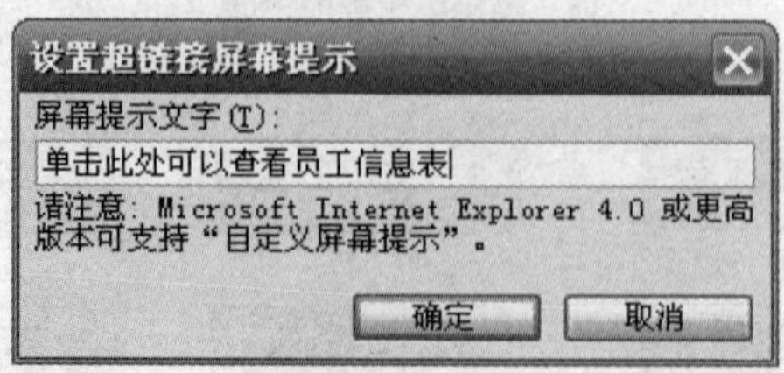


图 3.67

依照以上的方法对各个圆角矩形设置相应的超链接。如果需要修改或者删除超链接，可以选中要修改的图形后，单击右键，在弹出的快捷菜单中有“编辑超链接”和“取消超链接”

命令，可进行相应的更改。

（7）对该工作表中各个对象的位置大小调整好之后，“主界面”工作表完成。

3. “员工信息表”工作表的制作

“员工信息表”工作表的效果如图 3.68 所示。在该工作表中，输入公司员工的基本信息。其中“编号”这一列使用的是 001、002 等，以后的其他工作表中，我们将制作成输入了编号之后，该编号相对应的员工信息就会自动出现。这里首先应该把该列的数字格式设置为“文本”的方式，然后再输入第一个编号 001，之后编号的可以采用向下拖动的方式进行序列的填充。

“所属部门”这一列的输入，可以使用数据有效性，将有效性条件设置为序列，来源设置为“财务部，生产部，销售部，办公室”；职工类别也可以采取同样的方法设置。

4. “基本工资记录表”工作表的制作

“基本工资记录表”工作表的效果如图 3.69 所示。在该工作表中，记录了员工的基本工资，基本工资是根据员工的所属部门所决定的。

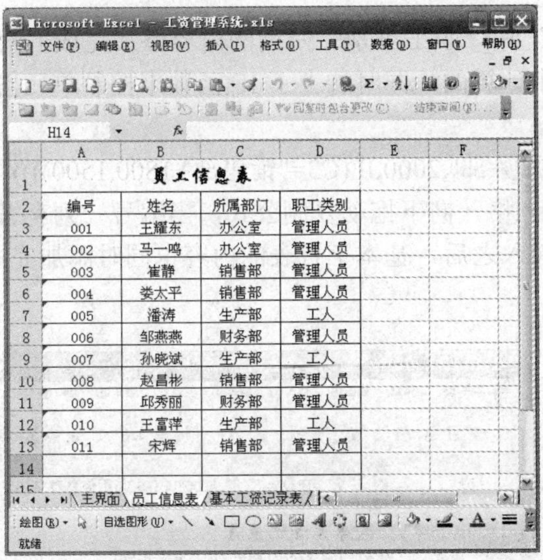

员工信息表

| 编号 | 姓名 | 所属部门 | 职工类别 |
|---|---|---|---|
| 001 | 王耀东 | 办公室 | 管理人员 |
| 002 | 马一鸣 | 办公室 | 管理人员 |
| 003 | 崔静 | 销售部 | 管理人员 |
| 004 | 娄太平 | 销售部 | 管理人员 |
| 005 | 潘涛 | 生产部 | 工人 |
| 006 | 邹燕燕 | 财务部 | 管理人员 |
| 007 | 孙晓斌 | 生产部 | 工人 |
| 008 | 赵昌彬 | 销售部 | 管理人员 |
| 009 | 邱秀丽 | 财务部 | 管理人员 |
| 010 | 王富萍 | 生产部 | 工人 |
| 011 | 宋辉 | 销售部 | 管理人员 |

图 3.68

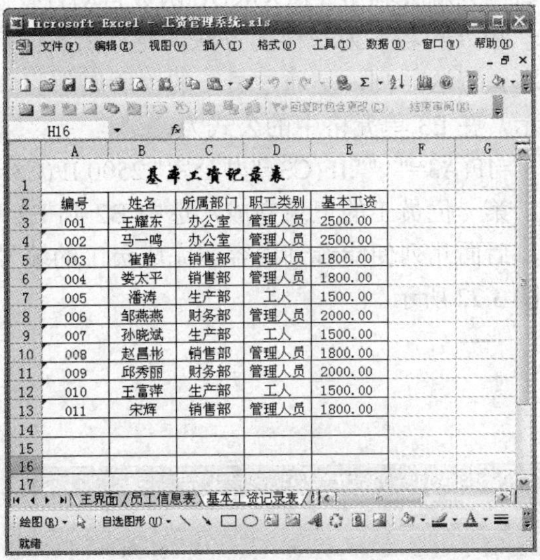

基本工资记录表

| 编号 | 姓名 | 所属部门 | 职工类别 | 基本工资 |
|---|---|---|---|---|
| 001 | 王耀东 | 办公室 | 管理人员 | 2500.00 |
| 002 | 马一鸣 | 办公室 | 管理人员 | 2500.00 |
| 003 | 崔静 | 销售部 | 管理人员 | 1800.00 |
| 004 | 娄太平 | 销售部 | 管理人员 | 1800.00 |
| 005 | 潘涛 | 生产部 | 工人 | 1500.00 |
| 006 | 邹燕燕 | 财务部 | 管理人员 | 2000.00 |
| 007 | 孙晓斌 | 生产部 | 工人 | 1500.00 |
| 008 | 赵昌彬 | 销售部 | 管理人员 | 1800.00 |
| 009 | 邱秀丽 | 财务部 | 管理人员 | 2000.00 |
| 010 | 王富萍 | 生产部 | 工人 | 1500.00 |
| 011 | 宋辉 | 销售部 | 管理人员 | 1800.00 |

图 3.69

在该工作表中，“编号”列的数字格式设置为“文本”，“姓名”、“所属部门”和“职工类别”和之前表格里是一样的，如果再次输入就显得比较麻烦，这里，我们使用 VLOOKUP 函数来制作，在“编号”列输入某个员工的编号，而后面这 3 列事先设置好公式，编号列输入了编号之后便可以自动产生。具体介绍如下：

VLOOKUP 函数的作用是在表格或首列查找指定的数值，并由此返回表格或数组当前行中指定列处的数值。

IF 函数的语法格式为：VLOOKUP(lookup_value,table_array,col_index_num,[range_ lookup])

其中：lookup_value 必需，为要在表格或区域的第一列中搜索的值。lookup_value 参数可以是值或引用。table_array 必需，包含数据的单元格区域。可以使用对区域（例如，A2:D8）或区域名称的引用。col_index_num 必需 table_array 参数中必须返回的匹配值的列号。col_index_num 参数为 1 时，返回 table_array 第一列中的值；col_index_num 为 2 时，返回 table_array 第二列中的值，依此类推。range_lookup 可选。一个逻辑值，指定希望 VLOOKUP

查找精确匹配值还是近似匹配值。

在这里，还涉及跨工作表的单元格引用，此时地址的一般形式为：

[工作簿名]工作表名！单元格地址

根据以上的使用说明，在该工作表中第一位员工的姓名单元格 B3 中，应输入的公式为：=VLOOKUP(A3,员工信息表!A:D,2,0)，其中 A3 是指第一位员工的编号，“员工信息表!A:D”是指包含数据的单元格区域为“员工信息表”这个工作表的 A 列到 D 列，2 是指返回的第二列的值，即姓名这一列，0 是指返回精确匹配值。那么该单元格中公式的返回值为第一位员工的姓名“王耀东”。

当我们往下拖动进行填充时，会出现如图 3.70 所示的错误，因为编号一列还没有输入，所以就会出现#N/A 的错误，为了避免这样的错误出现，可以在使用 VLOOKUP 函数之前，先用一个 IF 函数来控制，现在我们将 B3 单元格的公式修改为：

=IF(A3="","",VLOOKUP(A3,员工信息表!A:D,2,0))

这样的话，当编号一列没有输入时，姓名也不显示，但函数是存在的，当编号一旦输入，姓名一列就会利用 VLOOKUP 函数自动查找。

和“姓名”列一样的方法，将“所属部门”和“职工类别”两列的内容添加完成，对于基本工资这一列，是通过员工的“所属部门”来计算的，同时加上了 IF 函数来控制单元格的显示，在 E3 单元格中的公式为：

=IF(A3="","",IF(C3="办公室",2500,IF(C3="财务部",2000,IF(C3="销售部",1800,1500))))

第一位员工的记录完成，选中 B2 到 E2 单元格，向下拖动复制公式，当编号一列有编号时，后面几列便能看到内容。完成员工的编号输入之后，基本工资表的内容也同时添加完成，如图 3.72 所示。

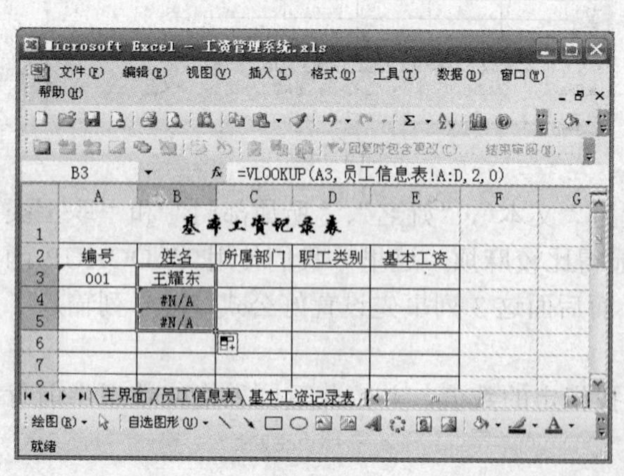


图 3.70

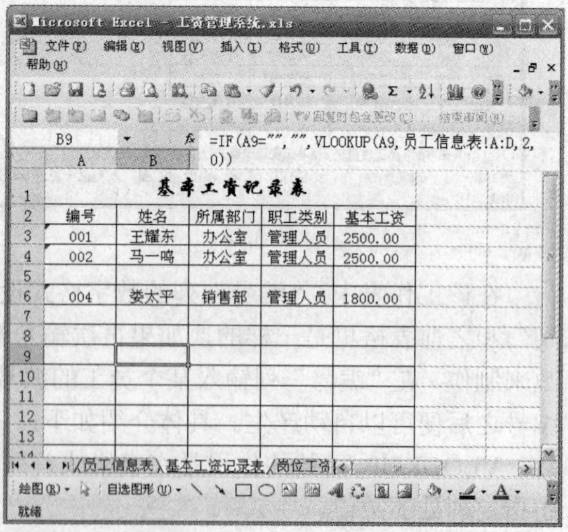

图 3.71

5．“岗位工资记录表”、“奖金记录表”和“考勤表”的制作

“岗位工资记录表”、“奖金记录表” 和“考勤表”的效果如图 3.72 至图 3.74 所示。其中编号、姓名、所属部门和职工类别的添加和“基本工资记录表”是一样的。“考勤表”中的请假天数一列中没有使用公式，应根据实际情况手动输入。

岗位工资表中的岗位工资是依据职工类别来计算的，其公式如下：

=IF(A3="","",IF(D3="管理人员",1000,500))

奖金记录表中的岗位工资是依据所属部门来计算的，其公式如下：

=IF(A3="","",IF(C3="办公室",500,IF(C3="财务部",600,IF(C3="销售部",800,1000))))

Microsoft Excel - 工资管理系统.xls

E3　=IF(A3="","",IF(D3="管理人员",1000,500))

岗位工资记录表

| 编号 | 姓名 | 所属部门 | 职工类别 | 岗位工资 |
|---|---|---|---|---|
| 001 | 王耀东 | 办公室 | 管理人员 | 1000.00 |
| 002 | 马一鸣 | 办公室 | 管理人员 | 1000.00 |
| 003 | 崔静 | 销售部 | 管理人员 | 1000.00 |
| 004 | 娄太平 | 销售部 | 管理人员 | 1000.00 |
| 005 | 潘涛 | 生产部 | 工人 | 500.00 |
| 006 | 邹燕燕 | 财务部 | 管理人员 | 1000.00 |
| 007 | 孙晓斌 | 生产部 | 工人 | 500.00 |
| 008 | 赵昌彬 | 销售部 | 管理人员 | 1000.00 |
| 009 | 邱秀丽 | 财务部 | 管理人员 | 1000.00 |
| 010 | 王富萍 | 生产部 | 工人 | 500.00 |
| 011 | 宋辉 | 销售部 | 管理人员 | 1000.00 |

图 3.72

Microsoft Excel - 工资管理系统.xls

E3　=IF(A3="","",IF(C3="办公室",500,IF(C3="财务部",600,IF(C3="销售部",800,1000))))

员工奖金记录表

| 编号 | 姓名 | 所属部门 | 职工类别 | 奖金 |
|---|---|---|---|---|
| 001 | 王耀东 | 办公室 | 管理人员 | 500.00 |
| 002 | 马一鸣 | 办公室 | 管理人员 | 500.00 |
| 003 | 崔静 | 销售部 | 管理人员 | 800.00 |
| 004 | 娄太平 | 销售部 | 管理人员 | 800.00 |
| 005 | 潘涛 | 生产部 | 工人 | 1000.00 |
| 006 | 邹燕燕 | 财务部 | 管理人员 | 600.00 |
| 007 | 孙晓斌 | 生产部 | 工人 | 1000.00 |
| 008 | 赵昌彬 | 销售部 | 管理人员 | 800.00 |
| 009 | 邱秀丽 | 财务部 | 管理人员 | 600.00 |
| 010 | 王富萍 | 生产部 | 工人 | 1000.00 |
| 011 | 宋辉 | 销售部 | 管理人员 | 800.00 |

图 3.73

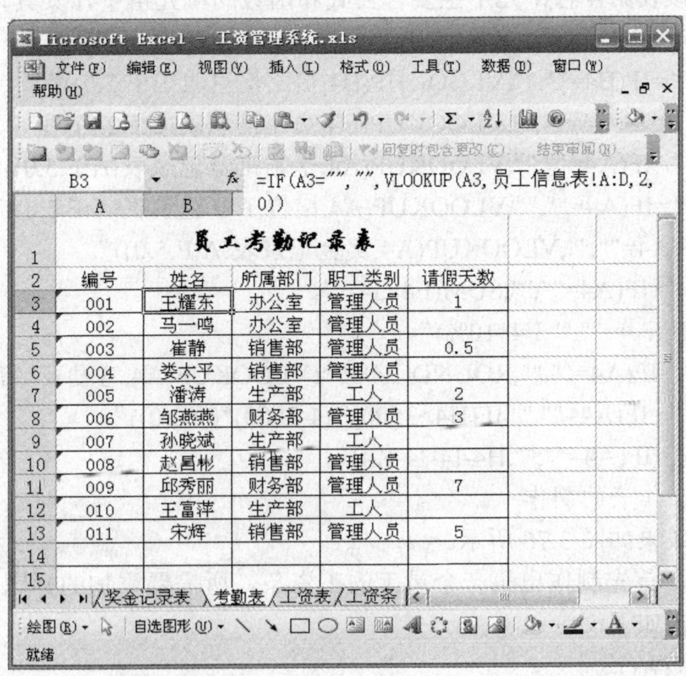

Microsoft Excel - 工资管理系统.xls

B3　=IF(A3="","",VLOOKUP(A3,员工信息表!A:D,2,0))

员工考勤记录表

| 编号 | 姓名 | 所属部门 | 职工类别 | 请假天数 |
|---|---|---|---|---|
| 001 | 王耀东 | 办公室 | 管理人员 | 1 |
| 002 | 马一鸣 | 办公室 | 管理人员 | |
| 003 | 崔静 | 销售部 | 管理人员 | 0.5 |
| 004 | 娄太平 | 销售部 | 管理人员 | |
| 005 | 潘涛 | 生产部 | 工人 | 2 |
| 006 | 邹燕燕 | 财务部 | 管理人员 | 3 |
| 007 | 孙晓斌 | 生产部 | 工人 | |
| 008 | 赵昌彬 | 销售部 | 管理人员 | |
| 009 | 邱秀丽 | 财务部 | 管理人员 | 7 |
| 010 | 王富萍 | 生产部 | 工人 | |
| 011 | 宋辉 | 销售部 | 管理人员 | 5 |

图 3.74

6. “工资表”工作表的制作

“工资表”的效果如图 3.75 所示。

工资发放明细表

单位名称：XX 公司　　　　XX 年 XX 月 XX 日

| 编号 | 姓名 | 所属部门 | 职工类别 | 基本工资 | 岗位工资 | 奖金 | 应发工资 | 扣保险 | 请假扣款 | 扣所得税 | 实发工资 | 签字 |
|---|---|---|---|---|---|---|---|---|---|---|---|---|
| 001 | 王耀东 | 办公室 | 管理人员 | 2500.00 | 1000.00 | 500.00 | 4000.00 | 250.00 | 83.00 | 15.00 | 3652.00 | 王耀东 |
| 002 | 马一鸣 | 办公室 | 管理人员 | 2500.00 | 1000.00 | 500.00 | 4000.00 | 250.00 | 0.00 | 15.00 | 3735.00 | |
| 003 | 崔静 | 销售部 | 管理人员 | 1800.00 | 1000.00 | 800.00 | 3600.00 | 180.00 | 30.00 | 3.00 | 3387.00 | |
| 004 | 娄太平 | 销售部 | 管理人员 | 1800.00 | 1000.00 | 800.00 | 3600.00 | 180.00 | 0.00 | 3.00 | 3417.00 | |
| 005 | 潘涛 | 生产部 | 工人 | 1500.00 | 500.00 | 1000.00 | 3000.00 | 150.00 | 100.00 | 0.00 | 2750.00 | |
| 006 | 邹燕燕 | 财务部 | 管理人员 | 2000.00 | 1000.00 | 600.00 | 3600.00 | 200.00 | 200.00 | 3.00 | 3197.00 | |
| 007 | 孙晓斌 | 生产部 | 工人 | 1500.00 | 500.00 | 1000.00 | 3000.00 | 150.00 | 0.00 | 0.00 | 2850.00 | |
| 008 | 赵昌彬 | 销售部 | 管理人员 | 1800.00 | 1000.00 | 800.00 | 3600.00 | 180.00 | 0.00 | 3.00 | 3417.00 | |
| 009 | 邱秀丽 | 财务部 | 管理人员 | 2000.00 | 1000.00 | 600.00 | 3600.00 | 200.00 | 467.00 | 3.00 | 2930.00 | |
| 010 | 王富萍 | 生产部 | 工人 | 1500.00 | 500.00 | 1000.00 | 3000.00 | 150.00 | 0.00 | 0.00 | 2850.00 | |
| 011 | 宋辉 | 销售部 | 管理人员 | 1800.00 | 1000.00 | 800.00 | 3600.00 | 180.00 | 300.00 | 3.00 | 3117.00 | |

图 3.75

其中编号、姓名、所属部门和职工类别的添加和之前几张表的制作是一样的，接下来的基本工资、岗位工资和奖金是从前几张表中通过公式引用过来的。应发工资是基本工资、岗位工资和奖金三项相加之和。扣除的保险是通过基本工资来计算的，请假扣款是根据考勤表计算出来，扣所得税是通过应发工资计算的，最后的实发工资为应发工资扣去保险、请假扣款和所得税之后的数额。该表第 4 行中几个主要含公式和函数的单元格中，其具体公式如下：

姓名 B4：“=IF(A4="","",VLOOKUP(A4,员工信息表!A:D,2,0))”。

所属部门 C4：“=IF(B4="","",VLOOKUP(B4,员工信息表!B:E,2,0))”。

职工类别 D4：“=IF(C4="","",VLOOKUP(C4,员工信息表!C:F,2,0))”。

基本工资 E4：“=IF(A4="","",VLOOKUP(A4,基本工资记录表!A:E,5,0))”。

岗位工资 F4：“=IF(A4="","",VLOOKUP(A4,岗位工资记录表!A:E,5,0))”。

奖金 G4：“=IF(A4="","",VLOOKUP(A4,奖金记录表!A:E,5,0))”。

应发工资 H4：“=IF(A4="","",SUM(E4:G4))”。

扣保险 I4：“=IF(A4="","",E4*10%)”。

请假扣款 J4：“=IF(A4="","",ROUND(E4/30*(VLOOKUP(A4,考勤表!A1:E14,5,0)),0))”。

扣所得税 K4：“=IF(A4="","",IF(H4>3500,(H4-3500)*0.03,0))”。

实发工资 L4：“=IF(A4="","",H4-I4-J4-K4)”。

7. “工资条”工作表的制作

“工资条”的效果如图 3.76 所示。

在该工作表中，首先制作出第一个员工的工资条，所需要添加的标题项目如图所示，在第 3 行中主要的公式如下：

月份 A3：“=NOW()”

姓名 C3：“=IF(B3="","",VLOOKUP(B3,工资表,2,0))”

所属部门 D3：“=IF(B3="","",VLOOKUP(B3,工资表,3,0))”

……

实发工资 M3：“=IF(B3="","",VLOOKUP(B3,工资表,12,0))”

员工工资条

| 月份 | 编号 | 姓名 | 所属部门 | 职工类别 | 基本工资 | 岗位工资 | 奖金 | 应发工资 | 扣养老金 | 请假扣款 | 扣所得税 | 实发工资 | 签字 |
|---|---|---|---|---|---|---|---|---|---|---|---|---|---|
| 2012年3月 | 001 | 王耀东 | 办公室 | 管理人员 | 2500 | 1000 | 500 | 4000 | 250 | 83 | 15 | 3652 | |
| 2012年3月 | 002 | 马一鸣 | 办公室 | 管理人员 | 2500 | 1000 | 500 | 4000 | 250 | 0 | 15 | 3735 | |
| 2012年3月 | 003 | 崔静 | 销售部 | 管理人员 | 1800 | 1000 | 800 | 3600 | 180 | 30 | 3 | 3387 | |
| 2012年3月 | 004 | 娄太平 | 销售部 | 管理人员 | 1800 | 1000 | 800 | 3600 | 180 | 0 | 3 | 3417 | |
| 2012年3月 | 005 | 潘涛 | 生产部 | 工人 | 1500 | 500 | 1000 | 3000 | 150 | 100 | 0 | 2750 | |

图 3.76

同样，在这里我们在编号这一列输入了职工编号后，后面的信息就都能自动显示出来。第一位职工的工资条制作完成后，将这 3 行进行复制，再粘贴出剩下员工的工资条，然后只需要改变编号，便可以完成其他员工工资条的制作。

该工资管理系统制作完成后，如果需要修改某个员工的基本信息，比如所属部门，那么只需要在"员工信息表"里将部门修改便可以了，这时其他表中的所属部门均自动修改，并且基本工资也会自动根据修改的部门自动变化。

如果需要添加一个员工，那么就在"员工信息表"中再添加一个员工信息，然后其他的表中，在编号列输入新的编号，后面的几列将公式拖动复制下来即可。

删除一个员工信息时，可以直接在每个表中将该员工这一整行删除即可。

8. Excel 中公式出错的处理

在 Excel 中输入计算公式后，经常会因为输入错误，使系统看不懂该公式。在单元格中显示错误信息，常常使一些初学者手足无措。现将 Excel 中最常见的一些错误信息，以及可能发生的原因和解决方法列出如下，以供读者参考。

表 3.4

| 错误类型 | 错误原因 | 解决方法 |
|---|---|---|
| #### | 输入到单元格中的数值太长或公式产生的结果太长，单元格容纳不下 | 适当增加列的宽度 |
| #div/0! | 当公式被零除时，将产生错误值#div/0! | 修改单元格引用，或者在用作除数的单元格中输入不为零的值 |
| #N/A | 当在函数或公式中没有可用的数值时，将产生错误值#N/A | 如果工作表中某些单元格暂时没有数值，在这些单元格中输入#N/A，公式在引用这些单元格时，将不进行数值计算，而是返回#N/A |

续表

| 错误类型 | 错误原因 | 解决方法 |
|---|---|---|
| #NAME? | 在公式中使用了 Microsoft Excel 不能识别的文本 | 确认使用的名称确实存在。如所需的名称没有被列出，添加相应的名称。如果名称存在拼写错误，修改拼写错误 |
| #NULL! | 当试图为两个并不相交的区域指定交叉点时，将产生以上错误 | 如果要引用两个不相交的区域，使用合并运算符 |
| #NUM! | 当公式或函数中某些数字有问题时，将产生该错误信息 | 检查数字是否超出限定区域，确认函数中使用的参数类型是否正确 |
| #REF! | 当单元格引用无效时，将产生该错误信息 | 更改公式，在删除或粘贴单元格之后，立即单击“撤消”按钮以恢复工作表中的单元格 |
| #VALUE! | 当使用错误的参数或运算对象类型时，或当自动更改公式功能不能更正公式时，将产生该错误信息 | 确认公式或函数所需的参数或运算符是否正确，并确认公式引用的单元格所包含均为有效的数值 |

## 3.6 数据图表的制作

图表是 Excel 最常用的对象之一，它是依据选定的工作表单元格区域内的数据按照一定的数据系列而生成的，是工作表数据的图形表示方法。与工作表相比，图表能形象地反映出数据的对比关系及趋势，利用图表可以将抽象的数据形象化，当数据源发生变化时，图表中对应的数据也自动更新，使得数据更加直观，用户一目了然。

Excel 2000 提供了丰富的图表功能，可以利用其方便地绘制不同的图表。例如：柱形图、条形图、折线图、饼图等。利用数据生成图表时，要依照具体情况选用不同的图表，也就是说，您关心的重点是什么，例如：商场主管要了解商场每月的销售情况，他关心的是变化趋势，而不是具体的值，用折线图就一目了然；如果要分析各大彩电品牌在市场的占有率，这时应该选用饼图，表明部分与整体之间的关系。了解 Excel 常用的图表及其用途，正确选用图表，可以使数据变得更加简单、清晰。

柱形图：用于一个或多个数据系列中的自得值的比较。

条形图：实际上是翻转了的柱形图。

折线图：显示一种趋势，在某一段时间内的相关值。

饼图：着重部分与整体间的相对大小关系，没有 X 轴、Y 轴。

X Y 闪点图：一般用于科学计算。

面积图：显示在某一段时间内累计变化。

### 3.6.1 创建图表

Excel 的图表分嵌入式图表和工作表图表两种。嵌入式图表是置于工作表中的图表对象，保存工作簿时该图表随工作表一起保存。工作表图表是工作簿中只包含图表的工作表。若在工作表数据附近插入图表，应创建嵌入式图表，若在工作簿的其他工作表上插入图表，应创建工作表图表。无论哪种图表都与创建它们的工作表数据相连接，当修改工作表数据时，图表会随之更新。

生成图表，首先必须有数据源。这些数据要求以列或行的方式存放在工作表的一个区域中，若以列的方式排列，通常要以区域的第一列数据库作为 X 轴的数据。若以行的方式排列，则要求区域的第一行数据作为 X 轴的数据。接下来我们复制培训成绩表（如图 3.77 所示）的部分数据来创建柱形图。

| | A | B | C | D | E |
|---|---|---|---|---|---|
| 1 | 姓名 | 培训课程一 | 培训课程二 | 培训课程三 | 总成绩 |
| 2 | 张全 | 78 | 91 | 87 | 256 |
| 3 | 王龙 | 89 | 84 | 58 | 231 |
| 4 | 魏国宁 | 69 | 62 | 58 | 189 |
| 5 | 王小燕 | 70 | 76 | 69 | 215 |
| 6 | 苏明 | 86 | 79 | 66 | 231 |
| 7 | 何宁 | 89 | 89 | 79 | 257 |

图 3.77

1. 利用图表向导创建图表

选定用于建立图表的数据区域，如选定区域 A1:D7。

单击常用工具栏上的“图表”按钮，或在“插入”菜单中单击“图表”，打开“图表向导-4 步骤之 1-图表类型”对话框，如图 3.78 所示。默认“图表类型”为“柱形图”，单击下方的“按下不放可查看示例”按钮，可以看到将得到的图表外观的预览。用户可以在该对话框中，选择图表的类型和子类型。本例中就选择默认的柱形图及第一个子图表类型。

单击“下一步”按钮，显示“图表向导 - 4 步骤 2 - 图表数据源”对话框，如图 3.79 所示。

图 3.78

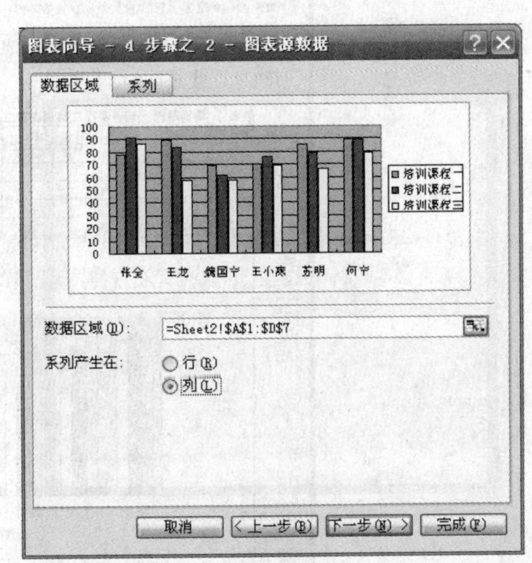


图 3.79

在“数据区”选项卡中，“数据区域”框中输入正确的区域；“列”选项按钮则表示数据系列产生在列，“行”选项按钮则表示数据系列产生在行。本例数据系列产生在列。

“系列”选项卡用于数据系列名称和分类轴标志。若在数据区域不选中文字，默认的数据系列名称为“系列 1、系列 2、系列 3…”，分类轴的标志为“1、2…”表示。用户可在系列选项卡加上所需的名称和标志。

单击“下一步”按钮，显示“图表向导 - 4 步骤 3 - 图表选项”对话框，如图 3.80 所示。

在该对话框中用户可以对图表添加说明行的文字或线条。用户可以根据需要设置相应的选项。比如在“标题”选项卡中输入“图表标题”及分类轴，这里也可以不输入直接单击“下一步”按钮，在图表创建完成后，再打开“图表选项”对话框进行修改。

单击“下一步”按钮，显示“图表向导- 4 步骤 4-图表位置”对话框，如图 3.81 所示。

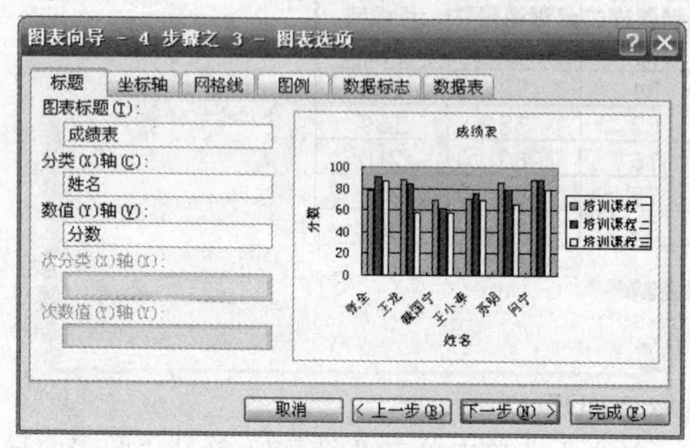


图 3.80

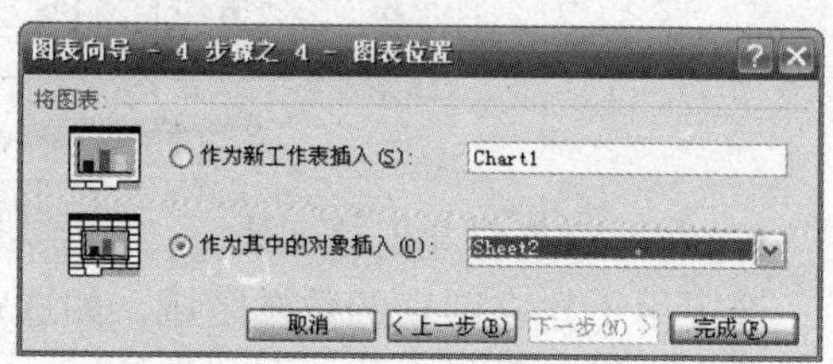


图 3.81

此对话框决定建立的图表是嵌入图表还是作为独立图表。其中，“作为新工作表插入”单选按钮表示建立独立图表；“作为其中的对象插入”单选按钮表示建立嵌入图表。本例选择嵌入图表，单击“完成”按钮。创建图表如图 3.82 所示。

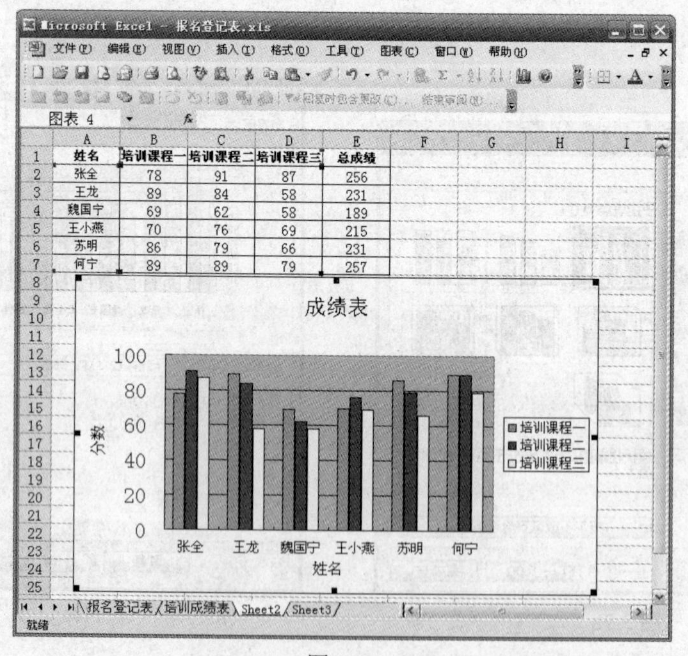


图 3.82

2. 快速建立图表

如果要通过默认图表类型创建图表工作表，请在工作表上选定需要绘制的数据，再按 F11 键。例如，在成绩表中选定区域 A1:E7，再按 F11 键，生成如图 3.83 所示的单独的图表工作表，工作表的名字也是默认的。

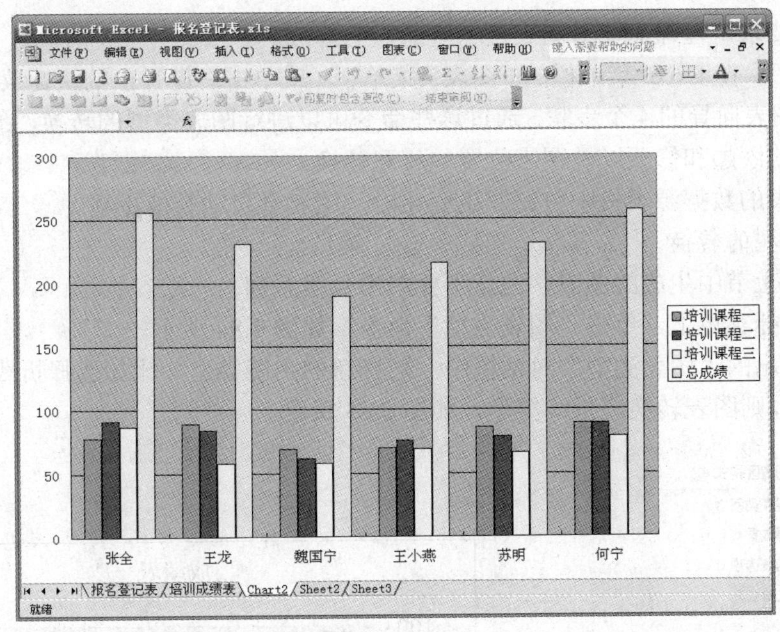


图 3.83

如果要通过默认图表类型创建嵌入图表，请在工作表上选定需要绘制的数据，再单击“默认图表”按钮。如果没有“默认图表”按钮，需要将其添加到工具栏上。

3. 图表结构

图表的基本组成如下：

图表区：整个图表及其包含的元素。

绘图区：在二维图表中，以坐标轴为界并包含全部数据系列的区域。在三维图表中，绘图区以坐标轴为界并包含数据系列、分类名称、刻度线和坐标轴标题。

图表标题：一般情况下，一个图表应该有一个文本标题，它可以自动与坐标轴对齐或在图表顶端居中。

数据分类：图表上的一组相关数据点，取自工作表的一行或一列。图表中的每个数据系列以不同的颜色和图案加以区别，在同一图表上可以绘制一个以上的数据系列。

数据标记：图表中的条形面积圆点扇形或其他类似符号，来自于工作表单元格的单一数据点或数值。图表中所有相关的数据标记构成了数据系列。

数据标志：根据不同的图表类型，数据标志可以表示数值、数据系列名称、百分比等。

坐标轴：为图表提供计量和比较的参考线，一般包括 X 轴、Y 轴。

刻度线：坐标轴上的短度量线，用于区分图表上的数据分类数值或数据系列。

网格线：图表中从坐标轴刻度线延伸开来并贯穿整个绘图区的可选线条系列。

图例：是图例项和图例项标示的方框，用于标示图表中的数据系列。

图例项标示：图例中用于标示图表上相应数据系列的图案和颜色的方框。

背景墙及基底：三维图表中包含在三维图形周围的区域。用于显示维度和边角尺寸。

数据表：在图表下面的网格中显示每个数据系列的值。

### 3.6.2 图表的基本操作

无论是采用图表向导还是采用快速生成图表的方式生成的图表，一般情况下都无法一次性达到用户的要求，往往需要对图表做一些适当的修改。

选定图表后，在 Excel 菜单栏的“图表”菜单下（或单击右键弹出的快捷菜单），如图 3.86 所示。分别有图表向导的 4 个步骤，通过这些命令可以进行图表类型的转换，图表数据源的调整，图表选项的添加和修改以及图表位置的相互转换。

当数据图表的数据源表格中数据发生变化时，图表会自动智能更新。

1. 图表类型的转换

（1）选中上节中生成的图表，注意不要单击数据系列。

（2）在快捷菜单上，单击“图表类型”命令，如图 3.84 所示。

（3）在弹出的“图表类型”对话框中，选择新的图表类型，比如选择折线图，然后单击“确定”按钮，则图表转换成折线类型，如图 3.85 所示。

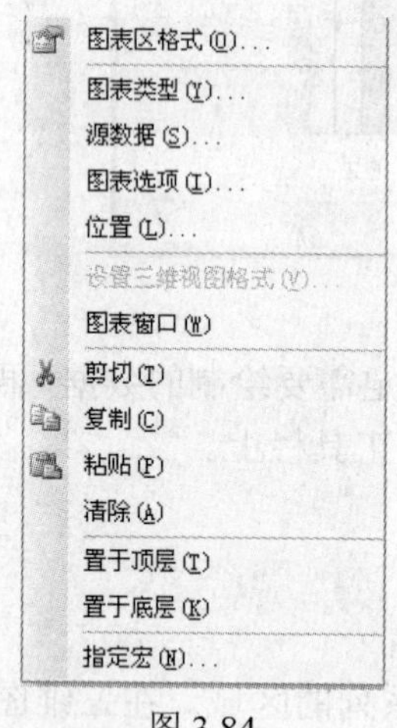


图 3.84

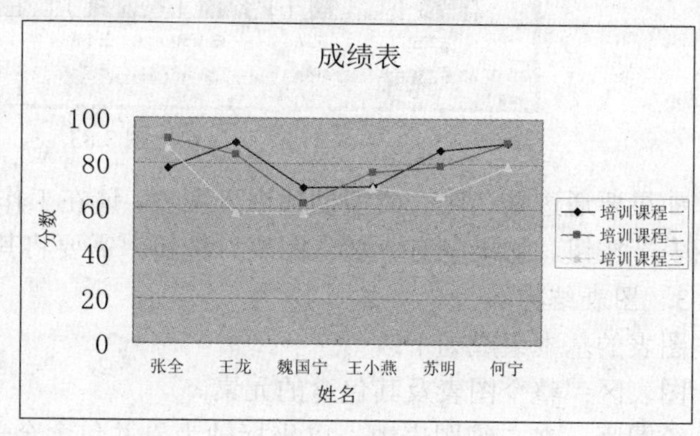


图 3.85

2. 图表数据源的调整

比如此例中，删除后面两位人员的数据，只需要前四位的数据，那么可以选中图表后，在快捷菜单中选择“源数据”，打开“源数据”对话框，重新拖动鼠标选择数据区域 A1:D5，然后单击“确定”按钮完成数据系列中数据的删除，如图 3.86 所示。如果需要增加数据，也同样操作。

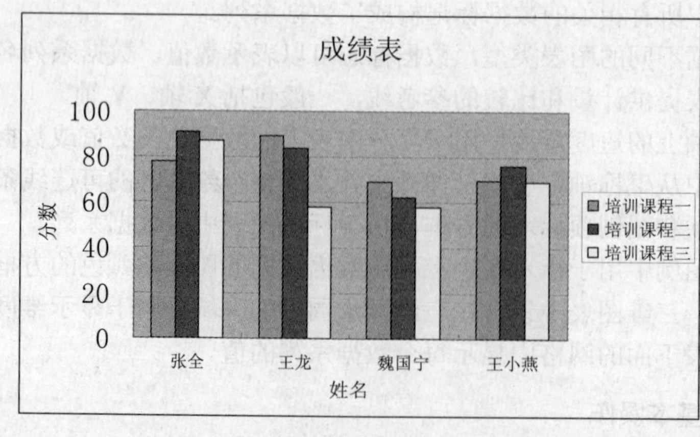


图 3.86

对于数据系列，也同样可以通过再次选取增加或者删除某个系列。比如选择区域时选中 A1:E7，那么就增加了一个“总成绩”的系列，如图 3.87 所示。

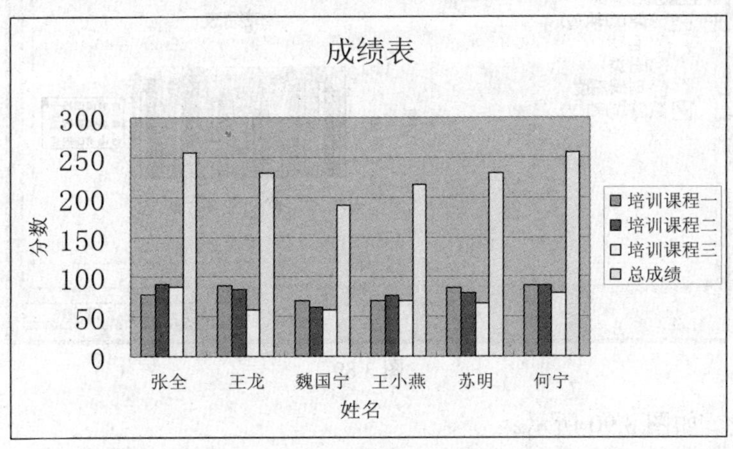


图 3.87

另外我们可以不打开“源数据”对话框对此进行修改，在图表的图表区中单击鼠标，此时与图表相关的源数据区会被一蓝色线条框住；用鼠标拖动数据区的角控制点，使其包含新的系列数据，放开鼠标后，新的数据系列将被添加到图表中。

3. 图表选项

在图表中，我们可以设置或修改图表标题、分类轴，网格线，还可以设置图表中是否显示图例以及数据标志等。

了解“图表选项”中每个选项的具体作用，可在图中右方看到预览效果。

（1）标题。选择菜单“图表”中的“图表选项”命令，打开“图表选项”对话框，如果没有选择“标题”选项卡，单击“标题”，进入“标题”选项卡，这里可以对图表标题进行修改，如图 3.88 所示。

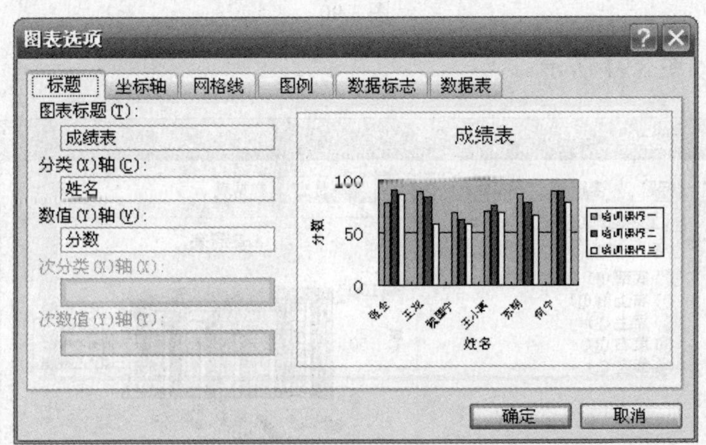


图 3.88

（2）坐标轴。如果希望图表底部的分类标签（姓名等）隐藏起来，可以单击“分类（X）轴”复选框以清除复选标记。在少数情况下，我们可能要隐藏坐标轴标签，但这样一来就不知道图表的分组标准，在该图表中，最好不要隐藏分类标签，如图 3.89 所示。

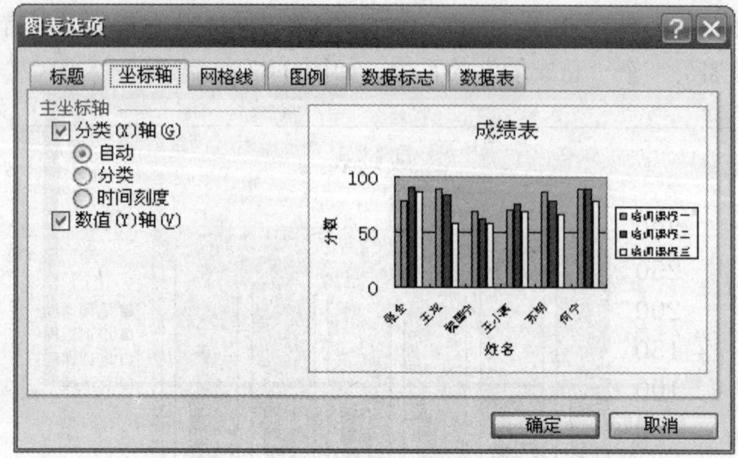


图 3.89

（3）网格线。如图 3.90 所示。

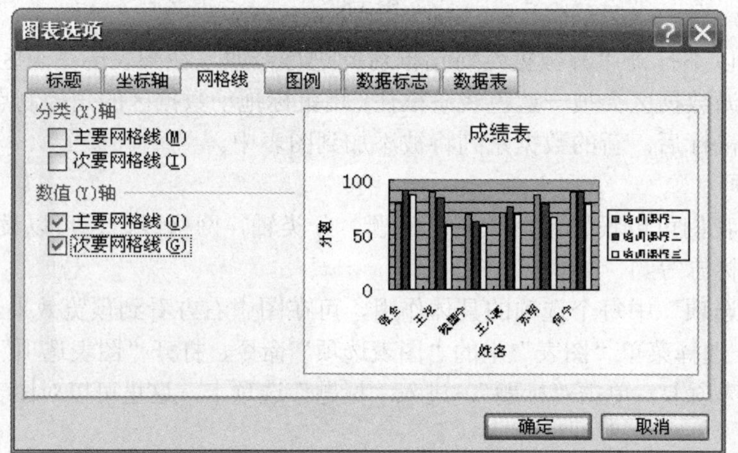


图 3.90

（4）图例。如图 3.91 所示。

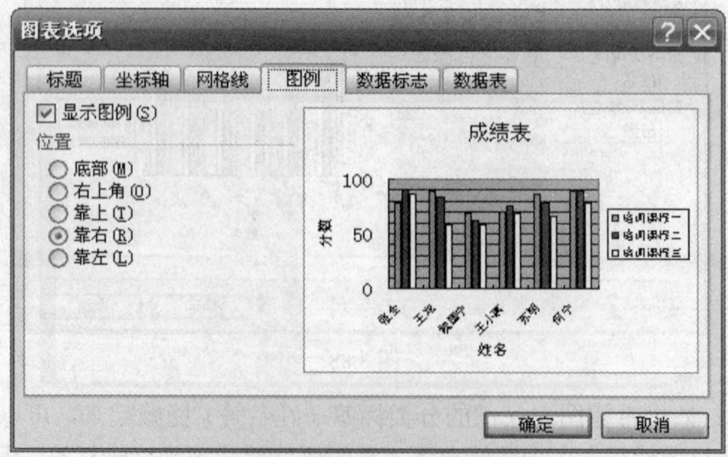


图 3.91

（5）数据标志。如图 3.92 所示。

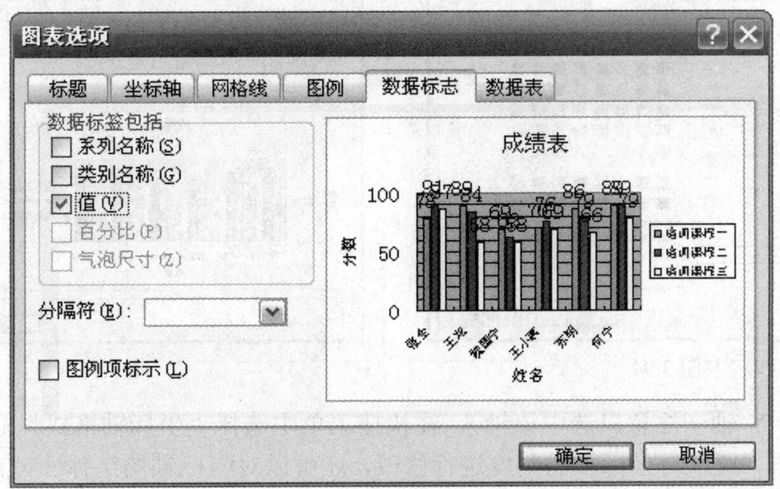


图 3.92

（6）数据表。如图 3.93 所示。

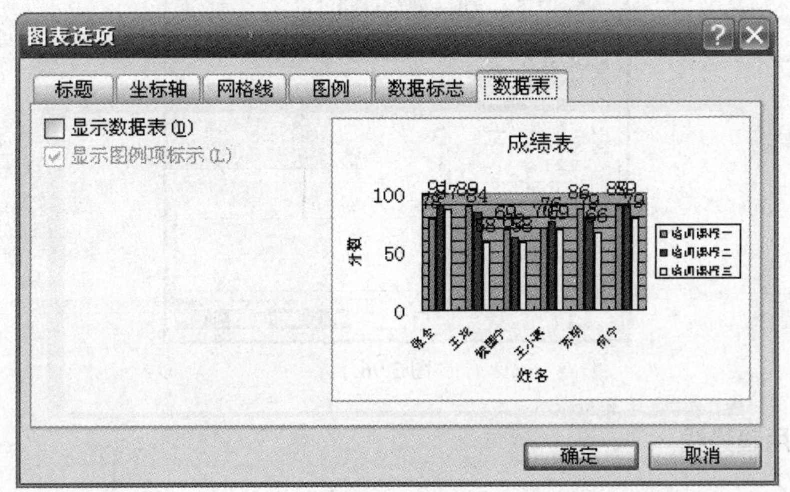


图 3.93

4. 图表位置的更改

“位置”命令可以对图表进行添加以及对图表进行“图表工作表”方式和“嵌入图表”方式的相互交换。

5. 图表格式的设置

图表格式的设置是通过对图表的不同组成部分分别设置其格式实现的。

（1）选择图表右击，在快捷菜单中选择“图表区格式”命令，打开如图 3.94 所示的“图表区格式”对话框，可以对图表的边框、字体等进行设置。

（2）选中某一个系列后，单击右键弹出快捷菜单中选择“数据系列格式”命令，弹出如图 3.95 所示对话框，可以添加次坐标轴，采用不同的坐标值来度量数据，构成双轴数据图表。还可以对该数据系列的次序进行调整，设置边框线、数据标志等。

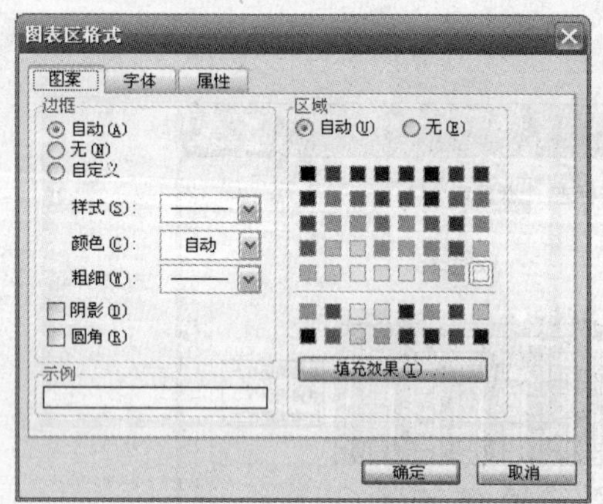


图 3.94

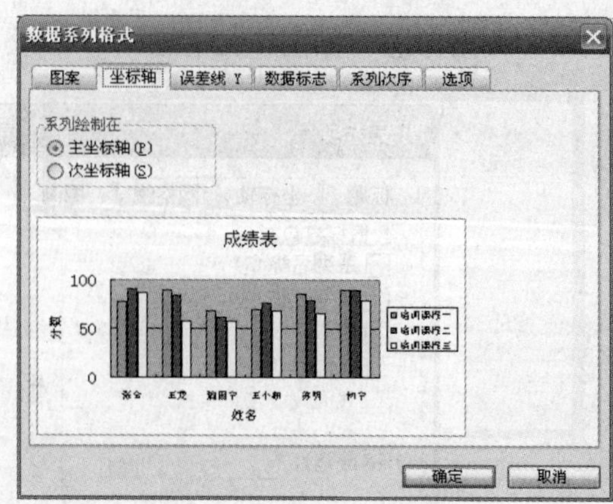


图 3.95

（3）选中 Y 轴（注意只选中该轴），在快捷菜单中选择“坐标轴格式”命令，打开如图 3.96 所示对话框，可以对坐标轴的刻度进行修改，还可以对坐标轴的字体、对齐方式、线条等进行修改。

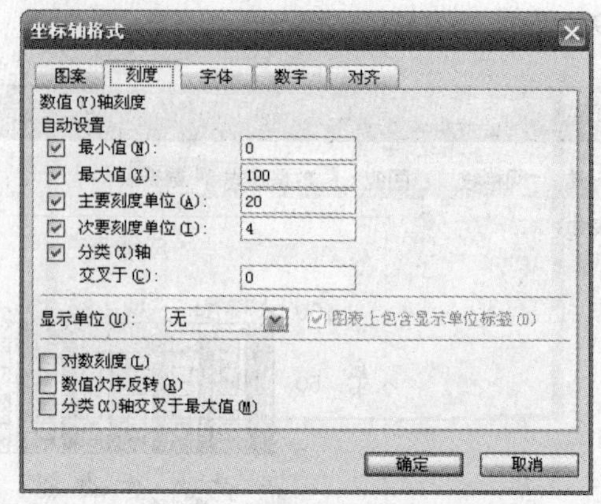


图 3.96

### 3.6.3 使用趋势线

在图表中添加趋势线能够非常直观地对数据的变化趋势进行分析预测。

1. 为数据系列添加趋势线

在图表中选中要添加趋势线的数据系列，单击鼠标右键，在弹出的菜单中选择“添加趋势线”命令，打开如图 3.97 所示的“添加趋势线”对话框。

在“类型”选项卡中选择合适的类型，如图 3.98 所示，在“选项”选项卡中设置名称、趋势预测周期和截距等，设置完成后单击“确定”按钮。

趋势线添加完成后的效果如图 3.99 所示。

2. 修改趋势线

在图表中选中需要修改的趋势线，选择“格式”菜单中的“趋势线”命令，打开如图 3.100 所示的“趋势线格式”对话框，在“图案”选项卡中，可以设置趋势线的线条样式、颜色和粗细等格式；在“类型”选项卡中可以设置更改趋势线的类型；在“选项”选项卡中可以修改趋势线的名称、趋势预测等设置。

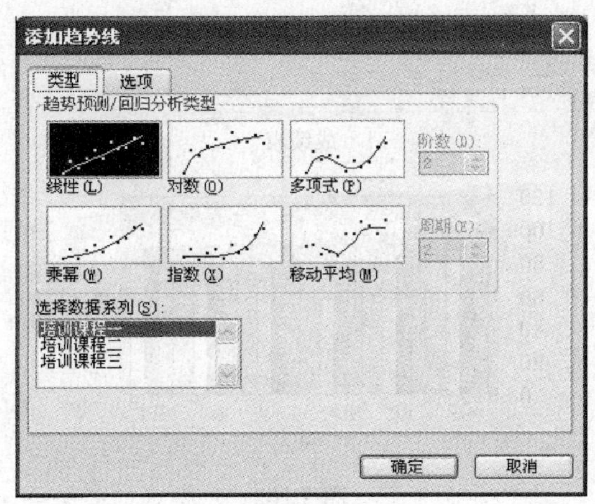


图 3.97

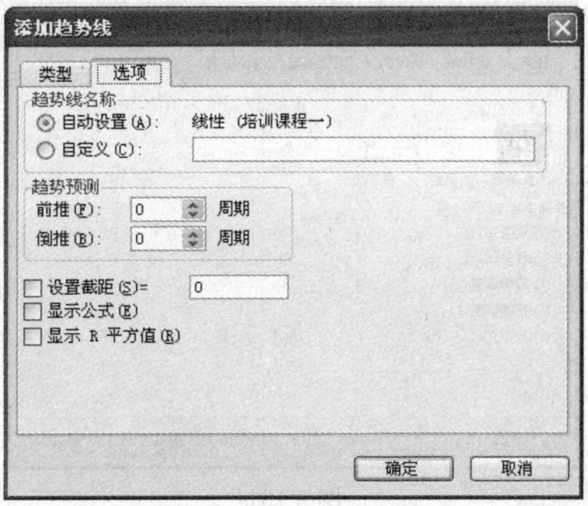

图 3.98

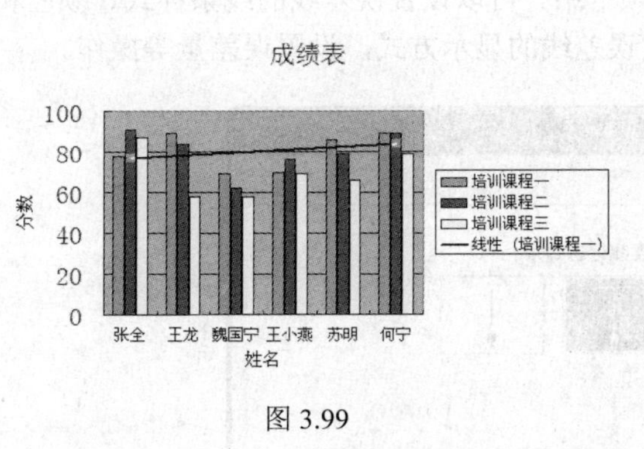


图 3.99

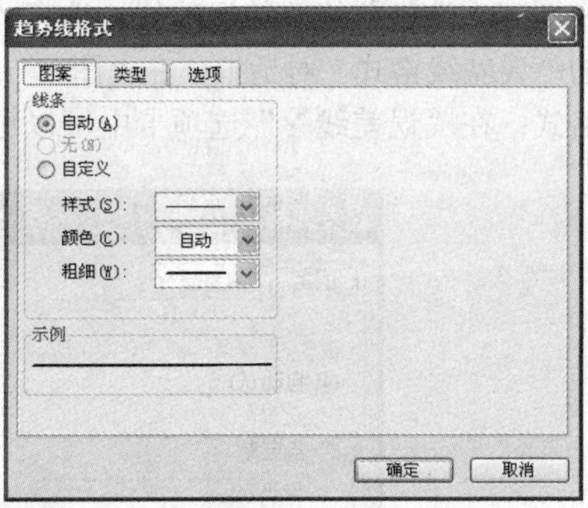

图 3.100

3. 删除趋势线

如果需要删除图表中的趋势线，则可以执行以下操作：

在图表中选中要删除的趋势线，选择“编辑”菜单中的“清除趋势线”命令，或者按下键盘上的 Delete 键即可完成删除趋势线的操作。

### 3.6.4 使用误差线

在图表中可以添加误差线。误差线是代表数据系列中每一数据与实际值偏差的图形线条。常用的误差线是 Y 误差线。

1. 为数据系列添加误差线

在图表中选中要添加误差线的数据系列，选择“格式”菜单中的“数据系列”命令，打开如图 3.101 所示的“数据系列格式”对话框。

在“误差线 Y”选项卡中选择显示方式，设置误差量等操作，设置完成后单击“确定”按钮。

误差线添加完成后的效果如图 3.102 所示。

2. 修改误差线

误差线的各种设置可以进行修改，对于任何一条误差线所作的修改，将影响到与之相关的数据系列的所有误差线。

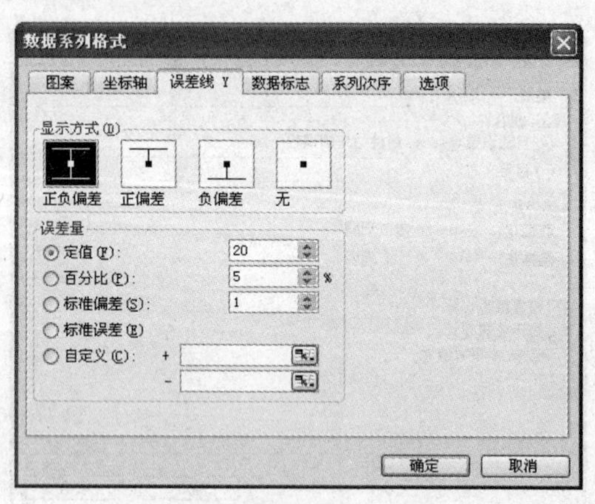


图 3.101

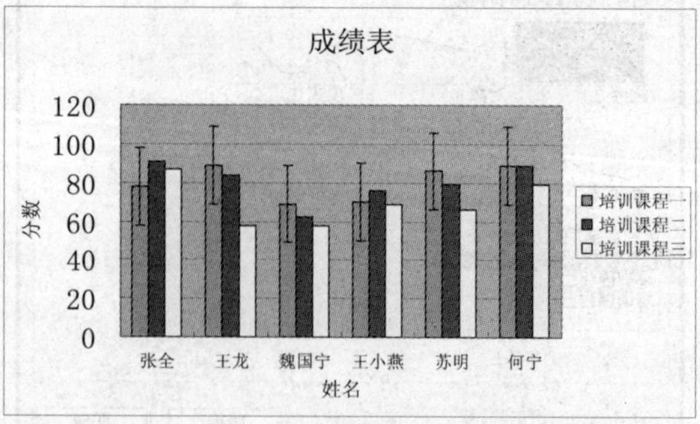

图 3.102

修改误差线的具体操作如下：

在图表中选中要修改的误差线，选择“格式”菜单中的“误差线”命令，打开如图 3.103 所示的“误差线格式”对话框，在“图案”选项卡中，可以设置误差线的线条样式、颜色和粗细等格式；在“误差线 Y”选项卡中可以更改误差线的显示方式，设置误差量等操作。

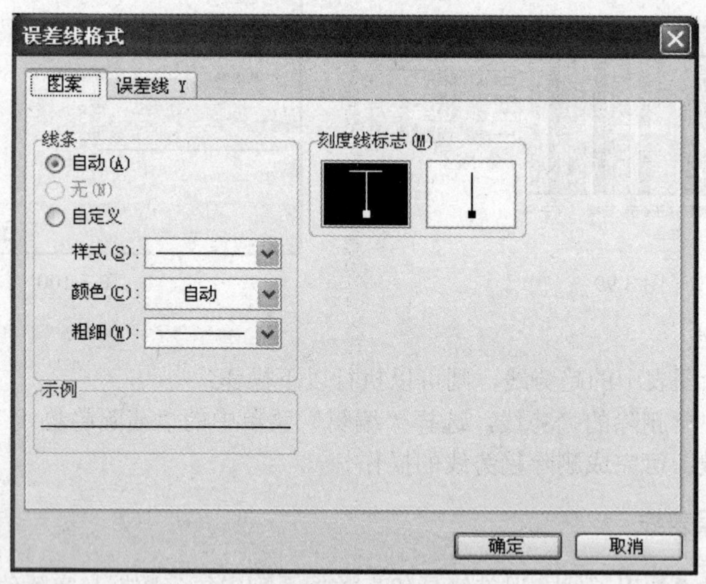


图 3.103

3. 删除误差线

如果需要删除图表中的误差线，则可以执行以下操作：

在图表中选中要删除的误差线，选择“编辑”菜单中的“清除误差线”命令，或者按下键盘上的 Delete 键即可完成删除误差线的操作。

### 3.6.5 组合图表的建立

在 Excel 中，组合图表指的是在一个图表中包含两种或两种以上的图表类型——例如，可以让一个图表同时具有折线系列和柱形系列。利用组合图表能够很方便地比较两个数据系列的异同。

1. 修改整个图表的类型

当我们在图表向导的第一步选择“自定义类型”选项卡时，会在“图形类型”列表中找到这两种组合图表：柱状-面积图和线-柱图，如图 3.104 所示。

将上节中的图表类型修改为线-柱图后的效果如图 3.105 所示。

图 3.104

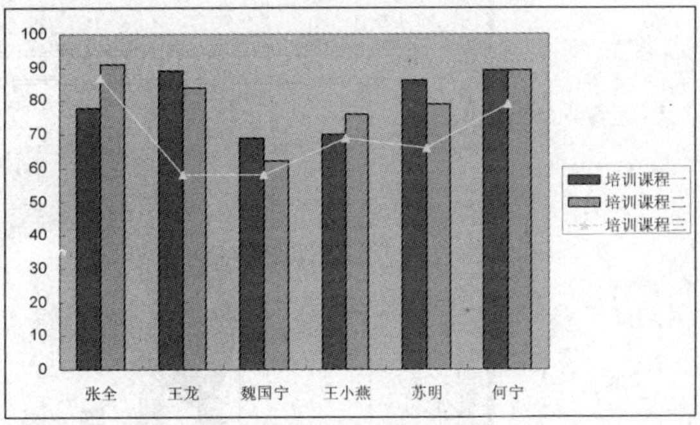

100
90
80
70
60
50
40
30
20
10
0
张全
王龙
魏国宁
王小燕
苏明
何宁
培训课程一
培训课程二
培训课程三

图 3.105

2. 修改系列的图表类型

在图表中单击“培训课程三”数据系列将其选中，然后在快捷菜单中选择“图形类型”命令，打开“图形类型”对话框，选择“折线图”并单击“确定”按钮，如图 3.106 所示，也能得到上图所示效果。

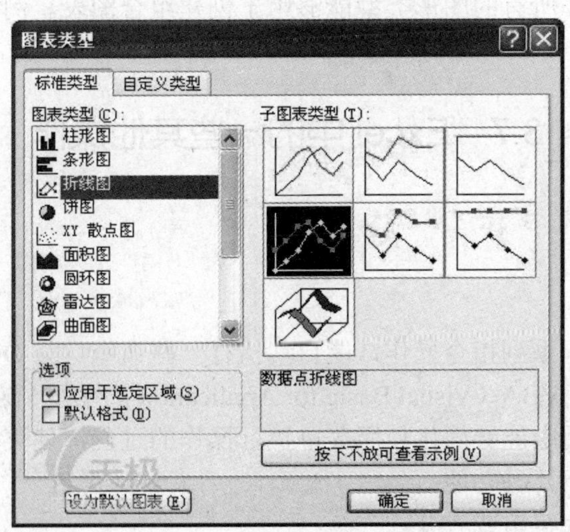


图 3.106

3. 多种图表类型并存的 Excel 图表

以上两个方法都能得到线-柱图，在 Excel 中的自定义类型中有两种组合图表：柱状-面积图和线-柱图，如果用第一种方式就只能创建这两种类型的组合图表，但是第二种方式，我们可以创建出多种图表类型并存的图表。

用选中系列修改图表类型的方法，将“培训课程二”数据系列的类型改为面积图，再添加上“总成绩”的系列，并将类型改为 XY 散点图，得到如图 3.107 所示的结果，这样我们就得到了一个同时具有 4 种类型的组合图表。

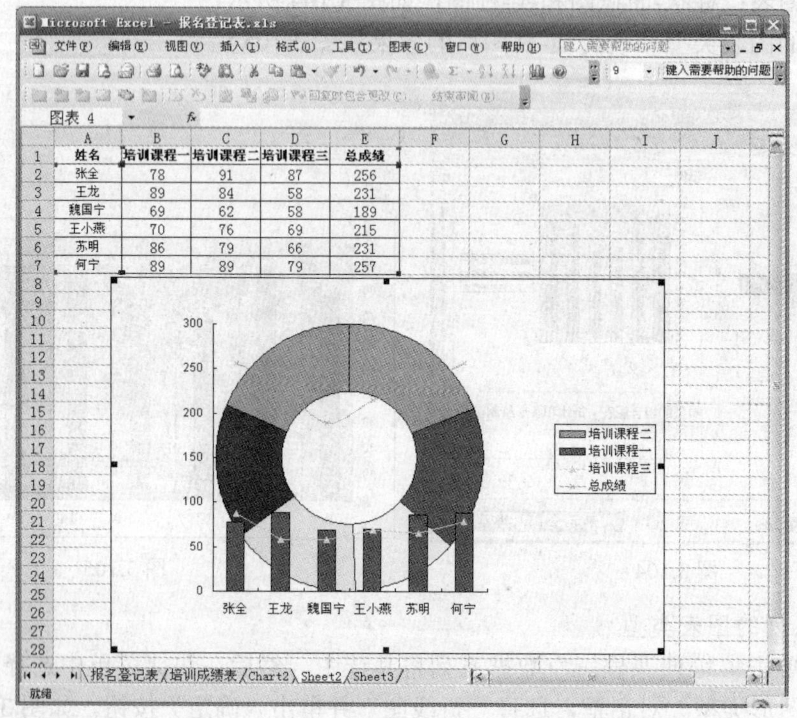

图 3.107

需要注意的是，并非所有的图形类型能够用于创建组合图表。例如，Excel 不允许将三维图表类型用于组合图表。

## 3.7 Excel 中的一些其他操作

### 3.7.1 使用宏

1. 什么是宏

宏是一段定义好的一系列指令操作，能自动执行一些命令，与 DOS 系统中的批处理操作类似。在 Excel 2003 中，VBA（Visual Basic for Application 的缩写）宏是存储在工作簿中的一系列要执行的操作，利用宏能够简化使用菜单执行操作的过程，使菜单操作更加方便快捷。

使用宏可以实现以下几种功能：

- 插入一个文本字符串或者公式
- 自动执行一个经常执行的程序
- 自动执行重复操作
- 创建定制的命令
- 创建定制的工具栏按钮
- 创建自定义的工作簿函数
- 创建自定义操作

2. 录制宏

VBA 宏的创建工程是一组程序集的建立过程，其创建方法有使用宏录制器录制和直接在 VBA 模块中输入代码两种。使用宏录制器能够创建简单的宏，使用这种方法，用户不需要考虑代码，这些代码是自动生成的。在 VBA 模块中编写代码可以创建比较复杂的宏，但是对人员的 Visual Basic 编程能力有一定的要求。因此，一般都采用宏录制器录制的方法来创建宏。

下面举例介绍使用宏录制器创建宏的方法，在该例中将录制自动插入一串字符串的宏，具体操作步骤如下：

如图 3.108 所示，在工作表中选择任意一个单元格，然后选择“工具”→“宏”→“录制新宏”命令，打开“录制新宏”对话框，如图 3.109 所示。

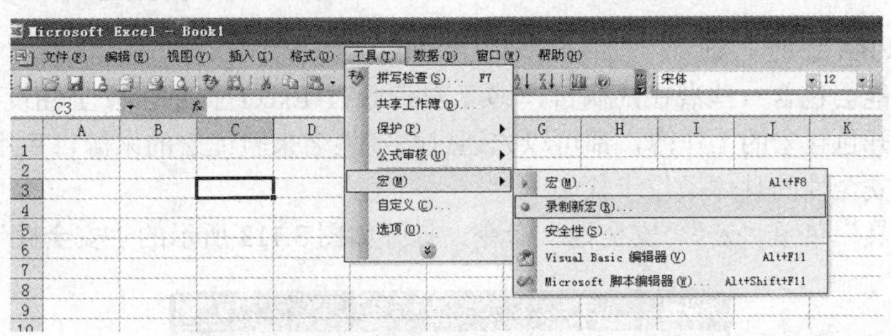


图 3.108

在该对话框中可以修改宏名，设置该宏的快捷键和说明文字，以及宏的保存位置，设置完成后，单击“确定”按钮，将弹出如图 3.110 所示的“停止”工具栏。

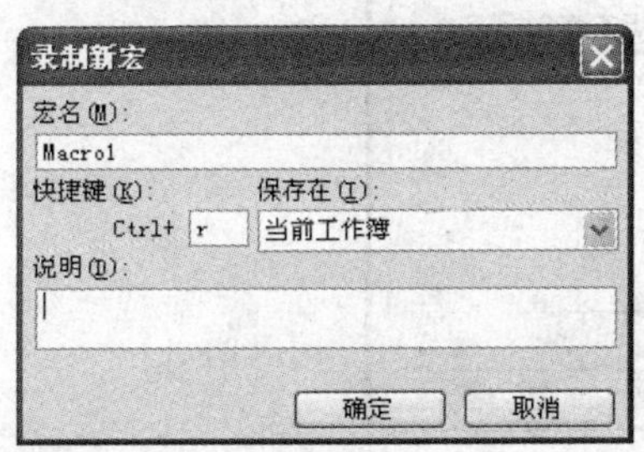


图 3.109

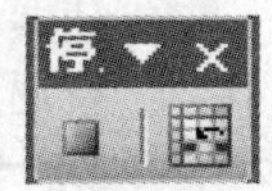


图 3.110

接下来在选中单元格中输入“高级办公自动化”，回车之后单击“停止”工具栏中的“停止录制”按钮。这样，就完成了宏的录制。

3. 运行宏

对于已经创建的宏，并且设置了快捷键，可以使用以下几种方法来运行。

使用菜单：在工作表中，选定要运行宏的单元格或者单元格区域，执行“工具”菜单“宏”“宏”命令，打开“宏”对话框，如图 3.111 所示。然后选择要执行的宏，单击“执行”按钮，则可运行该宏，如本例中，选择“Macro1”单击“执行”后，可在选定单元格内出现“高级办公自动化”这几个字。

使用快捷键：只要按下快捷键即可在当前位置运行宏，只是如果工作簿中宏的个数很多时，如果记不住宏的快捷键组合，使用起来就不太方便。

使用“Visual Basic”工具栏：在“视图”菜单“工具栏”中选择 Visual Basic，则打开如图 3.112 所示的工具栏，在工具栏中可选择“运行宏”按钮。

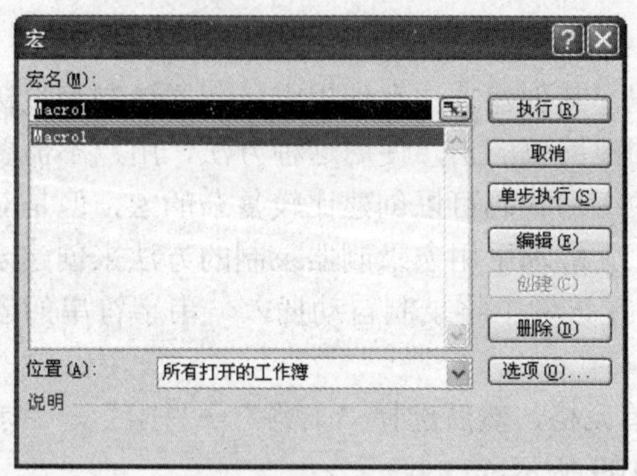

图 3.111

图 3.112

4. 设置 VBA 宏的安全性

宏中有可能会包含一些潜在的病毒，即“宏病毒”。Excel 提供了安全性设置来保证宏的安全。只要打开包含宏的工作簿，都可以先通过数字签名来验证宏的来源再启用。

设置宏的安全性的具体操作步骤如下：

单击“工具”菜单“宏”“安全性”命令，打开如图 3.113 所示的“安全性”对话框。

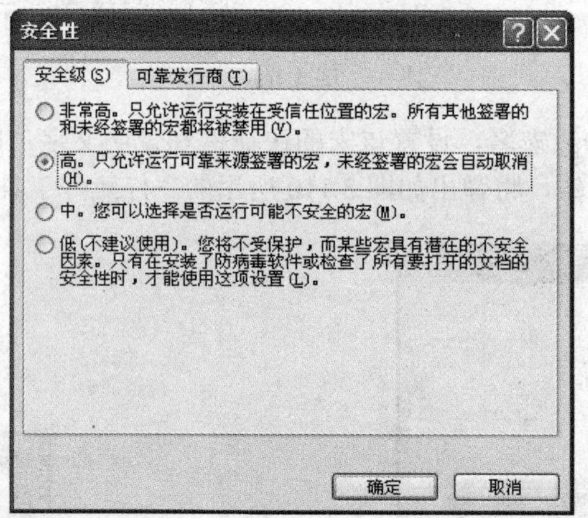

图 3.113

在“安全级”选项卡中有 4 个单选按钮：“非常高”、“高”、“中”和“低”。一般情况下，安全级设置为“高”。用户可以根据具体需要来选择合适的安全级别，使操作更加安全。

选择好级别之后，单击“确定”按钮。安全级设置将在重新打开工作簿时启用。

### 3.7.2 保护工作表和单元格

当我们创建好工作表之后，可能会拿给别人使用，但是里面的有些数据不希望被人修改，那么可以使用保护工作表的命令来实现这个目的。

1. 保护工作表

选择“工具”→“保护”→“保护工作表”命令，打开如图 3.114 所示的“保护工作”表对话框，在该对话框中输入“取消工作表保护时使用的密码”，以及选择“允许此工作表的所有用户进行”的选项，然后单击“确定”按钮，就完成了对工作表的保护。对此工作表的操作也仅限于允许进行的操作。如果需要进行其他操作，则需要进行“撤消工作表保护”的操作。

2. 保护单元格

选择需要保护的单元格右击，在弹出的快捷菜单中选择“设置单元格格式”命令，弹出如图 3.115 所示的对话框，在该对话框中选择“保护”选项卡，根据需要对“锁定”和“隐藏”进行设置。锁定是指单元格锁定不能修改，隐藏是指隐藏该单元格的公式，但内容会显示出来。这里需要注意的是：只有在工作表被保护时，锁定单元格或隐藏公式才有效，并且在保护工作表的时候，必须选中“保护工作表及锁定的单元格内容”选项。

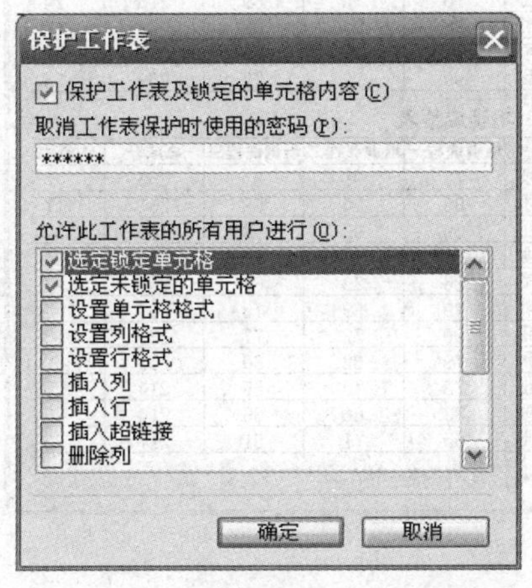


图 3.114

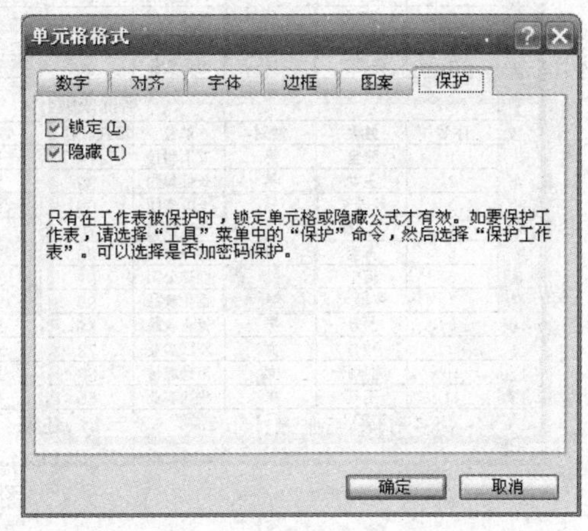


图 3.115

当工作表和单元格均设置了保护之后，如果对单元格的内容进行修改，会弹出如图 3.116 所示提示信息。

图 3.116

### 3.7.3 拆分和冻结窗口

1. 拆分窗口

用户可以将工作簿窗口拆分为几个部分，以便在不同的窗口中显示工作表不同的部分，如图 3.117 所示。窗口可以进行水平拆分和垂直拆分，拆分后的窗口均有各自的水平滚动条和垂直滚动条。

直接向左拖动水平滚动条右端的“垂直分割条”到所需位置，即可将窗口拆分为左右两个窗口。也可以选择位于垂直拆分位置的那一列，再选择“窗口”→“拆分”命令。

直接向下拖动垂直滚动条上端的“水平分割条”到所需位置，即可将窗口拆分为上下两个窗口。也可以选择位于水平拆分位置的那一行，再选择“窗口”→“拆分”命令。

还可以同时拖动两条分割条将窗口拆分为四个窗口。拆分窗口后，拖动分割条可以任意改变窗口的大小。

双击窗口拆分线，或选择“窗口”→“撤消拆分窗口”命令，均可取消窗口的拆分，恢复常规显示。

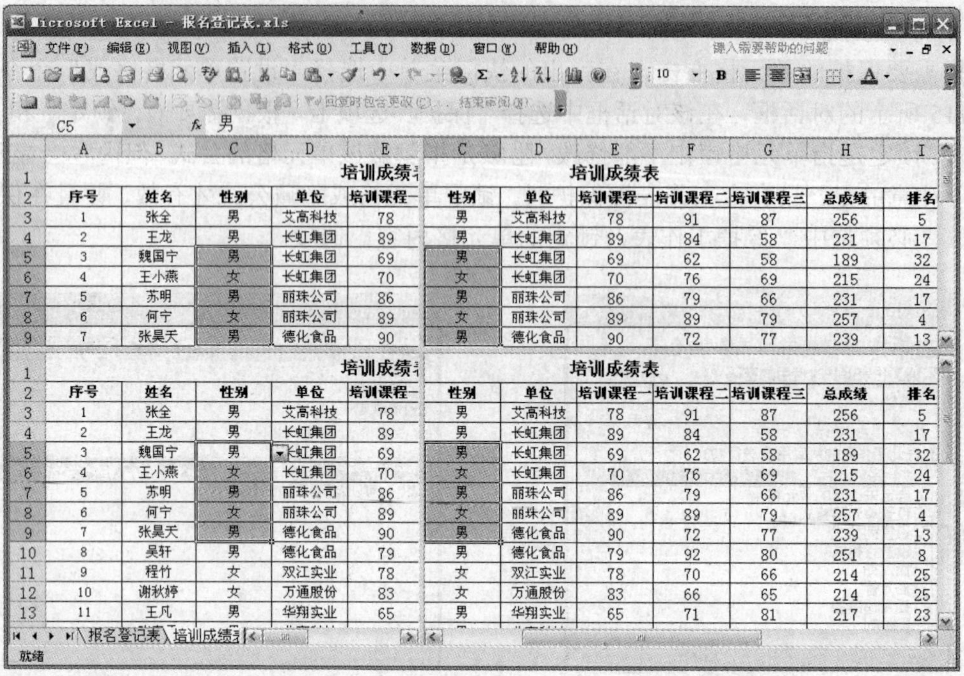

图 3.117

2. 冻结窗口

冻结窗口是将某一行上方的数据或某一列左边的数据冻结，当利用滚动条滚动工作表时，被冻结的部分固定不动，始终显示在窗口中，窗口冻结分为水平冻结和垂直冻结，冻结窗口的方法如下：

选取要被冻结的数据的下边一行（或右边一列），再选择“窗口”→“冻结窗口”命令，则窗口被水平冻结（或垂直冻结）。若选取某个单元格，也可以同时进行水平冻结和垂直冻结。

若要取消窗口冻结，只需选择“窗口”→“取消冻结窗口”命令即可。

### 3.7.4 页面设置

工作表创建好后，常常需要把它打印出来，即使有时只打印它的一部分。其操作步骤一般是：先进行页面设置（如果要打印工作表的一部分时，还须先选定要打印的区域），再进行打印预览，最后打印输出。

选择“文件”→“页面设置”命令，出现“页面设置”对话框。

1. 页面

单击“页面设置”对话框的“页面”选项卡，如图 3.118 所示。

“缩放”框用于放大或缩小打印工作表，其中“缩放比例”在 10 到 400 之间。“调整为”表示把工作表拆分为几部分打印，如调整为 3 页宽，2 页高表示水平方向截为 3 部分，垂直方向截为 2 部分，共分 6 页打印。

2. 页边距

单击“页面设置”对话框的“页边距”选项卡，如图 3.119 所示。

3. 页眉/页脚

单击“页面设置”对话框的“页眉/页脚”选项卡，如图 3.120 所示。

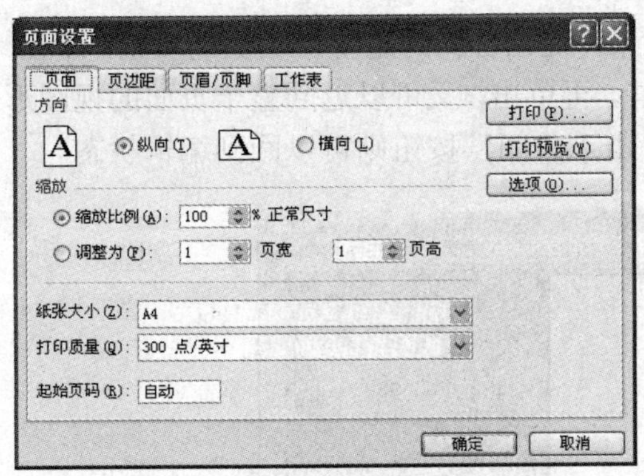


图 3.118

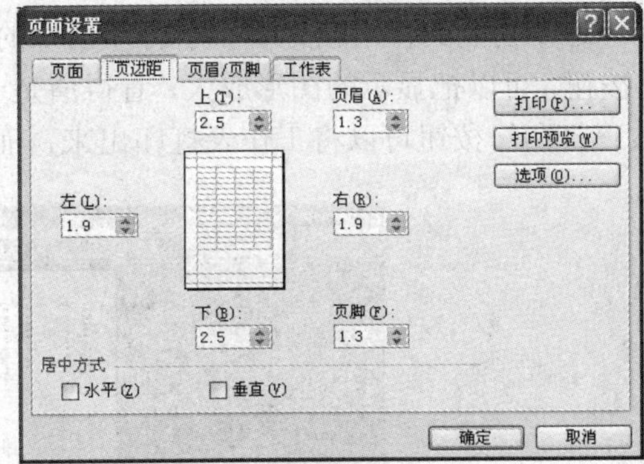


图 3.119

Excel 提供了预定义的页眉、页脚格式，用户也可以单击“自定义页眉”、“自定义页脚”按钮自行定义。

4. 工作表

单击“页面设置”对话框的“工作表”选项卡，如图 3.121 所示。

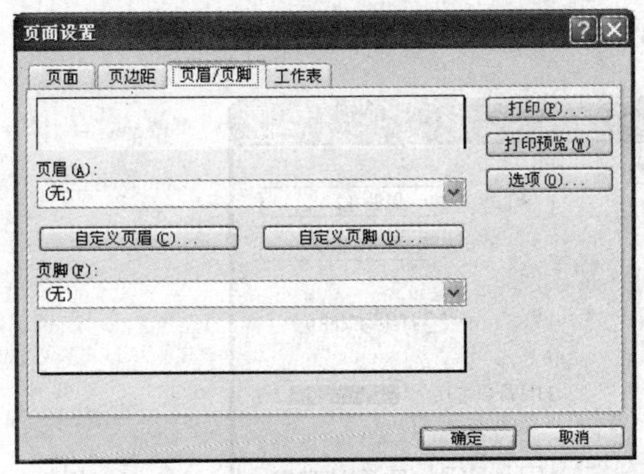


图 3.120

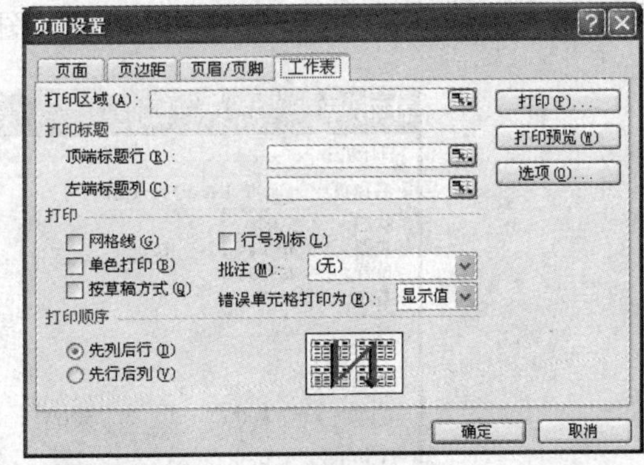


图 3.121

如果工作表较大，超出一页宽和一页高时，“先列后行”规定垂直方向先分页打印完，再考虑水平方向分页，此为默认打印顺序。“先行后列”规定水平方向先分页打印。

5. 打印区域

用户根据需要打印工作表中的某些范围，则可以通过“打印区域”设置来完成。首先用户需要在工作表中选择要打印的区域，然后单击“文件”→“打印区域”→“设置打印区域”命令。这时，前期用户所选定区域的边框上将出现虚线。若用户想改变打印区域，则可以单击“文件”→“打印区域”→“取消打印区域”命令，先取消掉打印区域的设定，然后再根据上述设置打印区域的方法来重新设定。

### 3.7.5 打印预览和打印

打印预览为打印之前浏览文件的外观，模拟打印的设置结果。一旦设置正确即可在打印机上正式打印输出。

1. 打印预览

一般在打印工作表之前都会先预览一下，这样可以防止打印出来的工作表不符合要求，单击“常用”工具栏上的“打印预览”按钮，就可以切换到“打印预览”窗口，如图 3.122

所示。这个功能的作用就是看一下打印出来的效果，现在看到的是整个页面的效果，单击“缩放”按钮，可以把显示的图形放大，看得清楚一些，再单击，又可以返回整个页面的视图形式。单击“打印”按钮可以将工作表打印出来，而单击“关闭”按钮则可以回到编辑状态。

Microsoft Excel - student
下一页(N)
上一页(P)
缩放(Z)
打印(T)...
设置(S)...
页边距(M)
分页预览(V)
关闭(C)
帮助(H)
打印预览: 第 1 页 共 1 页
NUM

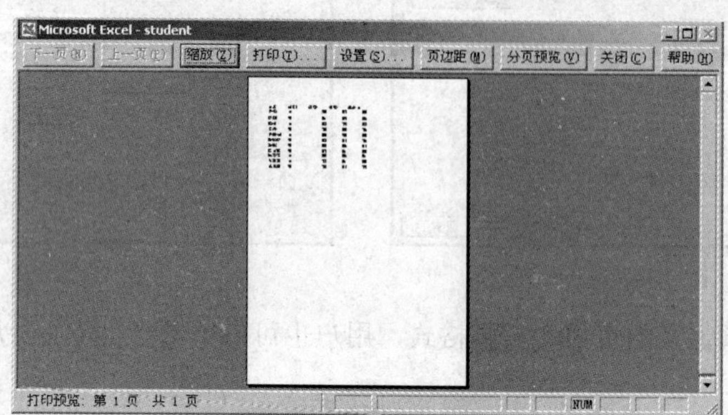

图 3.122

2. 打印工作表

选择“文件”→“打印”命令，出现如图 3.123 所示的“打印”对话框。

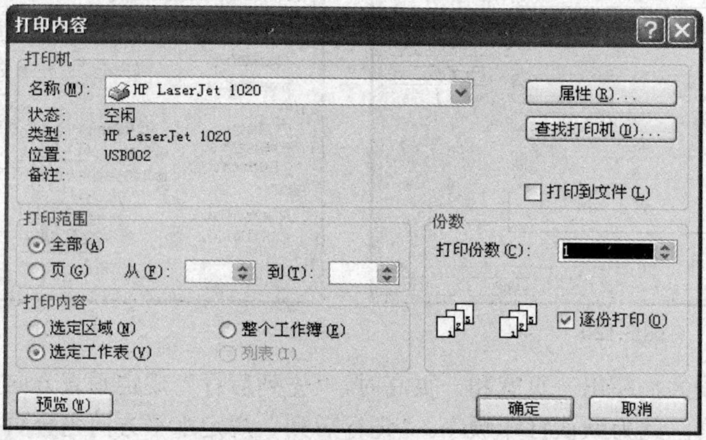

打印内容
打印机
名称(M):
HP LaserJet 1020
属性(R)...
状态:
空闲
类型:
HP LaserJet 1020
查找打印机(D)...
位置:
USB002
备注:
打印到文件(L)
打印范围
全部(A)
页(G)
从(F):
到(T):
份数
打印份数(C):
打印内容
选定区域(N)
整个工作簿(E)
选定工作表(V)
列表(I)
逐份打印(O)
预览(W)
确定
取消

图 3.123

“打印”框选定“整个工作簿”将工作簿中的各工作表顺序打印出来；“选定工作表”将只打印当前活动的工作表，此为默认设置；如果执行“打印”命令之前选定了一个区域，再选择“选定区域”框，可只打印选定的区域，这种选定区域是一次性的，不像前述“设置打印区域”可以重复使用。

如果采用默认打印配置，也可单击“常用”工具栏的“打印”按钮，直接打印当前工作表。

# 第4章 办公中的数据展示

PowerPoint 是办公应用中的好助手，以其形象生动的特性赢得了越来越多的人们的喜爱，无论是产品演示、方案说明，还是技术研讨，都会用到 PowerPoint 来辅助讲解。PowerPoint 不但可以将演示文稿打印成标准的幻灯片在投影仪上使用，而且可以在计算机上进行演示，还可以加入图片、声音甚至动画，使幻灯片更具表现力和说服力。另外，网络大潮的冲击使得该软件还具有面向 Internet 的诸多功能，如在网上发布演示文稿、与其他用户一起举行联机会议等。

## 4.1 PowerPoint 2003 的界面和流程

PowerPoint 2003 是微软公司套装办公自动化软件 Office 2003 中的重要组成部分，它是在 Windows 平台下开发的专门用于制作演示文稿的应用软件。PowerPoint 专门用于制作演示文稿，是一个多媒体集成平台，它可以将文字、声音、视频、图像和动画等多媒体素材有机结合起来，制作成多张幻灯片，以表达观点、演示成果或发布信息。它常被用于创建具有专业水准的演示文稿，无须编程就可以制作出和预期效果一样的效果。

在 PowerPoint 2003 中，用户可以在演示文稿中插入一切能够用于演示内容的对象，也可以在放映时随意控制播放进度。使用 PowerPoint 2003 可以制作出样式精美、色彩和谐的专业级幻灯片页面。因为 PowerPoint 2003 是 Office 2003 家族中的一员，所以它与 Word 2003 及 Excel 2003 具有良好的信息交互性、兼容性、协作性和互补性。

### 4.1.1 熟悉 PowerPoint 2003 的工作界面

要想用 PowerPoint 2003 制作出好的演示文稿，先要熟悉它的工作界面。

启动 PowerPoint 2003，一个同 Word 2003 很接近的窗口就呈现在你的面前了，如图 4.1 所示。它主要包括标题栏、菜单栏、工具栏、编辑工作区、状态栏和任务窗格等几个部分，下面就来介绍一下各部分的名称和功能。

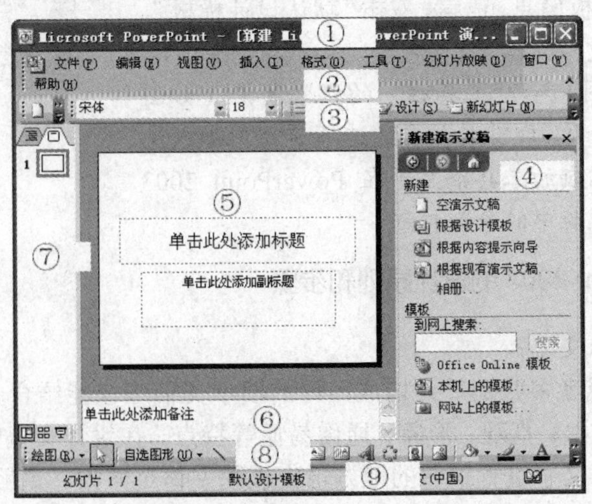


图 4.1

（1）标题栏。标题栏显示应用程序名 Microsoft PowerPoint 及当前打开的演示文稿文件名。在其右侧是常见的最小化、最大化/还原、关闭按钮。

（2）菜单栏。显示经过归纳的分类菜单项，并包含 PowerPoint 中的 9 个菜单项：文件、编辑、视图、插入、格式、工具、幻灯片放映、窗口、帮助，每个菜单项都有一个下拉式菜单，菜单中只显示最近常用的命令。在每个菜单底部都有一个箭头按钮，单击该按钮可以显示全部菜单命令。菜单项及其下拉菜单中的命令提供了 PowerPoint 的所有功能。

（3）工具栏。PowerPoint 将一些常用菜单命令和功能用图标代替，并且将功能相近的图标集中在一起，形成工具栏。这些图标就成为执行相应命令的快捷方式，叫做“工具按钮”，当把鼠标指针放在这些按钮上时，其下方将显示出该按钮的命令名称，单击某个按钮即可执行相应的操作命令。在默认环境下屏幕上只显示“常用工具栏”和“格式工具栏”，其中“常用工具栏”包含常用命令的快速执行按钮，“格式工具栏”包含可以快速改变文字的外观和文档编排格式的按钮。其他工具栏会根据当前处理的工作自动出现或隐藏。启动 PowerPoint 后，默认情况下用户可以通过执行“视图”→“工具栏”命令设置工具栏在屏幕上显示。

（4）任务窗格。它是 PowerPoint 的“命令中心”，许多最常用的操作都集中放置在其中。通过任务窗格，可使用户方便地进行新建或打开文件，查找、编辑剪贴内容等工作。利用这个窗口，可以完成编辑“演示文稿”的一些主要工作任务。

（5）工作区。演示文稿是在工作区中打开呈现给用户的，用户在工作区中对演示文稿进行各项编辑。工作区中可同时打开多个文件。工作区的右边和下边分别是垂直滚动条和水平滚动条。

（6）备注区：用来编辑幻灯片的一些“备注”文本。

（7）幻灯片列表区：在本区中可以快速查看整个演示文稿中的任意一张幻灯片。幻灯片列表区下面的 为普通视图、幻灯片浏览视图、幻灯片放映按钮。单击这些按钮可实现在不同的工作视图之间快速切换以及进行幻灯片放映。

（8）绘图工具栏：可以利用上面相应的按钮在幻灯片中快速绘制出相应的图形。

（9）状态栏：状态栏位于应用程序窗口的最下面，显示与当前演示文稿有关的一些信息，如幻灯片的页数、当前所在页数、默认设计模板信息、语言，双击“默认设计模板”、“语言”可以进入修改相应设置。

注意：展开“视图”→“工具栏”的级联菜单（如图 4.2 所示），选定相应选项，即可在相应的选项前面添加或清除“√”号，从而让相应的工具条显示在 PowerPoint 2003 窗口中，方便随机调用其中的命令按钮。

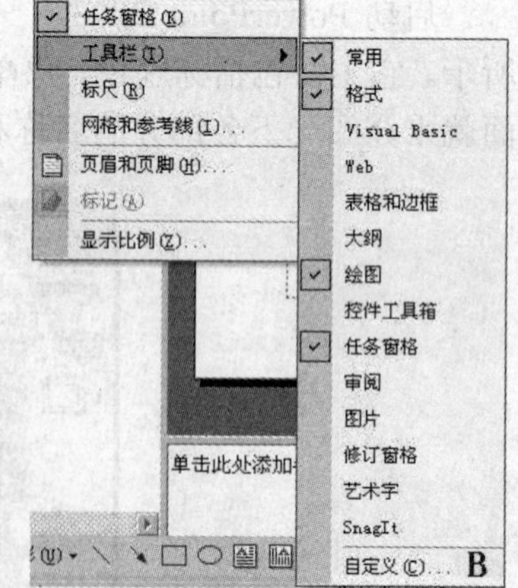

图 4.2

### 4.1.2 PowerPoint 2003 的设计原则和步骤

什么才是好的演示文稿？

演示文稿由一张或者多张幻灯片构成，好的演示文稿应该能结合主题，给观众留下深刻印象，一般具有重点突出、直观、形象、通俗易懂等特点。在设计文稿的时候应尽量减少对文字的使用，如果需要用文字进行说明的地方也应该使字体足够大、足够醒目，方便观众辨识。文稿应尽可能多地采用能吸引人的表达方式，如动画、图表等，如果可能的话可以加入声音、影片等增加表达效果。

演示文稿的制作原则：主题鲜明，文字简练；结构清晰，逻辑性强；和谐醒目，美观大方；生动活泼，引人入胜。

制作演示文稿的基本步骤如下：

（1）准备素材：主要是准备演示文稿中所需要的一些图片、声音、动画等文件。

（2）确定方案：对演示文稿的整个构架作一个设计。

（3）初步制作：将文本、图片等对象输入或插入到相应的幻灯片中。

（4）装饰处理：设计演示文稿的外观（配色方案、母版设计、背景的修改等），对幻灯片进行装饰处理。

（5）设置放映效果：对动画效果和超级链接进行设置。

（6）预演播放：设置播放过程中的一些要素，然后播放查看效果，满意后正式输出播放。

### 4.1.3　演示文稿的创建

在打开 PowerPoint 2003 之后，必须先创建演示文稿。创建演示文稿主要有创建空白演示文稿、使用“设计模板”创建演示文稿和使用“内容提示向导”创建演示文稿 3 种方法。

1．使用“空白演示文稿”创建演示文稿

该方法适用于熟练用户。步骤为：选择“文件”→“新建”命令，单击任务窗格“新建”选项组中的“空演示文稿”即可创建一个新演示文稿，并弹出“幻灯片版式”任务窗格（如图 4.3 所示），提供了“文字版式”、“内容版式”、“文字和内容版式”和“其他版式”4 种版式类型，根据需要选择相应的版式，然后在占位符中输入文本或进行其他操作。

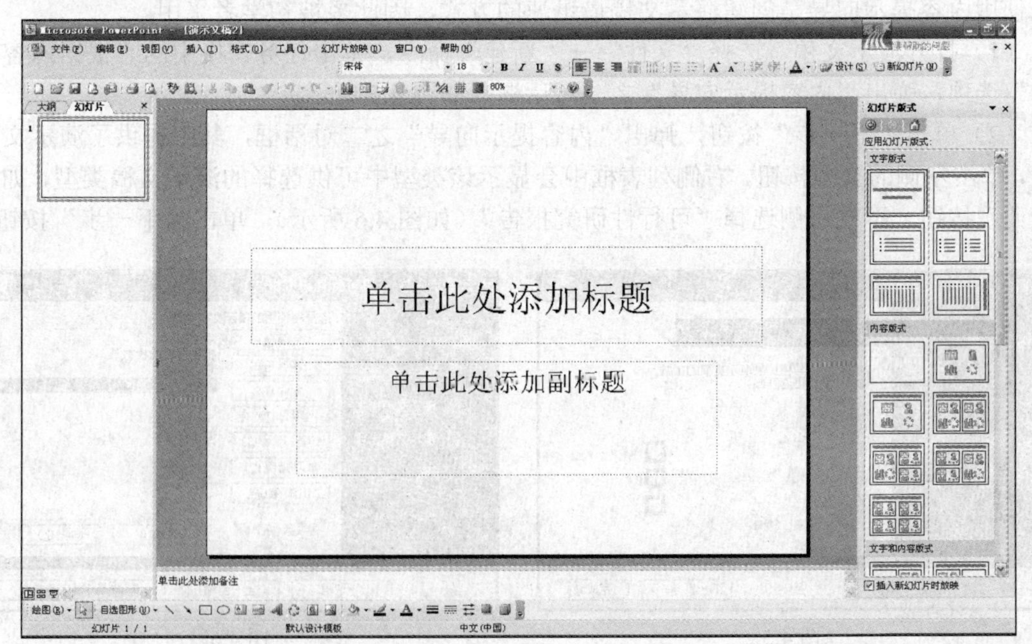


图 4.3

2．使用“设计模板”创建演示文稿

PowerPoint 2003 提供了各种各样的设计模板，用户利用该模扳可以轻松地创建具有某种风格的幻灯片，具体操作步骤为：打开演示文稿，选择“文件”→“新建”命令，在任务窗格里选择“幻灯片设计”。在“应用设计模板”列表中选择一个合适的模板，单击模板样式右侧的▼按钮，在弹出的快捷菜单中选择模板应用范围，即可将其应用到用户要设计的演示文稿中，效果如图 4.4 所示。

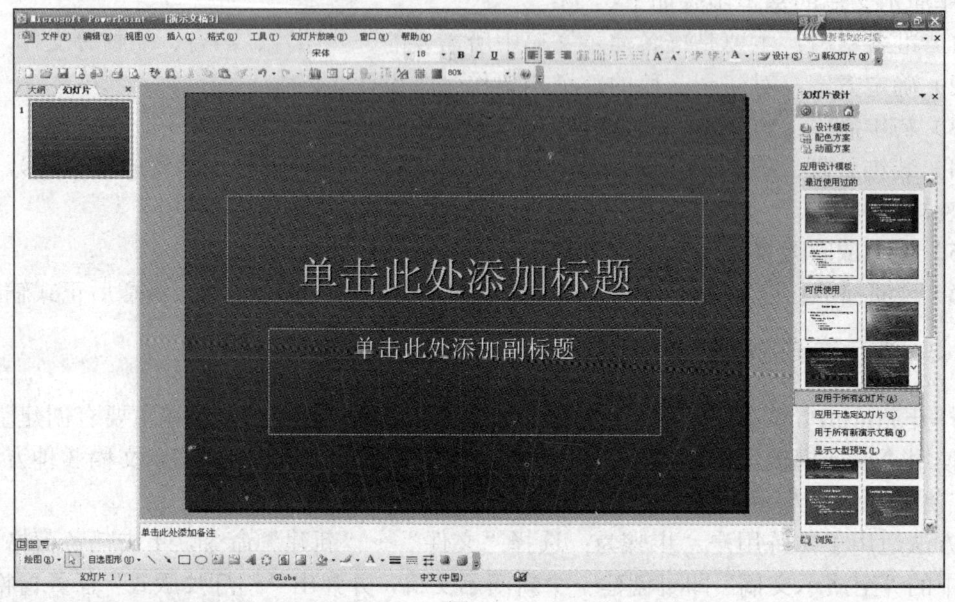


图 4.4

3. 使用“内容提示向导”创建演示文稿

使用内容提示向导是创建演示文稿最迅速的方式，因此多被初学者采用。

（1）打开演示文稿，选择“文件”→“新建”命令，单击任务窗格中的“根据内容提示向导”选项，弹出“内容提示向导”之一对话框，如图 4.5 所示。

（2）单击“下一步”按钮，弹出“内容提示向导”之二对话框，其中提供了演示文稿的类型，单击左侧的类型按钮，右侧列表框中会显示该类型中可供选择的演示文稿类型，如单击“企业”按钮，再在右侧选择“可行性研究报告”（如图 4.6 所示），单击“下一步”按钮。

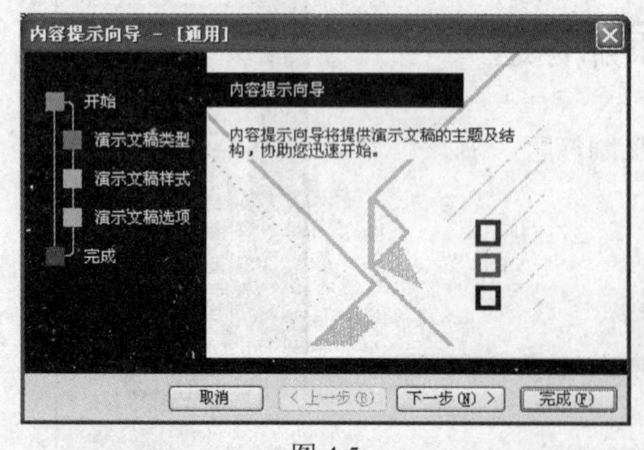


图 4.5

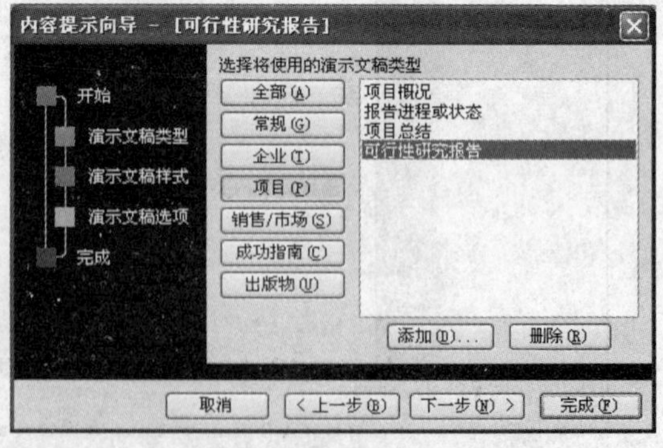


图 4.6

（3）弹出“内容提示向导”之三对话框，其中提供了 5 种演示文稿的输出类型，用户可以根据自己的实际情况进行选择，例如图 4.7 所示选择的是“屏幕演示文稿”，单击“下一步”按钮。

（4）弹出“内容提示向导”之四对话框，在其中可以对演示文稿的标题、页脚进行设置，例如本例中填写了“自我介绍”和“××公司”（如图 4.8 所示），单击“下一步”按钮。

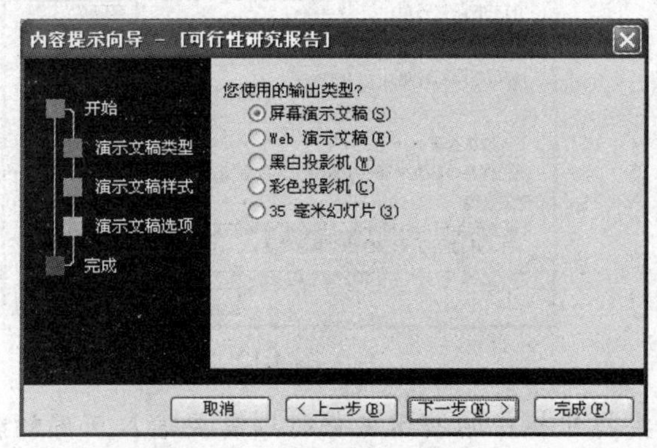


图 4.7

图 4.8

（5）弹出“内容提示向导”之五对话框，如图 4.9 所示，提示用户已经完成演示文稿的设置，如果需要对之前的设置进行修改，可以单击“上一步”按钮返回。单击“完成”按钮即可查看演示文稿。如图 4.10 所示为新创建的演示文稿在普通视图下的显示结果。

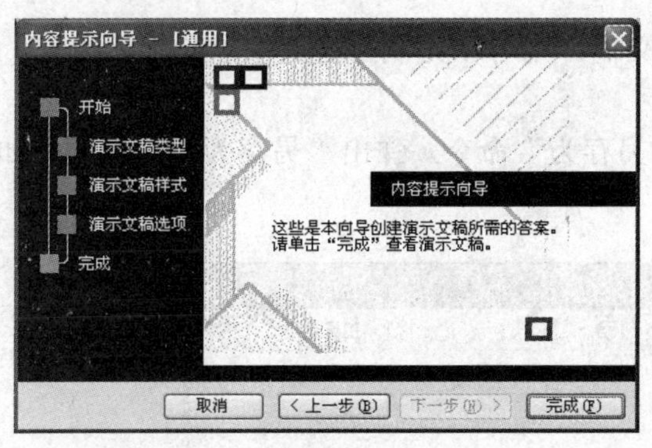


图 4.9

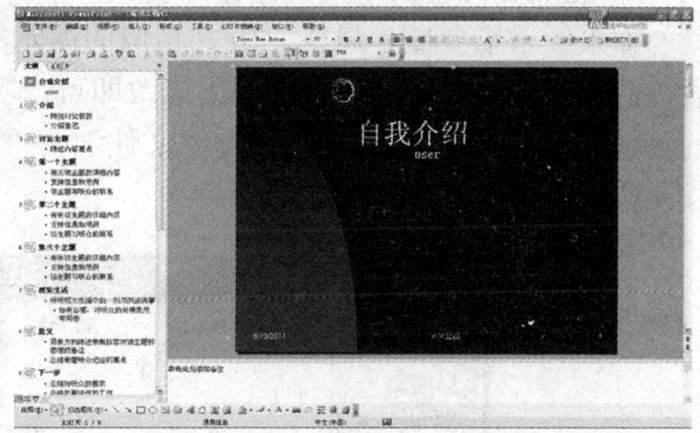


图 4.10

## 4.1.4　演示文稿的保存

1. 保存演示文稿

启动 PowerPoint 2003，选择“文件”→“保存”命令，弹出“另存为”对话框（如图 4.11 所示），选定“保存位置”，为演示文稿取一个文件名（如“自我介绍”），然后单击“保存”按钮将文档保存起来。

注意：为了防止或减少因特殊情况（死机、停电等）造成编辑工作损失，建议大家在动手编辑文档前先将这个空白文档保存起来。以后在编辑过程中，通过按 Ctrl+S 快捷键来随时保存编辑成果。

2. 加密演示文稿

在“另存为”对话框中，单击“工具”按钮，在弹出的下拉列表中选择“安全选项”，弹出“安全选项”对话框（如图 4.12 所示），在“打开权限密码”和“修改权限密码”文本框中输入密码，单击“确定”按钮返回，再单击“保存”按钮保存文档，即可对演示文稿进行加密。

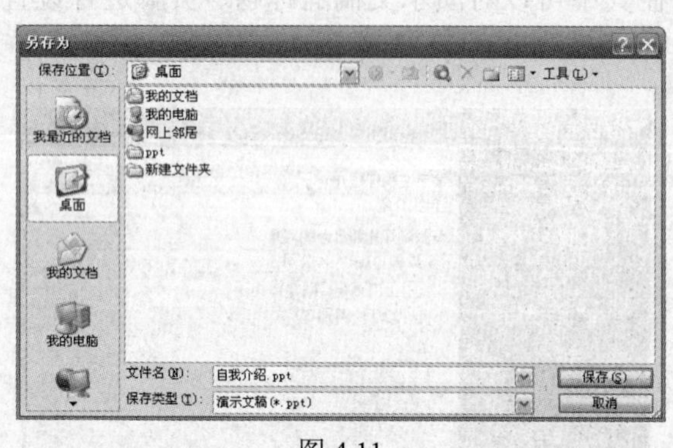


图 4.11

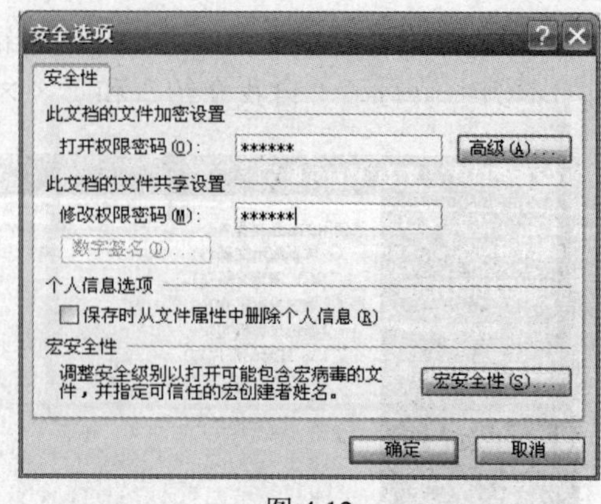


图 4.12

注意：设置了“打开权限密码”后，再需要打开相应的演示文稿时则需要输入正确的密码；设置好“修改权限密码”，相应的演示文稿可以打开浏览或演示，但是不能对其进行修改。两种密码可以设置为相同，也可以设置为不相同。

### 4.1.5 模板的使用

1. 把制作好的演示文稿保存为模板

如果经常需要制作风格、版式相似的演示文稿，则可以先制作好其中一份演示文稿，然后将其保存为模板，以后直接调用修改即可。

（1）制作好演示文稿后执行“文件”→“另存为”命令，弹出“另存为”对话框，如图 4.13 所示。

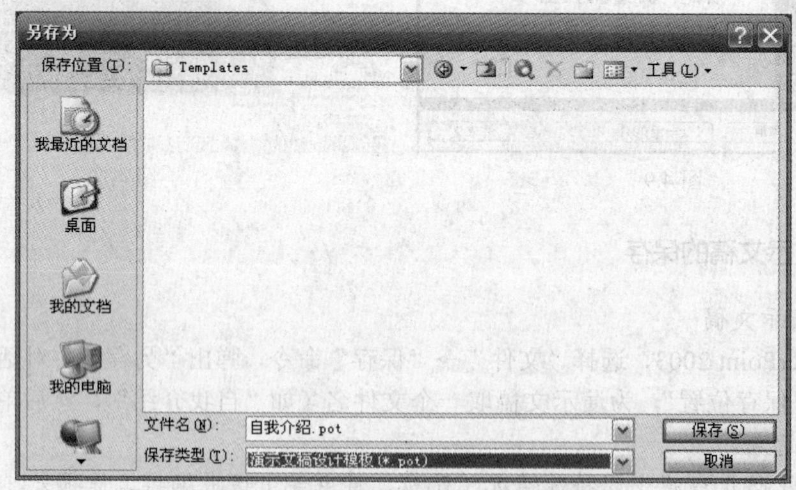


图 4.13

（2）单击“保存类型”下拉列表框，在其中选择“演示文稿设计模板（*.pot）”选项。

（3）为该模板文件命名，如“自我介绍.pot”，单击“保存”按钮。

2. 模板的调用

启动 PowerPoint 2003，执行“文件”→“新建”命令，展开“新建演示文稿”任务窗格，在其中单击“本机上的模板”选项，弹出“新建演示文稿”对话框，如图 4.14 所示。可在“常用”、“设计模板”和“演示文稿”三个选项卡中选中需要的模板，单击“确定”按钮。

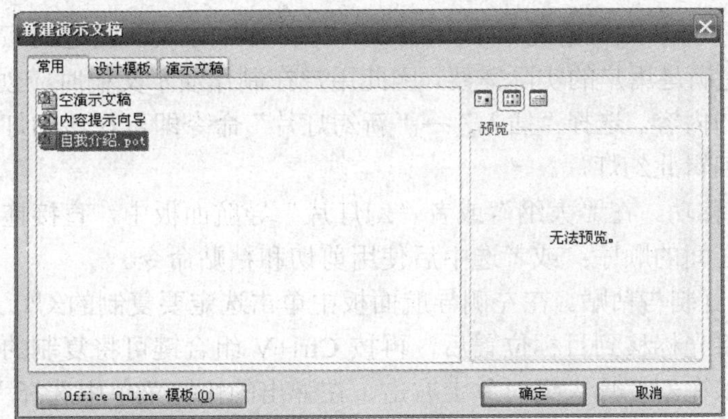


图 4.14

## 4.2　演示文稿的编辑和对象的插入

在 PowerPoint 2003 中，用户在幻灯片中输入文字后可以插入图片、图表、组织结构图等图形对象，还可以插入声音、视频等多媒体对象，这会使演示文稿更加生动有趣和富有吸引力。

### 4.2.1　演示文稿的编辑

幻灯片中幻灯片的整体内容编辑主要在窗口左侧的“大纲”和“幻灯片”导航面板中进行。如果没有见到左侧的导航面板，可以选择“视图”→“普通（恢复窗格）”命令或者单击窗口左下角的“普通视图”按钮，如图 4.15 所示。

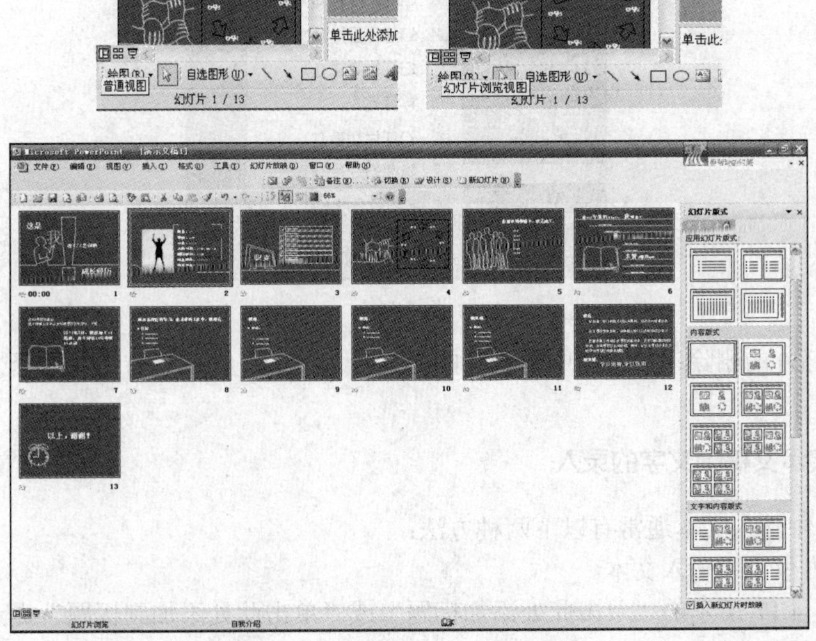


图 4.15　视图切换按钮及效果图

（1）幻灯片的插入。默认情况下 PowerPoint 2003 刚启动时，新建的工作簿中只包含一张幻灯片，这远远不能满足用户的实际需要，因此用户在制作演示文稿时应创建多张幻灯片，以便于丰富演示文稿的内容。选择“插入”→“新幻灯片”命令即可在该幻灯片之后插入一张新幻灯片，然后可以编辑此幻灯片。

（2）幻灯片的移动。在“大纲”或者“幻灯片”导航面板中，直接拖动幻灯片到其他位置即可更改幻灯片之间的顺序；或者选中后使用剪切和粘贴命令。

（3）幻灯片的复制与粘贴。在左侧导航面板中单击选定要复制的幻灯片，按 Ctrl+C 组合键可复制幻灯片，将光标移到目标位置后，再按 Ctrl+V 组合键可将复制的幻灯片粘贴到目标位置的前面。也可以在幻灯片大纲对象上右击，在弹出的快捷菜单中选择“复制”或“粘贴”命令，如图 4.16 所示。

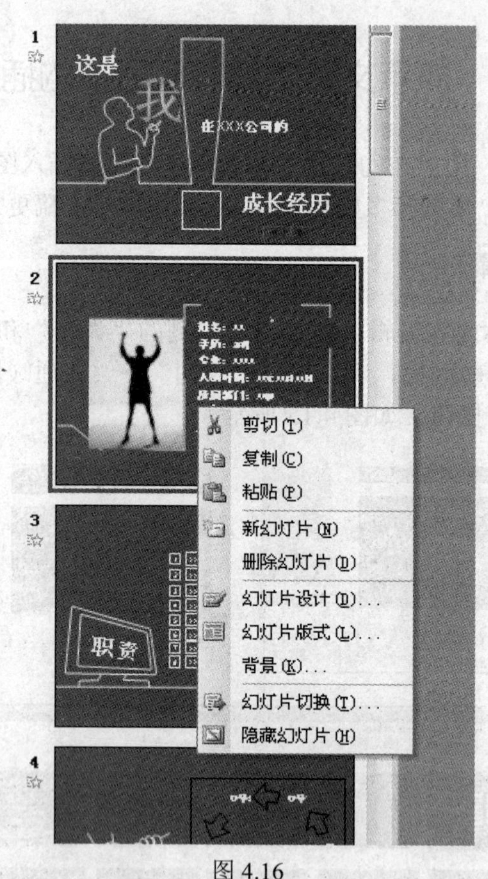


图 4.16

（4）幻灯片的删除：单击选中要删除的幻灯片，按 Del 键或者右击并选择快捷菜单中的“删除”命令。

### 4.2.2 演示文稿中文字的录入

在幻灯片中输入文本通常有以下两种方法：

（1）在占位符中输入文本。

单击如图 4.17 所示的“单击此处添加标题”或“单击此处添加副标题”提示文字，当光标在占位符中处于闪烁状态时直接输入文本。

图 4.17

（2）在文本框中输入文本。

当用户在占位符以外的位置输入文本时，需要用到文本框，操作步骤如下：

1）选择“插入”→“文本框”→“水平”或“垂直”命令（如图 4.18 所示），或者单击“绘图工具栏”中的“文本框”按钮，然后在要插入的位置单击，再将文本占位符拖长至所需要的长度。

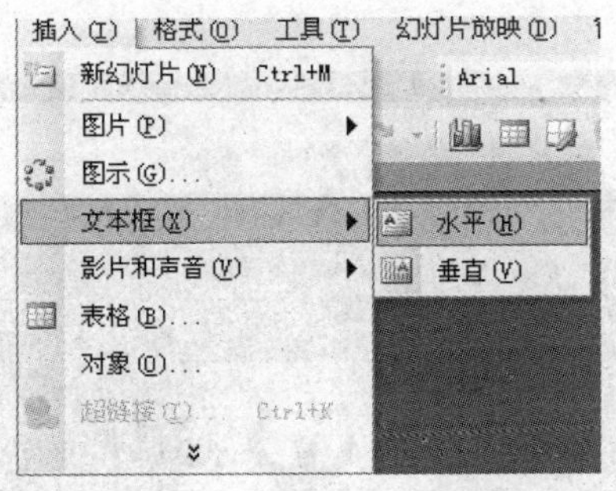


图 4.18

2）在文本框中输入文字。通常输入文本的格式都是系统默认的，如果需要对文本的字体、颜色、项目符号、对齐方式等进行修改，可以选择“格式”工具栏中的相应命令实现，如图 4.19 所示。

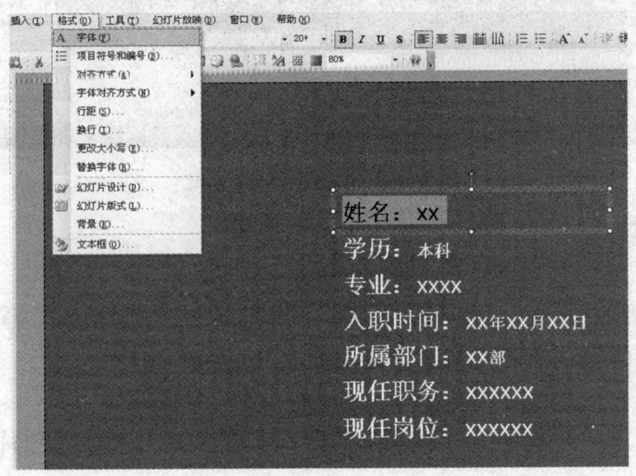


图 4.19

### 4.2.3 插入图片

在 PowerPoint 2003 中，用户可以将剪贴画或来自文件的图片插入到幻灯片中。

1. 插入剪贴画

在幻灯片视图中，显示要插入剪贴画的幻灯片。具体操作步骤如下：

（1）执行“插入”→“图片”→“剪贴画”命令，弹出“插入剪贴画”任务窗格。

（2）在任务窗格上边的“搜索文字”文本框中输入图片的关键字，例如“动物”、“人”、“植物”等。

（3）单击“搜索”按钮，此时在“结果”下拉列表框中将显示出主题中包含该关键字的剪贴画或图片，在本例中输入“科技”后，搜索的结果如图 4.20 所示。

（4）单击选定需要插入的剪贴画即可将剪贴画插入幻灯片中，效果如图 4.21 所示。

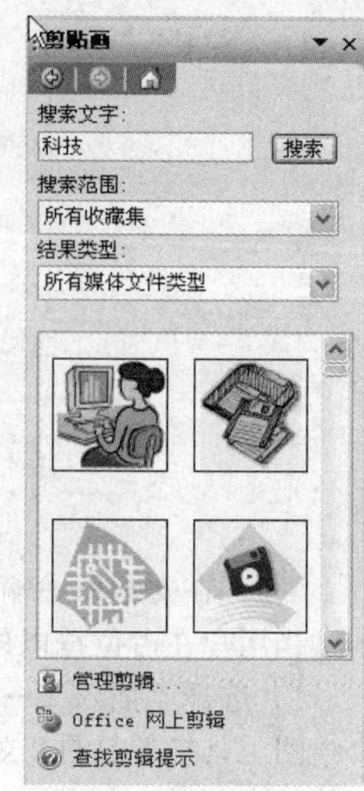


图 4.20

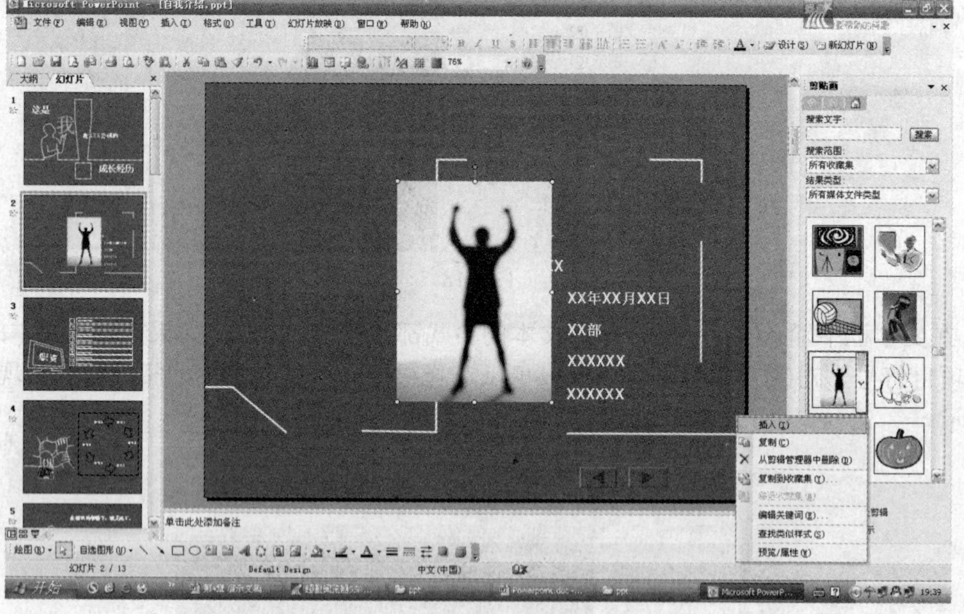


图 4.21

（5）插入完成后，单击任务窗格的“关闭”按钮。

2. 插入来自文件的图片

可以将事先用外部图形图像处理软件处理好的图像插入到演示文稿中，这些图像文件可以在本地磁盘上，也可以在网络驱动器上，甚至在 Internet 上。

从已有的图像文件中获取图片并插入到演示文稿中的步骤如下：

（1）执行“插入”→“图片”→“来自文件”命令，弹出“插入图片”对话框，如图 4.22 所示。

图 4.22

（2）在“查找范围”下拉列表框中搜索到图片的位置，如图 4.23 所示。

图 4.23

（3）双击要插入的图像文件名（或单击“插入”按钮），选取的图片便插入到了幻灯片中。

### 4.2.4　插入艺术字和自选图形

1. 艺术字

艺术字是具有特殊效果的文字，用户可以在幻灯片中插入艺术字，以创建带有阴影、扭曲等特殊效果的文字，并可以对插入的艺术字进行编辑调整，使其符合用户的要求。

在幻灯片中插入艺术字的具体操作步骤如下：

（1）执行“插入”→“图片”→“艺术字”命令，弹出如图 4.24 所示的对话框。

（2）在其中选择一种艺术字的样式，然后单击“确定”按钮，弹出“编辑‘艺术字’文字”对话框，在这里输入艺术字文字，再单击“确定”按钮以确认插入的艺术字，如图 4.25 所示。

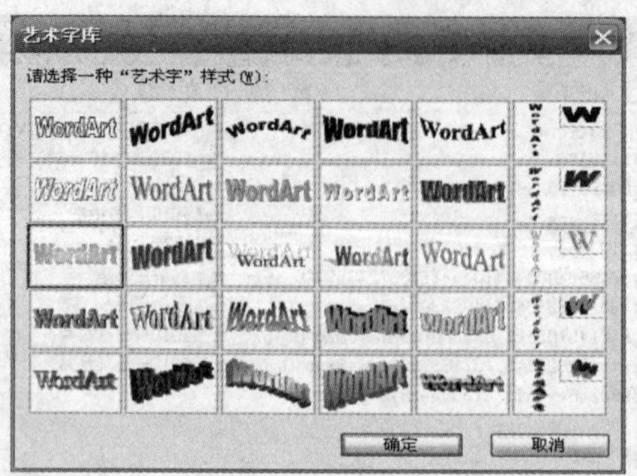


图 4.24

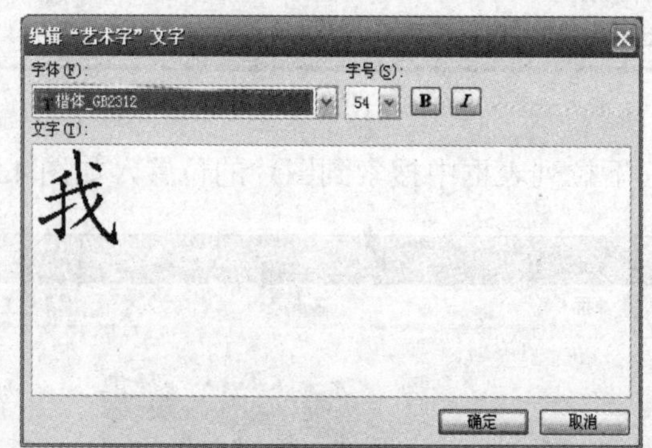


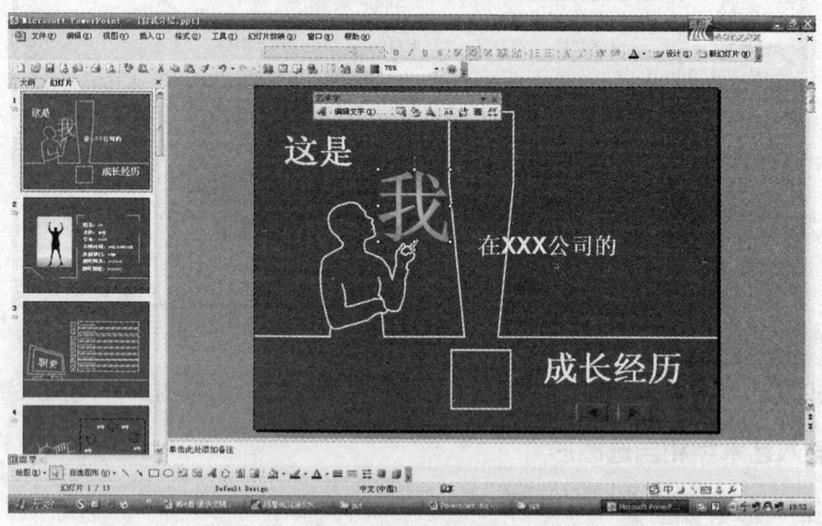


图 4.25

创建好艺术字后，会同时打开“艺术字”工具栏，用户可以使用工具栏中的工具按钮对艺术字进行编辑调整。如果要删除艺术字，则选中艺术字并按键盘上的 Delete 键。

2. 自选图形

在 PowerPoint 2003 中，自选图形的绘制和 Word 中的操作一致，通过如图 4.26（a）所示的“绘图”工具栏中的“直线”、“箭头”和“矩形”等按钮可以直接绘制简单的直线、箭头、矩形和椭圆等图形。也可以在“自选图形”下拉菜单中选择更加丰富的图形，以达到实际工作中所需要的要求，如图 4.26（b）所示。

（a）

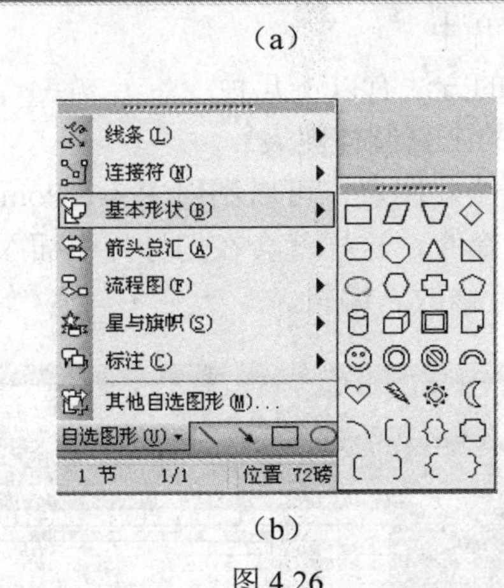


（b）

图 4.26

### 4.2.5　插入表格

表格能以易于理解的方式来显示数字或文本。在 PowerPoint 2003 中可以创建表格，也可以添加其他程序中的表格，如链接对象或嵌入对象。

创建表格的步骤如下：

（1）选择“插入”→“表格”命令，在弹出的“插入表格”对话框中选择所需行数和列数，单击“确定”按钮后即可在幻灯片中插入一个表格。

（2）若要绘制复杂的表格，则单击已有的表格并将插入点置于表格中，此时屏幕上会出现“表格和边框”工具栏，可以使用其中的工具按钮对表格进行编辑调整，如图 4.27 所示。

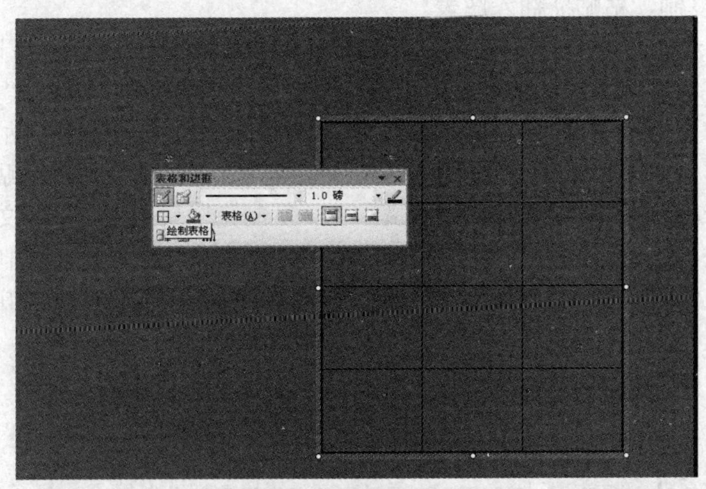


图 4.27

（3）如果要在表格中画线，则单击“绘制表格”按钮，鼠标指针变成笔形，此时拖动鼠标可在表格中绘制横线、竖线或斜线。

### 4.2.6　插入图表

插入形象直观的图表与文字数据相比更容易让人理解，插入在幻灯片中的图表使幻灯片的显示效果更加清晰。可以通过执行“插入”→“图表”命令来插入图表，还可以把 Excel 的图表作为对象直接插入到幻灯片中。

在幻灯片中插入 Excel 图表的方法有以下几种：

（1）利用 PowerPoint 内置的工具制作图表。

如果需要在幻灯片中添加一个新图表，可以利用 PowerPoint 中自带的图表工具实现，方法为：单击“插入”→“图表”命令，这样就会在幻灯片中插入一个如图 4.28 所示的“柱形图”，接下来可以在该图表中进行修改、编辑。

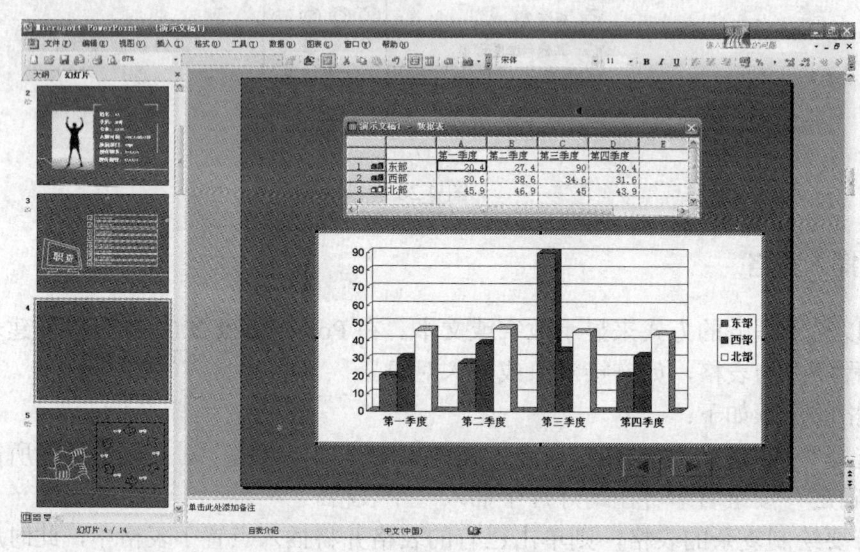


图 4.28

（2）利用“复制、粘贴”插入图表。

如果需要将 Excel 文档中的现有图表添加到 PowerPoint 演示文稿中，可以直接使用复制粘贴、插入对象的方法实现，方法为：打开 Excel 文件并将图表选中，执行“编辑”→“复制”命令，然后打开需要插入图表的幻灯片页面，单击“编辑”→“选择性粘贴”命令，弹出“选择性粘贴”对话框（如图 4.29 所示），其中有两个单选项：“粘贴”和“粘贴链接”。选择“粘贴”选项，是将 Excel 中的图表复制到演示文稿中，复制完毕后与 Excel 源文件没有任何联系，任意一方进行修改都不会影响到其他文件；选择“粘贴链接”是将图表复制到演示文稿中后，与 Excel 源文件建立了链接，这样无论修改演示文稿或 Excel 中任意一方的图表，其他一方都会根据修改一方进行更改。

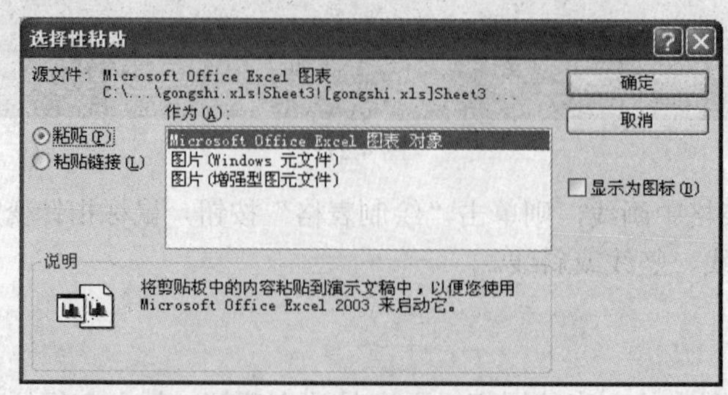


图 4.29

（3）利用插入对象的方法插入图表。

将光标定位到 Excel 文件的图表页面中保存并关闭，执行“插入”→“对象”命令，在弹出的“插入对象”对话框中选择“由文件创建”单选项，选择 Excel 文件。如果选择“链接”是指演示文稿中的图表与 Excel 中的图表建立链接，如果一方发生改变，那么对方也会进行改变。如果“链接”选项为空，那么是指只将 Excel 中的图表复制到了演示文稿中，两个文件没有任何联系。

### 4.2.7 插入声音和影片

在幻灯片中插入声音或影片，如 MIDI 音乐、CD 中的歌曲、视频文件等，可以制作出声色俱佳的幻灯片，两者的操作步骤相同，下面以插入声音为例介绍：

（1）执行“插入”→“影片和声音”→“文件中的声音”命令，弹出“插入声音”对话框，如图 4.30 所示。

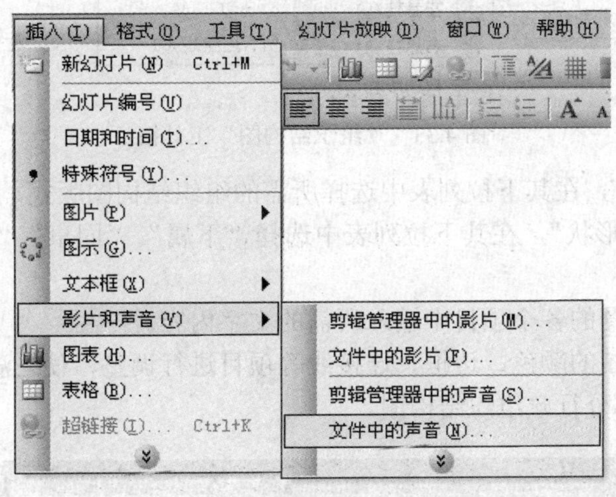


图 4.30

（2）定位到需要插入声音文件所在的文件夹，选中相应的声音文件，再单击“确定”按钮，弹出如图 4.31 所示的对话框。可以设置为“自动”播放或“在单击时”播放，在演示文稿中会出现🔈图标。

（3）可以通过右击🔈选择“编辑声音对象”命令对声音对象进行进一步的设置，如图 4.32 所示。

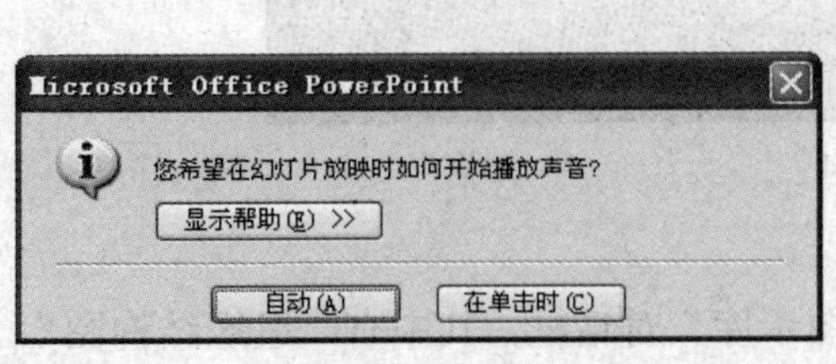


图 4.31

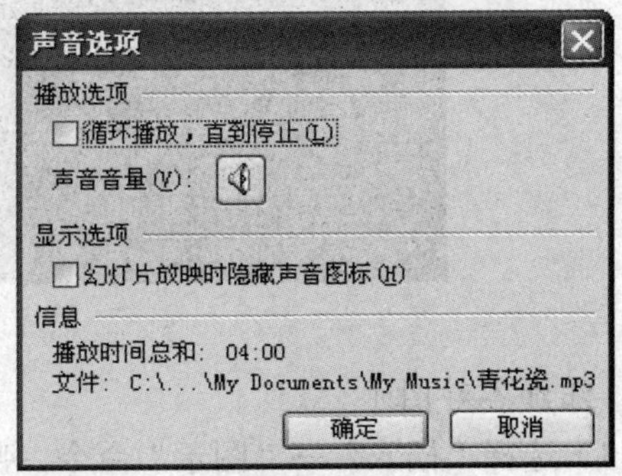


图 4.32

### 4.2.8 组织结构图及其他对象的添加

1. 添加组织结构图

组织结构图是一种展示单位组织管理结构，表现各种上下级之间管理、监督、协调关系的专用图形，它被广泛运用于各种报告、分析之类的公文中。

插入组织结构图的操作步骤如下：

（1）选择“插入”→“图片”→“组织结构图”命令，即会出现一个默认的组织结构图，并弹出如图 4.33 所示的“组织结构图”工具箱。

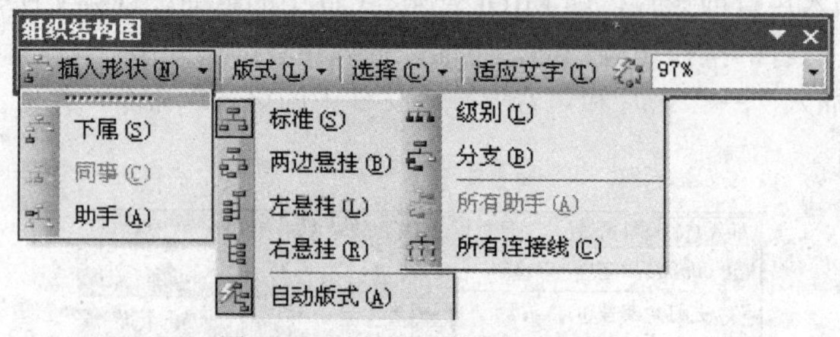


图 4.33 “组织结构图”工具箱

（2）单击“版式”，在其下拉列表中选择所需的组织结构图版式，如标准、两边悬挂等。

（3）单击“插入形状”，在其下拉列表中选择“下属”、“同事”、“助手”等来修改组织结构图的结构。

（4）在组织结构图的各个项目中输入所需的文字内容。

（5）对组织结构图的颜色、边框、连接线等项目进行调整，使之满足自己的要求。如图 4.34 所示为某学校的部分行政组织结构图。

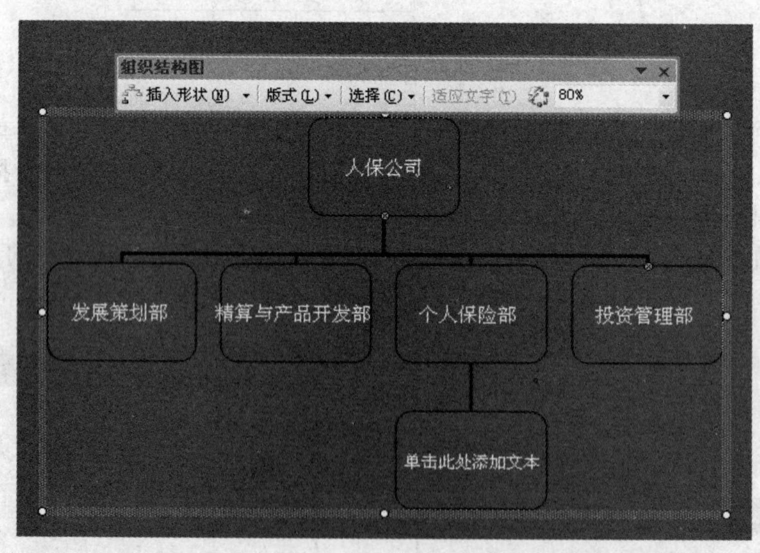


图 4.34

2. 添加各种图示

（1）选择“插入”→“图示”命令，弹出“图示库”对话框，其中有“组织结构图”、“循环图”、“射线图”、“棱锥图”和“目标图”6 种类型的图示，如图 4.35 所示。

（2）根据需要选择一种图示，然后单击“确定”按钮，即可将该图示插入到幻灯片中。

（3）使用“图示”工具栏对所插入的图示进行相应的修改，如图 4.36 所示。

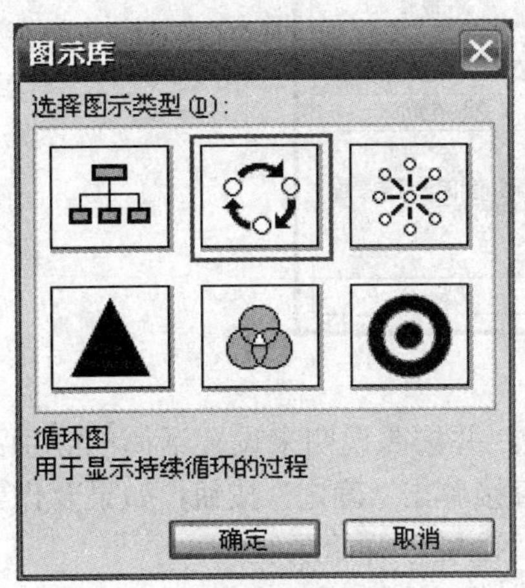


图 4.35

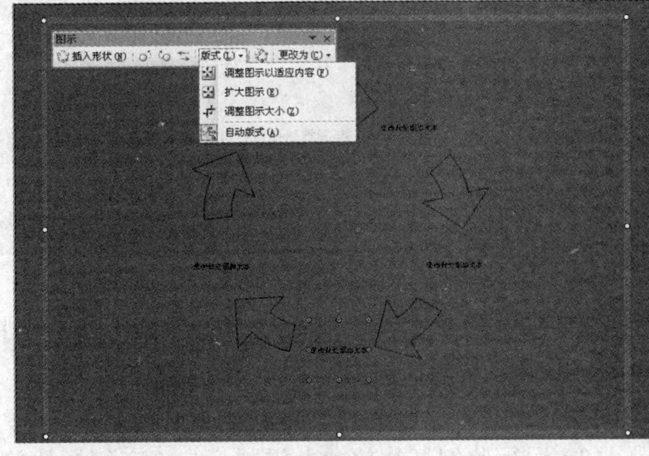


图 4.36

3．添加其他对象

在演示文稿中，为了使文稿更具有说服力，有时候需要加入一些公式、Excel 图表、Word 表格、Flash 动画等，操作步骤如下：

（1）选择要添加对象的幻灯片，选择“插入”→“对象”命令，弹出“插入对象”对话框，如图 4.37 所示。

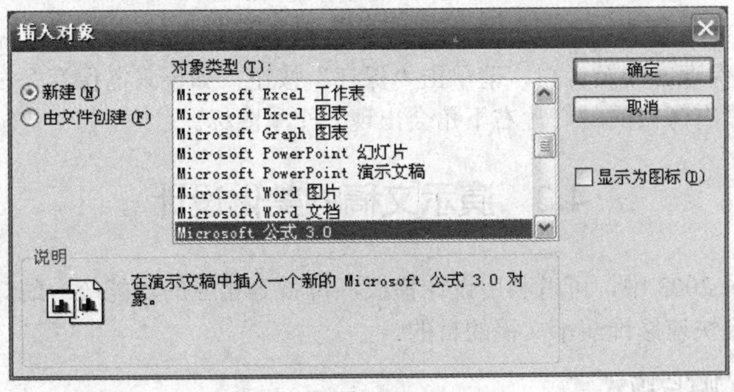


图 4.37

（2）拖动滚动条，在“对象类型”列表框中双击要插入对象的类型即可调出相应的应用程序，对对象进行编辑后单击对象以外的空白区域返回幻灯片。

### 4.2.9　录制旁白

PowerPoint 2003 中，可以在制作的幻灯片中添加制作者的旁白，旁白就是演示文稿设计者用话筒录制的讲解声音，使幻灯片在放映时有配音的效果。在录制旁白之前，必须准备一个话筒。操作步骤如下：

（1）选择“幻灯片放映”→“录制旁白”命令，弹出“录制旁白”对话框，显示可用磁盘空间以及可录制的分钟数，如图 4.38 所示。

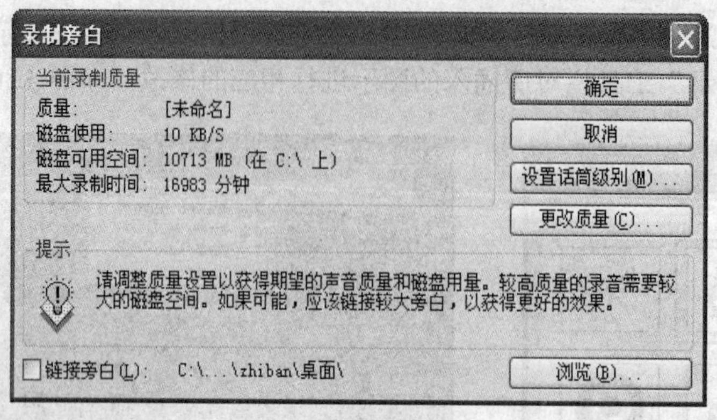


图 4.38

（2）如果是首次录音，则单击“设置话筒级别”按钮，并按照说明来设置话筒的级别；如果要作为嵌入对象在幻灯片中插入旁白并开始录制，则直接单击“确定”按钮；如果要作为链接对象插入旁白，请选中“链接旁白”复选框，再单击“确定”开始录制。

（3）运行此幻灯片放映并添加旁白，在幻灯片放映结束时会出现一条信息，如图 4.39 所示。

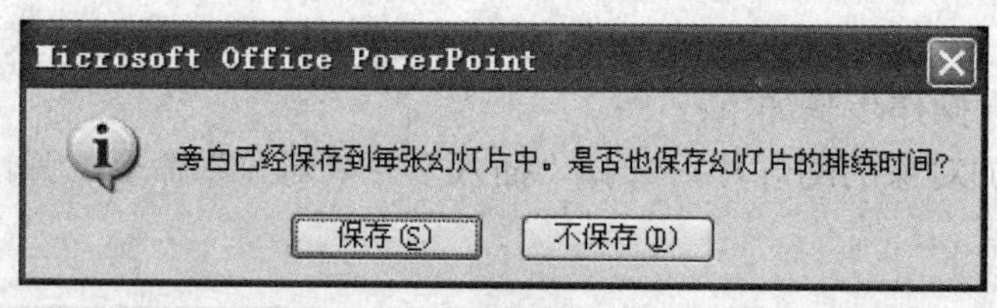


图 4.39

（4）如果要保存时间及旁白，请单击“保存”按钮；如果只需保存旁白，请单击“不保存”按钮。每张具有旁白的幻灯片右下角会出现一个🔈图标。

## 4.3 演示文稿的美化设计

在 PowerPoint 2003 中，可以利用设计模板、母版等相应的功能统一幻灯片的配色方案、排版样式等，达到快速修饰演示文稿的目的。

### 4.3.1 更改幻灯片版式

版式是指幻灯片内容在幻灯片上的排列方式。如果在新建幻灯片的时候没有使用到幻灯片版式，那么在这里可以通过以下操作来达到更换幻灯片版式的目的：

（1）选定演示文稿中要更换版式的幻灯片。

（2）选择“格式”→“幻灯片版式”命令，弹出“幻灯片版式”任务窗格，如图 4.40 所示。

（3）在“应用幻灯片版式”列表框中，将鼠标指针移至需要的幻灯片版式上，该版式的右侧将出现一个下拉按钮，单击该下拉按钮会弹出如图所示的下拉菜单，在其中选择“应用于选定幻灯片”命令，即可将当前幻灯片版式应用于选定的幻灯片中。

（4）依次单击该演示文稿中的其他幻灯片，使其具有统一的外观。

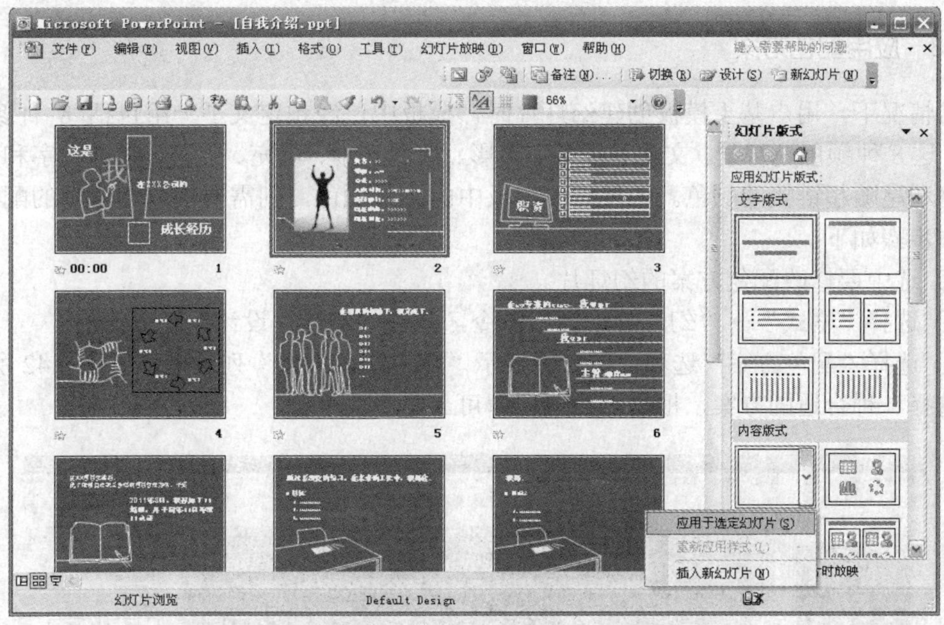


图 4.40

## 4.3.2　应用设计模板

PowerPoint 2003 提供了多种设计模板，这些模板都带有不同的背景图案，使用它们可以编辑出风格不同的幻灯片。

应用设计模板的操作步骤如下：

（1）选择“格式”→“幻灯片设计”命令，弹出“幻灯片设计”任务窗格，如图 4.41 所示。

（2）在选项区单击任意一个模板，即可将其应用到当前的演示文稿中。

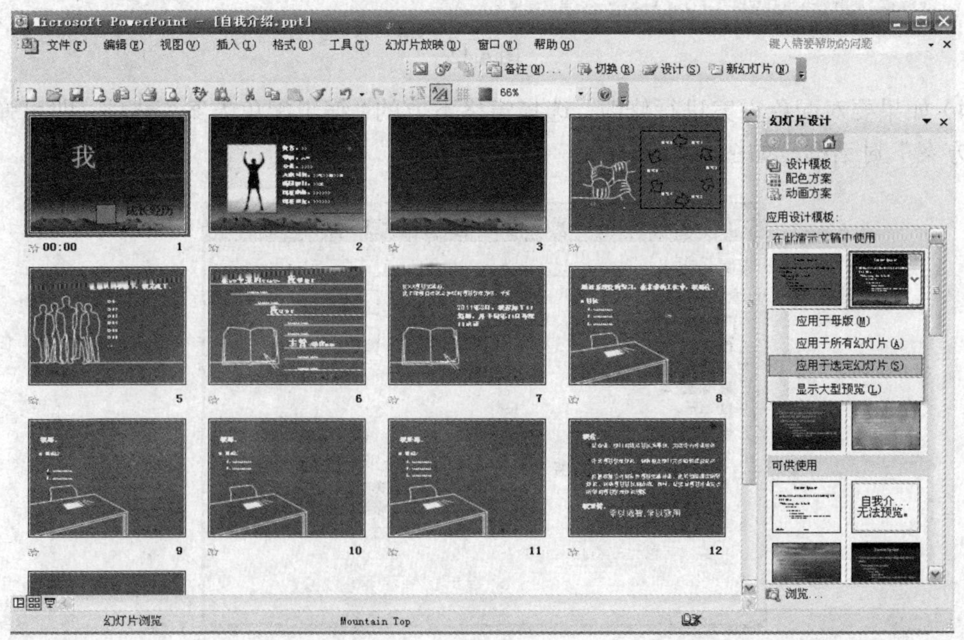


图 4.41

### 4.3.3 应用配色方案

通常情况下，用户基于模板创建幻灯片时，模板中已经预定义了一组包括 8 种颜色的配色方案，这 8 种颜色是背景、文本和线条、阴影、标题文本、填充、强调、强调文字和超链接、强调文字和尾随超链接的颜色。如果修改模板中的某种颜色，则需要修改幻灯片的配色方案，具体操作步骤如下：

（1）选中要修改配色方案的幻灯片。

（2）选择“格式”→“幻灯片设计”命令，弹出“幻灯片设计”任务窗格。

（3）选择“配色方案”选项，下方将显示“应用配色方案”列表框，如图 4.42 所示，然后单击选择一种合适的方案，根据需要应用即可。

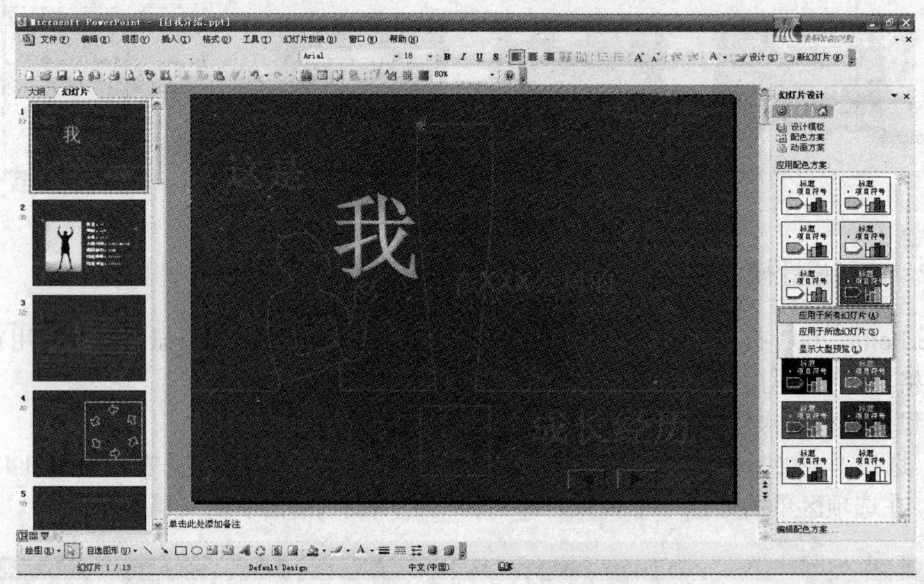


图 4.42

（4）如果要对配色方案进行修改，选择窗格下方的“编辑配色方案”选项，即可弹出“编辑配色方案”对话框，如图 4.43 所示。

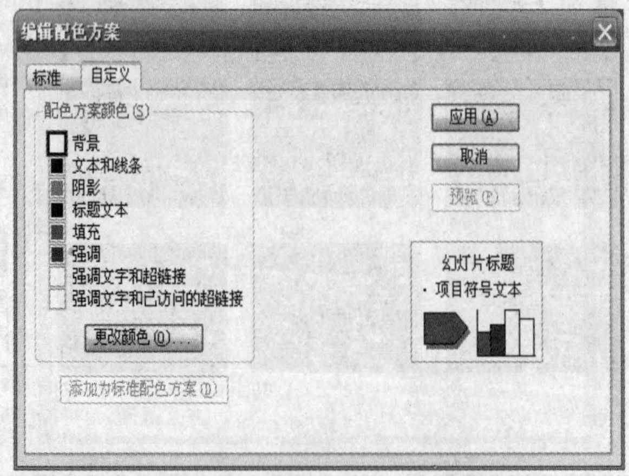


图 4.43

（5）在“配色方案颜色”列表框中选择要更改颜色的幻灯片元素，单击“更改颜色”按钮，即可在弹出的对话框中重新设置其颜色。

（6）设置完成后，单击“应用”按钮。

### 4.3.4　添加背景

通过更改幻灯片的颜色、阴影、图案或纹理，可以改变幻灯片的背景。

1. 更改幻灯片背景颜色

更改幻灯片背景颜色的具体操作步骤如下：

（1）选择“格式”→“背景”命令（如图 4.44 所示），弹出“背景”对话框。

（2）使用下拉列表框，从基于演示文稿的默认配色方案的少数颜色中做出选择。如果没有看到满意的颜色，可以弹出“其他颜色”命令，单击调色板中所需的颜色样块，如图 4.45 所示。如果希望自己定义颜色，则弹出“自定义”选项卡，然后对设置进行调整，直到在“新增”窗口内看到满意的颜色为止，如图 4.46 所示。

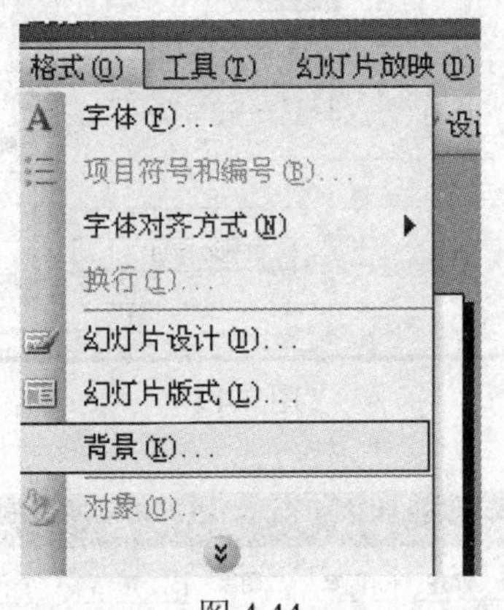


图 4.44

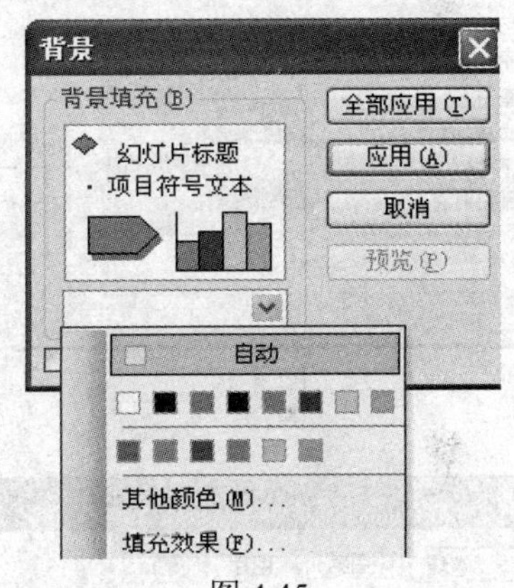


图 4.45

（3）单击“确定”按钮返回“背景”对话框，如图 4.47 所示。

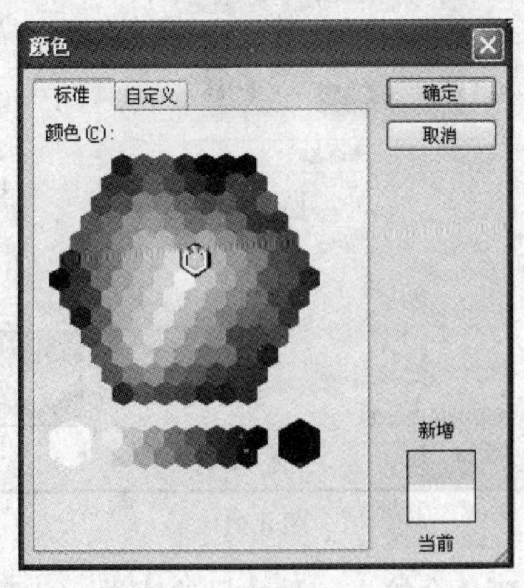


图 4.46

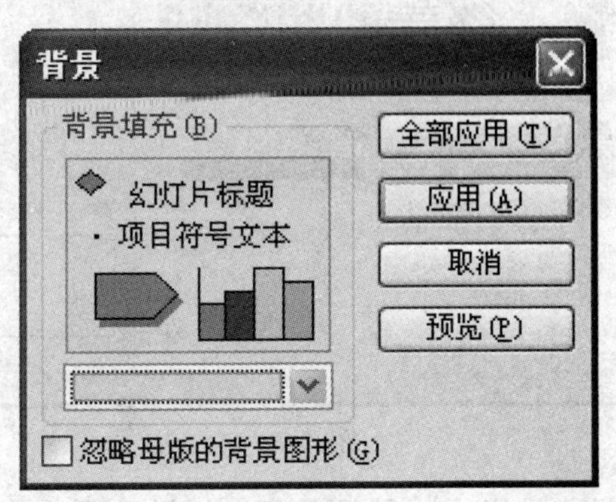


图 4.47

（4）单击“预览”按钮可以看到背景的设置效果；单击“全部应用”按钮，整个演示文稿应用新的背景颜色；单击“应用”按钮则只在当前幻灯片上使用新背景。

2. 更改背景填充效果

更改背景填充效果的具体操作步骤如下：

（1）选择“格式”→“背景”命令，弹出“背景”对话框。

（2）从下拉列表框中选择“填充效果”命令，弹出“填充效果”对话框。在其中可以对“渐变”、“纹理”、“图案”和“图片”效果进行相应的设置，如图 4.48 至图 4.51 所示。

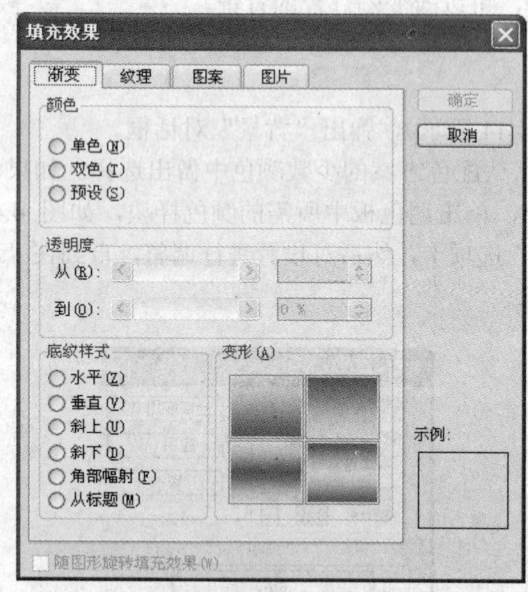


图 4.48

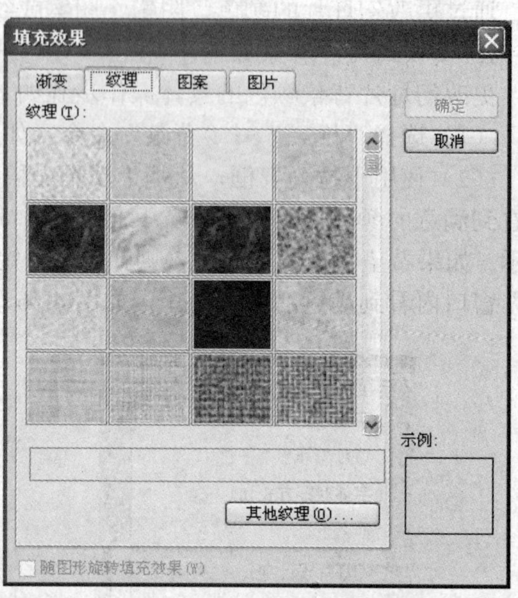


图 4.49

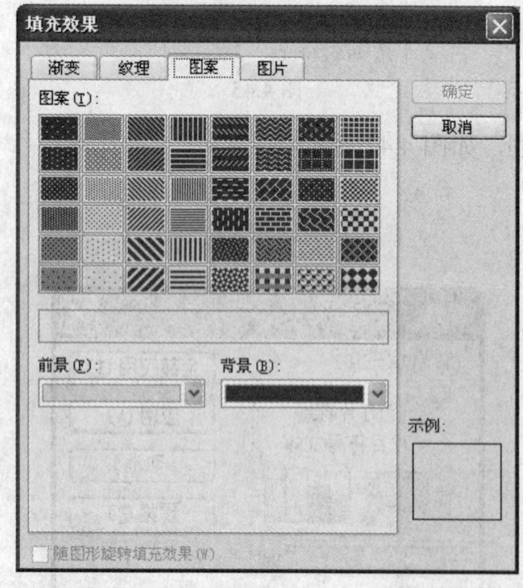


图 4.50

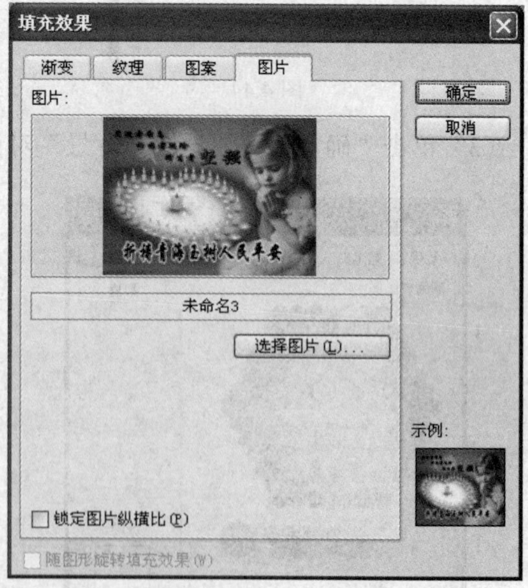


图 4.51

渐变是指由一种颜色逐渐过渡到另一种颜色，渐变色会给人一种眩目的感觉；纹理指 PPT 预设了一些图片作为用户的背景选择；图案指以某种颜色为背景，以前景色作为线条色所构成的图案背景；图片指可以采用外部图像文件作为背景。

### 4.3.5　幻灯片母版

幻灯片母版是一种特殊的幻灯片，是存储关于模板信息的设计模板，这些模板信息包括字体、占位符大小和位置以及背景设计和配色方案等。母版通常包括幻灯片母版、标题母版、讲义母版、备注母版。幻灯片母版使用户进行全局更改，并使该更改应用到演示文稿中的所有幻灯片。

1. 幻灯片母版

幻灯片母版通常用来统一整个演示文稿的幻灯片格式，控制除标题幻灯片以外的幻灯片的外观样式。一旦修改了幻灯片母版，则所有采用这一母版建立的幻灯片格式也随之发生改变，快速统一演示文稿的格式等要素。

（1）执行“视图”→“母版”→“幻灯片母版”命令，进入“幻灯片母版视图”状态，“幻灯片母版视图”工具条随之被展开，如图 4.52 所示。

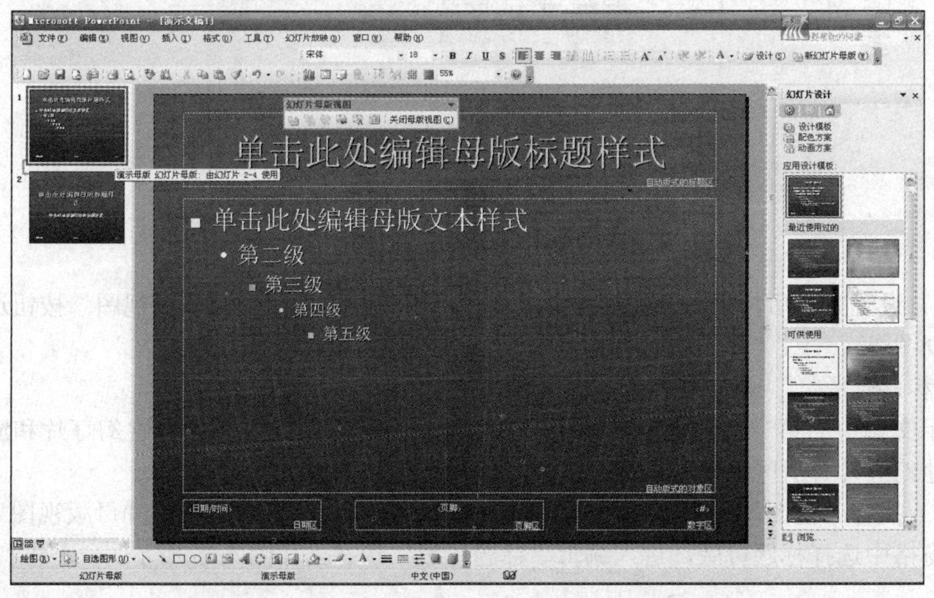


图 4.52

（2）右击“单击此处编辑母版标题样式”字符，在弹出的快捷菜单中选择“字体”选项，弹出“字体”对话框，如图 4.53 所示。在其中设置好相应的选项后单击“确定”按钮返回。

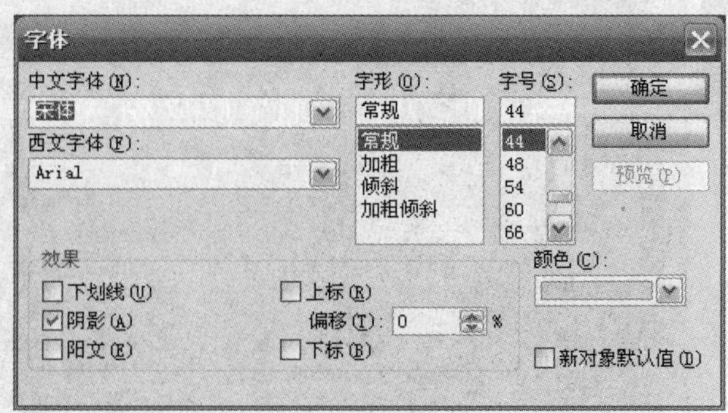


图 4.53

（3）分别右击“单击此处编辑母版文本样式”及下面的“第二级”、“第三级”等字符，仿照上面步骤的操作设置好相关格式。

（4）分别选中“单击此处编辑母版文本样式”、“第二级”、“第三级”等字符，执行“格式”→“项目符号和编号”命令，弹出“项目符号和编号”对话框，设置一种项目符号样式后单击“确定”按钮退出，即可为相应的内容设置不同的项目符号样式。

（5）执行“视图”→“页眉和页脚”命令，弹出“页眉和页脚”对话框（如图 4.54 所示），切换到“幻灯片”选项卡中即可对日期区、页脚区、数字区进行格式化设置。还可以根据需要在幻灯片母版上添加所需图片、图形、动作按钮等其他对象。

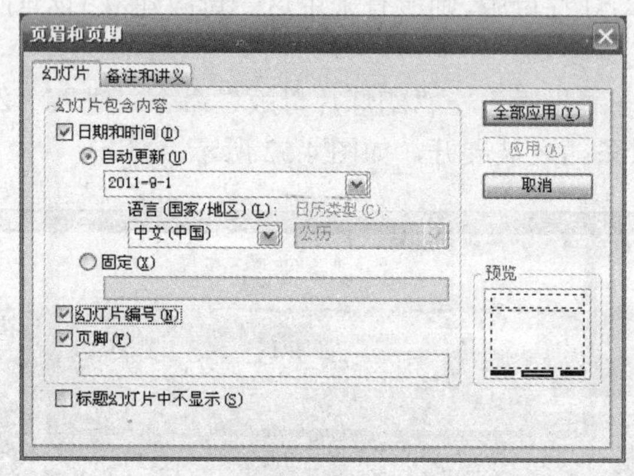

图 4.54

（6）设置完成后，单击“幻灯片母版视图”工具条上的“关闭模板视图”按钮退出，返回普通视图。

2. 标题母版

演示文稿中的第一张幻灯片通常使用“标题幻灯片”版式，要让标题幻灯片和演示文稿中的其他幻灯片有所区别，可以通过标题母版进行设置，操作步骤如下：

（1）执行“视图”→“母版”→“幻灯片母版”命令，进入“幻灯片母版视图”状态，在左侧窗格中选择标题母版，进入编辑“标题母版”状态，如图 4.55 所示。

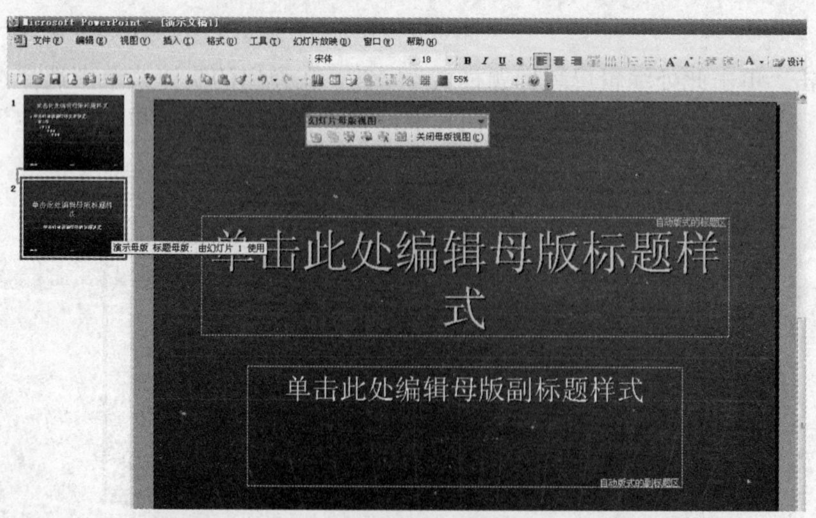

图 4.55

（2）仿照上面“建立幻灯片母版”的相关操作设置好“标题母版”的相关格式。

（3）设置完成后退出“幻灯片母版视图”状态。

注意：①“标题母版”只对使用了“标题幻灯片”版式的幻灯片有效；②如果发现某个母版不能应用到相应的幻灯片上，说明该幻灯片没有使用母版对应的版式，请修改版式后重新应用；③如果对应用的母版的格式不满意，可以仿照上面建立母版的操作对母版进行修改，或者直接手动修改相应的幻灯片来美化和修饰演示文稿。

## 4.4　演示文稿的效果处理

为了增强放映时的动感效果，可以为幻灯片中的文本或图片等对象设置动画效果，在放映时可使它们同时或逐个以不同的动作出现在屏幕上。

### 4.4.1　设置切换动画效果

幻灯片切换效果就是幻灯片放映时进入和离开屏幕时的方式，既可以为一组幻灯片设置一种切换方式，又可以为每一张幻灯片设置不同的切换方式，但必须一张张地对它进行设置。

操作步骤如下：

（1）选中需要设置切换方式的幻灯片。

（2）执行“幻灯片放映”→“幻灯片切换”命令，打开“幻灯片切换”任务窗格，如图 4.56 所示。

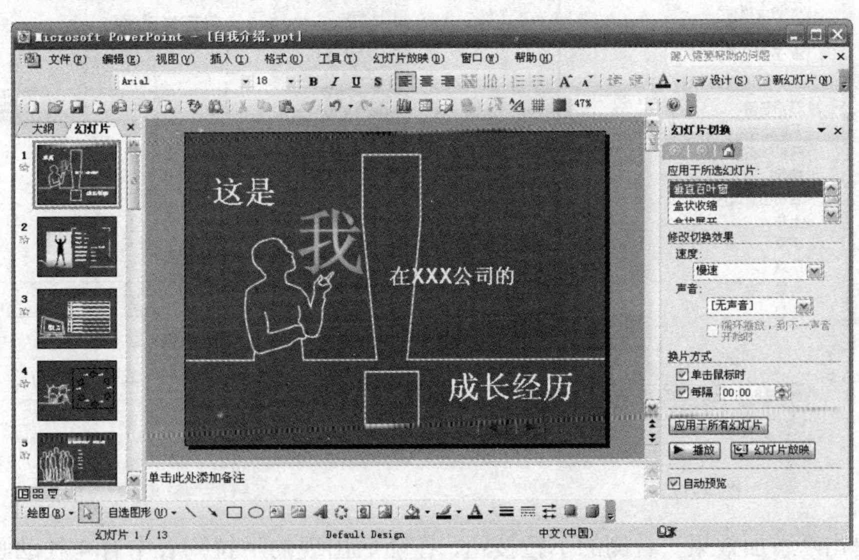


图 4.56

（3）选择一种切换方式（如横向棋盘式），并根据需要设置好“速度”、“声音”、“换片方式”等选项。

（4）如果要对其他幻灯片设置不同的切换效果，则选中需要设置的幻灯片，依照上面的操作对每一张幻灯片进行设置。

注意：如果需要将一种切换方式应用于演示文稿的每张幻灯片，只要在设置好切换效果之后单击窗格中的“应用于所有幻灯片”按钮即可。

### 4.4.2 动画效果的设置

1. 应用动画设计方案

动画设计方案是一套系统预设的动画效果，使用预设的动画为演示文稿添加动画效果的具体操作步骤如下：

（1）选中要应用动画方案的幻灯片。

（2）选择“幻灯片放映”→“动画方案”命令，弹出“动画方案”任务窗格，如图 4.57 所示。

（3）在动画方案列表框中选择所需的动画形式。这些动画，有些只针对幻灯片本身，有些只能应用于标题或者正文，当用户将鼠标指针指向某个样式时会显示该效果针对的对象。如果要将选中的动画效果应用于演示文稿的所有幻灯片，则单击“应用于所有幻灯片”按钮。

2. 自定义动画效果

如果系统预定义的动画效果不能满足实际需要，可以通过自定义方式为幻灯片中的文本和其他对象自定义动画效果。

（1）选中需要设置动画的对象，如标题、文本、图片等。

（2）执行“幻灯片放映”→“自定义动画”命令，弹出“自定义动画”任务窗格，如图 4.58 所示。

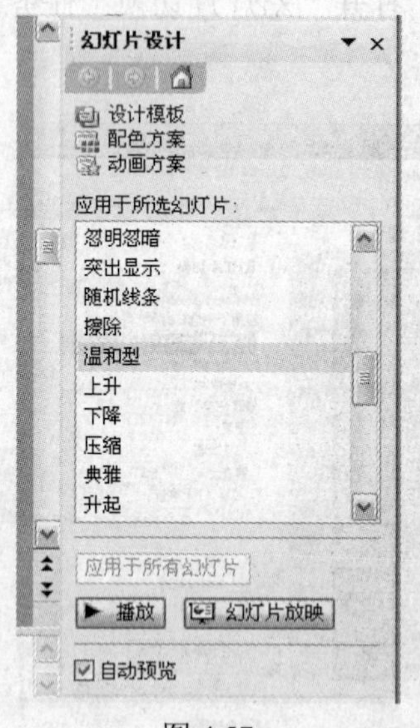

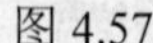


图 4.57

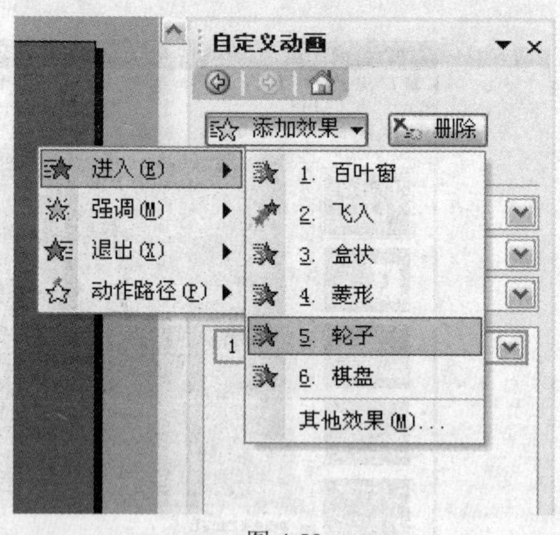


图 4.58

（3）单击“添加效果”右侧的下拉按钮，在随后出现的下拉列表中有 4 种动画效果方式：进入、强调、退出和动作路径。展开“进入”级联菜单，选中其中的某个动画方案。此时，在幻灯片工作区中可以预览动画的效果（参见图 4.59）。如果对列表中的动画方案不满意，可以选择级联菜单中的“其他效果”选项，弹出“添加进入效果”对话框（如图 4.60 所示），选择合适的动画方案并单击“确定”按钮返回。

（4）选择好动画效果之后，可以选择该动画效果的开始触发方式（单击时、之前和之后）、方向和速度，如图 4.61 所示，还可以展开该动画效果的下拉列表，选择“效果选项”，对该动画效果进行相应的修改，如图 4.62 所示。

图 4.59

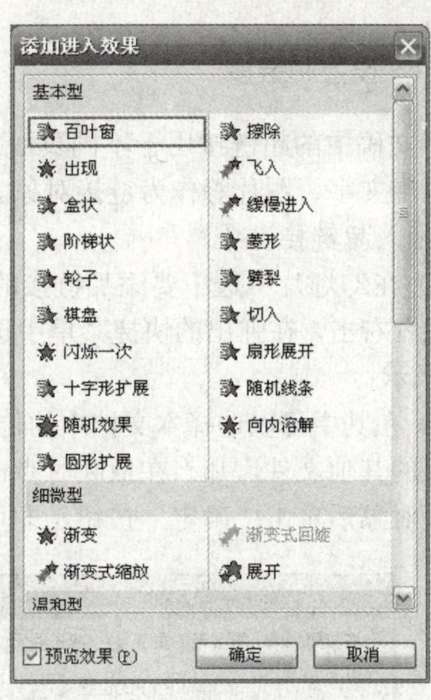

图 4.60

（5）设置完成后，在幻灯片中各元素的左侧会出现顺序标志 0，1，2，3……，如图 4.62 所示。

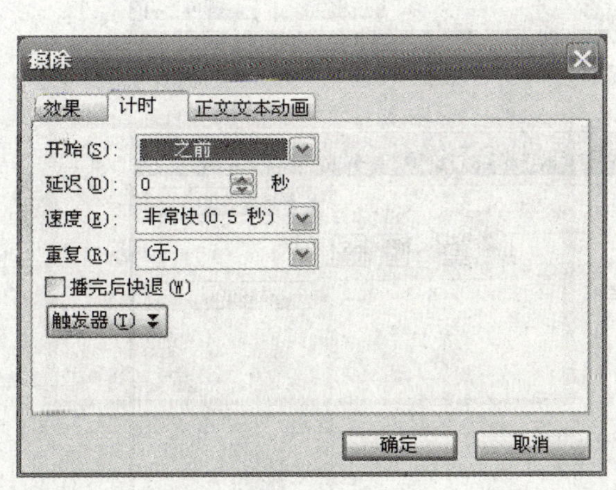

图 4.61

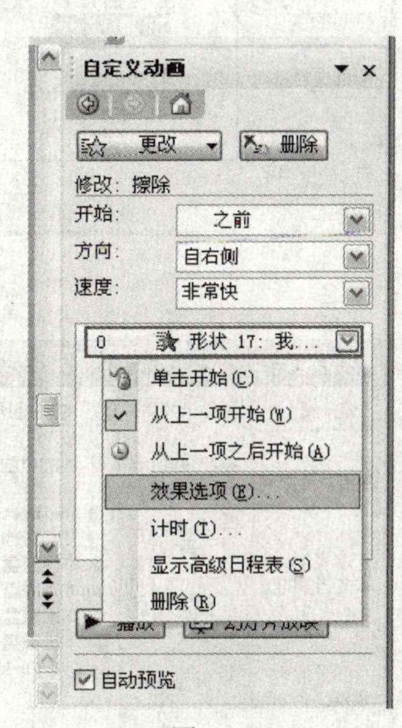

图 4.62

## 4.5　演示文稿的放映和打包

创建好幻灯片后，即可将其演示给观众观看。为了使放映过程方便灵活、放映效果生动形象，需要对演示文稿的放映做一些设置。还可以将其打包成 CD，在其他用户的计算机上播放。

### 4.5.1 设置超链接

演示文稿中的超链接用于不同页面之间的链接，可以在播放幻灯片时创建交互效果。超链接可以用文字、图片等作为链接对象。

1. 插入超链接

（1）在幻灯片中选中要添加链接的文本，如“成长经历”，选择“插入”→“超链接”命令，或者右击，在弹出的快捷菜单中选择“超链接”命令，弹出“插入超链接”对话框，如图 4.63 所示。

（2）在其中可以选择本文档中的位置以链接到该演示文稿的其他幻灯片上，也可以选择计算机上的其他文件，那么在放映时点击该链接后将打开所链接的文件，如图 4.64 所示。选择好链接对象后单击“确定”按钮，即可插入超链接。

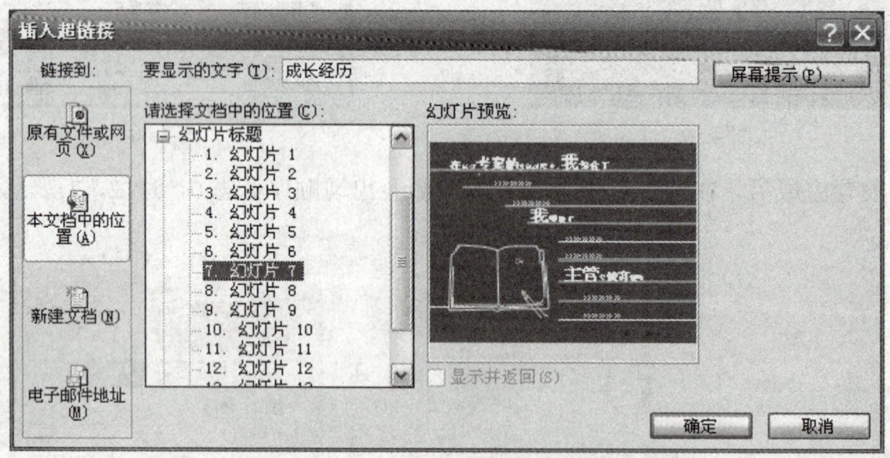


图 4.63

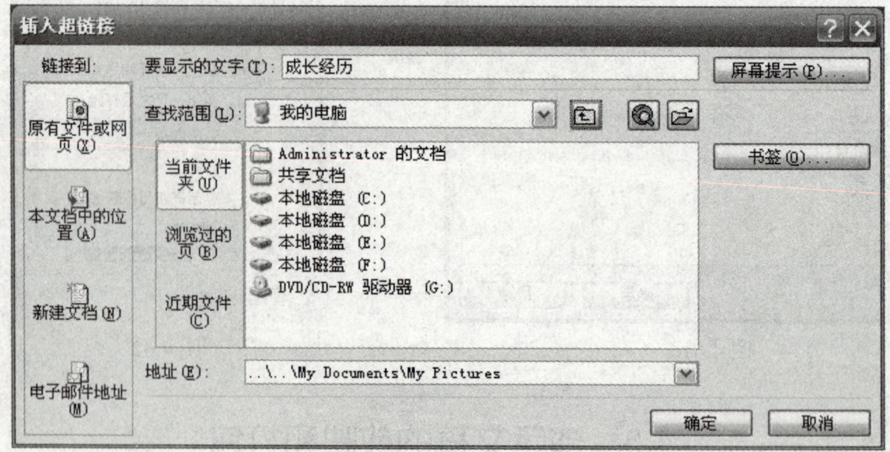


图 4.64

（3）选择“幻灯片放映”→“观看放映”命令，即可放映幻灯片，如图 4.65 所示，单击链接的文本（鼠标放在该文本上方变成手形），即可打开所链接的幻灯片或者文件。

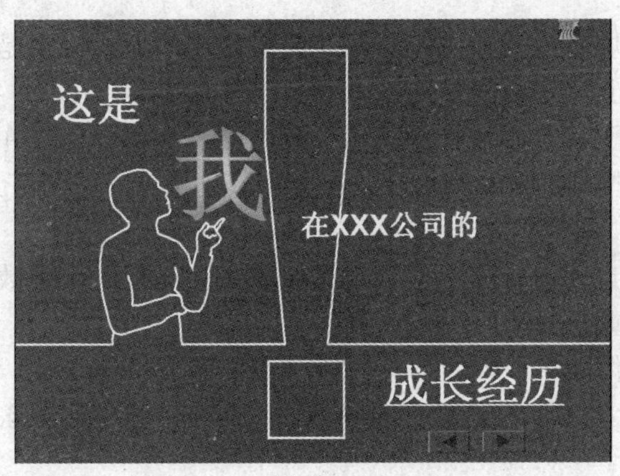


图 4.65

2. 插入动作按钮

PowerPoint 2003 提供了一些预设的导航按钮，使用这些按钮可以帮助用户在播放演示文稿时跳转到演示文稿或文件的特定部分。添加动作按钮的操作步骤如下：

（1）选中要插入动作按钮的幻灯片。

（2）选择"幻灯片放映"→"动作按钮"，在其级联菜单中选择要添加的动作按钮，如图 4.66 所示。然后在幻灯片的适当位置上拖动鼠标以画出一个按钮，松开鼠标左键时弹出如图 4.67 所示的对话框，选择相应项目。

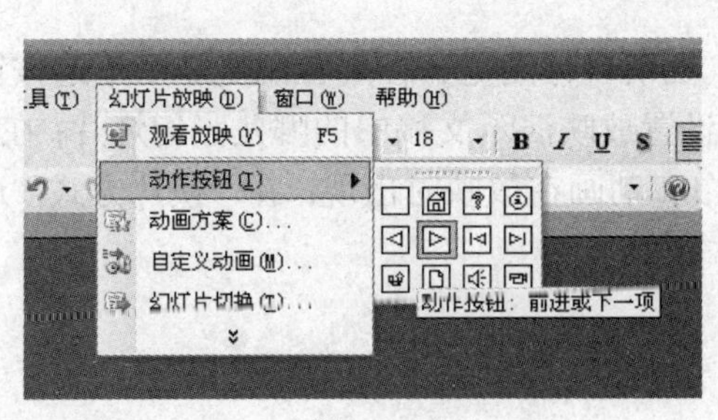


图 4.66

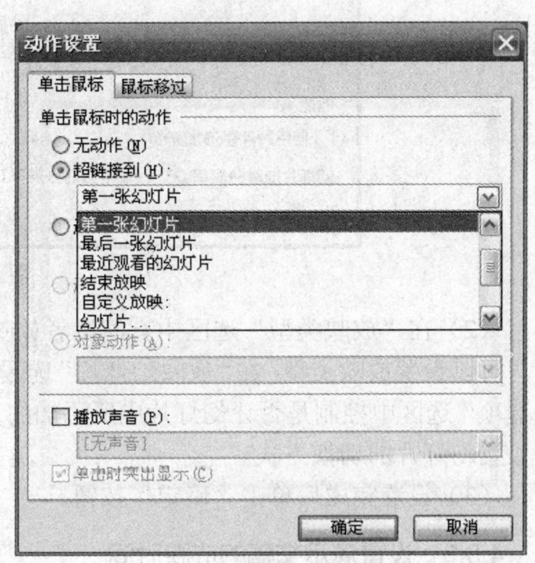


图 4.67

（3）设置完成后单击"确定"按钮。如果需要再次编辑动作按钮，可以选择动作按钮，然后单击"插入"→"超链接"命令，或者右击并选择"编辑超链接"命令，更改设置。要删除动作按钮，则选择动作按钮，再按 Delete 键。

### 4.5.2 演示文稿的放映方式

演示文稿制作完成后就可以放映了，放映方式有 3 种：演讲者放映、观众自行浏览和在展台浏览，可以根据需要选择。

演讲者放映：以全屏幕方式放映幻灯片，是最常用的方式，也是演讲者播放文稿或将幻灯片投射放映到大屏幕上时的最佳方式。

观众自行浏览：用于运行小规模的演示，此时演示文稿会出现在窗口中，并在放映时提供移动、编辑、复制和打印幻灯片等命令，可使用滚动条从一张幻灯片移动到另一张幻灯片，同时打开其他程序。

在展台浏览：用于自动运行演示文稿，按照该方式运行时大多数菜单和命令都不可用，且在每次放映完毕后会重新启动。

设置放映方式的具体操作步骤如下：

（1）选择“幻灯片放映”→“设置放映方式”命令，弹出如图 4.68 所示的“设置放映方式”对话框。

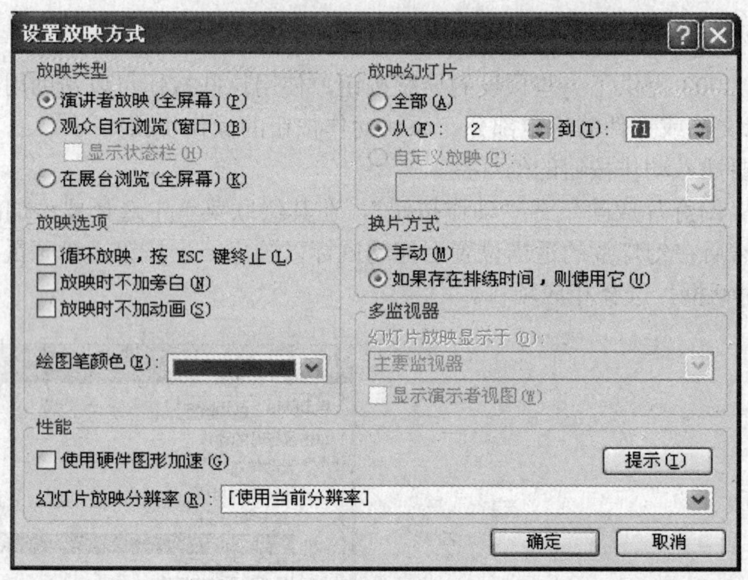


图 4.68

（2）在“放映类型”选区中有演讲者放映、观众自行浏览和在展台浏览 3 个单选按钮，用户可以设置放映类型；在“放映幻灯片”选区中设置放映演示文稿中的哪几张幻灯片；在“放映选项”选区中控制是否让幻灯片中所添加的旁白和动画在放映时出现；在“换片方式”选区中设置幻灯片的切换方式。

（3）设置完成后单击“确定”按钮。

### 4.5.3 设置演示文稿的放映时间

在放映演示文稿时可以通过单击鼠标左键来切换幻灯片，也可以设置每张幻灯片在屏幕中停留的时间。下面介绍设置放映时间的两种方法。

1. 使用“幻灯片切换”任务窗格设置

（1）执行“幻灯片放映”→“幻灯片切换”命令，如图 4.69 所示。

（2）在任务窗格的“换片方式”中可以设置换片间隔时间，间隔时间单位为秒，可对每张幻灯片进行设置。若单击“应用于所有幻灯片”则所有的幻灯片都设置为相同时间自动换片。设置图示如图 4.70 所示。

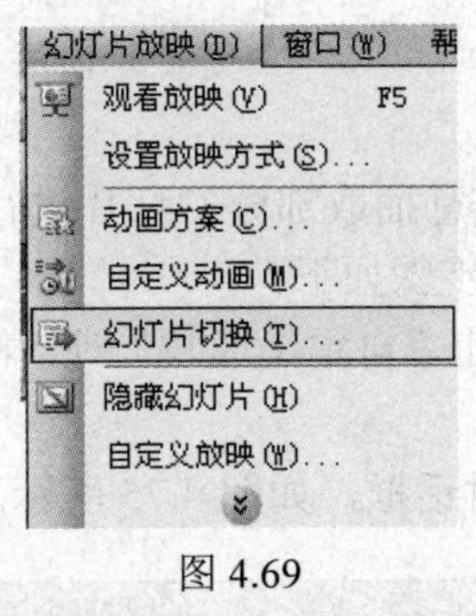


图 4.69

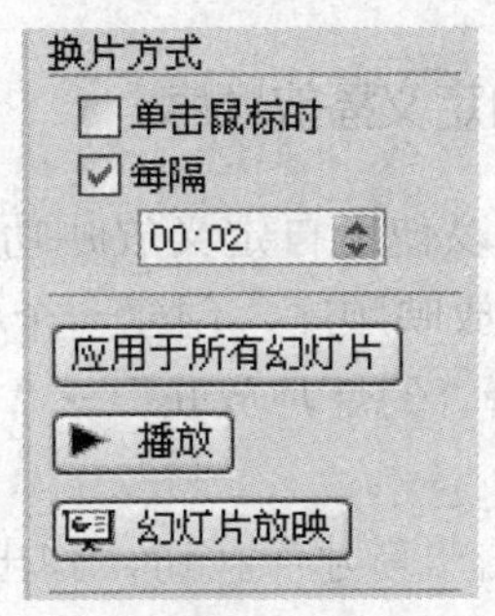


图 4.70

2. 使用排练计时设置

在幻灯片中使用排练计时可以自动记录各张幻灯片的放映时间，还可以讲解幻灯片中的内容，设置完后就能直接进入幻灯片放映状态，不管事先是何种状态，此时都从第一张开始放映，而且把整个幻灯片全部放映一遍。具体操作步骤如下：

（1）打开要设置排练计时的演示文稿

（2）选择“幻灯片放映”→“排练计时”命令，如图 4.71 所示，开始排练放映幻灯片。

（3）在屏幕上除显示幻灯片外，还有一个“预演”对话框，如图 4.72 所示，其中显示有时钟，记录当前幻灯片的放映时间以及整个演示文稿的累计时间。

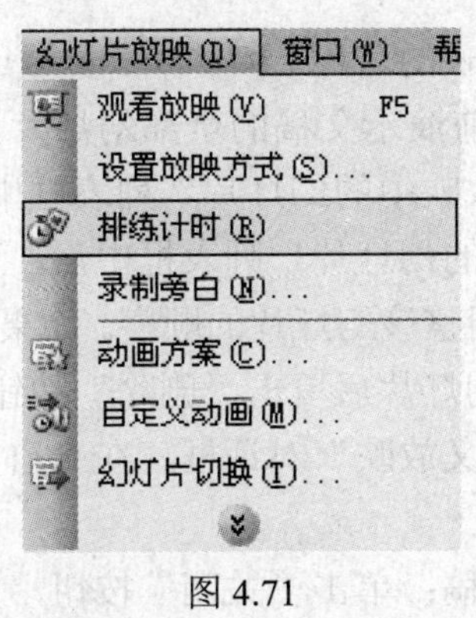


图 4.71

图 4.72

（4）当放完当前幻灯片后，单击鼠标左键或者屏幕左下方的带有箭头的换页按钮即开始放映和记录下一张幻灯片的时间。如果认为该时间不合适，可以单击“重复”按钮对当前幻灯片重新计时。

（5）放映到最后一张幻灯片时，屏幕上会显示一个确认的消息框，询问是否接受已确定的排练时间，如图 4.73 所示。如果单击“是”按钮，则在以后放映该演示文稿时自动使用这里所设置的时间；如果单击“否”按钮，则放弃当前设置的排练计时时间。

图 4.73

（6）幻灯片的放映时间设置好后即可按设置的时间进行自动放映。

### 4.5.4 自定义播放顺序

用户还可以使用自定义放映功能从当前演示文稿中随意抽取部分幻灯片进行播放，或者打乱幻灯片的放映顺序，创建一个自定义放映，具体操作步骤如下：

（1）选择“幻灯片放映”→“自定义放映”命令，弹出“自定义放映”对话框，如图 4.74 所示。

（2）单击“新建”按钮，弹出“定义自定义放映”对话框，如图 4.75 所示。

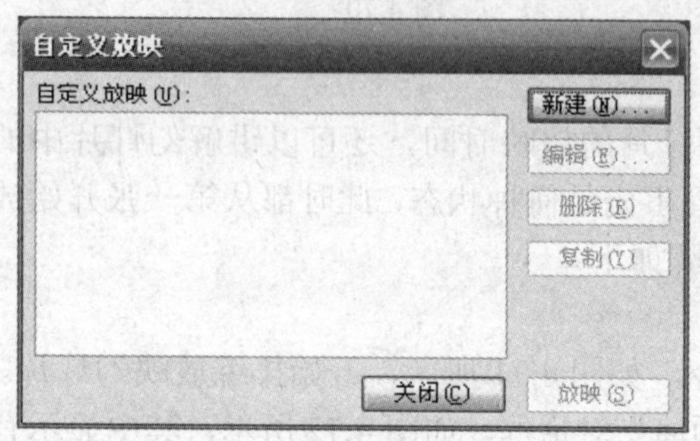

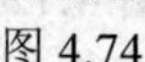
图 4.74

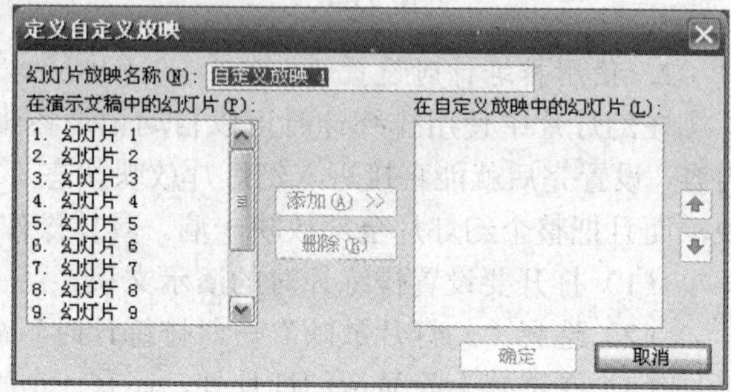

图 4.75

（3）在“幻灯片放映名称”文本框中输入幻灯片放映的名称。

（4）“在演示文稿中的幻灯片”列表框中列出了当前演示文稿的全部幻灯片，选中其中一张后单击“添加”按钮，即可将其添加到“在自定义放映中的幻灯片”列表框中。

（5）将需要播放的幻灯片添加到“在自定义放映中的幻灯片”列表框中后，可以在其中选择某张幻灯片，单击右方的“向上”或“向下”按钮来调整该幻灯片的顺序。如果要删除“在自定义放映中的幻灯片”列表框中的幻灯片，则选中某幻灯片后单击“删除”按钮。

（6）设置完成后单击“确定”按钮，返回到“自定义放映”对话框，在“自定义放映”列表框中将显示所设置的自定义放映的名称。

（7）单击“放映”按钮，开始放映自定义的演示文稿；单击“关闭”按钮，关闭“自定义放映”对话框，同时用户的自定义演示文稿将保存在自定义放映库中。

### 4.5.5 隐藏部分幻灯片

如果演示文稿中某些幻灯片只提供给特定的对象，那么可以先将其隐藏起来。

在“幻灯片浏览”视图状态下或者在“普通视图”的左侧窗格中选中需要隐藏的幻灯片并右击，在弹出的快捷菜单中选择“隐藏幻灯片”选项，此时该幻灯片序号处出现一个方框和斜杠，如图 4.76 所示，在一般播放时该幻灯片不能显示出来。

如果再执行一次这个命令，则取消隐藏。

在进行放映时，如果要让隐藏的幻灯片播放出来，可用以下两种方法来实现：

- 在放映时右击，在弹出的快捷菜单中选择“定位至幻灯片”，再选择隐藏了的幻灯片（隐藏的幻灯片序号有一个括号），如图 4.77 所示。
- 在播放到隐藏的幻灯片前面一张幻灯片时，按 H 键，则隐藏的幻灯片播放出来。

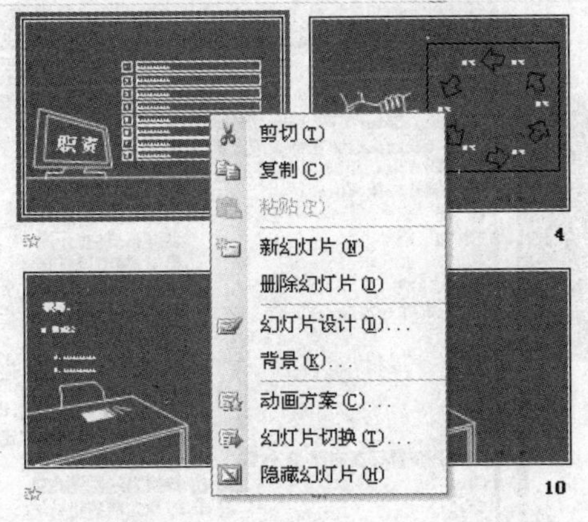


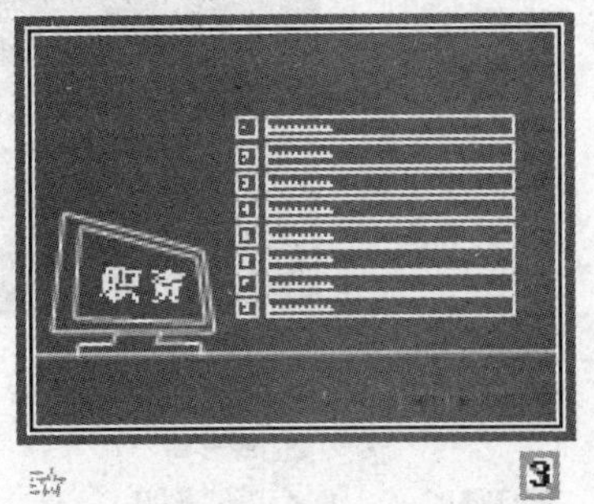


图 4.76

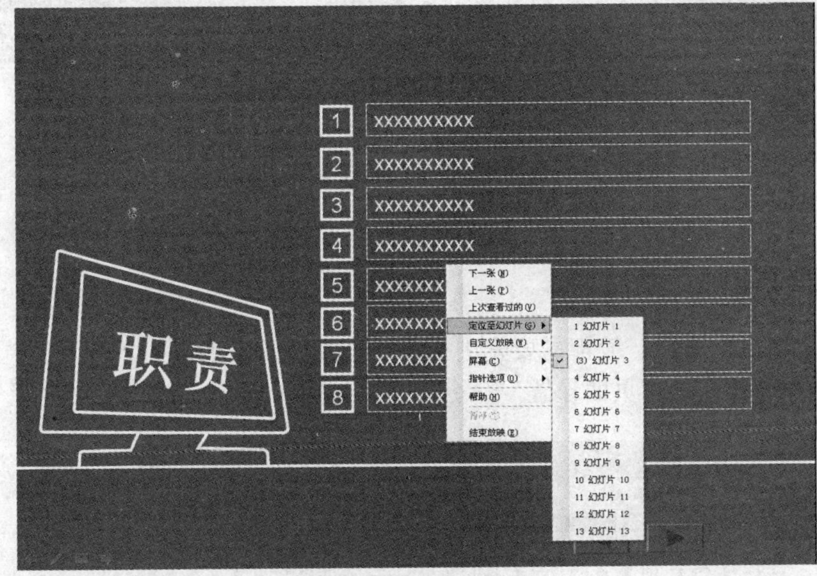


图 4.77

### 4.5.6　放映演示文稿

1. 启动幻灯片放映

将幻灯片制作完成后即可放映幻灯片。在 PowerPoint 中放映幻灯片有如下几种方法：

- 单击窗口左下角的“幻灯片放映”按钮。
- 单击“幻灯片放映”→“观看放映”命令。
- 单击“视图”→“幻灯片放映”命令。
- 直接按 F5 键。

2. 退出幻灯片放映

直接按 Esc 键或者右击并在弹出的快捷菜单中选择“结束放映”选项。

3. 放映时的控制

幻灯片放映时，即以全屏的方式显示，这时可以右击，通过快捷菜单对其进行相应的操作，如图 4.78 所示。

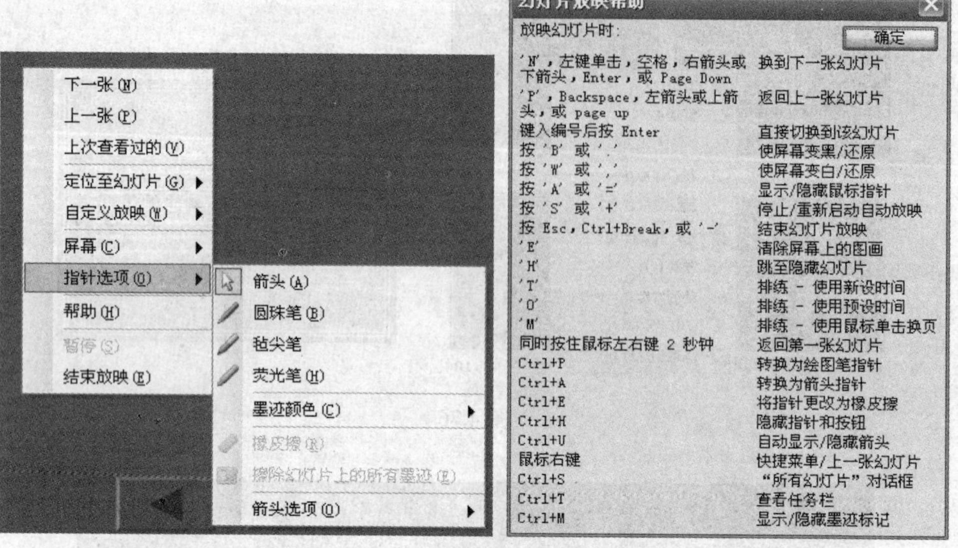


图 4.78

# 4.6 演示文稿的其他操作

## 4.6.1 页面设置

在打印演示文稿之前，一般都需要先进行页面设置，操作步骤如下：

（1）选择“文件”→“页面设置”命令，弹出如图 4.79 所示的“页面设置”对话框。

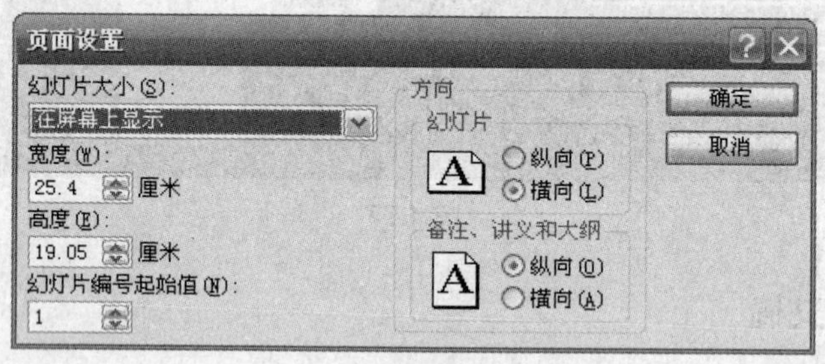


图 4.79

（2）在其中可以分别对幻灯片、备注、讲义和大纲等进行各项设置，如大小、宽度、高度、幻灯片编号起始值、方向等。

（3）设置完成后单击“确定”按钮。

## 4.6.2 演示文稿的打印

演示文稿的打印包括幻灯片、大纲、备注和讲义，操作步骤如下：

（1）选择“文件”→“打印”命令，弹出“打印”对话框，如图 4.80 所示。

（2）在其中进行设置：选择打印机；选择打印范围：全部幻灯片或者部分幻灯片；选择打印内容：幻灯片、大纲、备注或讲义；在“每页幻灯片数”下拉列表框中选择一张纸需要幻灯片的数量，有 1、2、3、4、6、9 六种设置；设置打印份数等。

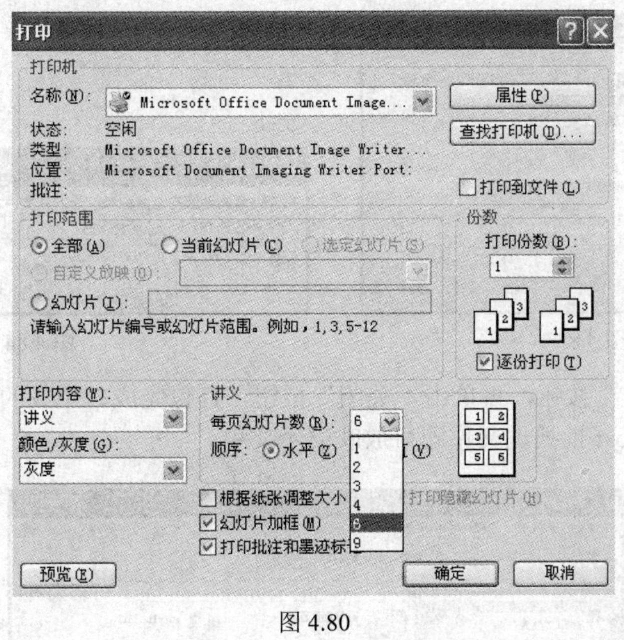


图 4.80

### 4.6.3　演示文稿的打包

演示文稿制作完成后，可以使用“打包”功能将演示文稿的文字和字体打包到一起，以避免进行演示的目标机器上没有安装 PowerPoint 2003 或者因为版本不对造成打开错误。演示文稿打包步骤如下：

（1）打开需要打包的演示文稿，执行“文件”→“打包成 CD”命令，弹出如图 4.81 所示的对话框。

（2）单击“添加文件”按钮，可以把多个演示文稿打包在一起，并可以调整文件之间的播放顺序，如图 4.82 所示。

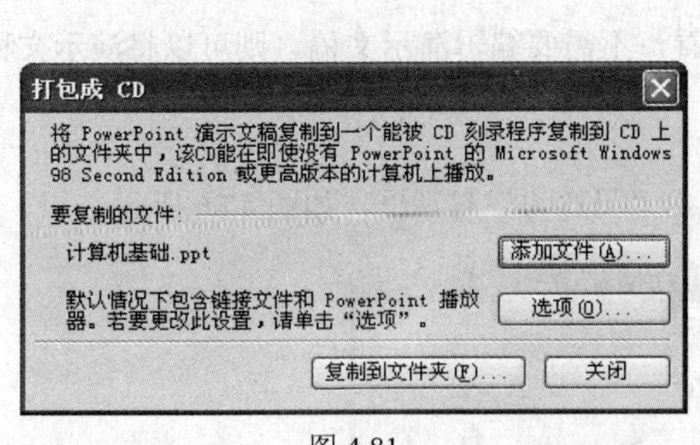


图 4.81

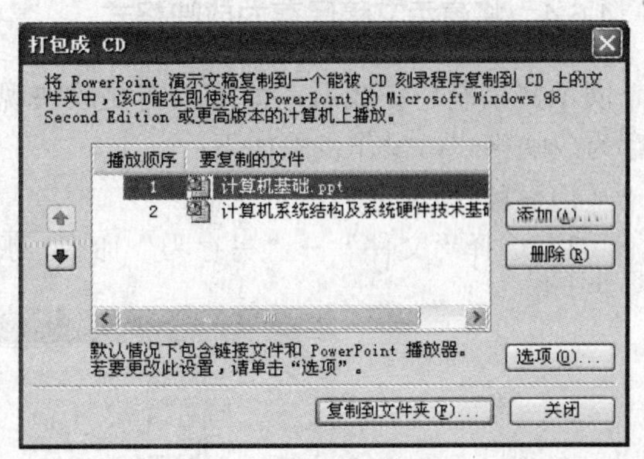


图 4.82

（3）单击“选项”按钮，可以设置是否包含“PowerPoint 播放器”，默认是“包含”的，这样在没有 PowerPoint 时也可以播放演示文稿，还可以设置嵌入的字体和密码保护，如图 4.83 所示。

（4）单击“确定”按钮返回图 4.82 所示的对话框，单击“复制到文件夹”按钮，弹出“复制到文件夹”对话框，设置复制的位置和文件夹的名称，如图 4.84 所示。

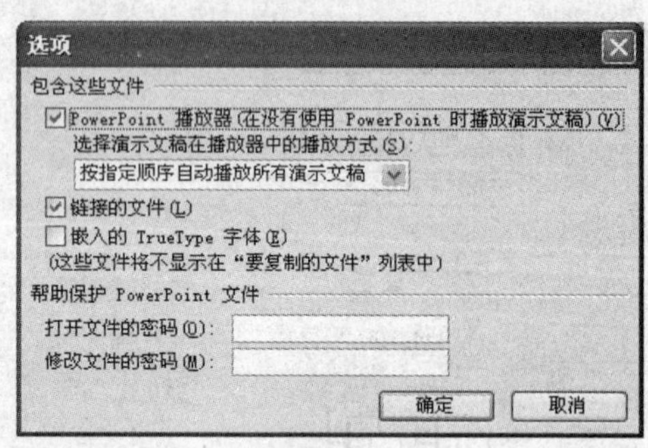


图 4.83

图 4.84

（5）单击“确定”按钮，再单击“关闭”按钮，打包完成，生成的目标文件夹内容如图 4.85 所示。执行 play.bat 批处理文件即可放映演示文稿。

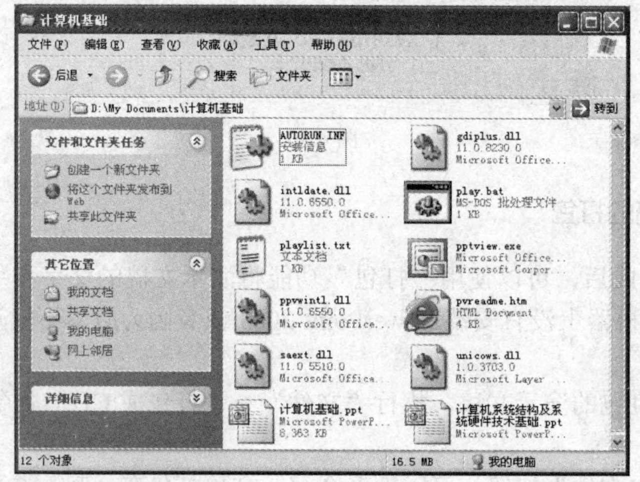


图 4.85

## 4.6.4 将演示文稿保存为放映格式

演示文稿制作完成后，如果只需要放映观看，不需要编辑演示文稿，则可以将演示文稿保存为放映格式，操作步骤如下：

（1）打开编辑好的演示文稿。

（2）选择“文件”→“另存为”命令，弹出“另存为”对话框，如图 4.86 所示。

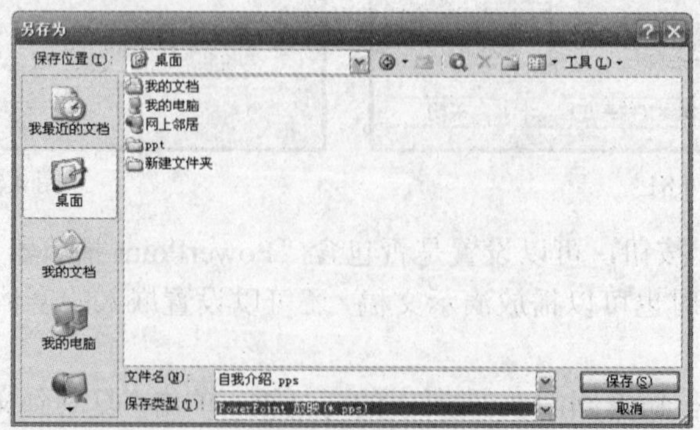


图 4.86

（3）在“保存类型”下拉列表框中选中“PowerPoint 放映”选项。

（4）选择存储位置并输入文件名。

（5）单击“保存”按钮，将生成一个扩展名为.pps 的文件。

当双击.pps 类型的文件后，将直接放映该演示文稿，而不用打开 PowerPoint 软件，放映结束后直接退回到 Windows 系统界面。同时，存为放映格式的.pps 文件可以用 PowerPoint 软件打开和编辑。

### 4.6.5　将演示文稿保存为 Web 格式

在 PowerPoint 中，还可以将演示文稿保存为 Web 格式，以方便利用浏览器来查看。

1. 设置 Web 页的默认格式

制作好演示文稿后，在保存为 Web 格式之前，应该先进行 Web 页默认格式的设置，操作步骤如下：

（1）选择“工具”→“选项”命令，弹出“选项”对话框。

（2）选择“常规”选项卡。

（3）单击“Web 选项”按钮，弹出“Web 选项”对话框，如图 4.87 所示。

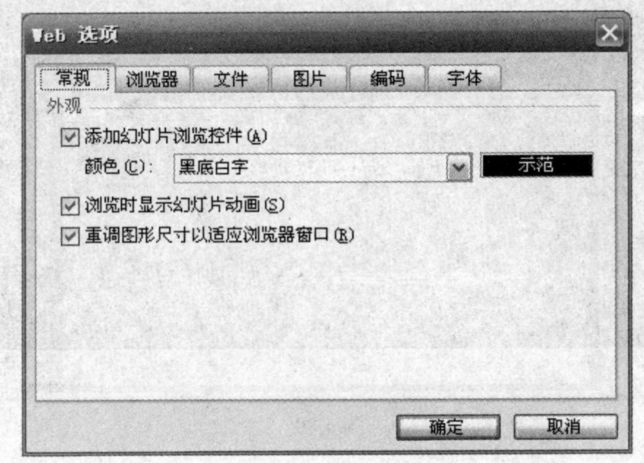


图 4.87

（4）在其中根据需要进行相关的设置。

2. 把 PPT 格式文稿转换为 HTML 格式文档

将制作好的 PPT 格式文稿转换为 HTML 格式文档的操作步骤如下：

（1）打开编辑好的演示文稿。

（2）选择“文件”→“另存为”命令，弹出“另存为”对话框，如图 4.88 所示。

（3）在“保存类型”下拉列表框中选择“网页”选项。

（4）选择存储位置并输入文件名。

（5）如果需要更改网页的标题，则单击“更改标题”按钮，在弹出对话框的“页标题”文本框中输入文本。

（6）单击“确定”按钮，再单击“保存”按钮，将生成一个扩展名为.htm 的网页文件。

3. 用浏览器观看 Web 格式的演示文稿

用浏览器打开 Web 格式的演示文稿，效果如图 4.89 所示。

另存为
保存位置(I): 桌面
工具(L)
我的文档
我的电脑
网上邻居
ppt
新建文件夹
test.html
新建 文本文档 (2).html
我最近的文档
桌面
我的文档
我的电脑
保存一份备份且自定义其内容
发布(P)...
页标题: 幻灯片 1
更改标题(C)...
文件名(N): 自我介绍.htm
保存(S)
保存类型(T): 网页(*.htm; *.html)
取消

图 4.88

幻灯片 1 - Microsoft Internet Explorer
文件(F) 编辑(E) 查看(V) 收藏(A) 工具(T) 帮助(H)
后退 搜索 收藏夹
地址(D) C:\Documents and Settings\Administrator\桌面\自我介绍.files\frame.htm
转到 链接
在XX项目实施后,
我了解到自己缺乏合适的项目管理方法，于是...
2011年3月，我参加了xx
培训，并于同年xx月考取
xx认证
大纲
幻灯片7 /13
幻灯片放映
我的电脑

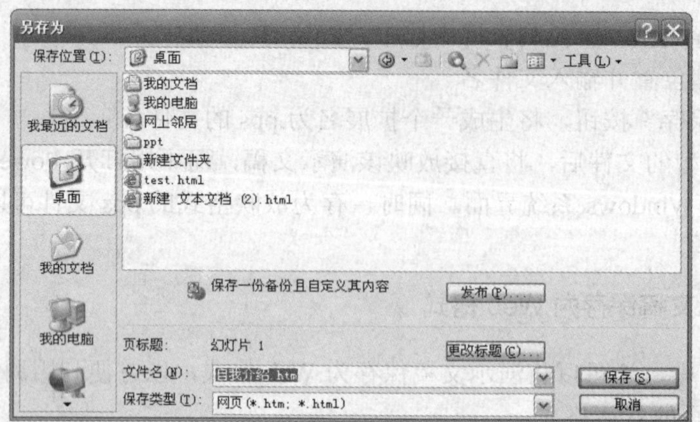

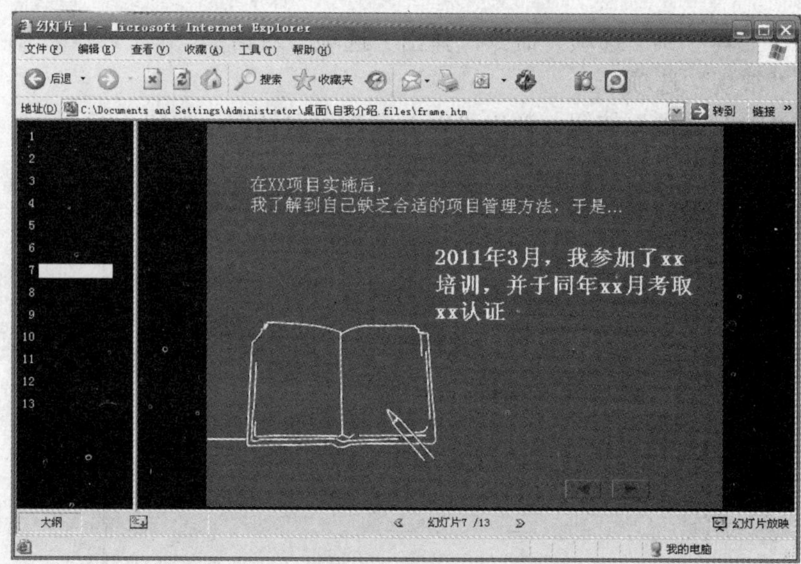

图 4.89

# 第 5 章　办公与计算机网络

计算机网络技术特别是 Internet/Intranet 的迅猛发展，为信息的交换与共享，尤其为团体的协同提供了技术保证，这正是办公室中不可缺少的。在前面我们对办公自动化有了一定了解，办公自动化的问世是随着计算机及其网络应运而生的，其实是网络化办公时代来临所带来的技术产物。本章就来了解一下计算机网络。

## 5.1　计算机网络概述

计算机作为 20 世纪人类最伟大的发明之一，它与现代通讯技术相结合形成的网络正深刻地影响着我们的工作、学习和生活，也改变着人们传统的办公模式，使“移动办公”成为可能。所谓计算机网络，就是利用通信设备和线路将地理位置不同、功能独立的多个计算机系统互连起来，以功能完善的网络软件实现网络中资源共享和信息传递的系统。

### 5.1.1　网络的基本功能和应用

计算机网络是指将有独立功能的多台计算机，通过通信设备线路连接起来，在网络软件的支持下，实现彼此之间资源共享和数据通信的整个系统。它的基本功能在定义中已经得到了具体体现，即数据通信、资源共享和分布处理。

数据通信是计算机网络最基本的功能。它用来快速传送计算机与终端、计算机与计算机之间的各种信息，包括文字信件、新闻消息、咨询信息、图片资料、报纸版面等。利用这一特点，可将分散在各个地区的单位或部门用计算机网络联系起来，进行统一的调配、控制和管理。

而“资源”指的是网络中所有的软件、硬件和数据资源。“共享”指的是网络中的用户都能够部分或全部地享受这些资源。例如，某些地区或单位的数据库（如飞机票、饭店客房等）可供全网使用；某些单位设计的软件可供需要的地方有偿调用或办理一定手续后调用；一些外部设备如打印机可面向用户，使不具有这些设备的地方也能使用这些硬件设备。如果不能实现资源共享，各地区都需要有完整的一套软硬件及数据资源，将大大增加全系统的投资费用。资源共享按资源划分为以下 3 类：

- 硬件共享：用户可以使用网络中任意一台计算机所附接的硬件设备，包括利用其他计算机的中央处理器来分担用户的处理任务，例如同一网络中的用户共享打印机、共享硬盘空间等。
- 软件共享：用户可以使用远程主机的软件（系统软件和用户软件），既可以将相应软件调入本地计算机执行，也可以将数据送至对方主机，运行软件并返回结果。
- 数据共享：网络用户可以使用其他主机和用户的数据。

当某台计算机负担过重时或者该计算机正在处理某项工作时，网络可将新任务转交给空闲的计算机来完成，这样处理能均衡各计算机的负载，提高处理问题的实时性；对大型综合性问题，可将问题各部分交给不同的计算机分头处理，充分利用网络资源，扩大计算机的处理能力，即增强实用性。对解决复杂问题来讲，多台计算机联合使用并构成高性能的计算机体系，这种协同工作、并行处理要比单独购置高性能的大型计算机便宜得多。

将网络的基本功能放在工作及生活的各项应用中，于是就产生了网络纷繁的用途，在信息化高度发展的今天，其无处不在：信息共享与办公自动化、电子邮件、IP 电话、在宽带计算机网络中可以实现在线实时新闻和现场直播、在线游戏、网上交友和实时聊天、电子商务及商业应用、文件传输、网上教学与远程教育、网上冲浪 WWW、云计算等。

### 5.1.2 网络的分类

用于计算机网络分类的标准有很多，如拓扑结构、应用协议等。但是这些标准只能反映网络某方面的特征，最能反映网络技术本质特征的分类标准是分布距离。按照分布距离，可以把网络分为局域网（LAN，Local Area Network）、城域网 MAN（Metropolitan Area Network）、广域网（WAN，Wide Area Network）和国际互联网（Internet）。

（1）局域网。局域网就是局部区域的网络，通常指覆盖范围在 10 公里以内的网络，是将数公里范围内的几台到数百台计算机通过通信线缆连接起来而形成的，通常在学校、企业、大型建筑物中使用。局域网的特点是传输速度快、可靠性高，如校园网。

（2）城域网 MAN。覆盖范围在 10 公里至 100 公里，对一个城市的 LAN 互联，又称为市网。

（3）广域网。通过网络连接设备（如网关、网桥等）将局域网再延伸至几百公里至几千公里，比如一个城市甚至整个国家。

（4）Internet。并不是一种具体的网络技术，它是将不同的物理网络按某种协议统一起来的一种高层技术，由无数的 LAN 和 WAN 共同组成。

### 5.1.3 局域网络的拓扑结构和工作模式

一般把在有限的范围内（几米到几公里），通过各种计算机、外部设备和通信设备互联在一起的网络系统称为局域网。它可以是一个办公室内的几台计算机互相连接组成的网络，也可以是一栋楼房中的几百台甚至上千台计算机互相连接而组成的网络。因此，这里所谓的“局域”其实是指相互连接的计算机相对集中于某一区域，彼此之间的距离不是太远。

局域网通常是以太网，使用 CSMA/CD（载波监听多路访问及冲突检测）技术，并以 10Mb/s 的速率运行在多种类型的电缆上。

20 世纪 90 年代，交换型以太网得到发展，并先后推出了 100 兆的快速以太网、1000 兆的千兆位以太网和 10000 兆的万兆位以太网等更高速的以太网技术。随着 Internet 的快速发展，以太网被广泛使用。值得一提的是，如果接入网也采用以太网，将形成从局域网、接入网、城域网到广域网全部是以太网的结构，这样采用与 IP 数据包结构近似的以太网帧结构，各网之间无缝连接，中间不需要任何格式转换，可以提高运行效率，方便管理，降低成本，这种结构可以提供端到端的连接。基于以上原因，以太网接入得到了快速发展，并且越来越受到人们的重视。

1. 网络拓扑结构

网络拓扑结构是指用传输媒体互连各种设备的物理布局。目前大多数网络使用的拓扑结构有 3 种：

（1）星型拓扑结构。星型结构是最古老的一种连接方式，大家每天使用的电话就属于这种结构，图 5.1 所示为电话网的星型结构，图 5.2 所示为目前使用最普遍的以太网（Ethernet）星型结构，处于中心位置的网络设备称为集线器（Hub）。

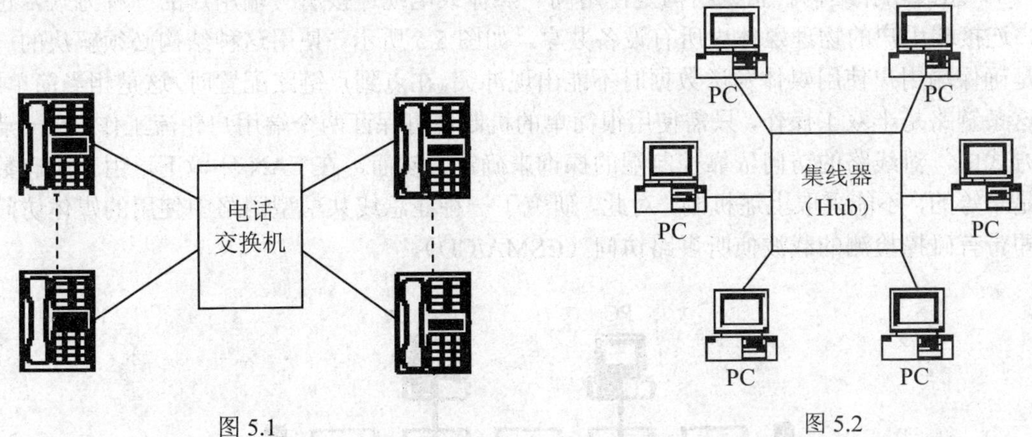


图 5.1　　　　图 5.2

以太网星型结构便于集中控制，因为端用户之间的通信必须经过中心站。由于这一特点，使其具有易于维护和安全等优点。端用户设备因为故障而停机时不会影响其他端用户间的通信。但这种结构也有非常明显的缺点，即中心系统必须具有极高的可靠性，因为中心系统一旦损坏，整个系统便趋于瘫痪。对此中心系统通常采用双机热备份，以提高系统的可靠性。

这种网络拓扑结构的一种扩充便是星形树，如图 5.3 所示。每个 Hub 与端用户的连接仍为星型，Hub 级连而形成树。

（2）环型网络拓扑结构。环型结构在局域网中使用较多。这种结构中的传输媒体从一个端用户到另一个端用户，直到将所有端用户连成环型，如图 5.4 所示。这种结构消除了端用户通信时对中心系统的依赖。

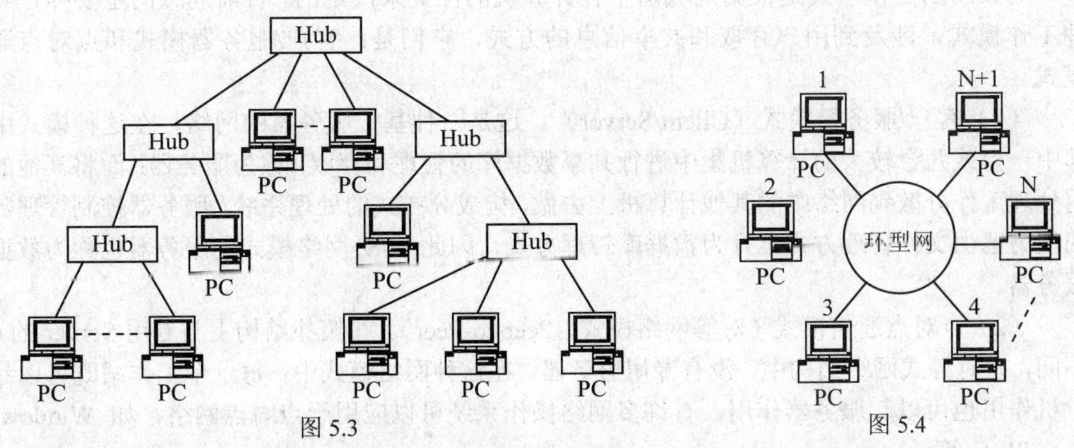


图 5.3　　　　图 5.4

环型结构的特点是，每个端用户都与两个相邻的端用户相连，因而存在着点到点链路，但总是以单向方式操作。于是，便有上游端用户和下游端用户之称。例如图 5.4 中，用户 N 是用户 N+1 的上游端用户，N+1 是 N 的下游端用户。如果 N+1 端需要将数据发送到 N 端，则几乎要绕环一周才能到达 N 端。

环上传输的任何报文都必须穿过所有端点，因此如果环的某一点断开，环上所有端间的通信便会终止。为克服这种网络拓扑结构的脆弱，每个端点除与一个环相连外，还连接到备用环上，当主环故障时，自动转到备用环上。

（3）总线拓扑结构。总线结构是使用同一媒体或电缆连接所有端用户的一种方式，也就是说，连接端用户的物理媒体由所有设备共享，如图 5.5 所示。使用这种结构必须解决的一个问题是确保端用户使用媒体发送数据时不能出现冲突。在点到点链路配置时，这是相当简单的。如果这条链路是半双工操作，只需使用很简单的机制便可保证两个端用户轮流工作。在一点到多点方式中，对线路的访问依靠控制端的探询来确定。然而，在 LAN 环境下，由于所有数据站都是平等的，不能采取上述机制。对此，研究了一种在总线共享型网络中使用的媒体访问方法，即带有碰撞检测的载波侦听多路访问（CSMA/CD）。

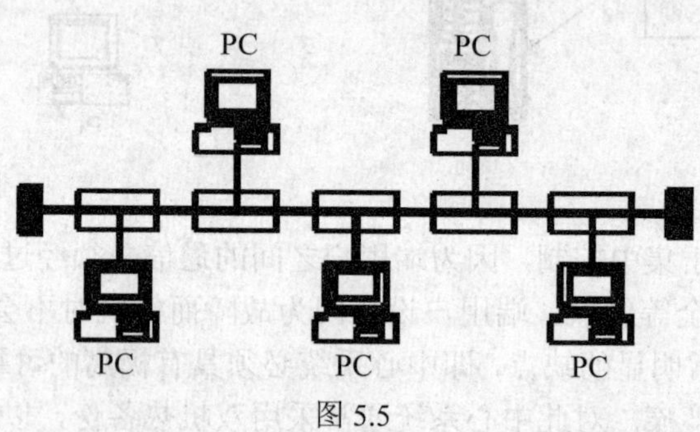


图 5.5

这种结构具有费用低、数据端用户入网灵活、站点或某个端用户失效不影响其他站点或端用户通信的优点。缺点是一次仅能一个端用户发送数据，其他端用户必须等待到获得发送权，以及媒体访问获取机制较复杂。尽管有上述缺点，但由于布线要求简单、扩充容易、端用户失效及增删不影响全网工作，所以是网络技术中使用最普遍的一种。

2. 局域网的工作模式

局域网的工作模式是根据局域网中各计算机的位置来决定的，目前局域网主要存在着两种工作模式，涉及到用户存取和共享信息的方式，它们是：客户/服务器模式和点对点通信模式。

（1）客户/服务器模式（Client/Server）。这是一种基于服务器的网络，在这种模式中，其中一台或几台较大的计算机集中进行共享数据库的管理和存取，称为服务器；而将其他的应用处理工作分散到网络中的其他计算机上去做，构成分布式的处理系统，服务器控制管理数据的能力已由文件管理方式上升为数据库管理方式，因此 C/S 网络模式的服务器也称为数据库服务器。

（2）点对点通信模式（对等网络模式，Peer-to-Peer）。在拓扑结构上与专用 Server 的 C/S 不同，在对等式网络结构中，没有专用服务器。在这种网络模式中，每一个工作站既可以起客户机作用也可以起服务器作用。有许多网络操作系统可以应用于点对点网络，如 Windows、NovellLite 等。

点对点对等式网络有许多优点，如它比上面所介绍的 C/S 网络模式造价低，它们允许数据库和处理机分布在一个很大的范围里，还允许动态地安排计算机需求。当然它的缺点也是非常明显地，那就是提供较少的服务功能，并且难以确定文件的位置，使得整个网络难以管理。

# 5.2 计算机网络组成

## 5.2.1 计算机网络连接设备

1. 网络适配器

网络适配器又称网卡或网络接口卡（Network Interface Card，NIC），它是使计算机联网的设备。网卡插在计算机主板插槽中，负责将用户要传递的数据转换为网络上其他设备能够识别的格式，通过网络介质传输。它的主要技术参数为带宽、总线方式、电气接口方式等。网卡实物图如图 5.6 所示。

图 5.6

网络适配器的基本功能如下：

（1）读入由其他网络设备（路由器、交换机或其他 NIC）传输过来的数据包，经过拆包将其变成客户机或服务器可以识别的数据，通过主板上的总线将数据传输到所需 PC 设备（CPU、内存或硬盘）中。

（2）将 PC 设备发送的数据打包后输送至其他网络设备中。

2. 中继器（物理层连接设备）

中继器（Repeater）是局域网环境下用来延长网络距离的最简单、最廉价的互连设备，工作在物理层，作用是对传输介质上传输的信号接收后经过放大和整形再发送到其传输介质上，经过中继器连接的两段电缆上的工作站就像是在一条加长的电缆上工作一样。

中继器只能连接相同数据传输速率的 LAN。中继器在执行信号放大功能时不需要任何算法，只将来自一侧的信号转发到另一侧（双口中继器）或将来自一侧的信号转发到其他多个端口。中继器只有当网络负载很轻和网络延时要求不高的条件下才能使用。

3. 集线器（物理层连接设备）

集线器（Hub）可以说是一种特殊的中继器，区别在于集线器能够提供多端口服务，每个端口连接一条传输介质，也称为多端口中继器。集线器将多个节点汇接到一起，起到中枢或多路交汇点的作用，是为优化网络布线结构、简化网络管理为目标而设计的，如图 5.7 所示。

图 5.7

4. 网桥（数据链路层连接设备）

网桥（Bridge）也叫桥接器，是连接两个局域网的一种存储/转发设备，工作在数据链路层，它能将一个较大的LAN分割为多个子网，或将两个以上的LAN互连为一个逻辑LAN，使LAN上的所有用户都可以访问服务器。

5. 网关（数据链路层连接设备）

网关（Gateway）实现了不同体系结构和环境之间的通信，数据被网关重新转换后可以从一个网络环境进入另一个不同的网络环境，使各种网络环境能够相互理解、交流对方的数据。网关的功能就是把信息重新进行包装以适应目标网络环境的要求，即网关能够改变信息数据的格式，使之符合接收端的数据要求。

6. 路由器（网络层连接设备）

路由器（Router）是在网络层提供多个独立的子网间连接服务的一种存储/转发设备，如图5.8所示。用路由器连接的网络可以使用在数据链路层和物理层协议完全不同的网络中。路由器提供的服务比网桥更为完善。路由器可以根据传输费用、转接时延、网络拥塞或信源和终点间的距离来选择最佳路径。

图 5.8

在实际应用中，路由器通常作为局域网与广域网连接的设备。

7. 交换机（数据链路层连接设备）

交换机（Switch）是在集线器的基础上发展起来的（如图5.9所示），它的功能和特点如下：

- 具有与Hub同样的功能。
- 具有存储转发、分组交换能力。
- 具有子网和虚网管理能力。
- 各用户终端独占带宽。
- 交换机可以堆叠。

图 5.9

### 5.2.2 网络通信介质

信息的传输是从一台计算机传输到另一台计算机，或从一个节点传输到另一个节点，它们都是通过通信介质实现的。下面介绍几种常用的通信介质。

1. 同轴电缆

同轴电缆可分为两类：粗缆和细缆，这种电缆在实际中应用很广，比如有线电视网就是使用同轴电缆。不论是粗缆还是细缆，其中央都是一根铜线，外面包有绝缘层。同轴电缆由内部导体环绕绝缘层以及绝缘层外的金属屏蔽网和最外层的护套组成，如图 5.10 所示。

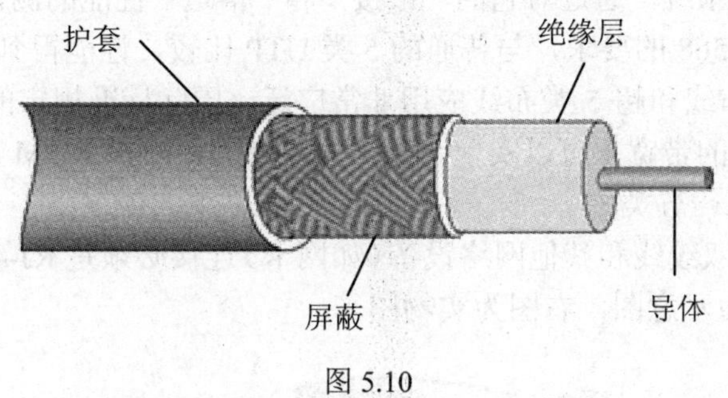


图 5.10

2. 双绞线

双绞线（Twisted Pairwire，TP）是布线工程中最常用的一种传输介质。双绞线是由相互按一定扭距绞合在一起的类似于电话线的传输媒体，每根线加绝缘层并由色标来标记，如图 5.11 所示，左图为示意图，右图为实物图。成对线的扭绞旨在使电磁辐射和外部电磁干扰减到最小。目前，双绞线可分为非屏蔽双绞线（Unshielded Twisted Pair，UTP）和屏蔽双绞线（Shielded Twisted Pair，STP）。我们平时接触比较多的是 UTP 线。

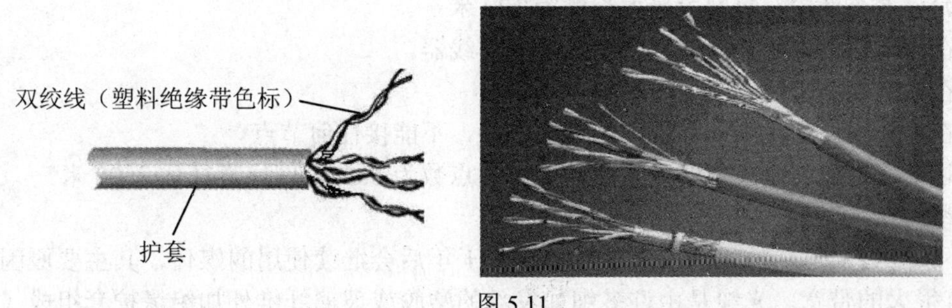


图 5.11

目前 EIA/TIA（电气工业协会/电信工业协会）为双绞线电缆定义了 5 种不同质量的型号，如下：

- 第一类：主要用于传输语音（一类标准主要用于 80 年代初之前的电话线缆），不用于数据传输。
- 第二类：用于低速网络的电缆，这些电缆能够支持最高 4Mb/s 的实施方案，在 LAN 中很少使用。
- 第三类：在以前的以太网中（10M）比较流行，最高支持 16Mb/s 的容量，但大多数通常用于 10Mb/s 的以太网，主要用于 10base-T。

- 第四类：该类双绞线在性能上比第三类有一定改进，用于语音传输和最高传输速率为16Mb/s 的数据传输。四类电缆用于比三类距离更长且速度更高的网络环境，它可以支持最高 20Mb/s 的容量。主要用于基于令牌的局域网和 10base-T/100base-T。这类双绞线可以是 UTP，也可以是 STP。
- 第五类：该类电缆增加了绕线密度，外套一种高质量的绝缘材料，传输频率为100MHz，用于语音传输和最高传输速率为 100Mb/s 的数据传输，这种电缆用于高性能的数据通信，它可以支持高达 100Mb/s 的容量。主要用于 100base-T 和 10base-T网络，这是最常用的以太网电缆。最近又出现了超 5 类线缆，它是一个非屏蔽双绞线（UTP）布线系统，通过对它的“链接”和“信道”性能的测试表明，它超过 5 类线标准 TIA/EIA568 的要求，与普通的 5 类 UTP 比较，性能得到了很大提高。

如今市场上 5 类布线和超 5 类布线应用非常广泛，国际标准规定的 5 类双绞线的频率带宽是 100MHz，在这样的带宽上可以实现 100M 的快速以太网和 155M 的 ATM 传输。计算机网络综合布线使用第三～五类。

使用双绞线组网，双绞线和其他网络设备（如网卡）连接必须是 RJ-45 接头（也叫水晶头），如图 5.12 所示，左图为示意图，右图为实物图。

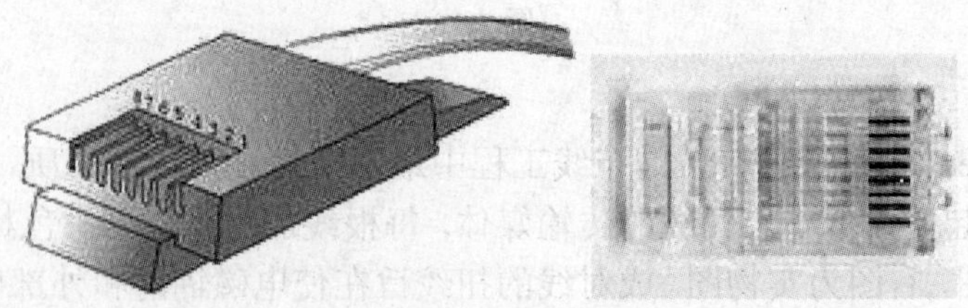

图 5.12

双绞线（10base-T）以太网技术规范可归结为 5-4-3-2-1 规则：

（1）允许 5 个网段，每网段最大长度为 100 米。

（2）在同一信道上允许连接 4 个中继器或集线器。

（3）在其中的 3 个网段上可以增加节点。

（4）在另外两个网段上，除了中继器链路外，不能接任何节点。

（5）这样将组建一个大型的冲突域，最大站点数为 1024，网络直径达 2500 米。

3. 光缆

光缆不仅是目前可用的媒体，而且是今后若干年后会继续使用的媒体，其主要原因是这种媒体具有很大的带宽。光缆是由许多细如发丝的塑胶或玻璃纤维外加绝缘护套组成（如图 5.13 所示），光束在玻璃纤维内传输，防磁防电，传输稳定，质量高，适于高速网络和骨干网。光纤与电导体构成的传输媒体最基本的差别是，它的传输信息是光束，而非电气信号。因此，光纤传输的信号不受电磁的干扰。

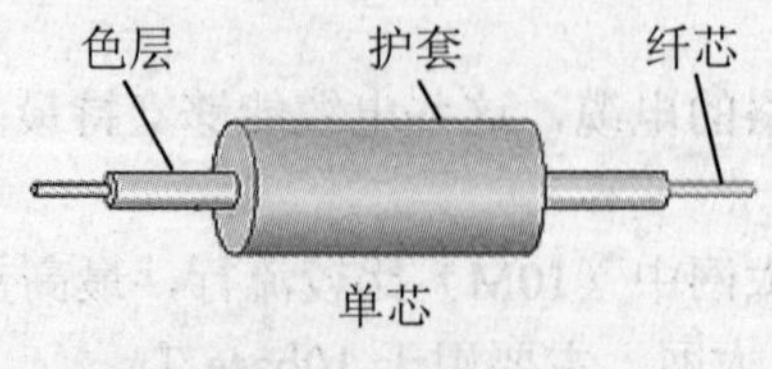


图 5.13

表 5.1 所示是同轴电缆、双绞线、光缆这 3 种传输媒介的比较。

表 5.1

| 传输媒介 | 价格 | 电磁干扰 | 频带宽度 | 单段最大长度 |
|---|---|---|---|---|
| UTP | 最便宜 | 高 | 低 | 100 米 |
| STP | 一般 | 低 | 中等 | 100 米 |
| 同轴电缆 | 一般 | 低 | 高 | 185 米/500 米 |
| 光缆 | 最高 | 无 | 极高 | 几十公里 |

4. 无线介质

上述三种通信介质的有一个共同的缺点，那便是都需要一根线缆连接电脑，这在很多场合下是不方便的。无线介质不使用电子或光学导体。大多数情况下地球的大气便是数据的物理性通路。从理论上讲，无线介质最好应用于难以布线的场合或远程通信。无线介质有三种主要类型：无线电、微波及红外线。

## 5.3 计算机网络协议与标准

### 5.3.1 网络协议

就像我们说话用某种语言一样，在网络上的各台计算机之间也有一种语言，这就是网络协议，不同的计算机之间必须使用相同的网络协议才能进行通信。Internet 上的计算机使用的是 TCP/IP 协议。

网络协议的 3 个要素：

- 语义（Semantics）：涉及用于协调与差错处理的控制信息。
- 语法（Syntax）：涉及数据及控制信息的格式、编码及信号电平等。
- 定时（Timing）：涉及速度匹配和排序等。

### 5.3.2 网络体系结构

计算机网络系统是一个十分复杂的系统。将一个复杂系统分解为若干个容易处理的子系统，然后“分而治之”，这种结构化设计方法是工程设计中常见的手段。

网络的体系结构（Architecture）就是计算机网络各层次及其协议的集合。层次结构一般以垂直分层模型来表示。

网络体系结构的特点如下：

- 以功能作为划分层次的基础。
- 第 n 层的实体在实现自身定义的功能时，只能使用第 n-1 层提供的服务。
- 第 n 层在向第 n+1 层提供服务时，此服务不仅包含第 n 层本身的功能，还包含由下层服务提供的功能。
- 仅在相邻层间有接口，且所提供服务的具体实现细节对上一层完全屏蔽。

### 5.3.3 ISO/OSI 参考模型

OSI（Open System Interconnection，开放系统互连）基本参考模型是由国际标准化组织（ISO）制定的标准化开放式计算机网络层次结构模型，称为 ISO/OSI 参考模型。“开放”这个词表示能使任何两个遵守参考模型和有关标准的系统进行互连。

OSI 包括了体系结构、服务定义和协议规范三级抽象。

OSI 参考模型对各个层次的划分遵循以下原则：

- 网络中各节点都有相同的层次，相同的层次具有同样的功能。
- 同一节点内相邻层之间通过接口通信。
- 每一层使用下层提供的服务，并向其上层提供服务。
- 不同节点的同等层按照协议实现对等层之间的通信。

根据以上原则，ISO 制定了开放系统参考模型 OSIRM，如图 5.14 所示。

| 层次 | OSI |
|---|---|
| 7 | 应用层 |
| 6 | 表示层 |
| 5 | 会话层 |
| 4 | 传输层 |
| 3 | 网络层 |
| 2 | 数据链路层 |
| 1 | 物理层 |

图 5.14

（1）物理层。物理层规定了激活、维持、关闭通信端点之间的机械特性、电气特性、功能特性及过程特性，为上层协议提供了一个传输数据的物理媒体，数据的单位称为比特（bit）。

属于物理层定义的典型规范代表包括 EIA/TIARS-232、EIA/TIARS-449、RJ-45 等。

（2）数据链路层。数据链路层在不可靠的物理介质上提供可靠的传输，作用包括物理地址寻址、数据成帧、流量控制、数据检错/重发等，数据的单位称为帧（Frame）。

数据链路层协议的代表包括 SDLC、HDLC、PPP、STP、帧中继等。

（3）网络层。网络层负责对子网间的数据包进行路由选择，还可以实现拥塞控制、网际互连等功能，数据的单位称为数据包（Packet）。

网络层协议的代表包括 IP、IPX、RIP、OSPF 等。

（4）传输层。传输层是第一个端到端，即主机到主机的层次，负责将上层数据分段并提供端到端的、可靠的或不可靠的传输，还要处理端到端的差错控制和流量控制问题，数据的单位称为数据段（Segment）。

传输层协议的代表包括 TCP、UDP、SPX 等。

（5）会话层。会话层管理主机之间的会话进程，即负责建立、管理、终止进程之间的会话，还利用在数据中插入校验点来实现数据的同步。

会话层协议的代表包括 NetBIOS、ZIP（AppleTalk 区域信息协议）等。

（6）表示层。表示层对上层数据或信息进行变换以保证一个主机应用层信息可以被另一个主机的应用程序理解。表示层的数据转换包括数据的加密、压缩、格式转换等。

表示层协议的代表包括 ASCII、ASN.1、JPEG、MPEG 等。

（7）应用层。应用层为操作系统或网络应用程序提供访问网络服务的接口。

应用层协议的代表包括 Telnet、FTP、HTTP、SNMP 等。

### 5.3.4 IEEE802 标准

为研究局域网技术和制定相应的标准，美国电气电子工程师协会（IEEE）于 1980 年 2 月成立了一个专门的 IEEE802 委员会，下设若干分委会，分别研究 LAN 的不同发展领域，所以以太网的标准全是以 802.X 的形式出现的，最初的 5 个标准为：

- 802.1：LAN 的总体结构、系统构成、管理和互连。
- 802.2：由于物理介质的不断变化，IEEE802 委员会把 OSI 的数据链路层分为两个子层。
  - ➢ 介质存取控制（MAC）：与物理介质有关，负责对共享介质的存取，常用的协议有 802.3 和 802.5 等。
  - ➢ 逻辑链路控制（LLC）：负责处理差错检测、流量控制、分帧及 MAC 子层的编址等，常用的协议有 802.2，提供了对上层（网络层）协议的鉴别。
- 802.3：载波监听多路访问/冲突检测（CSMA/CD），其工作原理和 LAN 完全相同，只是在帧结构上略有差别。
- 802.4：TokingPassing 令牌总线网。
- 802.5：Token 令牌环。

随着网络技术的发展和完善，IEEE802 标准也在不断增加，如 IEEE802.7 标准定义了宽带局域网访问控制方法与物理层规范，IEEE802.11 标准定义了无线局域网技术与物理层规范。

## 5.4 Internet 及其应用

### 5.4.1 Internet 概述

Internet 又称为因特网或国际互联网，是目前世界上影响最大的国际性计算机网络。其准确的描述是：因特网是一个网络的网络（A Network Of Network）。它以 TCP/IP 网络协议将各种不同类型、不同规模、位于不同地理位置的物理网络连接成一个整体。它也是一个国际性的通信网络集合体，融合了现代通信技术和现代计算机技术，集各个部门、领域的各种信息资源为一体，从而构成网上用户共享的信息资源网。它的出现是世界由工业化走向信息化的必然和象征。

1. Internet 的组成

典型的因特网可分为资源子网和通信子网两个部分。资源子网是信息资源的提供者，并且网上各站点具有访问网络信息资源和处理数据的能力，资源子网由计算机系统、终端控制器和连网设备等共同组成。通信子网提供了通信线路的功能，它由网络节点、通信链路和信号变换设备等共同组成。公用的通信子网由国家电信部门统一组建与管理，一般用户单位无权干涉。

2. Internet 的工作原理

Internet 使用 TCP/IP 协议进行数据通信。当一个 Internet 用户给其他机器发送一个数据时，TCP 将该数据分解成若干小数据包，再加上一些特定的信息（可以类比为运输货物的装箱单），以便接收方的机器可以判断传输是正确无误的，由 IP 在数据包上标上有关地址信息。连续不断的 TCP/IP 数据包可以经由不同的路由到达同一个地点。有个专门的机器，即路由器，位于网络的交叉点上，它决定数据包的最佳传输途径，以便有效地分散 Internet 的各种业务量载荷，避免系统某一部分过于繁忙而发生“堵塞”。当 TCP/IP 数据包到达目的地后，计算机将去掉 IP 的地址标志，利用 TCP 的“装箱单”检查数据在传输过程中是否有损失，在此基础上将各数据包重新组合成原数据文件。如果接收方发现有损坏的数据包，则要求发送端重新发送被损坏的数据包。

一种叫做网关（Gateway）的专用机器使得各种不同类型的网可以使用 TCP/IP 语言同 Internet 打交道。网关将计算机网的本地语言（协议）转化成 TCP/IP 语言，或者将 TCP/IP 语言转化成计算机网的本地语言。采用网关技术可以实现采用不同协议的计算机网络之间的联结和共享。

对于用户来说，Internet 就像是一个巨大的无缝隙的全球网，对请求可以立即做出响应，这是由计算机、网关、路由器以及协议来共同保证的。

### 5.4.2 Internet 协议

Internet 采用的主要协议就是 TCP/IP 协议。TCP/IP 协议又称为 TCP/IP 模型，是 Internet 的协议簇，也是一种分层结构。它的层次结构及与 OSI 参考模型的对应关系如图 5.15 所示。

| OSI | TCP/IP 协议集 | |
|---|---|---|
| 应用层 | 应用层 | Telnet、FTP、SMTP、DNS、HTTP 以及其他应用协议 |
| 表示层 | | |
| 会话层 | | |
| 传输层 | 传输层 | TCP、UDP |
| 网络层 | 网络层 | IP、ARP、RARP、ICMP |
| 数据链路层 | 网络接口层 | 各种通信网络接口（以太网等）（物理网络） |
| 物理层 | | |

图 5.15

在 TCP/IP 参考模型中，去掉了 OSI 参考模型中的会话层和表示层（这两层的功能被合并到应用层实现），同时将 OSI 参考模型中的数据链路层和物理层合并为网络接口层。

1．网络接口层

网络接口层与 OSI 参考模型中的物理层和数据链路层相对应。网络接口层是 TCP/IP 与各种 LAN 或 WAN 的接口。

网络接口层在发送端将上层的 IP 数据报封装成帧后发送到网络上，数据帧通过网络到达接收端时该节点的网络接口层对数据帧拆封，并检查帧中包含的 MAC 地址，如果该地址就是本机的 MAC 地址或者是广播地址，则上传到网络层，否则丢弃该帧。

2．网络层

网络层是整个 TCP/IP 协议栈的核心，功能是把分组发往目标网络或主机。

网络层定义了分组格式和协议（网际协议），即 IP 协议（Internet Protocol）。

IP 协议是 TCP/IP 协议簇中最为核心的协议。所有的 TCP、UDP、ICMP 及 IGMP 数据都以 IP 数据报格式传输。由于 IP 在 TCP/IP 协议中如此的重要，它成为 TCP/IP 互联网设计中最基本的部分，有时都称 TCP/IP 互联网为基于 IP 技术的网络。

IP 提供了 3 个重要的定义，如下：

- IP 定义了在整个 TCP/IP 互联网上数据传输所用的基本单元，因此它规定了互联网上传输数据的确切格式。
- IP 软件完成路由选择的功能，选择一个数据发送的路径。
- 不可靠分组投递思想的规则，这些规则指明了主机和路由器应该如何处理分组、实际如何发出错误信息，以及在什么情况下可以放弃分组。

网络层除了需要完成路由的功能外，也可以完成将不同类型的网络（异构网）互连的任务。除此之外，网络层还需要完成拥塞控制的功能。

3. 传输层

在 TCP/IP 模型中，传输层的功能是使源端主机和目标端主机上的对等实体可以进行会话。在传输层定义了两种服务质量不同的协议：传输控制协议 TCP（Transmission Control Protocol）和用户数据报协议 UDP（User Datagram Protocol）。

（1）传输控制协议。TCP 协议是一个面向连接的、可靠的端对端协议。它将一台主机发出的字节流无差错地发往互联网上的其他主机。在发送端，它负责把上层传送下来的字节流分成报文段并传递给下层。在接收端，它负责把收到的报文进行重组后递交给上层。TCP 协议还要处理端到端的流量控制，以避免缓慢接收的接收方没有足够的缓冲区接收发送方发送的大量数据。

TCP 是一种面向连接的、可靠的传输层协议。TCP 协议建立在不可靠的网络层 IP 协议之上，IP 不能提供任何可靠性机制，TCP 的可靠性完全由自己实现。

TCP 采用的最基本的可靠性技术有：

- 确认与超时重传。
- 流量控制。

（2）用户数据报协议。UDP 协议是一个不可靠的、无连接的协议，主要适用于不需要对报文进行排序和流量控制的场合。

UDP 协议的主要特点如下：

- UDP 是一种无连接的、不可靠的传输层协议。
- 在完成进程到进程的通信中提供了有限的差错检验功能。

设计比较简单的 UDP 协议的目的是希望以最小的开销来达到网络环境中的进程通信目的。进程发送的报文较短，同时对报文的可靠性要求不高，那么可以使用 UDP 协议。

4. 应用层

TCP/IP 模型将 OSI 参考模型中的会话层和表示层的功能合并到应用层实现。

应用层的主要协议有：

（1）文件传输协议 FTP（File Transfer Protocol）：提供了有效地将数据从一台机器移动到另一台机器的方法。FTP 是应用于 TCP/IP 协议及 Internet 的最简单的协议之一，使主机间的文件可以共享。

FTP 的主要功能如下：

- 提供文件的共享（计算机程序/数据）。
- 支持远距离计算机间接或直接连接。

- 保护用户不因各类主机文件存储器系统的差异而受到影响。
- 可靠且有效地传输数据。

（2）远程登录协议 Telnet：允许一台机器上的用户登录到远程机器上并且进行工作的标准协议，是 Internet 上最广泛的应用之一，使用客户机/服务器模式。

Telnet 协议提供的基本服务：

- Telnet 定义一个网络虚拟终端为远地的系统提供一个标准接口，客户机程序不必详细了解远地的系统，它们只需构造使用标准接口的程序。
- Telnet 包括一个允许客户机和服务器协商选项的机制，而且它还提供一组标准选项。
- Telnet 对称处理连接的两端，即 Telnet 不强迫客户机从键盘输入，也不强迫客户机在屏幕上显示输出。

远程登录的条件如下：

- 有包含 Telnet 协议的客户程序。
- 远程主机的 IP 地址或域名。
- 登录标识与口令。

Telnet 远程登录服务过程如下：

①本地与远程主机建立连接。该过程实际上是建立一个 TCP 连接，用户必须知道远程主机的 IP 地址或域名。

②将本地终端上输入的用户名和口令及以后输入的任何命令或字符以 NVT（Net Virtual Terminal）格式传送到远程主机。该过程实际上是从本地主机向远程主机发送一个 IP 数据报。

③将远程主机输出的 NVT 格式的数据转化为本地所接受的格式送回本地终端，包括输入命令回显和命令执行结果。

④本地终端对远程主机进行撤消连接。

（3）电子邮件协议 SMTP（Simple Message Transfer Protocol）：最初仅是一种文件传输，后来为它提出了专门的协议。

（4）域名系统服务 DNS（Domain Name Service）：用于把主机名映射到网络地址。

（5）超文本传输协议 HTTP（Hypertext Transfer Protocol）：用于在万维网（WWW）上获取主页等。

### 5.4.3 IP 地址与域名

1. IP 地址

在国际互联网（Internet）上有成千百万台主机（Host），为了区分这些主机，人们给每台主机都分配了一个唯一的“地址”作为标识，称为 IP 地址，常见的 IP 地址分为 IPv4 与 IPv6 两大类。本书所指为 IPv4。

每个 IP 地址都是由两部分组成的：网络号和主机号。其中网络号标识一个物理的网络，而主机号用来标识网络中的一台主机。

IP 地址有两种表示形式：二进制和点分十进制。每个 IP 地址的长度为 4 字节，由 4 个 8 位域组成，字节之间用“.”分开，表示为一个 0～255 的十进制数。

为了方便管理使用和适应不同大小的网络，对 IP 地址进行了分类，可以通过 IP 地址的前 8 位来确定地址的类型，如表 5.2 所示。

表 5.2

| 类型 | IP 形式 | 网络号 | 主机号 | 范围 |
|---|---|---|---|---|
| A 类 | w.x.y.z | w | x.y.z | w 是 1～126 |
| B 类 | w.x.y.z | w.x | y.z | w 是 128～191 |
| C 类 | w.x.y.z | w.x.y | z | w 是 192～223 |

A 类地址：可以拥有很大数量的主机，最高位为 0，紧跟的 7 位表示网络号，余下 24 位表示主机号，总共允许有 126 个网络。

B 类地址：被分配到中等规模和大规模的网络中，最高两位总被置为二进制的 10，允许有 16384 个网络。

C 类地址：被用于局域网，高 3 位被置为二进制的 110，允许大约 200 万个网络。

D 类地址：被用于多路广播组用户，高 4 位总被置为 1110，余下的位用于标明客户机所属的组。

E 类地址：是一种仅供试验的地址。

下面是几种用作特殊用途的 IP 地址：

- 主机段（即宿主机）ID 全部设为 0 的 IP 地址称为网络地址，如 129.45.0.0 就是 B 类网络地址。
- 主机 ID 部分全设为 1（即 255）的 IP 地址称为广播地址，如 129.45.255.255 就是 B 类的广播地址。
- 网络 ID 不能以十进制 127 作为开头，在地址中数字 127 保留给诊断用。如 127.1.1.1 用于回路测试，同时网络 ID 的第一个 8 位组也不能全置为 0，全置 0 表示本地网络。网络 ID 部分全为 0 和全为 1 的 IP 地址被保留使用。

2. 域名

在因特网中计算机通过 IP 地址来确定每台主机的位置，但由于 IP 地址是由四段式 32 位二进制数字组成的，抽象难记，因此有必要使用一种更易于记忆的系统，Internet 上引进了域名服务系统 DNS（Domain Name System）。DNS 用于把域名翻译成电脑能识别的 IP 地址。例如，如果有人要访问 sohu 的网站（www.sohu.com），DNS 就把域名译为 IP 地址 61.135.132.3，完成这一任务的过程就称为域名解析。

（1）域名组成。域名采用层次结构，每一层构成一个子域名，子域名之间用圆点隔开。域名地址是从右至左来表述其意义的，最右边的部分为顶层域，最左边的则是这台主机的机器名称。一般域名地址可表示为：主机机器名.单位名.网络名.顶层域名。如 www.sina.com.cn，这里的 www 代表是万维网服务，sina 代表单位，com 代表商业机构，cn 代表中国。顶层域一般是网络机构或所在国家地区的名称缩写。

1）以机构性质命名的域和以国家地区代码命名的域。常见的以机构性质命名的域一般由 3 个字符组成，如表示商业机构的 com、表示教育机构的 edu 等。以机构性质或类别命名的域如表 5.3 所示。

2）以国家或地区代码命名的域，一般用两个字符表示，是为世界上每个国家和一些特殊的地区设置的，如中国为 cn、香港为 hk、日本为 jp、美国为 us 等。但是，美国国内很少用 us 作为顶级域名，而一般都使用以机构性质或类别命名的域名。表 5.4 所示是一些常见的国家或地区代码命名的域。

表 5.3

| 域名 | 含义 |
| --- | --- |
| com | 商业机构 |
| edu | 教育机构 |
| gov | 政府部门 |
| mil | 军事机构 |
| net | 网络组织 |
| int | 国际机构（主指北约） |
| org | 其他非盈利组织 |

表 5.4

| 国家或地区 | 域名 | 国家或地区 | 域名 |
| --- | --- | --- | --- |
| 中国 | .cn | 美国 | .us |
| 加拿大 | .ca | 德国 | .de |
| 荷兰 | .nl | 芬兰 | .fi |
| 日本 | .jp | 英国 | .uk |
| 澳大利亚 | .au | 新加坡 | .sg |
| 韩国 | .kr | 中国香港 | .hk |
| 瑞典 | .se | 法国 | .fr |
| 印度 | .in | 中国台湾 | .tw |
| 俄罗斯 | .ru | 南非 | .za |

（2）域名解析。通过它完成域名与 IP 地址的转换，在技术上实现了用域名代表互联网上的地址。键入域名（如 www.sina.com.cn）后，计算机向域名服务系统（DNS Servers）发出请求，域名服务系统将收到的域名转换成 IP 地址（221.236.31.150）并传回计算机，计算机根据此 IP 地址进行访问，从而实现域名与 IP 地址的转换过程。

### 5.4.4 Internet 接入技术

接入 Internet 有多种方法，一般分为拨号上网方式和专线上网方式两种，其中拨号方式费用便宜但是速度较慢，而专线方式虽能提供比较宽的频带但是价钱却比较贵。

1. DDN 专线接入方式

DDN（Digital Data Network，数字数据网）是利用数字信道提供永久或半永久性连接电路，以传输数据信号为主的通信网。它的主要作用是提供点对点、点对多点的透明传输的数据专线电路，用于传送数字化传真、数字话音、数字图像信号或其他数字化信号。这种专线接入方式可以分配 N 个固定 IP 给用户使用，入网后，网上的所有终端和工作站均可享用所有 Internet 的服务。

2. ADSL

DSL（Digital Subscriber Line）是数字用户线技术的简称。简单地说，数字用户线技术就是利用数字技术来扩大现有电话线（双绞铜线）传输频带宽度的技术，也就是利用电话线进行宽带高频信号传输的技术，它包括多种不同分支，常被统称为 xDSL，目前比较成熟的 xDSL 数字用户线方案有 ADSL、HDSL、SDSL 和 VDSL 等。

ADSL（Asymmetrical Digital Subscriber Loop，非对称数字用户线环路）利用现有的一对铜双绞线（即普通电话线）为用户提供上下行非对称的传输速率（带宽），上行（从用户到网络）为低速传输，下行（从网络到用户）为高速传输。它因其下行速率高、频带宽、性能优等特点而深受广大用户喜爱，成为继 Modem、ISDN 之后的又一种全新的更快捷、更高效的接入方式。

ADSL 的主要特点及优点如下：

- 可直接利用现有的用户电话线，无须另铺电缆，节省投资。
- 能提供上下行不对称的传输带宽。
- 采用点对点的拓扑结构，用户可独享高带宽，以超高速上网（比普通 Modem 高数十倍到上百倍）。
- 可广泛用于视频业务及高速 Internet 等数据的接入，它的网上视频实时播放（VOD、MTV 等），突破传统 Modem 网上视频播放差的限制。
- 上网的同时可以打电话，互不影响，而且上网时不需要另交电话费。

3. ISDN

ISDN 是综合业务数字网的简称，它由电话综合数字网（IDN）发展而来。ISDN 是数字交换和数字传输的结合，它以迅速、准确、经济、有效的方式提供目前各种通信网络中现有的业务，而且将通信和数据处理结合起来，开创了很多前所未有的新业务。ISDN 是一个全数字的网络，也就是说，不论原始信号是话音、文字、数据还是图像，只要可以转换成数字信号就都能在 ISDN 网络中进行传输。在传统的电话网络中，实现了网络内部的数字化，但在用户到电话局之间仍采用模拟传输，很容易由于沿途噪声的积累引起失真。而对于 ISDN 来说，实现了用户线的数字化，提供端到端的数字连接，传输质量大大提高。

### 5.4.5 Internet 的信息服务

信息服务是 Internet 的最基本功能之一，主要包括：远程登录 Telnet、电子邮件 E-mail、文件传输 FTP、公告板服务 BBS、全球信息网（万维网）WWW、信息检索等。当前 Internet 上提供的信息服务基本采用的是 C/S（客户/服务器）模型的服务模式。

1. 全球信息网服务 WWW

WWW（World Wide Web）是分布式超媒体系统，是信息检索技术与超文本技术相结合且使用简单、功能强大的全球信息系统，是目前 Internet 提供的最主要的信息服务。WWW 向用户提供一个高级浏览服务，用户通过一个多媒体的图形浏览界面，在 WWW 提供的信息栏上一层一层地选择，通过超文本链接查询详细资料。

（1）WWW 服务中使用的协议。在 WWW 服务中使用的主要协议是超文本传输协议 HTTP 协议（Hypertext Transfer Protocol），相关的协议有 HTML、URL、MIME，协议中规定 HTTP 服务器默认是 TCP 端口 80。

（2）超文本。超文本是由 HTML（超文本标记语言，Hyper Text Mark-up Language）标注而成的一种特殊的文本文件，其中的一些字符被超文本标记语言 HTML 标记为超链接，在显示时其字体或颜色有所变化，或者标有下划线，以区别于一般的正文。当鼠标的光标移动到一个超链接上时，光标的形状将发生变化，按下鼠标的执行键，浏览的内容将转到该超链接指定的文件或文件的具体位置。在超文本文件中通过 HTML 语言的标注可以加入声音、图形、图像、视频等文件信息，通过浏览器显示出来。

（3）URL。即统一资源定位地址（Uniform Resource Locator），是在 Internet 中定位信息资源文件的完整标识，通常在浏览器的地址栏中显示出来。其具体格式为 Protocol://Server_Name:Port/Document_Name，Protocol 为访问文档采用的协议名；Server_Name 为文档所在主机的域名；Port 为可选的协议端口号；Document_Name 为在计算机上的文档名。

例如 http://www.edu.cn/index.html，说明当前采用 HTTP 协议，访问主机名为 www.edu.cn 的服务器上的超文本 index.html。

（4）WWW 的工作流程。客户机通过运行本地的浏览器程序，在浏览器中发出服务请求，服务请求将通过 HTTP 协议（超文本传输协议）传到远程服务主机，服务主机根据客户的请求在其保存的资源文件中查找到客户所请求的资源，然后通过 HTTP 协议传递给客户机，在客户的浏览器中显示出来。

（5）主页。WWW 服务器中保存大量的超文本文件和超文本文件中所标注的其他资源文件，当访问该服务器而没有指定具体文件名时，服务器会将一个默认的超文本文件传递给用户，此文件称为主页（HomePage）或首页，默认的主页文件名为 index.html。主页在 WWW 服务器上起到了一个目录的作用，可以引导用户一层层地查找自己所需的信息。

2. 文件传输服务 FTP

文件传输服务（FTP 服务）是 Internet 的一种基本服务，它是通过网络使用文件传输协议将一台计算机磁盘上的文件传输到另一台计算机磁盘上的一种操作。

（1）FTP 服务中使用的协议。在 FTP 服务中采用的协议是 FTP 协议，相关协议有 Telnet，默认的服务端口是 TCP21。

（2）文件传输的工作过程。文件传输服务是一种实时的联机服务，采用 C/S 模式。用户在本地计算机上激活 FTP 程序，连接到远程计算机上，然后传输文件；客户机和服务器配合完成文件传输。用户从授权的计算机上获取所需文件的过程称为“下载文件”（Download），将本地文件传输到远程计算机上的过程称为“上载文件”（Upload）。

（3）文件传输的特点。文件传输可以传输任何类型的文件，如文本文件、二进制可执行程序文件、图像文件、声音文件等。用户可通过用户名和口令认证方式来获得需要授权的文件，也可以通过匿名登录来获得各种开放文件。

3. 远程登录服务 Telnet

远程登录服务 Telnet 主要在分布式计算机与分布式系统中，需要调用位于远程计算机上的资源，协同其与本地计算机上的作业或进程之间的工作，使得多台计算机能共同完成一个复杂的任务。远程登录是在网络协议的支持下，使自己的计算机暂时成为远程计算机终端的过程。远程登录服务是普通的分时计算机系统上登录机制的一种扩展。

（1）Telnet 服务中采用的协议。Telnet 服务中采用 Telnet 协议，默认的服务端口为 TCP23。

（2）Telnet 的工作过程。用户在本地计算机上与远程计算机建立通信连接，将本地计算机输入的字符串直接送到远程计算机上，通过远程计算机的用户和口令认证后，可以实时使用远程计算机上的开放资源。

（3）Telnet 的特点。Telnet 提供通用的访问服务，当用户登录认证成功后，远程计算机允许用户通过键盘输入或通过鼠标进行交互。远程登录使个人用户能够通过网络将不能在自己的计算机上完成的任务通过远程登录在远程的大型计算机或分布式系统中协同完成。

4. 电子邮件服务 E-mail

电子邮件服务也是 Internet 的一种传统服务，是 Internet 使用最广泛的服务之一。电子邮件服务通过网络让用户将文本、电子表格、图形图像、声音、视频等信息传递给收件人。

（1）电子邮件服务的组成。电子邮件服务主要由以下部分构成：

- 报文存储器：报文存储器也称为中转局，用于存放电子邮件，通常是邮件服务器的物理介质——硬盘。
- 报文传送代理：报文传送代理的作用是把一个报文从一个邮箱转发到另一个邮箱，从一个中转局到另一个中转局，或从一个电子邮件系统转发到另一个电子邮件系统。
- 用户代理：用户代理是简单的基本电子邮件软件包。用户代理是实现用户与邮件系统接口的程序，包括前端应用程序、客户程序、邮件代理等。通过用户代理实现编制报文、检查拼写错误和规格化报文、发送和接收报文，以及把报文存储在电子文件夹中等功能。
- 邮件网关：通过网关进行报文转换，以实现不同电子邮件系统之间的通信。

（2）邮件服务中采用的协议。邮件服务中有 SMTP（Simple Mail Transport Protocol，简单邮件传输协议）、POP（Post Office Protocol，邮政服务协议）、MIME（ Multipurpose Internet Mail Extensions，多用途 Internet 邮件扩展）等。SMTP 提供的是一种直接的端对端的传递方式，这种传递允许 SMTP 不依赖中途各点来传递信息。POP 协议有 POP、POP2 和 POP3 三种版本，是规定了怎样将个人计算机连接到 Internet 邮件服务器和下载电子邮件的电子协议，目前普遍采用第三个版本。MIME 是现存的 TCP/IP 信件系统的扩展，增加对多种数据形态和复杂信件内容的支持。

## 5.5 局域网的资源共享及相关设置

### 5.5.1 更改计算机名与计算机工作组

为了使网络中众多的计算机便于识别，可以对计算机进行更名。

（1）右击桌面上的“我的电脑”图标，选择“属性”选项（如图 5.16 所示），弹出“系统属性”对话框。

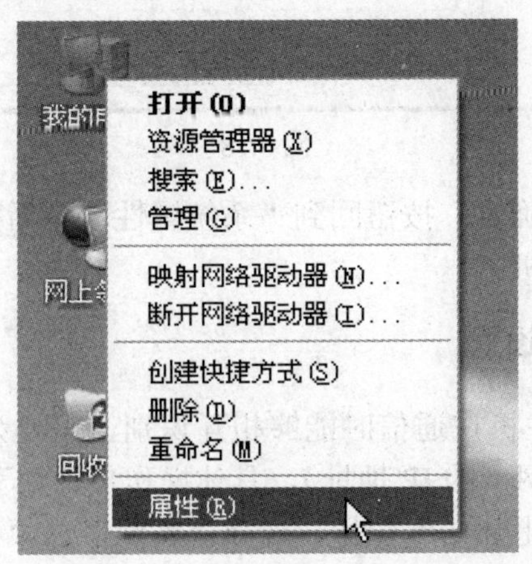


图 5.16

（2）选择“计算机名”选项卡（如图 5.17 所示），单击“更改”按钮。

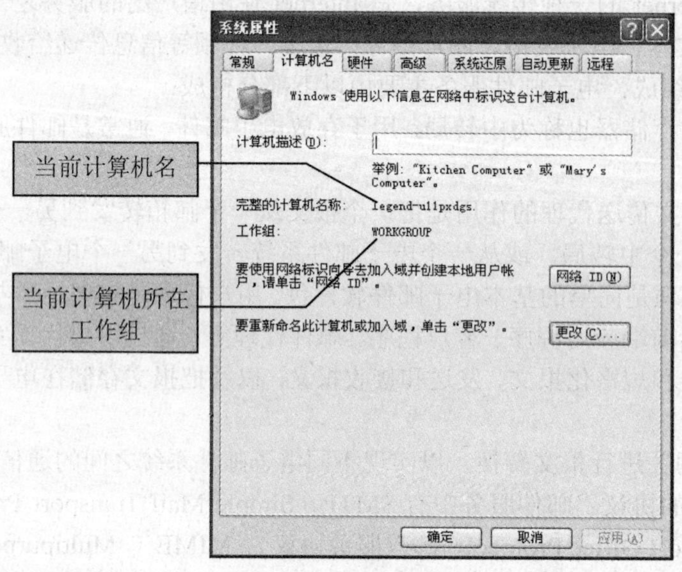


图 5.17

（3）在弹出的对话框中填写“计算机名”和“工作组”，如图 5.18 所示。

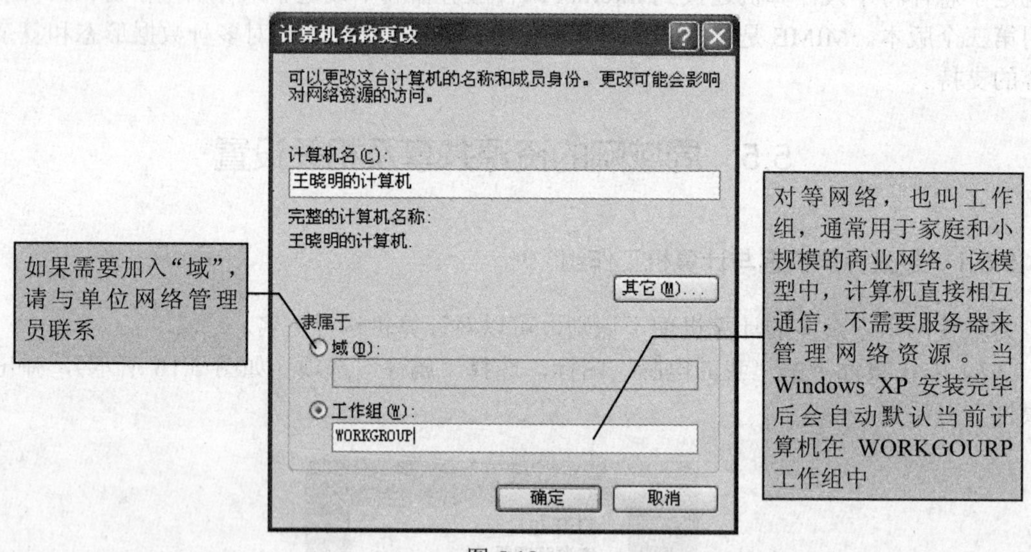


图 5.18

（4）填写完毕后单击“确定”按钮回到“系统属性”对话框，再单击“确定”按钮。

（5）按照提示重启计算机。

### 5.5.2 局域网 IP 地址的设置

为了使接入网络的众多主机在通信时能够相互识别，需要为网络中的每一台主机分配一个唯一的 IP 地址（实际上是网卡的 IP 地址），具体操作步骤如下：

（1）右击桌面上的“网上邻居”图标，选择“属性”选项（如图 5.19 所示），打开如图 5.20 所示的窗口，其中显示了本计算机上安装的所有网卡。

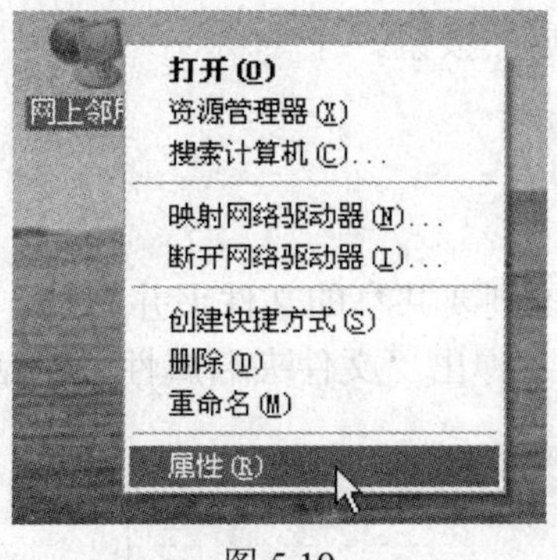


图 5.19

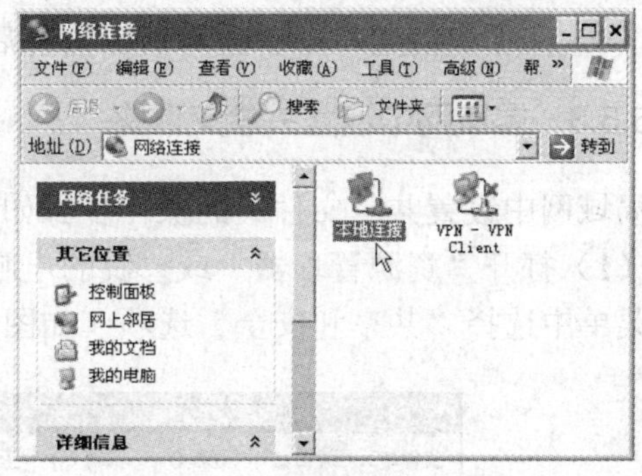


图 5.20

（2）右击需要设置的网卡，选择“属性”选项，如图 5.21 所示，弹出如图 5.22 所示的对话框。

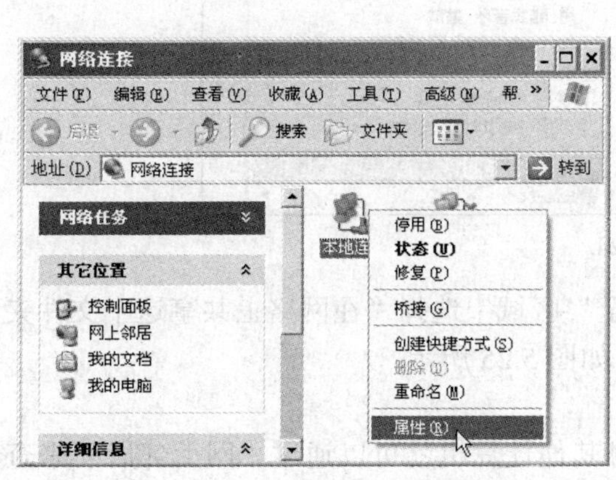


图 5.21

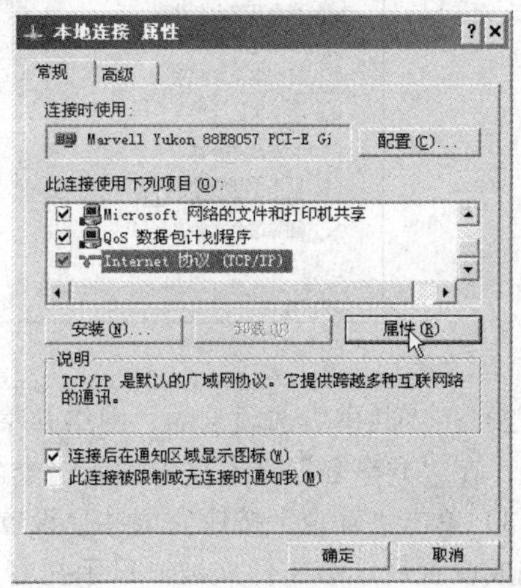


图 5.22

（3）在“常规”选项卡的列表框中选择“Internet 协议（TCP/IP）”，单击“属性”按钮，弹出如图 5.23 所示的对话框。

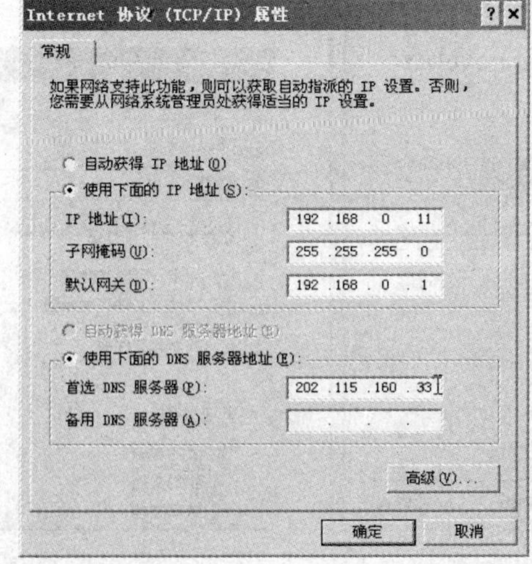


图 5.23

（4）在相应的文本框中输入对应信息后单击“确定”按钮。

### 5.5.3 局域网中设置共享文件夹

局域网中设置共享文件夹的操作步骤如下：

（1）打开“资源管理器”或“我的电脑”窗口，找到要共享的文件夹并右击，在弹出的快捷菜单中选择“共享和安全”选项（如图 5.24 所示），弹出“文件夹名属性”对话框。

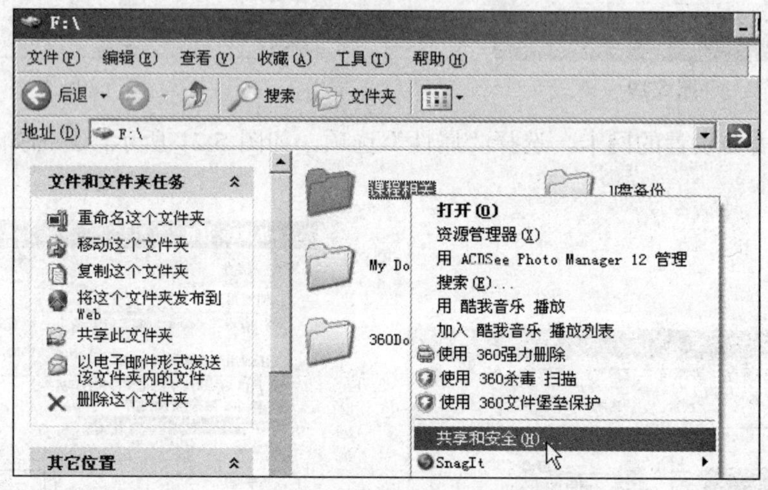


图 5.24

（2）在“共享”选项卡的“网络共享和安全”区域中选择“在网络上共享这个文件夹”复选项，在“共享名”文本框中输入一个名字，如图 5.25 所示。

（3）单击“确定”按钮完成共享设置。

完成设置后，该文件夹被一只手托着，这时其他计算机就可以通过“网上邻居”来查看这个文件夹中的内容了，如图 5.26 所示。

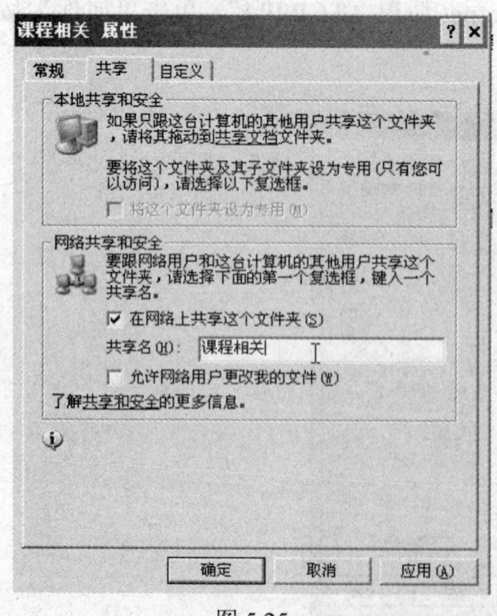


图 5.25

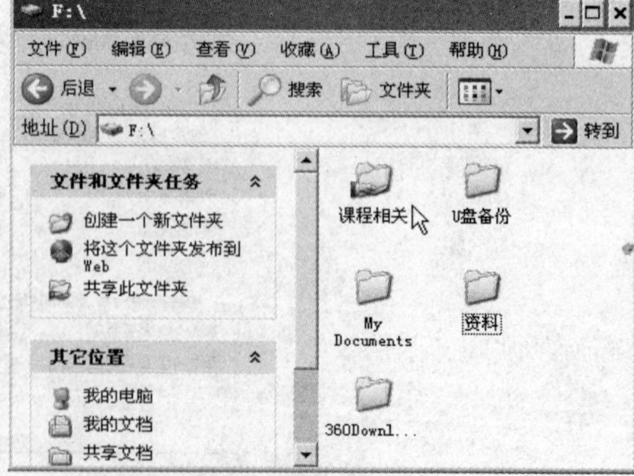


图 5.26

### 5.5.4　局域网中打印机共享设置及安装共享打印机

1. 设置共享打印机

可以将一台计算机上安装的打印机在局域网中进行共享，其设置方法与文件夹共享设置相似，具体步骤如下：

（1）单击“开始”→“打印机和传真”命令，打开“打印机和传真”窗口，如图 5.27 所示。

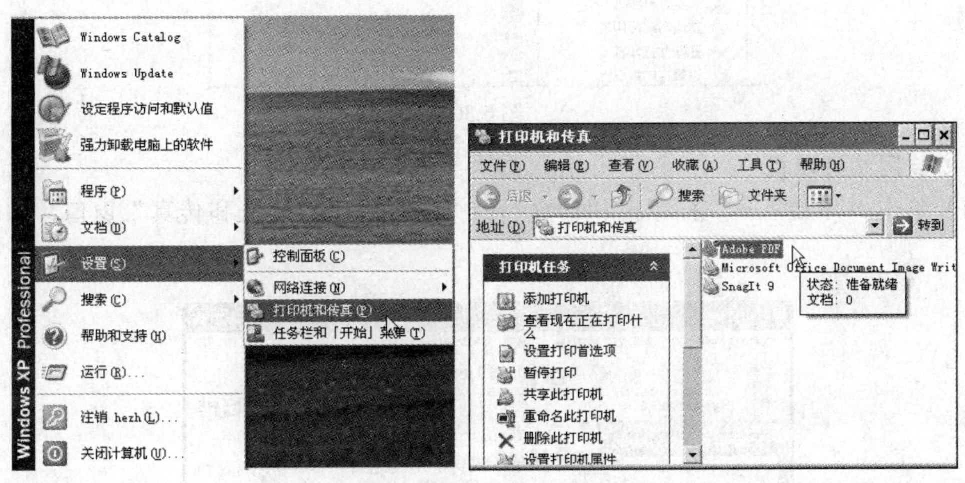


图 5.27

（2）右击要共享的打印机，在弹出的快捷菜单中选择“共享”选项，如图 5.28 所示。

（3）在弹出的“打印机属性”对话框中选择“共享这台打印机”单选项，在“共享名”文本框中输入一个名字，单击“确定”按钮，如图 5.29 所示。

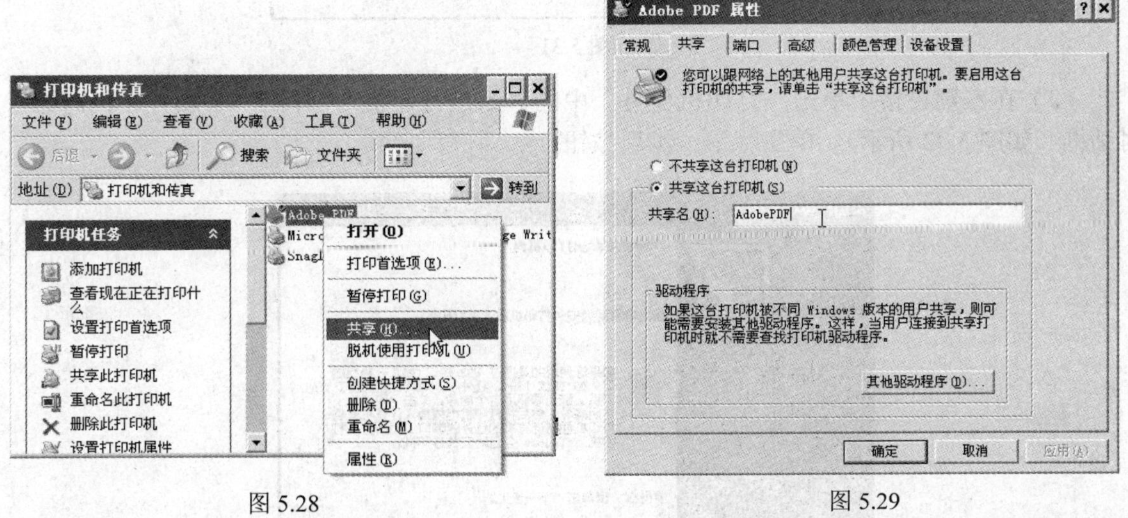


图 5.28　　　　图 5.29

此时，打印机图标下面托着一只手，代表此打印机已被设置成共享，如图 5.30 所示。当同一局域网中的其他用户要使用此打印机时，只需在他自己的计算机上安装网络打印机即可共同使用。

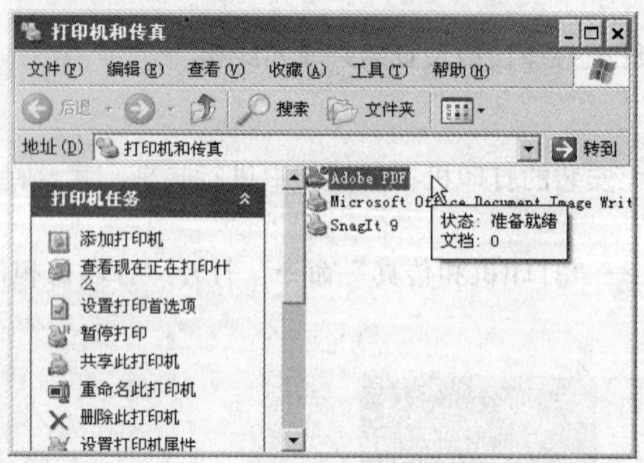


图 5.30

2. 安装网络打印机

（1）单击“开始”→“打印机和传真”命令，打开“打印机和传真”窗口，如图 5.31 所示。

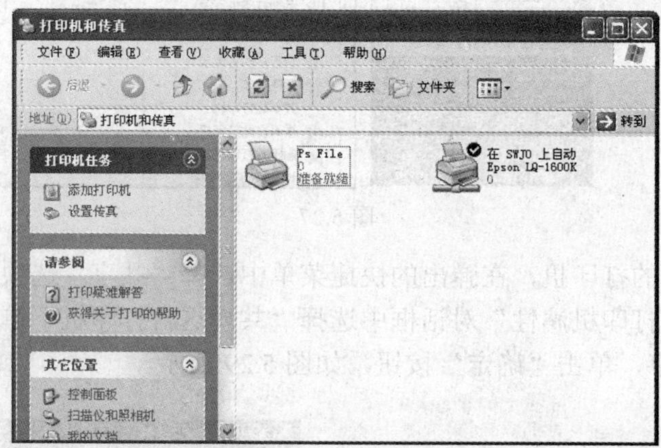


图 5.31

（2）在左侧窗格中单击“打印机任务”中的“添加打印机”，弹出“添加打印机向导”对话框（如图 5.32 所示），单击“下一步”按钮。

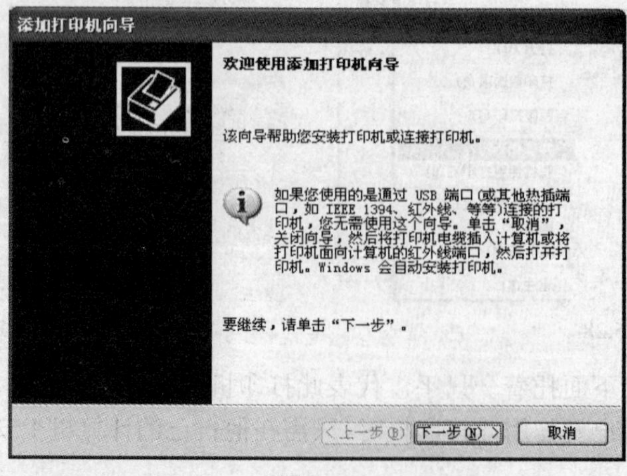


图 5.32

（3）弹出“本地或网络打印机”对话框，在其中选择“网络打印机，或连接到另一台计算机的打印机”单选项（如图 5.33 所示），单击“下一步”按钮。

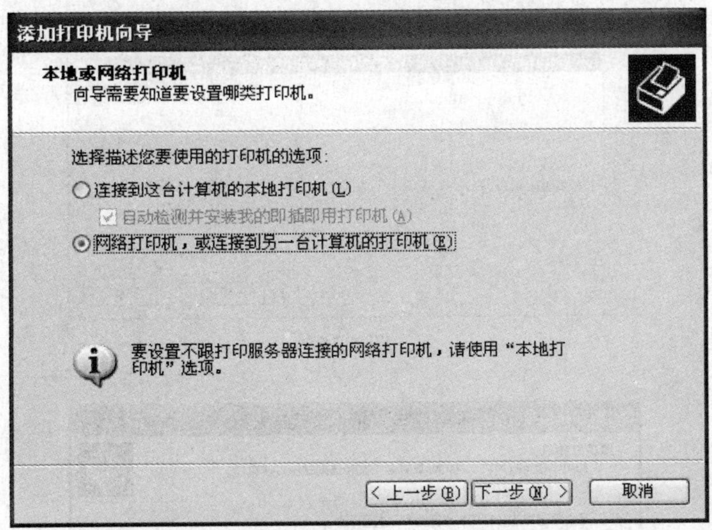


图 5.33

（4）弹出“指定打印机”对话框，选择“浏览打印机”单选项（如图 5.34 所示），单击“下一步”按钮。

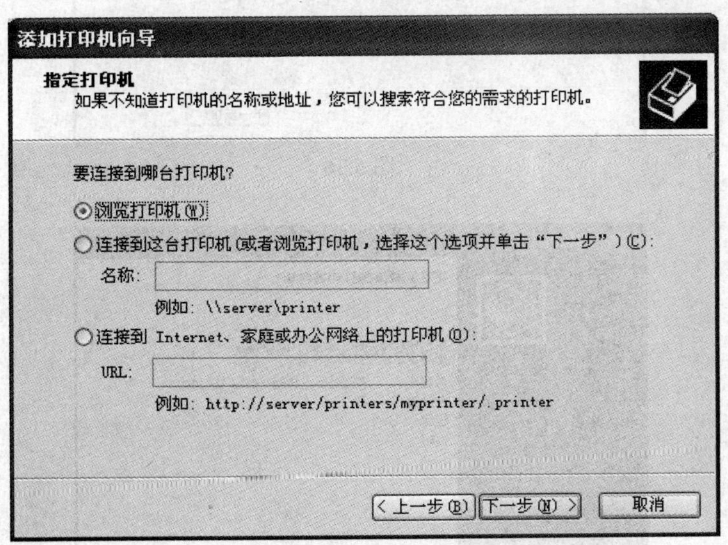


图 5.34

（5）弹出“浏览打印机”对话框，在其中找到要安装的网络打印机所在的计算机，双击打开该计算机，在其下的打印机中选中要安装的打印机（如图 5.35 所示），单击“下一步”按钮。

（6）弹出“默认打印机”对话框，如果此打印机较为常用，则选择“是”单选项（如图 5.36 所示），单击“下一步”按钮。

（7）单击“完成”按钮，网络打印机安装完毕，如图 5.37 所示。

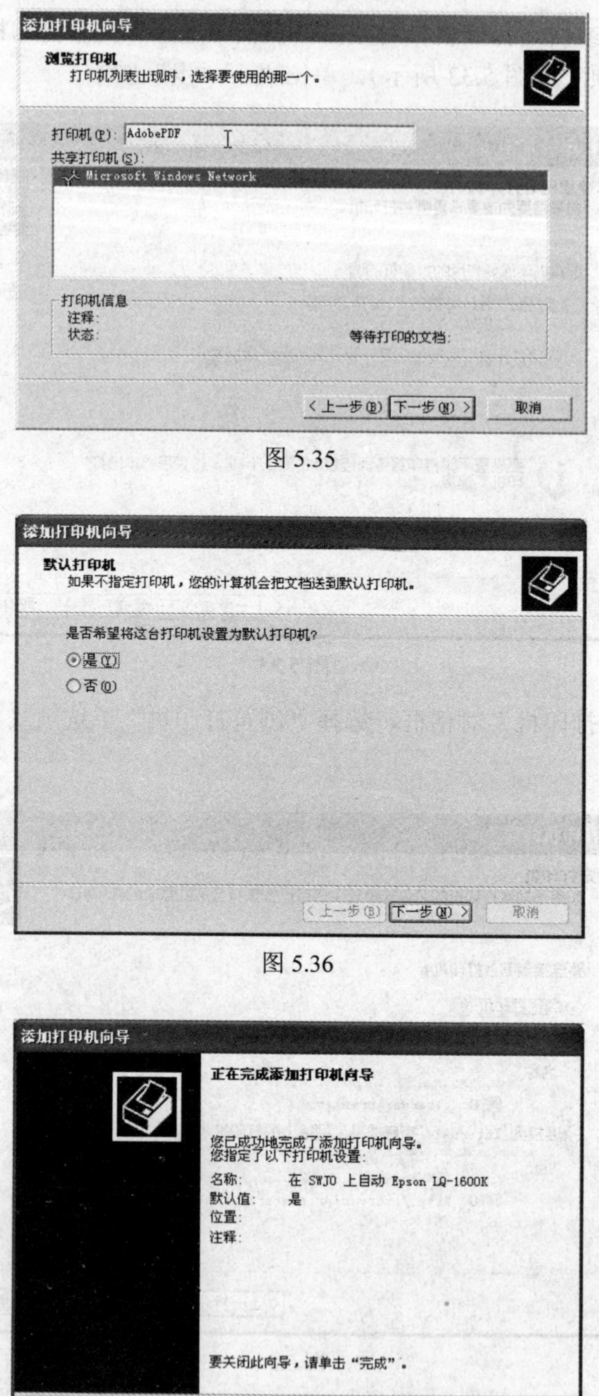


图 5.35

图 5.36

图 5.37

### 5.5.5 使用“网上邻居”访问局域网

使用“网上邻居”访问局域网的操作步骤如下：

（1）双击桌面上的“网上邻居”图标，打开“网上邻居”窗口。

（2）单击“网络任务”栏中的“查看工作组计算机”选项，打开本机所在工作组的窗口。

（3）选择要访问的计算机并双击，可以看见此计算机中已经共享的资源。

## 5.6　Internet 的连接及资源利用

### 5.6.1　建立与 Internet 的连接

通过 Windows XP 提供的“新建连接向导”工具，用户可以非常方便地设置与 Internet 的连接，具体操作如下：

（1）单击“开始”→“所有程序”→“附件”→“通讯”→“新建连接向导”命令，弹出如图 5.38 所示的对话框。

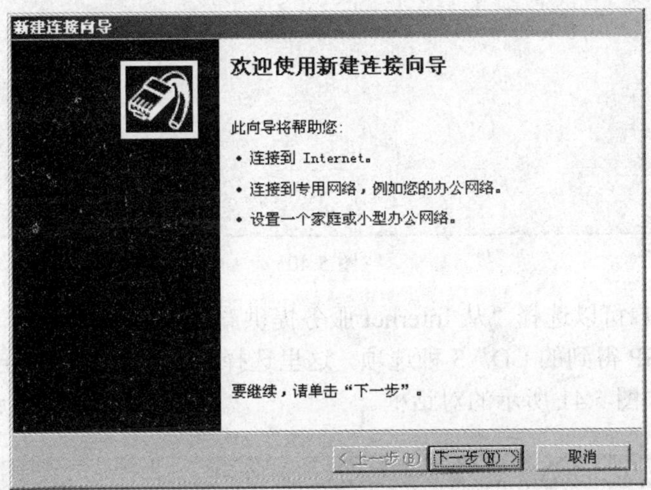


图 5.38

（2）其中告诉用户“新建连接向导”能帮助用户做哪些工作。单击“下一步”按钮，弹出如图 5.39 所示的对话框。

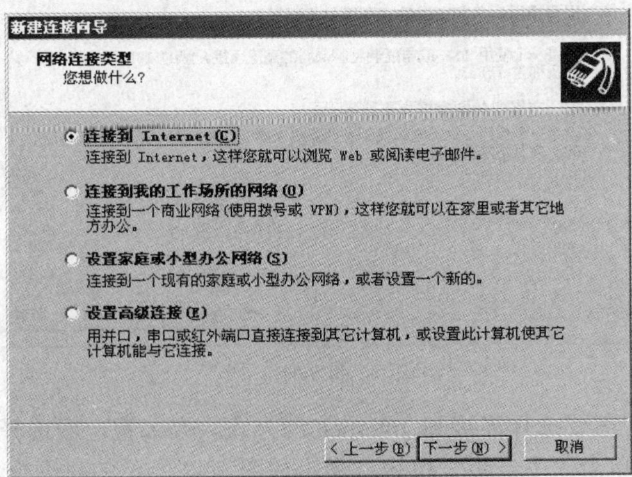


图 5.39

（3）其中有“连接到 Internet”、“连接到我的工作场所的网络”、“设置家庭或小型办公网络”、“设置高级连接”4 个选项，这里用户需要选择“连接到 Internet”选项，以建立与 Internet 的连接。单击“下一步”按钮，弹出如图 5.40 所示的对话框。

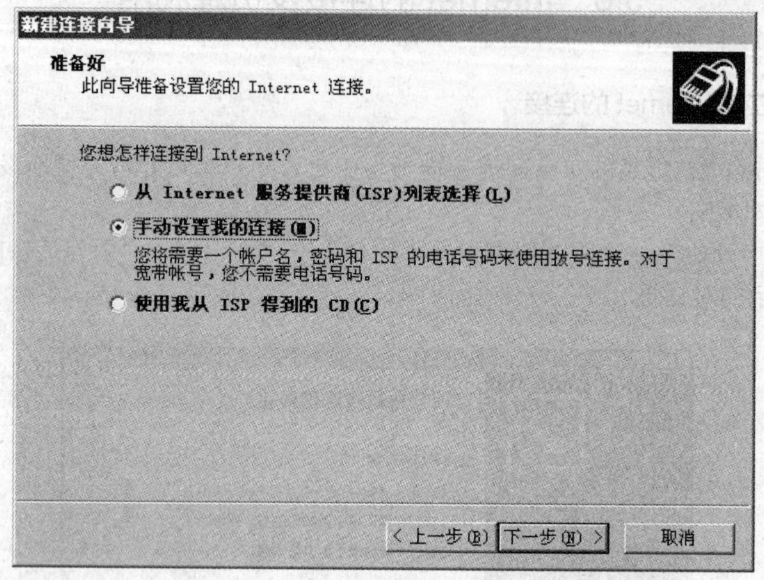


图 5.40

（4）在其中用户可以选择“从 Internet 服务提供商（ISP）列表选择”、“手动设置我的连接”和“使用我从 ISP 得到的 CD”3 种选项，这里选择“手动设置我的连接”选项。单击“下一步”按钮，弹出如图 5.41 所示的对话框。

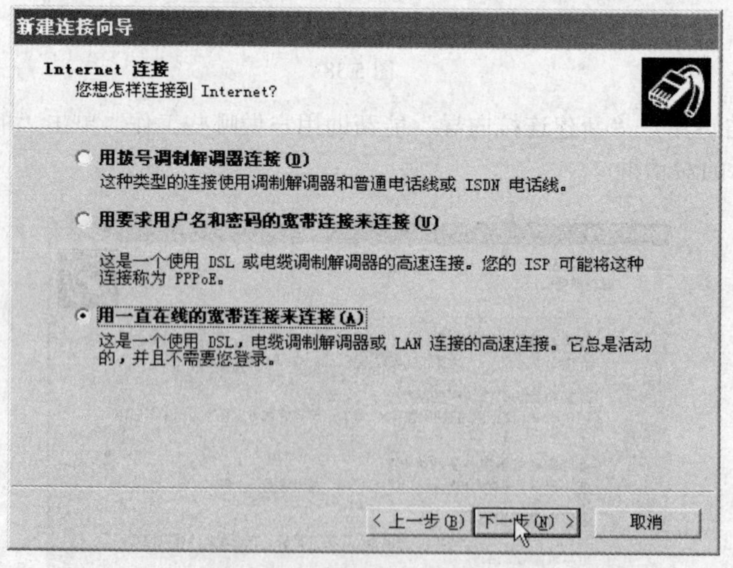


图 5.41

（5）在其中用户需要选择连接到 Internet 的方式。办公室一般选择“用一直在线的宽带连接来连接”选项，单击“下一步”按钮，弹出如图 5.42 所示的对话框。

（6）单击“完成”按钮即建立了与 Internet 的连接。

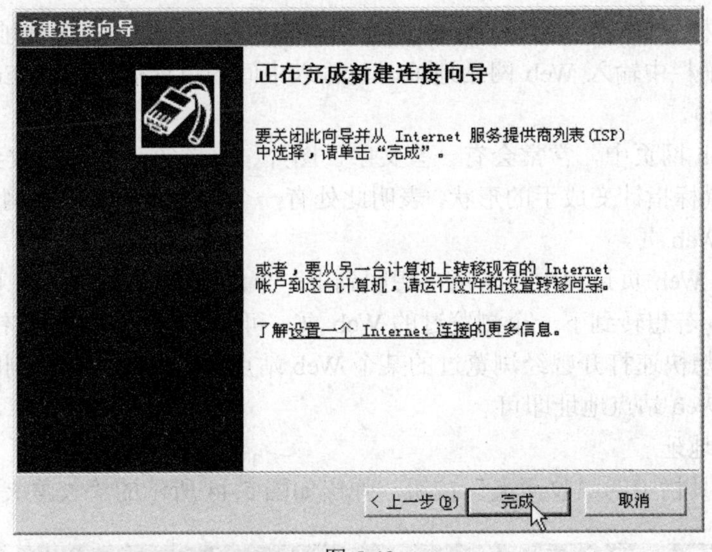


图 5.42

### 5.6.2　IE 浏览器的使用

Internet Explorer（简称 IE）浏览器是 Microsoft 公司设计开发的 Web 浏览器。在 Windows XP 操作系统中内置了 IE 浏览器的升级版本 IE 6.0，目前版本为 9.0（不同的浏览器及版本，其外观和设置都有所差异）。

使用 IE 浏览器，用户可以将计算机连接到 Internet，从 Web 服务器上搜索需要的信息、浏览 Web 网页、查看资料、收发电子邮件等。

1. 使用 IE 浏览 Web 网页

用 IE 浏览 Web 网页是 IE 浏览器最主要的功能。

（1）双击桌面上的 IE 浏览器图标，或者单击“开始”→Internet Explorer 命令，即可打开 Microsoft Internet Explorer 窗口，如图 5.43 所示。

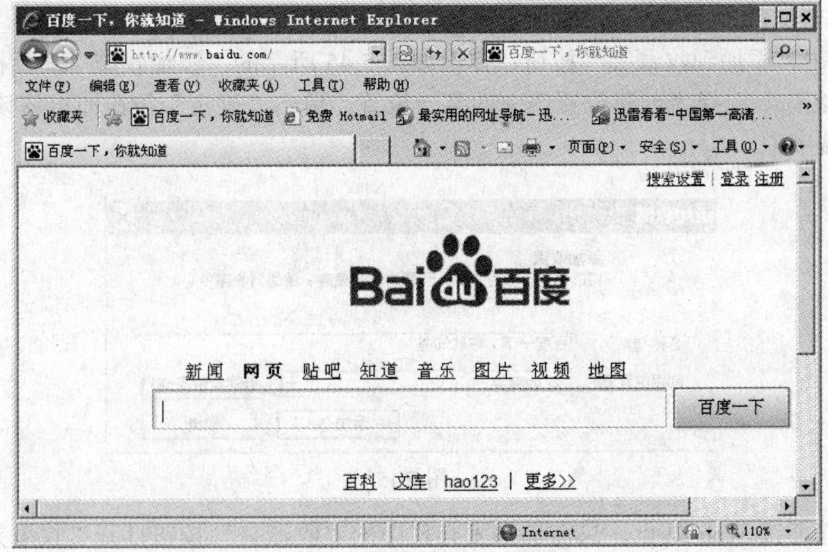


图 5.43

（2）在地址栏中输入要浏览的 Web 站点的 URL 地址（统一资源地址），打开其对应的 Web 主页（在地址栏中输入 Web 网站地址时，输入中间的单词后按 Ctrl+Enter 键可自动添加 http://www 和.com）。

在打开的 Web 网页中，常常会有一些文字、图片、标题等，将鼠标放到其上面，一般情况下系统会默认鼠标指针变成手的形状，表明此处有一个可以打开的下级网页。单击即可进入其所指向的新的 Web 页。

（3）在浏览 Web 页过程中，若用户想回到上一个浏览过的 Web 页，可以单击工具栏中的“返回”按钮；若想转到下一个浏览过的 Web 页，可以单击“前进”按钮。

（4）若用户想快速打开曾经浏览过的某个 Web 站点，单击地址栏右侧的小三角，在其下拉列表中选择该 Web 站点地址即可。

2. 收藏网页地址

（1）单击工具栏中的“收藏夹”按钮，弹出如图 5.44 所示的“收藏夹”窗格。

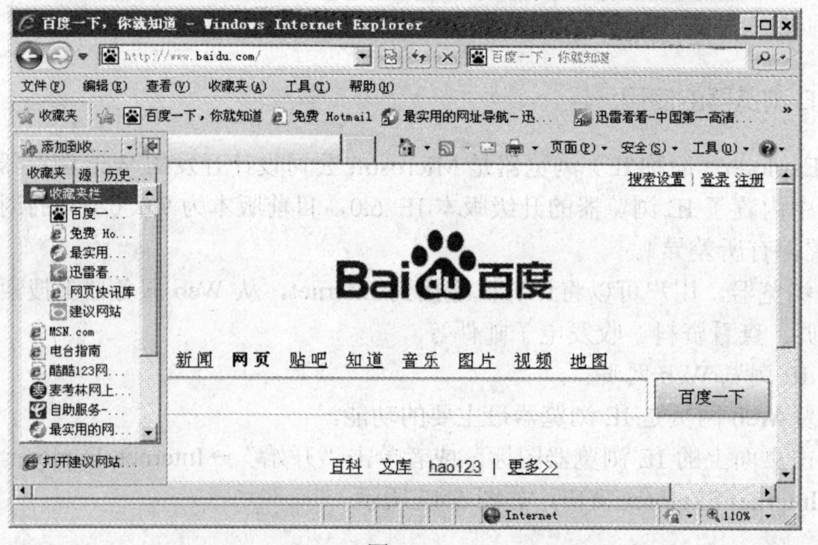


图 5.44

（2）单击“添加到收藏夹”按钮，弹出如图 5.45 所示的“添加收藏”对话框，在其中输入 Web 站点名称，选择“创建位置”中的某一位置，单击“确定”按钮即可将该 Web 站点地址添加到收藏夹中。

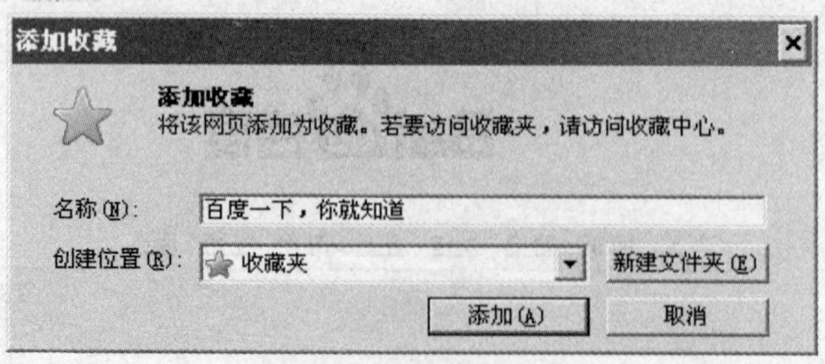


图 5.45

下次要打开该 Web 站点，只需单击工具栏中的“收藏夹”按钮打开“收藏夹”窗格，在其中单击该 Web 站点地址即可。

3. 保存网页

对于一些有用的或想作为资料使用的 Web 网页，用户可将其保存到硬盘上，供以后参考使用，操作步骤如下：

（1）打开要保存的 Web 网页。

（2）单击“文件”→“另存为”命令，弹出“保存网页”对话框，如图 5.46 所示。

图 5.46

（3）在其中用户可以设置要保存的位置、名称、类型及编码方式。

（4）设置完毕后单击“保存”按钮即可将该 Web 网页保存到指定位置。

以后双击该 Web 网页，即可启动 IE 浏览器浏览网页内容。

4. 保存网页中的图片

（1）打开该 Web 网页。

（2）将鼠标指针指向想要保存的图片并右击，在弹出的快捷菜单中选择“图片另存为”命令，弹出“保存图片”对话框，如图 5.47 所示。

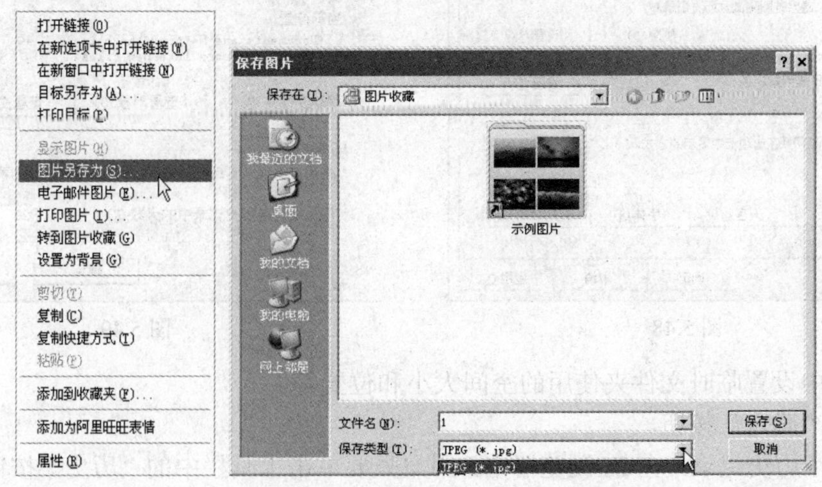


图 5.47

（3）在其中设置图片的保存位置、名称及保存类型等。

（4）设置完毕后单击“保存”按钮。

5. 设置 IE 浏览器

用户可以更改 IE 浏览器的设置，使其更符合用户的个人使用习惯。

（1）设置 IE 浏览器的主页。在启动 IE 浏览器的同时，IE 浏览器会自动打开其默认主页，通常为 Microsoft 公司的主页。用户也可以自己设定在启动 IE 浏览器时打开其他的 Web 网页，操作步骤如下：

1）启动 IE 浏览器。

2）打开要设置为默认主页的 Web 网页。

3）选择“工具”→“Internet 选项”命令，弹出“Internet 选项”对话框，选择“常规”选项卡，如图 5.48 所示。

4）在“主页”区域的“地址”文本框中输入设为主页的 Web 地址。

5）单击“应用”和“确定”按钮，将其设置为默认主页。

（2）设置 IE 临时文件夹。使用 IE 浏览器上网时，会将已浏览的网页和文件等内容悄悄地存放在缓存文件夹中，方便日后快速脱机浏览。

1）启动 IE 浏览器。

2）选择“工具”→“Internet 选项”命令，弹出“Internet 选项”对话框。

3）选择“常规”选项卡。

4）单击“浏览历史记录”区域中的“设置”按钮，弹出“Internet 临时文件和历史记录设置”对话框，如图 5.49 所示。

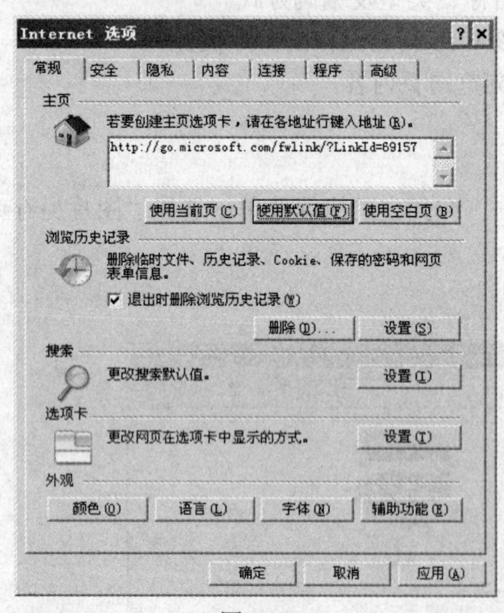


图 5.48

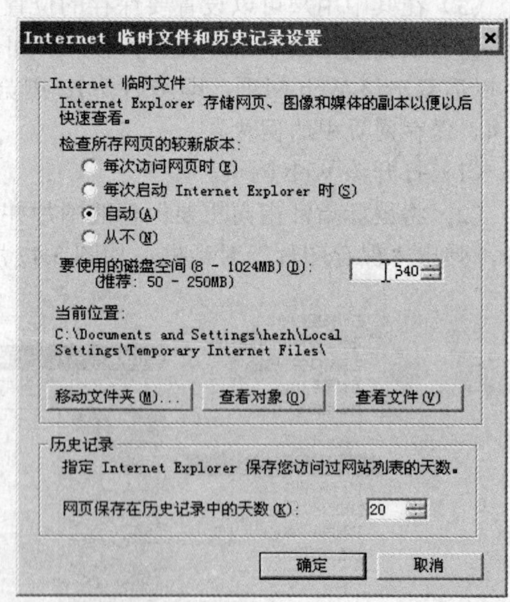


图 5.49

5）在其中设置临时文件夹使用的空间大小和位置等。

6）单击“确定”按钮。

（3）清空历史记录。在 IE 浏览器中，用户只要单击工具栏中的“历史”按钮即可查看所有浏览过的网站的记录，长期下来历史记录会越来越多。用户可以在“Internet 选项”对话框中清除这些内容，或者通过设置让系统自动清除部分历史记录。

1）启动 IE 浏览器。

2）选择“工具”→“Internet 选项”命令，弹出“Internet 选项”对话框。

3）选择“常规”选项卡。

4）单击“删除”按钮，在弹出的对话框中选中要删除的项目，单击“删除”按钮即开始删除。也可以选中“退出时删除浏览历史记录”复选项，再单击“应用”或“确定”按钮。

### 5.6.3 网络信息资源的搜索

互联网上的信息无所不包，数量庞大。在网上“没有你找不到的，只有你想不到的”，这一说法虽可能言过其实，却也说明资源的丰富程度。然而，网络信息是无序的，信息量越大反而越难被利用，会让人无所适从。因此，如何获取和利用互联网上的公开和免费信息就成为了一个问题，目前解决这一问题的最佳途径是利用搜索引擎。

1. 搜索引擎的概念

搜索引擎是指互联网上专门提供查询服务的一类网站，通过网络自动索引软件或网络登录等方式将因特网上大量网站的页面收集到本地，经过对信息的加工、处理、建库，从而对用户提出的各种查询做出响应，提供给用户所需的信息。

搜索引擎是用来对网络信息资源进行管理和检索的一系列软件，是一种在 Internet 上查找信息的工具。

它将各站点按主题内容组织成等级结构。用户可以依照这个目录逐层深入，直至找到所需信息。

也可以键入要查找的关键词，引擎就会在自己的数据库中找到与该词相匹配的 URL，并将结果显示给用户，用户可以根据显示的结果选择并访问相关的站点。

2. 搜索引擎的功能

一般来说，搜索引擎的功能主要有以下几种：

（1）收集信息建立索引数据库，并自动跟踪信息源的变动，不断更新索引记录，定期维护数据库。

（2）提供网络的导航与检索服务。专家将从茫茫网海中挑选出的高质量的网页按照某种分类方法进行组织，帮助用户快速地浏览查找到所需要的站点。搜索引擎提供的主题检索途径将用户的检索需求与索引数据库匹配，显示结果及网页索引信息，用户可点击给出的 URL 链接看到所需要的原始信息。

（3）提供其他多种信息服务，如广告、免费的电子邮件、聊天室等。然而单个检索工具的检索功能各不相同，如大多数搜索引擎提供关键词检索、主题检索或概念检索，支持布尔逻辑检索，部分搜索引擎支持词组检索、字段检索和截词检索。

3. 搜索引擎的分类

（1）关键词搜索引擎：在前台提供一个检索入口，用户通过入口提交查询请求（关键词），系统再将检索结果反馈给用户。这一类搜索引擎交互性强，通常具备二次检索功能，以便用户逐步接近检索结果，适合查找目的明确并具备一定数据库检索知识的用户。著名搜索引擎 Alta Vista 最初即是关键词搜索引擎，国内的搜索引擎如百度、天网等也属于此类。

（2）主题分类指南：先依据某种分类依据（如学科分类）建立主题树分层浏览体系，由搜索引擎抓取网上信息之后对信息进行标引，并将标引后的信息放入浏览体系的各大类或子类下面，使这些信息呈现出错落有致的上下位关系，用户层层点击，最终浏览“树”的叶子节点，找到自己所需的信息。这类搜索引擎体现了知识概念的系统性，查准率高，但由于人工在分类标引上的干预，查全率低，分类体系和科学性与标准性亦存在问题。典型的主题分类指南如Yahoo!。

（3）元搜索引擎：基于搜索引擎的搜索引擎，自身不建立数据库，而是在接受用户的查询请求后调用一个或多个独立搜索引擎的数据库，检索结果是来自独立搜索引擎的检索结果或者是这些检索结果集合的综合，可以表现为引用原始的独立搜索引擎的页面，也可以是由元搜索引擎二次加工后、重新定制后的形式。元搜索引擎通常引用比较知名的搜索引擎，查全率很高，但查准率低，检索功能和检索技术简单。著名的元搜索引擎如 Metacrawler。

近年来，搜索引擎的一个发展趋势是，尽可能综合上述搜索引擎的功能于一身，以便适应不同用户的不同需求。

4. 搜索引擎的选择

现在互联网上大大小小的搜索引擎约有上千个之多，而且都声称自己是最好的。如果随便找一个就用，则可能会事倍功半，甚至越搜越混乱。那么什么样的搜索工具才称得上恰当呢？一般来说，有以下几条判断标准：

（1）查全率：既然是搜索引擎，那么首先要比较的就是搜索范围。

（2）搜索速度：查询速度是搜索引擎的重要指标，快速响应是基本要求。

（3）查准率：查准率对于搜索引擎也相当重要，搜到的东西即使又多又快，但想要的那条结果不知道翻多少页才能找到，那也失去了搜索引擎的意义。好的搜索引擎内部应该含有一个相当准确的搜索程序，搜索精度高。

（4）更新速度：优秀的搜索工具内部应该有一个含时间变量的数据库，能保证所查询的信息都是最新的和最全面的。

（5）死链接：普通搜索引擎总有些搜索结果是点不进行去的，少到百分之一二，多到百分之八九，死链接也被作为判断搜索引擎好坏的标准之一。

（6）易用性：搜索引擎的易用性包括搜索界面是否简洁、对搜索结果的描述是否准确。

（7）其他：搜索引擎的稳定性、对高级搜索的支持能力等都是评价搜索引擎的重要指标。

5. 搜索引擎的检索方法

（1）单词检索。在搜索引擎的提问文本框内输入一个或多个单词，即可进行单词检索。作为单词之间分隔符号的空格或标点一般会被搜索引擎忽略，而代之以默认的词语间逻辑关系。

（2）词组检索。几乎所有搜索引擎都提供词组检索，而且方法也相同。只需把词组或短语置于双引号之内或用连字符(-)连接即可进行完全精确匹配的词组检索，如“stupid pet tricks”或“stupid - pet - tricks”。

（3）布尔逻辑检索。几乎所有搜索引擎都提供布尔逻辑检索功能，尽管每种引擎中所用的表示符存在差异，但所执行的操作却是相同的。通常“逻辑或”用 OR、|、,或空格表示，“逻辑与”用 AND、&、+表示，“逻辑非”用 NOT、!、-表示。

（4）截词检索。截词检索是一种利用词的某些部分进行非精确匹配检索的一种形式。中英文的截词方式不同，如北极星中中文通配符为“X”，英文为“＊”。根据截词的位置不同，截词检索分为左截断、右截断和掩符检索，大部分系统只提供右截断检索功能，如 sing* 可以代表 sing、singe、single、singular、singing、singer 等。

（5）限定检索。用“+”、“-”分别限定检索结果中必须包含或不能包含某词语。即把“+”放在一个词前表示在所有检索结果中必须包含该词，如检索式+billiards + rules 找到的是“台球（billiards）规则（rules）”方面的资料。而 billiards + rules 则在检索结果中含有规则（rules），但不一定是与 billiards 有关的。把“-”放在一个词前表示在任何检索结果中不能包含该词，如检索式+ billiards - equipment-supplies，将排除有关 billiards 设备（equipment、supplies）方面的资料。

（6）字母大小写。有些系统区分大小写。如 Altavisa 和 Infoseek，有些系统不区分，如 Yahoo!。

（7）名词检索。有些系统对名词检索有特殊的规定。Infoseek 要求人名或地名首字母大写，如查找电影明星 Rock Hudson，如果不用大写首字母，则还会找出 rock climbing、rock music、Hudson River 等。

（8）检索结果的显示。

1）结果排序。大多数搜索引擎是根据与输入的检索词的相关程度排序后显示结果。一般遵循以下原则：

- 匹配的词语数目越多，相关度越高，文献的位置越靠前。
- 标题中的词比文本和 URL 中的词权值高，类目综合度高。

2）显示格式。大多数搜索引擎都可以改变显示格式。简短的可只包含标题，详细的可包含标题、摘要、地址（URL）、相关度、文件大小等信息，相应地每页显示的结果数目也会发生改变。

6. 常用搜索引擎

- 百度（http://www.baidu.com）
- 谷歌（http://www.google.com）
- 雅虎（http://cn.yahoo.com 和 http://www.yahoo.com）
- 搜狗（http://www.sogou.com/）
- 新浪爱问（http://www.iask.com/）
- 中搜（http://www.zhongsou.com/）
- 搜搜（http://www.soso.com/）

# 第6章　办公中的网页设计基础

在越来越多的公司愿意将自己的企业形象用网络的方式展现在大众面前的趋势下，网页制作技能也成为时下办公室里所需要的一种技能，本章就来介绍一下网页制作的基本常识。

## 6.1　网页制作概述

网页是用 HTML 语言（Hyper Text Markup Language，超文本标记语言）编写的源程序纯文本文件。简单的网页可以用各种文字处理软件如 Word 或记事本来编辑或创建，保存文件时后缀扩展名为.html 或.htm，通过浏览器展示其效果。而复杂的网页可以用专业网页开发工具 SharePoint Designer（或 FrontPage）和 Dreamweaver 来创建，可以在基本的 HTML 代码中嵌入 VBScript、JavaScript、ASP、JSP 等脚本语言代码实现网页上的动态效果或交互功能，复杂的网页文件后缀名可以是.html、.htm、.asp、.jsp 等。

由于目前所见即所得类型的工具越来越多，使用也越来越方便，所以制作网页已经变成了一件轻松的工作，而不像以前要手工编写一行行的源代码。一般初学者经过短暂的学习就可以学会制作一些简单的网页。

### 6.1.1　Internet 与网页

我们经常在网络上通过输入网址来浏览各种网页，那么究竟什么是网页呢？

网页实际是一个文件，它存放在世界某个角落的某一台计算机中，而这台计算机必须是与互联网相连的。网页经由网址（URL）来识别与存取，当在浏览器中输入网址后，经过一段复杂而又快速的程序（详见“域名系统”），网页文件会被传送到你的计算机，然后再通过浏览器解释网页的内容，并最终展示到你的眼前。

### 6.1.2　网页的基本要素

文字与图片是构成一个网页的两个最基本的元素。可以简单地理解为：文字，就是网页的内容；图片，就是网页的美观。除此之外，网页的元素还包括动画、音乐、程序等。

1. 文字

文字是网页发布信息所用的主要形式，由文字制作出的网页占用空间小，因此当用户浏览时可以很快地展现在用户面前。另外，文字性网页还可以利用浏览器中的“文件”→“另存为”命令下载，便于以后长期阅读，也可对其进行编辑打印。但是没有编排点缀的纯文字网页又会给人带来死板不活泼的感觉，使得人们不愿意再往下浏览。所以，文字性网页一定要注意编排，包括标题的字型字号、内容的层次样式、是否需要变换颜色进行点缀等。

2. 图形

这里的图形概念是广义的，它可以是普通的绘制图形，可以是各种图像，还可以是动画。一个优秀的网页除了有能吸引浏览者的文字形式和内容外，图形的表现功能是不能低估的。网页上的图形格式一般使用 JPEG 和 GIF，这两种格式具有跨平台的特性，可以在不同操作系统支持的浏览器上显示。

3. 链接标志

链接是网页中一种非常重要的功能，是网页中最重要、最根本的元素之一。通过链接可以从一个网页转到另一个网页，也可以从一个网站转到另一个网站。链接的标志有文字和图形两种。制作一些精美的图形作为链接按钮，使它与整个网页融为一体。

4. 交互功能

Internet 区别于其他媒体的一个重要标志就是它的交互功能。例如在商务网站的页面上，人们经过浏览选择了某一个产品，就需要将自己的决定通过 Internet 告诉这个网站，网站能够自动对该产品的数据库进行检索，及时回应有还是没有、数量、规格、价格等信息。如果用户选择确定，那么网站能够返回确认信息。像这种交互功能其他媒体是无法比拟的。

通常网页的交互功能都是利用表单来实现的。表单是网页中站点服务器处理的一组数据输入域，当访问者单击按钮或图形来提交表单后，数据就会传送到服务器上。

### 6.1.3 网页设计的原则

网页是网站的基本信息单位，是 WWW 的基本文档。网页是由文字、图片、动画和声音等多种媒体信息以链接的形式组成的。网页既是设计者综合素质的体现，也是制作者使用网页设计软件水平高低的体现。要使网页看上去漂亮、舒适，除了有好的理念外，还离不开美术、色彩和审美等方面的基础知识，并要遵循一系列必要的原则。

在网页设计制作的过程中，需要遵循的艺术原则主要有：

（1）对比原则：两事物的相对比较称为对比。通过对比，双方各自的特征更加鲜明，使画面更富有效果和表现力。对于界面设计而言，通过对比可以在界面中形成趣味中心，或者使主体从背景中突显出来。常用的对比方法有 8 种：大小的对比、明暗的对比、粗细的对比、曲线与直线的对比、水平线与垂直线的对比、质感的对比、位置的对比、多重对比。

（2）协调原则：协调原则是相对于对比原则而言的。所谓协调，就是将界面上的各种元素之间的关系进行统一处理、合理搭配，使之构成和谐统一的整体。对于艺术，协调被认为是使人愉快和舒心的要素之一。协调包括同一界面中各种元素的协调，也包括不同界面之间各种元素的协调。协调主要体现在 4 个方面：主与从、动与静、入与出、统一与协调。

（3）平衡原则：界面是否平衡是非常重要的，例如在一个介绍计算机的界面上，将一台计算机放在界面的左边，看起来似乎要倒向右边；但在界面的右边设计者安排了粗体的标题和文字，恰好起到了支撑作用。

（4）趣味原则：在界面中注意“趣味性”可以“寓用于乐”。除了运用形象、直观、生动的图形优化界面来提高趣味性以外，还可以利用比例、强调、变化率、规律感等方法来提高趣味性。

静态网页设计与制作的几点建议：

（1）在开始制作网页之前，建议应用少量时间对自己要制作的主页进行总体设计，例如希望主页是怎样的风格、应该放一些什么信息、其他网页如何设计、分几层来处理等。

（2）在进行网页开发时，通常首先进行静态网页的制作，然后再在其中加入脚本程序、表单等。静态网页是仅仅用来被动地发布信息，而不具有任何交互功能的网页，它是 Web 网页的重要组成部分。

（3）一个好的网站首先是内容丰富，其次是网页设计美观。对于网页的外观设计，提供以下建议：

- 不要先决定网页的外观，然后迫使自己去适应它，应该根据网站的访问对象、要提供的信息以及制作目标得出一个最适合的网页架构。
- 每页排版不要太松散或用太大的字，尽量避免访问者浏览网页时要作大幅度的滚动，对于篇幅太长的一页可以使用内部链接解决。注意，在一页的上部是显眼而宝贵的地方，不要只放几个粗大的字或图片。
- 不应在每页中插入太多的广告。相信任何访问者都不会喜欢浏览尽是些广告的网页，要考虑该页内容与广告的比例，广告太多，只会令人厌烦。
- 底色或墙纸必须与文字对比强烈，以易于阅读。这并不是要求永远使用鲜亮的背景搭配深色的文字，但深色背景常要求与主题配合，有较多的顾虑，如果网页是文章式或是包含大量文字，不妨在底色与文字的搭配上下些功夫，力求让访问者能够舒适地阅读网页。
- 不要把图片白色当作透明，要知道别人的系统不一定把内定底色设为白色，解决的办法除了真的把该网页的底色设为白色之外，最好还是用图片编辑工具将图片设为透明颜色。

## 6.2 初识 Dreamweaver

### 6.2.1 HTML 简史

HTML 的英文全称是 Hypertext Markup Language，直译就是超文本标记语言，它由 W3C 组织商讨制定。HTML 是一种专门用于描述 Web 页文档结构的标记语言，用来描述超文本各个部分的内容，告诉浏览器如何显示文本，怎样生成与别的文本或图像的链接点。HTML 与操作系统平台的选择无关，只要有 Web 浏览器即可运行 HTML 文件，显示网页内容。

HTML 文档由文本、格式化代码和导向其他文档的超链接组成。通过浏览器看到的网站都是由 HTML 构成的，HTML 文件可以用记事本、写字板等编辑工具来编写，用 HTML 编写的文件的扩展名为.html 或.htm，它们是能够被浏览器解释显示的文件格式。

HTML 由标记（Tag）组成，通过标记来确定网页的结构和内容。下面是一个典型的 HTML 文件，它的扩展名为.htm（或.html）：

```
<html>
<head>
<title> 你好，万维网！ </title>
<meta http-equiv="Content-Type"content="text/html;charset=gb2312">
</head>
<body bgcolor="#FFFF99">
<p align="center">
<font color="#FF0000" size="6">你好，万维网！ </font>
</p>
</body>
</html>
```

像 HTML 文件中的<html></html>、<head></head>和<body></body>就是标记，它们通常写在尖括号“< >”内。

除了标记，在 HTML 中还经常引用脚本语言（Scripting Language），如 JavaScript 和 VBScript。使用脚本语言，可以制作出网页特效和一些简单的动态效果。

制作网页实际上就是编辑 HTML 文件。HTML 语法简单、功能强大，但是想要快速编写漂亮的页面往往还需要借助成熟的网页制作工具。随着 HTML 技术的不断发展和完善，随之产生了众多网页编辑器，从网页编辑器的基本性质上分可以分为所见即所得网页编辑器和非所见即所得网页编辑器（即原始代码编辑器），两者各有千秋。所见即所得网页编辑器的优点是直观、使用方便、容易上手，在所见即所得网页编辑器上进行网页制作和在 Word 中进行文本编辑一样，不会感到有什么区别，但它同时也存在难以精确达到与浏览器完全一致的显示效果的缺点。也就是说在所见即所得网页编辑器中制作的网页放在浏览器中很难完全达到真正想要的效果，这一点在结构复杂一些的网页（如分帧图像、动态网页结构及精确定位）中便可以体现出来。非所见即所得的网页编辑器的工作效率一般较低。

常见的 Dreamweaver、FrontPage、Go Live、HomeSite 都是所见即所得的网页编辑工具，而 Word、Notepad、UltraEdit 等文本编辑工具都可作为非所见即所得的网页编辑器。

### 6.2.2　Dreamweaver 的特点和优势

Dreamweaver 是由 Macromedia 公司推出的一款在网页制作方面大众化的软件，它具有可视化编辑界面，用户不必编写复杂的 HTML 源代码就可以生成跨平台、跨浏览器的网页，不仅适合于专业网页编辑人员的需要，同时也容易被业余网友所掌握。另外，Dreamweaver 的网页动态效果与网页排版功能都比一般的软件好用，即使是初学者也能制作出相当于专业水准的网页。Dreamweaver 与 Flash、Fireworks 并称为 Macromedia 公司的网页制作“三剑客”，由于是同一公司的产品，因而在功能上有着非常紧密的结合。

Dreamweaver 支持动态 HTML，并采用了 Roundtrip HTML 技术，从而奠定了在网页高级设计功能方面的领先地位。在进行网页设计的过程中，动态 HTML 技术能够让用户轻松设计复杂的交互式网页，产生动态效果；而 Roundtrip HTML 技术则可以真正支持 HTML 源编辑模式，不会产生冗余代码，使网页渲染速度加快。因此，Dreamweaver 是一种可以满足多层次需求、功能强大的可视化专业级网页设计及制作工具。与其他网页制作工具相比，Dreamweaver 具有以下优势：

（1）Dreamweaver 新版本加强了对简体中文的支持，不会出现不兼容中文的现象。

（2）使用 Dreamweaver，可以在可视化界面中制作出 ASP、NET、JSP、PHP 等站点。

（3）Dreamweaver 自带了大量模板，大大简化了制作网站的过程。

（4）由于支持数量众多的第三方插件，大大增强了 Dreamweaver 的功能。

（5）通过配置 Dreamweaver 生成符合 XHTML 的代码，可以确保用最新的 HTML 设计标准及时更新站点。

### 6.2.3　Dreamweaver CS3 概述

Dreamweaver CS3 是 Adobe 公司新推出的一款专业网页制作工具，具有可视化编辑界面和强大的网页编辑功能。用户不需要编写复杂的代码即可创建跨平台、跨浏览器、跨操作系统、不同网站服务器的网页。编织互动网络之梦已不是可望而不可及的，在 Dreamweaver CS3 的帮助下可以轻松地实现这个梦想。

1. Dreamweaver CS3 的新功能

Dreamweaver CS3 是一款专业的 HTML 编辑器，用于对 Web 站点、Web 页面和 Web 应用程序进行设计、编码和开发。Dreamweaver CS3 提供了更多功能强大的可视化设计工具、精简高效的应用开发环境及代码编辑支持，使设计师和开发人员能够创建便捷规范的代码应用程序，设计并开发代码简洁和专业规范的站点。

Dreamweaver CS3 在 Dreamweaver 8 的基础上新增了许多功能，这些新增的功能改善了软件的易用性，可以使用户无论处于设计环境还是编码环境都可以方便地制作页面。

（1）Ajax 的 Spry 框架。

Ajax 的 Spry 框架是一个面向 Web 设计人员的 JavaScript 库，用于构建向用户提供更丰富体验的网页。通过 Dreamweaver CS3 可以使用 Ajax 的 Spry 框架，可进行动态用户界面的可视化设计、开发和部署。Spry 框架与其他 Ajax 框架不同，可以同时为设计人员和开发人员所用，因为实际上它的 99%都是 HTML。

（2）Spry 构件。

Spry 构件是预置的常用用户界面组件，可以使用 CSS 自定义这些组件并将其添加到网页中。使用 Dreamweaver 可以将多个 Spry 构件添加到自己的页面中，这些构件包括 XML 驱动的列表和表格、折叠构件、选项卡式界面和具有验证功能的表单元素。

（3）Spry 效果。

Spry 效果是一种提高网站外观吸引力的简洁方式。这种效果可以应用于 HTML 页面上的所有元素。可以通过添加 Spry 效果来放大、收缩、渐隐和高亮显示元素，在一段时间内以可视方式更改页面元素以及执行更多操作。

（4）高级 Photoshop CS3 集成。

Dreamweaver CS3 包含了与 Photoshop CS3 的增强集成功能，设计人员可以在 Photoshop 中选择设计任一部分（甚至可以跨多个层），将其直接粘贴到 Dreamweaver 页面中。如果需要编辑图像，只需双击图像即可在 Photoshop 中打开原始的带图层 PSD 文件进行编辑。

（5）浏览器兼容性检查。

Dreamweaver 中新的浏览器兼容性检查功能可生成报告，指出各种浏览器中与 CSS 相关的问题。在代码视图中，这些问题以绿色下划线来标记，有助于用户准确知道产生问题的代码位置。如果想要了解详细问题信息，则可以访问 Adobe CSS Advisor。

（6）Adobe CSS Advisor。

Adobe CSS Advisor 网站包含有关 CSS 问题的信息，在浏览器兼容性检查过程中可通过 Dreamweaver 用户界面直接访问该网站。CSS Advisor 使用户可以方便地为现有内容提供建议和改进意见，或者方便地添加新的问题以使整个社区都能够从中受益。

（7）CSS 布局。

Dreamweaver CS3 提供了一组预先设计的 CSS 布局，以帮助网页设计者快速设计页面并运行。在代码中还提供了丰富的内联注释，以帮助网页设计者了解 CSS 页面布局。

Web 上的大多数站点设计都可以被归类为一列、两列或三列式布局，而且每种布局都包含许多附加元素（如标题和脚注）。Dreamweaver 提供了一个包含基本布局设计的综合性列表，用户可通过自定义这些设计来满足自己的需要。

（8）管理 CSS。

借助管理 CSS 功能，可以轻松地在文档之间、文档标题与外部表之间、外部 CSS 文件之间以及更多位置之间移动 CSS 规则。此外，还可以将内联 CSS 转换为 CSS 规则，并且只需通过拖放操作即可将它们放置在所需位置。

2. 熟悉 Dreamweaver CS3 的工作环境

Dreamweaver 作为一款优秀的可视化网页制作工具，即便是那些既不懂 HTML 也没进行过程序设计的用户，也能够轻松制作出自己的精彩网页。

Dreamweaver CS3 继承了原版本的一贯风格，有方便编辑的窗口环境、易于辨别的工具列表，无论是在使用什么功能出现问题时都可以找到帮助的信息，十分方便初学者的使用。

Dreamweaver CS3 的启动界面如图 6.1 所示。

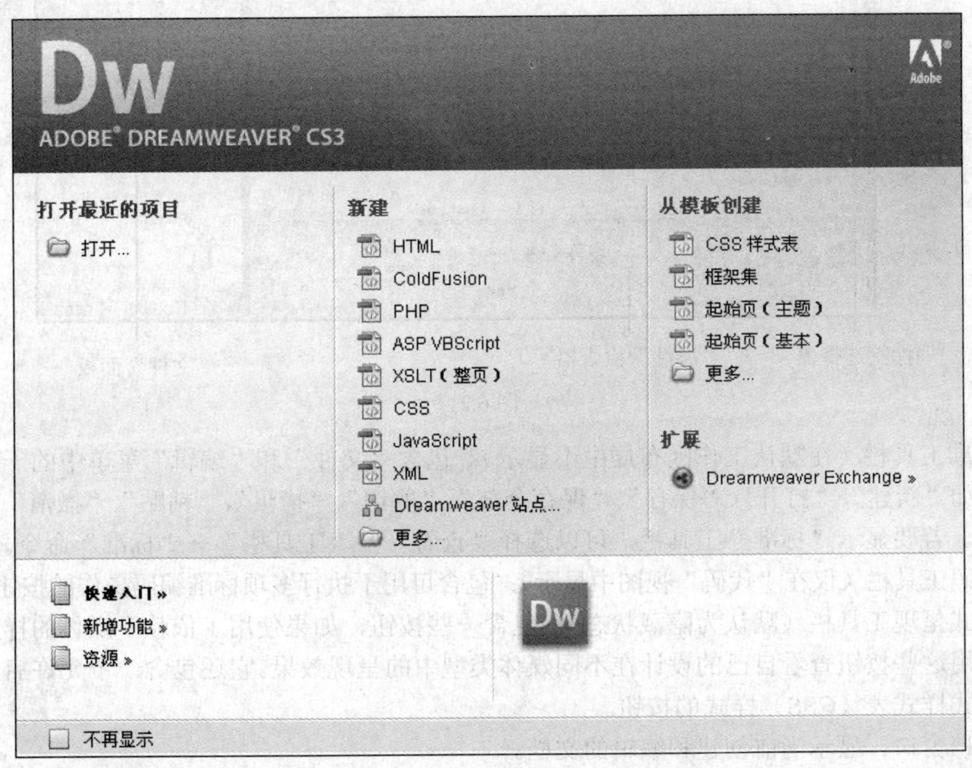


图 6.1

（1）界面布局。

在 Dreamweaver CS3 中提供了众多功能强大的可视化工具、应用程序开发环境以及代码编辑的支持，使开发人员和设计师能够快速创建代码规范的程序，集成度非常高，开发环境精简而高效。此外，开发人员还可以运用 Dreamweaver CS3 与其服务器来构建出功能强大的网络应用程序。

Dreamweaver CS3 的操作界面如图 6.2 所示。

欢迎屏幕：用于打开最近使用过的文档或创建新文档，还可以从欢迎屏幕中通过产品介绍或教程来了解关于 Dreamweaver 的更多信息。

插入栏：包含将各种类型对象插入到文档中的按钮。每个对象都是一段 HTML 代码，允许在插入它时设置不同的属性。

文档工具栏：包含一些按钮，它们提供各种“文档”窗口视图（如“设计”视图和“代码”视图）的选项、各种查看选项和一些常用操作（如在浏览器中预览）。

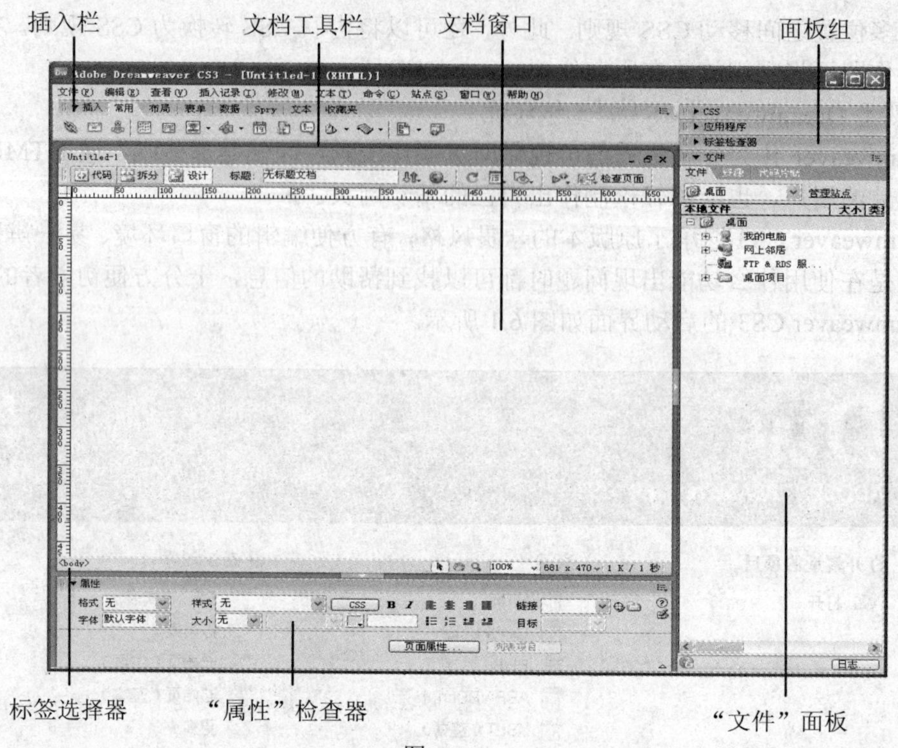


图 6.2

标准工具栏（在默认工作区布局中不显示）：包含“文件”和“编辑”菜单中的一些常用按钮，如“新建”、“打开”、“保存”、“保存全部”、“剪切”、“拷贝”、“粘贴”、“撤消”和“重做”等。若要显示“标准”工具栏，可以选择“查看”→“工具栏”→“标准”命令。

编码工具栏（仅在“代码”视图中显示）：包含可用于执行多项标准编码操作的按钮。

样式呈现工具栏（默认为隐藏状态）：包含一些按钮，如果使用了依赖于媒体的样式表，则可使用这些按钮查看自己的设计在不同媒体类型中的呈现效果。它还包含一个允许启用或禁用层叠式样式表（CSS）样式的按钮。

文档窗口：显示当前创建和编辑的文档。

“属性”检查器：用于查看和更改所选对象或文本的各种属性。每种对象都具有不同的属性，在“编码器”工作区布局中“属性”检查器默认为不展开。

标签选择器：位于“文档”窗口底部的状态栏中，显示环绕当前选定内容标签的层次结构。单击该层次结构中的任何标签可以选择该标签及其全部内容。

面板组：是组合在一个标题的相关面板集合。单击组名称左侧的展开箭头即可展开一个面板组，拖动该面板组标题条左边缘的手柄即可将面板组从当前停靠位置移开。

“文件”面板：用于管理文件和文件夹，无论其是 Dreamweaver 站点的一部分还是位于远程服务器上。用户还可以使用“文件”面板访问本地磁盘上的全部文件，类似于 Windows 资源管理器的操作。

（2）主菜单。

在 Dreamweaver CS3 中共有文件、编辑、查看、插入记录、修改、文本、命令、站点、窗口和帮助 10 个主菜单，这些菜单几乎提供了 Dreamweaver CS3 中的所有操作选项，熟悉并掌握这 10 个主菜单的基本用途对于熟练掌握 Dreamweaver CS3 软件的操作将会大有帮助。

“文件”菜单：主要用于文件管理。它不仅包含一般“文件”菜单的标准功能选项，如新建、打开、保存等，还包含了其他的一些功能，用于对当前文档执行相应的操作，如发布设置、发布预览等功能选项。

“编辑”菜单：用于对选定区域进行操作。它包含了“编辑”菜单的标准功能项，如复制、粘贴、查找替换等。在“编辑”菜单中还提供了对 Dreamweaver 菜单中“首选参数”的访问。

“查看”菜单：用于设置并观察各文档视图信息，如设定显示比例、预览模式等，是否显示或编辑网格、辅助线等，还可以显示或隐藏不同类型的页面元素、Dreamweaver 工具以及工具栏。

“插入记录”菜单：是插入栏的替代项，用于将各种对象插入到文档中。

“修改”菜单：用于对选定文档内容或某项的属性进行更改。利用该菜单可以编辑标签属性，更改表格和表格元素，并且为库项目和模板执行不同的操作。

“文本”菜单：用于设置文本的格式，如字体、大小、样式等。

“命令”菜单：提供对各种命令的访问，包括一个根据用户格式首选参数设置代码格式的命令、一个创建相册的命令和一个使用 Macromedia Fireworks 优化图像的命令。

“站点”菜单：提供用户管理站点以及上传和下载文件的菜单项。

“窗口”菜单：对 Dreamweaver CS3 中所有的面板、检查器和窗口进行访问。

“帮助”菜单：提供对 Dreamweaver CS3 文档的访问，包括关于使用 Dreamweaver CS3 以及创建 Dreamweaver CS3 扩展功能的帮助系统。另外，还包括各种语言的参考资料。

此外，Dreamweaver CS3 还提供了多种上下文菜单，以便于用户方便地访问与当前选择区域有关的命令。在 Dreamweaver CS3 窗口中的某处右击，即可显示上下文菜单。

（3）工具栏。

在工具栏中包含了一些常用的快捷操作，以方便用户快速地实现文档内容的常用操作。Dreamweaver CS3 的工具栏包括 5 个部分：文档工具栏、标准工具栏、插入栏、样式呈现工具栏和编码工具栏。

在默认情况下，Dreamweaver CS3 主窗口中只显示插入工具栏和文档工具栏，选择“查看”→“工具栏”命令可以对其进行查看，编码工具栏只有在“代码”视图中才可以看到。

1）文档工具栏。在 Dreamweaver CS3 中，使用工具栏中的“代码”按钮、“设计”按钮、“拆分”按钮可以切换到不同的文档视图。在工具栏中还包含了许多常用的命令按钮，单击相应的命令按钮可以查看选择的内容和文档状态等，还可以随意拖动文档工具栏，如图 6.3 所示。

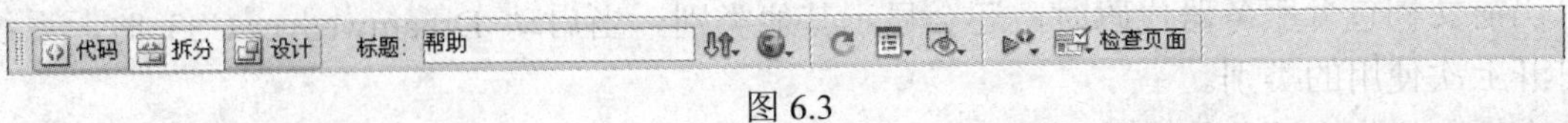


图 6.3

文档工具栏的主要作用是可以不必使用菜单命令，仅通过快捷菜单按钮即可方便地控制文档的视图显示。

文档工具栏的具体功能如下：

“代码”按钮：切换当前的窗口为代码视图。

“拆分”按钮：切换当前的窗口为代码和设计视图。

“设计”按钮：切换当前的窗口为设计视图。

"标题"文本框：在标题后面的文本框中输入所设计文档的名称，按 Enter 键或单击文本框以外的地方，所设置的标题就会显示在标题栏中。

文件管理：显示"文件管理"弹出菜单。

在浏览器中预览/调试：允许在浏览器中预览或调试文档，从弹出的菜单中选择一个浏览器。

刷新设计视图：在"代码"视图中对文档进行更改后刷新文档的"设计"视图。在执行某些操作（如保存文件或单击该按钮）之后，在"代码"视图中所做的更改将自动显示在"设计"视图中。

视图选项：允许为"代码"视图和"设计"视图设置选项，其中包括指定这两个视图中的哪一个居上显示。该菜单中的选项会应用于"设计"视图、"代码"视图或同时应用于这两个视图。

可视化助理：使用户可以用各种可视化助理来设计页面。

验证标记：用于验证当前文档或选定的标签。

检查浏览器兼容性：用于检查用户的 CSS 是否对各种浏览器均兼容。

2）标准工具栏。右击文档工具栏，在弹出的快捷菜单中选择"标准"命令，即可在文档工具栏中弹出一组工具栏，即标准工具栏，如图 6.4 所示。

图 6.4

标准工具栏中各个按钮的功能：新建页面、打开已经建立的页面、在 bridge 中预览、保存页面、保存全部页面、打印代码、剪切所选内容、复制所选内容、粘贴复制的内容、撤消上一步操作、重做上一步操作。

3）插入栏。在插入栏中包含了一些用于将各种类型的对象（图像、表格和 AP 元素等）插入到文档中的按钮。每个对象都是一段 HTML 代码，允许用户在插入它时设置不同的属性，如图 6.5 所示。这些按钮被组织到若干类别中，可以单击"插入"栏顶部的选项卡进行切换。

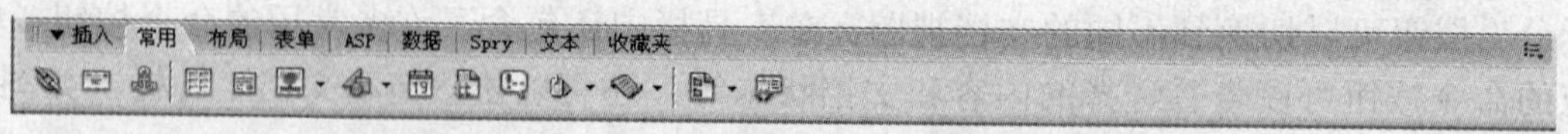


图 6.5

当前文档包含服务器代码时，还会显示其他类别。当启动 Dreamweaver CS3 时，系统将会打开上次使用的类别。

在插入栏中主要按如下类别进行组织：

常用：用于创建和插入最常用的对象，如图像和表格。

布局：用于插入表格、<div>标签、框架和 Spry 构件，还可以选择表格的标准（默认）表格视图和扩展表格视图。

表单：包含一些按钮，用于创建表单和插入表单元素（包括 Spry 验证构件）。

数据：可以插入 Spry 数据对象和其他动态元素，如记录集、重复区域以及插入记录表单和更新记录表单。

Spry：包含一些用于构建 Spry 页面的按钮，包括 Spry 数据对象和构件。

文本：用于插入各种文本格式和列表格式的标签，如 b、em、p、h1 和 ul 等。

收藏夹：用于将插入栏中最常用的按钮分组组织到某一公共位置。

服务器代码：仅适用于使用特定服务器语言的页面，这些服务器语言包括 ASP、ASP.NET、CFML Basic、CFML Flow、CFML Advanced、JSP 和 PHP 等，这些类别中的每一个都提供了服务器代码对象，可以将这些对象插入“代码”视图中。

4）样式呈现工具栏。在样式呈现工具栏（默认为隐藏状态）中包含了一些按钮，如果使用了依赖于媒体的样式表，则可以使用这些按钮查看设计在不同媒体类型中的呈现效果。它还包含一个允许启用或禁用层叠样式表（CSS）样式的按钮。

5）编码工具栏。编码工具栏仅在“代码”视图中显示，包含了可用于执行多项标准编码操作的按钮，如折叠和展开所选代码、高亮显示无效代码、应用和删除注释、缩进代码、插入最近使用过的代码片断等，它垂直显示在“文档”窗口的左侧。

（4）常用面板。

在 Dreamweaver CS3 中，虽然各个面板在工作界面中已经有了相对固定的位置，但也可以用鼠标随意拖动，并且可以根据需要随时调用或隐藏面板。Dreamweaver CS3 的软件界面扩展设计使设计者不再受制于屏幕大小，无需浏览器即可清楚地查看主页的整体页面效果。

1）属性面板。在 Dreamweaver CS3 的主窗口中，属性面板是一个比较常用的面板，在程序启动时会默认显示在文档区域编辑区域的下方，用户可根据需要对其随时隐藏或调用。

例如，在主菜单“窗口”的下拉菜单中取消对“属性”选项的选择可关闭已打开的属性面板；也可以单击属性面板左边的三角箭头，单击属性面板将其显示或隐藏，如图 6.6 所示。

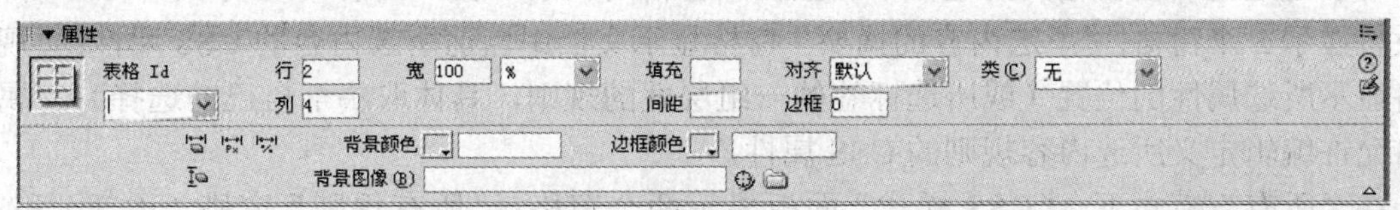


图 6.6

属性面板并不是将所有对象的属性都加载到面板上，而是根据用户选择的对象来动态显示对象的属性。在制作网页时可以根据需要来打开、关闭属性面板，或通过拖动属性面板的标题栏将其移动至合适的位置，方便操作，从而提高网页的制作效率。

属性面板可以随着选择对象的不同而改变，在使用 Dreamweaver CS3 时应注意，属性面板的状态完全是随当前在文档中的选择对象来变化的。例如，当前选中一幅图像，则在属性面板中将出现该图像的相应属性；如果选择了表格，这时属性面板将会相应变化为表格的属性。

2）“文件”面板。使用“文件”面板可以查看和管理 Dreamweaver 站点中的文件，如图 6.7 所示。在“文件”面板中查看站点、文件或文件夹时，可以更改查看区域的大小，还可以展开或折叠“文件”面板。当“文件”面板折叠时，将以文件列表形式显示本地站点、远程站点或测试服务器的内容。当“文件”面板展开时，将显示本地站点和远程站点，或者显示本地站点和测试服务器。“文件”面板还可以显示本地站点的视觉站点地图。

对于 Dreamweaver 站点，还可以通过更改折叠面板中默认显示的视图（本地站点视图或远程站点）来对“文件”面板进行自定义。

3）“CSS样式”面板。使用“CSS样式”面板可以跟踪影响当前所选页面元素的CSS规则和属性（“当前”模式），或影响整个文档的规则和属性（“所有”模式）。使用“CSS样式”面板顶部的切换按钮可以在两种模式之间切换。使用“CSS 样式”面板还可以在“所有”和“当前”模式下修改CSS属性，如图6.8所示。

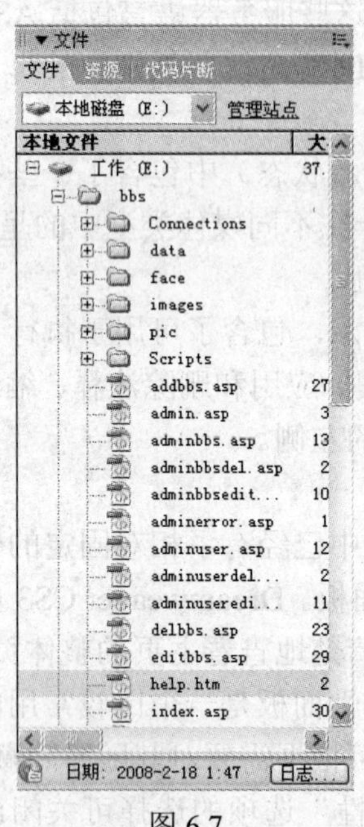


图 6.7

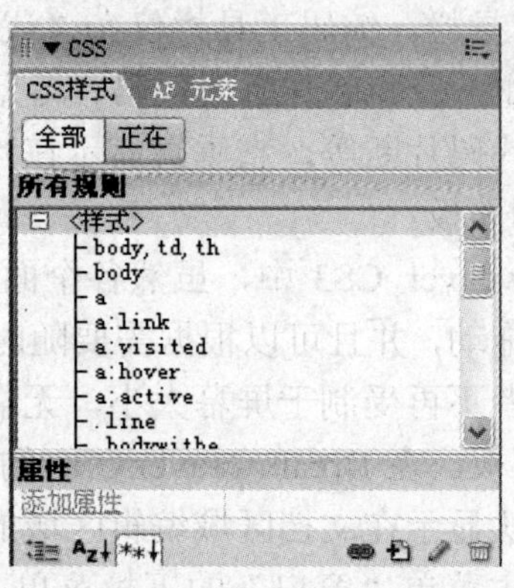


图 6.8

可以通过拖动窗格之间的边框来调整任一窗格的大小。在“当前”模式下，“CSS样式”面板将显示3个窗格：“所选内容的摘要”窗格显示文档中当前所选内容的CSS属性；“规则”窗格显示所选属性的位置（或所选标签的一组层叠的规则，具体取决于自己的选择）；“属性”窗格允许编辑定义所选内容规则的CSS属性。

在“所有”模式下，“CSS样式”面板显示两个窗格：“所有规则”窗格（顶部）和“属性”窗格（底部）。“所有规则”窗格显示当前文档中定义的规则，以及附加到当前文档样式表中定义的所有规则列表。“属性”窗格可用于编辑“所有规则”窗格中任何所选规则的CSS属性。对“属性”窗格所做的任何更改都将立即应用，这使用户可以在操作的同时预览效果。

4）面板组。在Dreamweaver CS3的面板组中选定的面板将显示为一个选项卡。每个面板组都可以展开或折叠，并且可以和其他面板组停靠在一起或取消停靠。

此外，面板组还可以停靠到集成的应用程序窗口中，如图6.9所示。这使得用户能够很容易地访问所需的面板，而不会使工作区变得混乱。

当一个面板组处于浮动（取消停靠）状态时，在面板组顶部将会显示一个窄的空白条。在Dreamweaver CS3的文档中，“面板组的标题栏”是指面板组名称出现的区域，而不是这个窄的空白条。

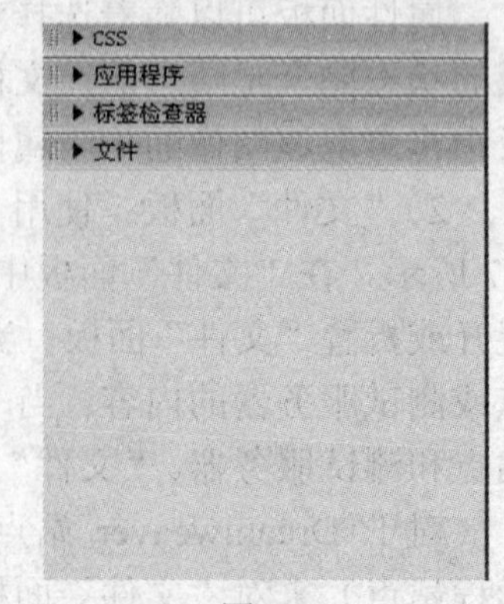


图 6.9

当列表框处于关闭状态时，将不显示面板控制列表框，仅在位于屏幕右侧边缘的位置有一个显示的“箭头”标记，提示用户可以单击这个箭头来打开弹出式面板控制列表框，如图 6.10 所示。

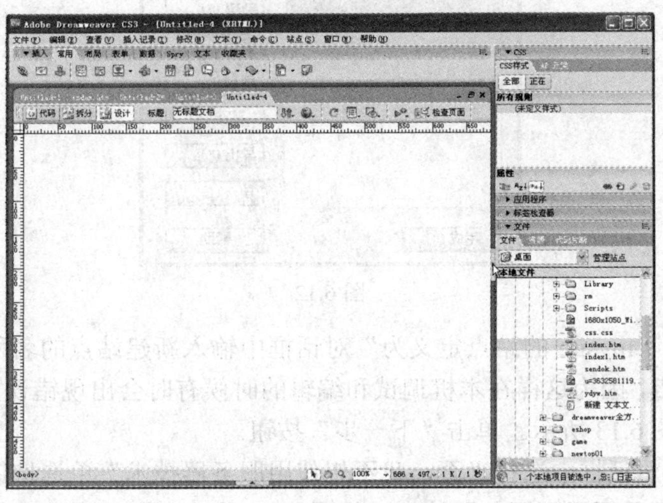

图 6.10

当弹出式控制面板列表框被暂时关闭，文档编辑窗口的有效面积增大时，设计者的视野也随之变开阔了。这种灵活的面板使用方式对设计者而言比较合理，也意味着可以更自由地发挥想象力，从而实现自己的设计构想。

### 6.2.4　Dreamweaver CS3 站点的创建

所谓站点，可以看做是一系列文件的组合，这些文件之间通过各种链接关联起来，可以拥有相似的属性，例如描述相关的主题、采用相似的设计或实现相同的目的等。利用链接，从一个文档转到另一个文档，从而实现对整个站点的管理。

（1）在本地硬盘上建立一个文件夹，用来存放将要制作的站点，可以将文件命名为网站的名字。

（2）运行 Dreamweaver CS3，选择“站点”→“管理站点”命令，如图 6.11 所示。

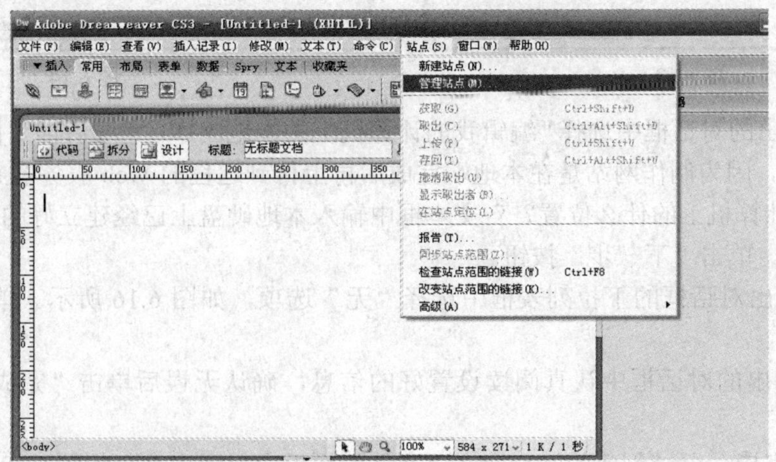


图 6.11

（3）在弹出的“管理站点”对话框中单击“新建”→“站点”，如图 6.12 所示。

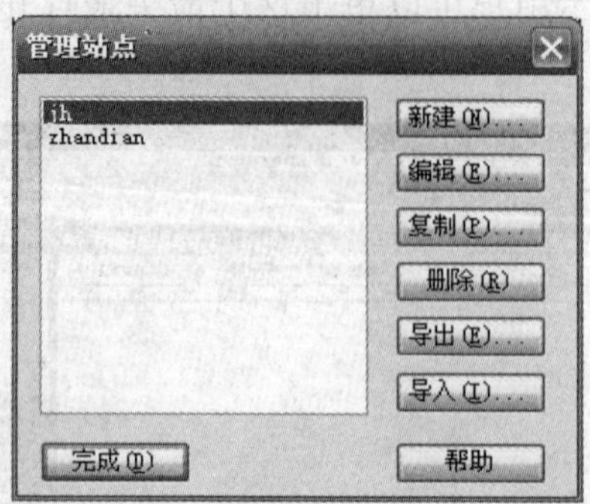


图 6.12

（4）在弹出的“mysite 的站点定义为”对话框中输入新建站点的名称。注意最好不要用中文名字来命名站点，因为这样在本机调试和编辑的时候有时会出现错误。这里假设命名新建站点为 mysite，如图 6.13 所示。单击“下一步”按钮。

（5）在弹出的对话框中选择“否，我不想使用服务器技术”单选按钮，因为初学时建立的是静态网站，还不需要用到服务器技术，如图 6.14 所示。单击“下一步”按钮。

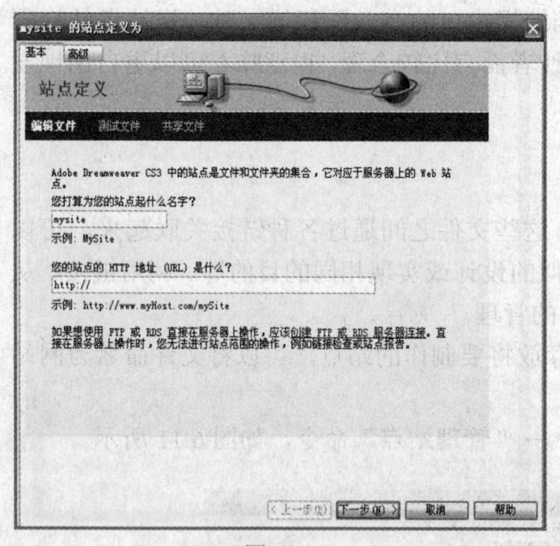


图 6.13

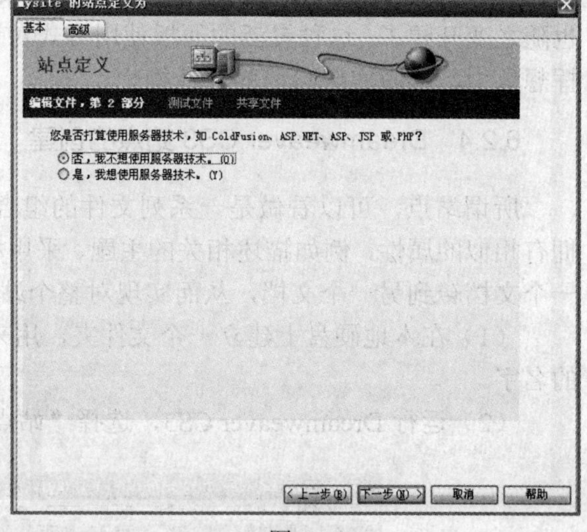


图 6.14

（6）在弹出的对话框中选择“编辑我的计算机上的本地副本，完成后再上传到服务器（推荐）”单选按钮，因为制作网站是在本地端完成后再上传到远程的 Web 服务器上的。在“您将把文件存储在计算机上的什么位置？”文本框中输入本地硬盘上已经建立好的文件夹的路径，如图 6.15 所示。单击“下一步”按钮。

（7）在弹出对话框的下拉列表框中选择“无”选项，如图 6.16 所示。单击“下一步”按钮。

（8）在弹出的对话框中认真阅读设置好的信息，确认无误后单击“完成”按钮，如图 6.17 所示。

站点创建完毕，已经创建的站点会在“文件”面板中显示出来，如图 6.18 所示。

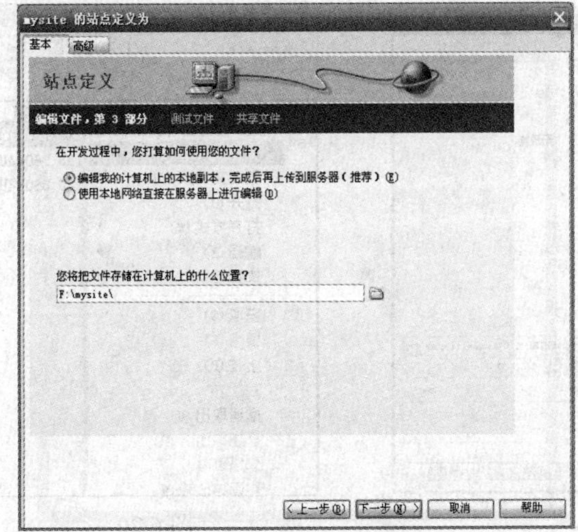


图 6.15

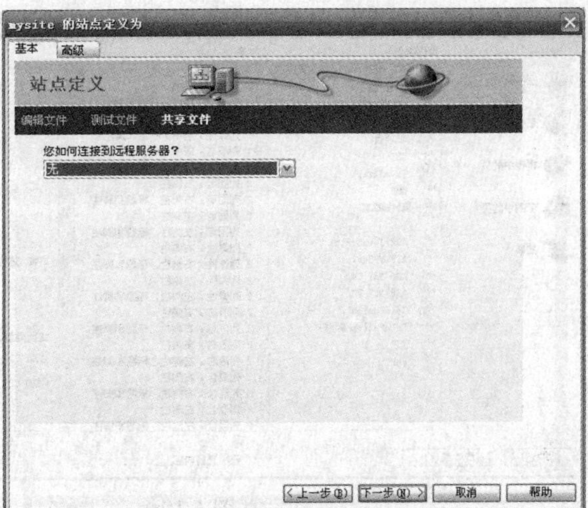


图 6.16

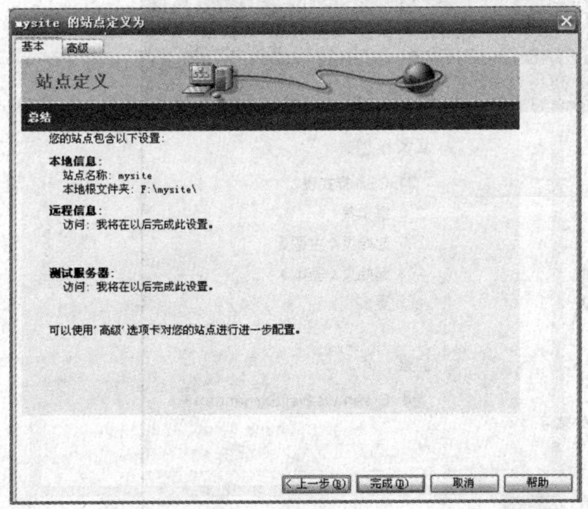


图 6.17

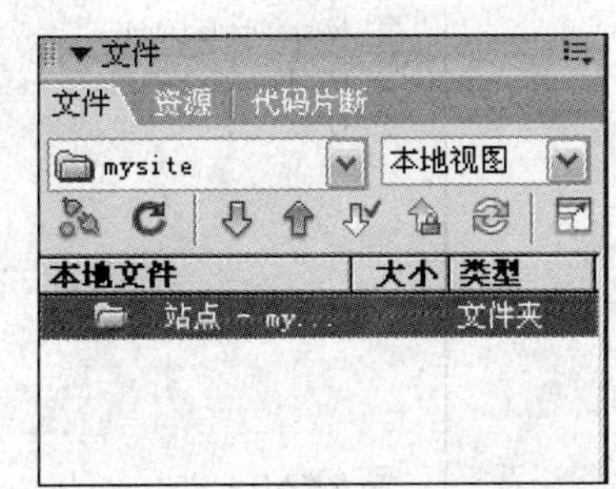


图 6.18

### 6.2.5　网页的创建

站点是由许多网页组成的一个整体，刚刚建立好的站点只是一个空白站点。接下来就可以制作站点中的网页来充实网站的内容了。创建空白页面有以下 3 种方法：

（1）选择“文件”→“新建”命令，弹出“新建文档”对话框，从各种预先设计好的页面布局中选择一种，例如选择“空白页”→HTML 选项，再单击“创建”按钮，如图 6.19 所示。

（2）在“文件”面板中右击，在弹出的快捷菜单中选择“新建文件”选项，如图 6.20 所示。

（3）在起始页中选择“新建”→HTML 选项，如图 6.21 所示。

新建了页面之后，需要为页面命名。如果是网站的首页，一般默认的文件名是 index.htm、index.html、default.htm 等，如图 6.22 所示。如果是其他页面则相应地命名为网页名称，以后它将出现在标题栏中。

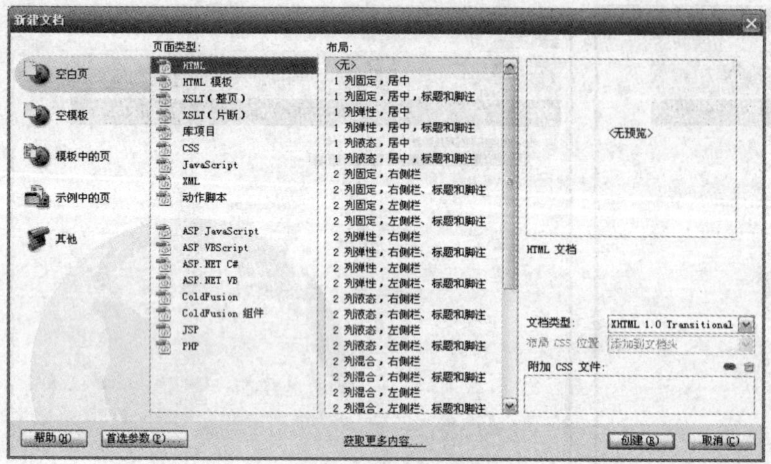

图 6.19

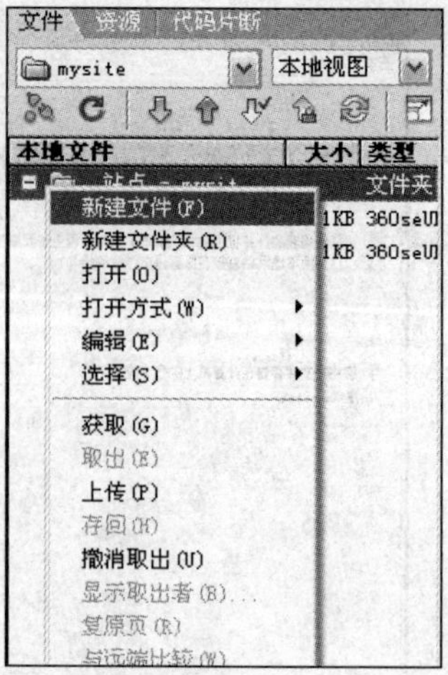

图 6.20

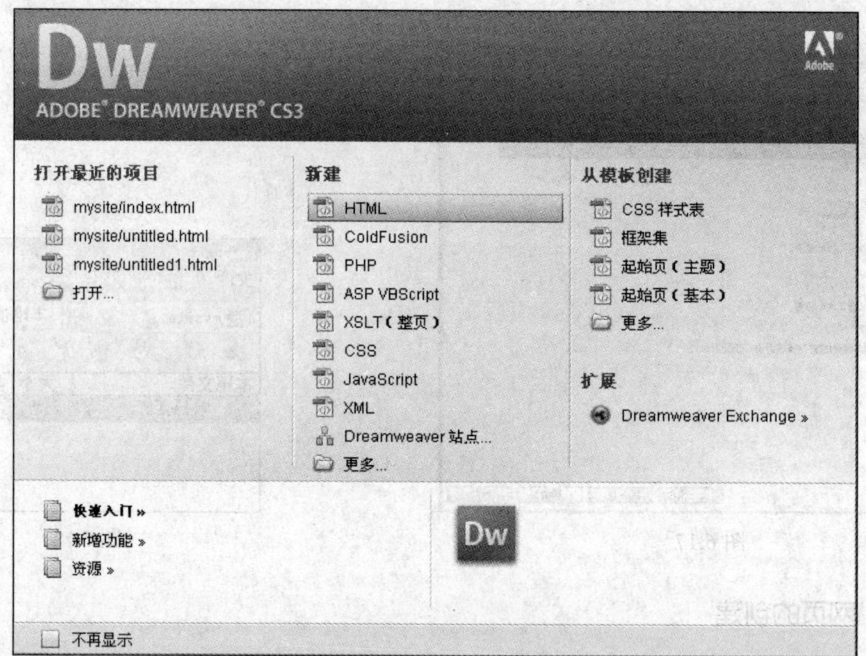

图 6.21

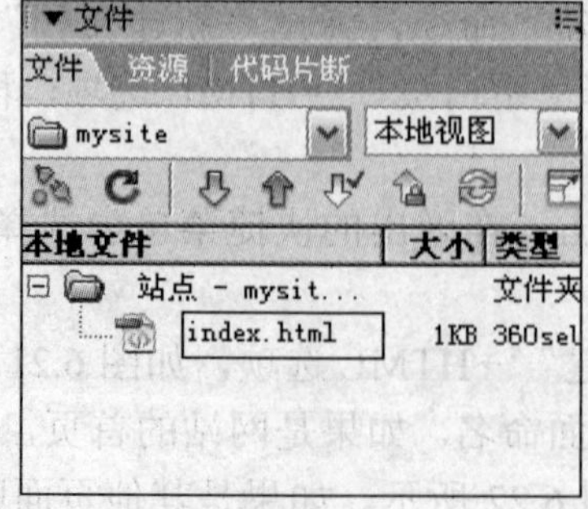

图 6.22

# 6.3　Dreamweaver 制作简单网页

设计网页过程中总需要创建许多网页文档，并对文档进行页面属性设置，插入文本对象、图像对象，设置背景、超链接等。本节以制作如图 6.23 所示的一张网页为例，简单介绍上述操作。

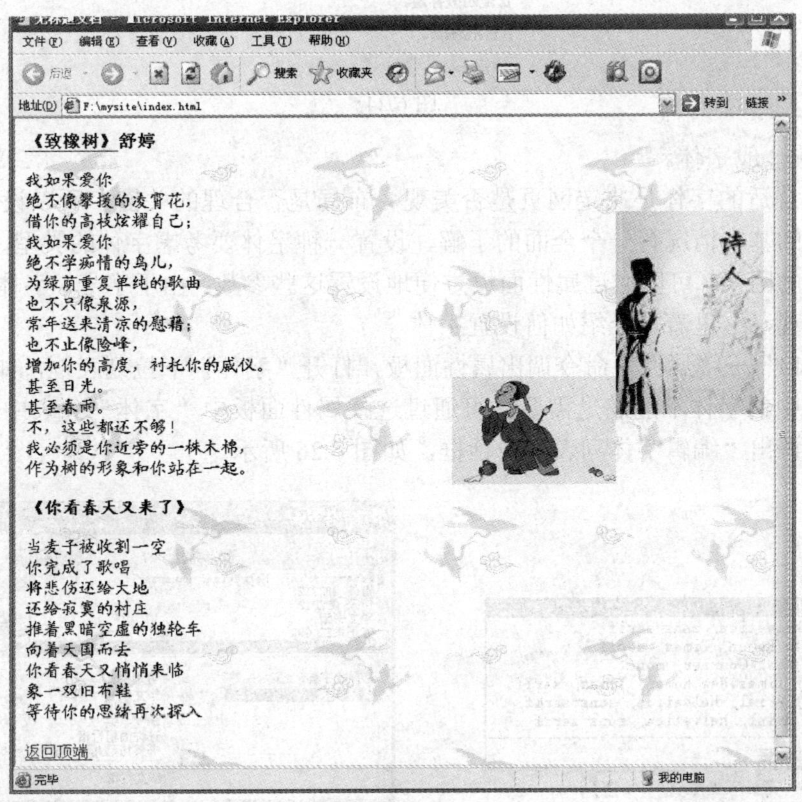


图 6.23

## 6.3.1　插入文本

1．文字的添加

在网页制作中输入文本是最基本的操作。在“文档”窗口中可以直接输入文字，一般 Dreamweaver 中的文本段落是自动换行的，即在输入文字时，若一行文字超过了窗口显示范围时会自动换到下一行。如果在文本输入的过程中需要划分段落，可以使用 Enter 键进行换行，用 Enter 键换行后上下段落的行间距为一行。如果用 Shift+Enter 组合键进行强制换行，换行所产生的行距为 Enter 键换行所产生行距的一半。另外，“文档”窗口也支持 Word 的复制、粘贴等功能。

2．设置文本格式

（1）设置标题。

设计每一个网页时，通常都应该加入一个或多个标题用来对内容进行概括或分类，以保持层次分明。为了使标题醒目，Dreamweaver CS3 提供了 6 种标准的标题，可以在属性面板的

“格式”下拉列表框中进行选择。用户可以选择“标题 1”到“标题 6”中的一种，如图 6.24 所示。当然，标题字体也可以按一般字体的设置方法进行设置，以满足不同的需要。

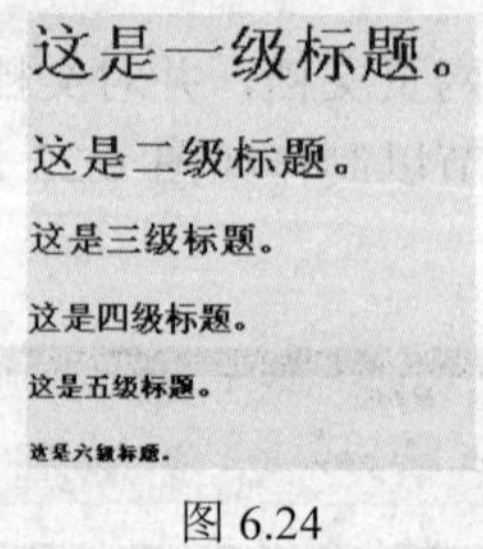


图 6.24

（2）设置一般字体。

选择一种合适的字体是决定网页是否美观、布局是否合理的关键，所以设计网页时应首先对各种字体的基本情况有一个全面的了解。设置一种字体要考虑字体的类型、大小、风格、颜色等多方面的因素。可以通过属性面板方便地设置这些参数。由于字号、字体、风格及颜色的设置较为直观，这里着重介绍如何设置字体。

选择“窗口”→“属性”命令调出属性面板，打开“字体”下拉列表框，如图 6.25 所示。

如果列表中的字体不能满足需要，可通过选择属性面板中“字体”列表中的“编辑字体列表”命令来调出“编辑字体列表”对话框，如图 6.26 所示。

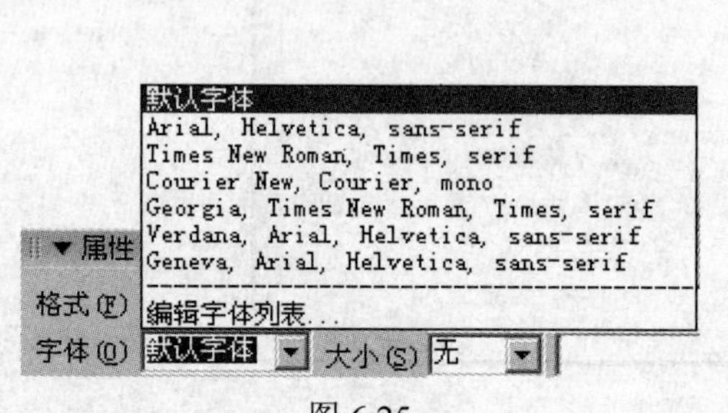


图 6.25

图 6.26

“编辑字体列表”对话框中有 3 个列表框。上面的列表框列出了已经加入的字体类型，可通过单击 + 按钮添加一种新字体；通过单击 - 按钮可以删除所选的字体。对话框右下侧列表框中列出了系统中所有已安装的字体，该列表框中显示字体的数量多少与 Windows 操作系统安装字体的多少有关。左下侧列表框是当前准备添加的所有新字体的列表。

（3）设置文本格式。

在 Dreamweaver 中设置文本格式可以通过属性面板，类似于 Microsoft Word 中对文本属性的设置，包括段落的格式、字体、字号、字的颜色、字体加粗/倾斜、对齐方式（左对齐/居中/右对齐）、文字所链接的路径或 URL 等，如图 6.27 所示。

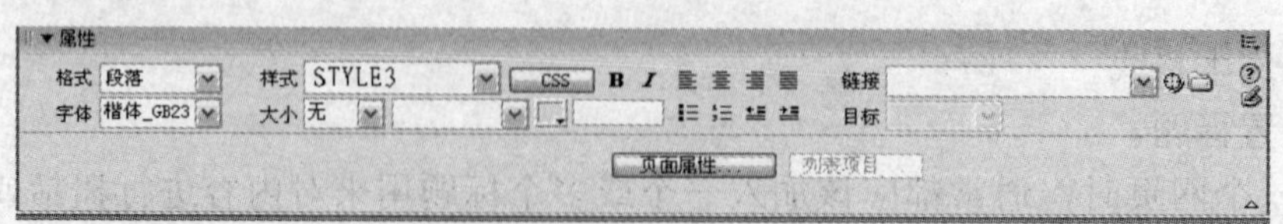


图 6.27

### 6.3.2　图形图像处理

一个优秀网站的构成除了文字之外，精美的图像必不可少。Dreamweaver CS3 支持绝大多数图像格式。在介绍 Dreamweaver 对图像的处理功能之前，先来了解一下在网页中使用图像需要了解的一些基础知识。

1. 图像的基本知识

（1）网页中的颜色。

图像与颜色是分不开的。在网页中是以 RGB 方式来表示颜色的。RGB 颜色包括几百万种之多，这么多的颜色却有一个共同点，即都是由红、绿、蓝这三种基色调混和而成的，RGB 其实就是 Red、Green、Blue 的缩写。

在网页中运用色彩一般应遵循以下原则：

- 一个页面中切忌采用过多的颜色，否则会给人一种繁杂的感觉，也烘托不了网页的主题，因此一种风格的网页选用颜色一般不要超过三四种。
- 背景的颜色不要太深，那样会显得过于厚重，影响整个页面的显示效果。但也有例外，黑色的背景衬托出亮丽的文本和图像，会给人一种另类的感觉。
- 要保持整个网页的色调统一。
- 要围绕网页的主题选择颜色，色彩要能烘托出主题。

（2）图像格式。

由于受网络带宽的限制，在 Web 页上使用的图像都是一些压缩格式，最常用的有 GIF 格式、JPEG 格式、PNG 格式和矢量格式。

GIF 格式采用无损压缩算法进行图像的压缩处理，是目前在网页设计中使用最普遍、最广泛的一种图像格式。

JPEG 格式是另一种在 Web 上应用广泛的图像格式。由于它支持的颜色数几乎没有限制，因此适用于使用真彩色或平滑过渡色的照片和图片。与 GIF 格式采用无损压缩不同，JPEG 格式使用有损压缩来减小图片文件的大小，因此用户将看到随着文件的减小，图片的质量也降低了。

PNG 格式是近年来新出现的一种图像格式，它适合于任何类型、任何颜色深度的图片。

（3）使用网页图像的要点。

在 Web 页上显示图片之前，通常需要考虑以下 3 个问题：

- 确保文件较小。
- 控制图像的数量和质量。
- 合理使用动画。

2. 图像的添加

图像的添加可以通过复制粘贴实现，但通常是通过插入图像的方法实现，具体操作步骤如下：

（1）在“插入”栏中单击“插入图像”按钮，在下拉菜单中选择“图像”选项，如图 6.28 所示，也可以选择“插入记录”→“图像”命令来实现。

（2）在弹出的“图像标签辅助功能属性”对话框（如图 6.29 所示）中可以输入替换文本，然后单击“确定”按钮，即在插入点插入了一个图像占位符。

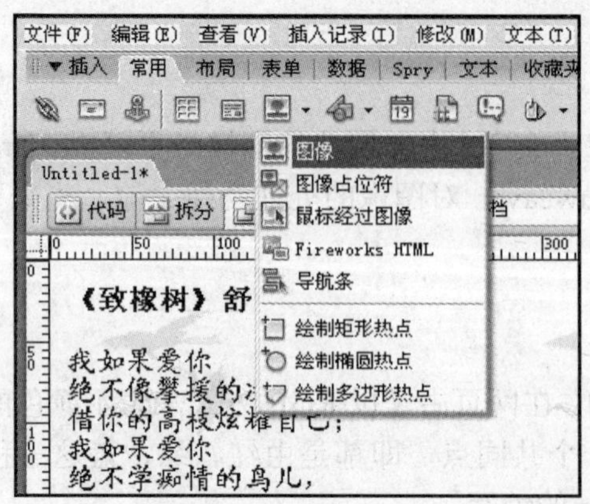


图 6.28

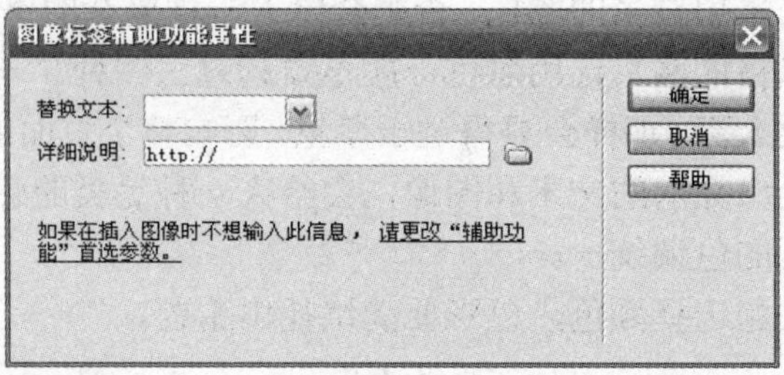

图 6.29

（3）利用图像占位符的“属性”面板（如图 6.30 所示）可以设置图像的各种属性，单击“源文件”文本框后的按钮，弹出“选择图像源文件”对话框（如图 6.31 所示），在其中选择源文件，然后单击“确定”按钮，再为图像命名，定义它的位置、大小、链接，设置热点区域等。

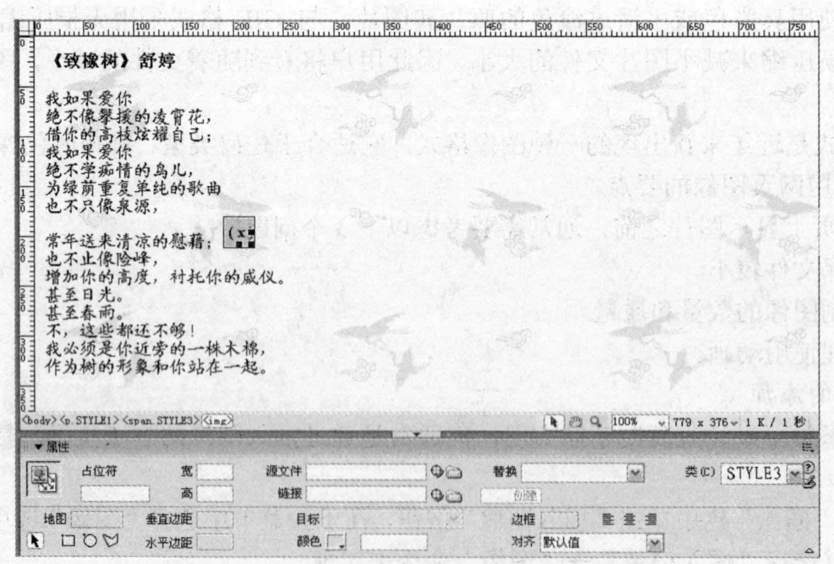


图 6.30

（4）插入图像后，图像周围会出现 3 个黑色的控制手柄，如图 6.32 所示，可以用鼠标拖动这些手柄来调整图像的大小。

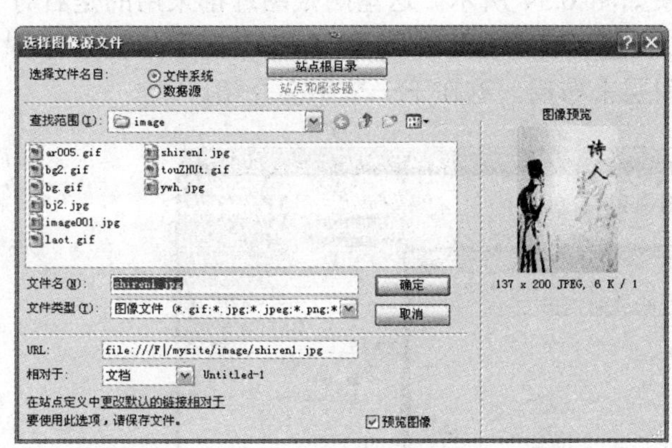
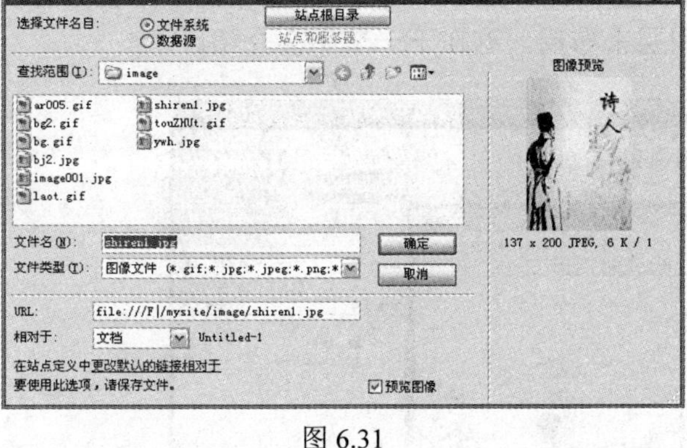

图 6.31

绝不像攀援的凌霄花，
借你的高枝炫耀自己；
我如果爱你
绝不学痴情的鸟儿，
为绿荫重复单纯的歌曲
也不只像泉源，
常年送来清凉的慰藉；
也不止像险峰，
增加你的高度，衬托你的威仪。
甚至日光。
甚至春雨。

图 6.32

3. 设置网页的背景

改变网页背景的状态可以通过两种方法来实现：一种是设置背景颜色；另一种是设置背景图像。

设置网页背景色在页面属性对话框中进行，如图 6.33（a）所示。

设置网页背景色只能得到单一颜色的背景，如何要使背景发生更多的变化，这就需要设置网页的背景图像，如图 6.33（b）所示。

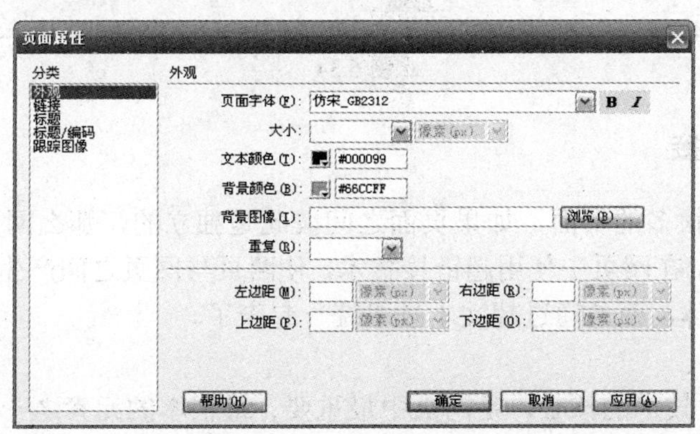

（a）

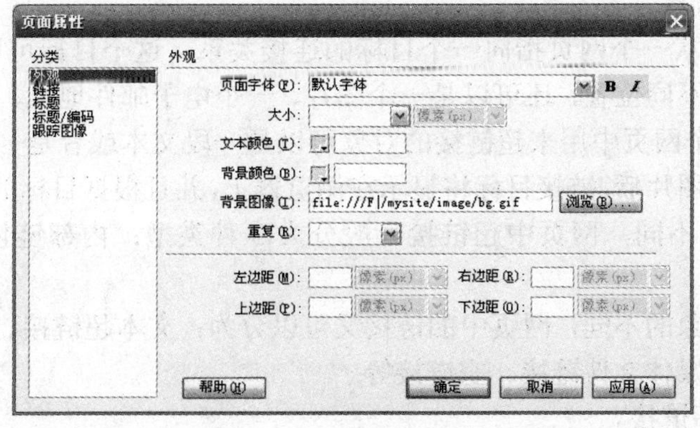

（b）

图 6.33

设置好背景图像后，网页制作出来的效果如图 6.34 所示。这里两张图片都采用的是右对齐的方式。网页中的图片插入进来后，位置的调整一般不能随心所欲，如果希望图片位置容易调整些，则需要使用网页布局中的表格或者图层来布局，这在下一节中会介绍。

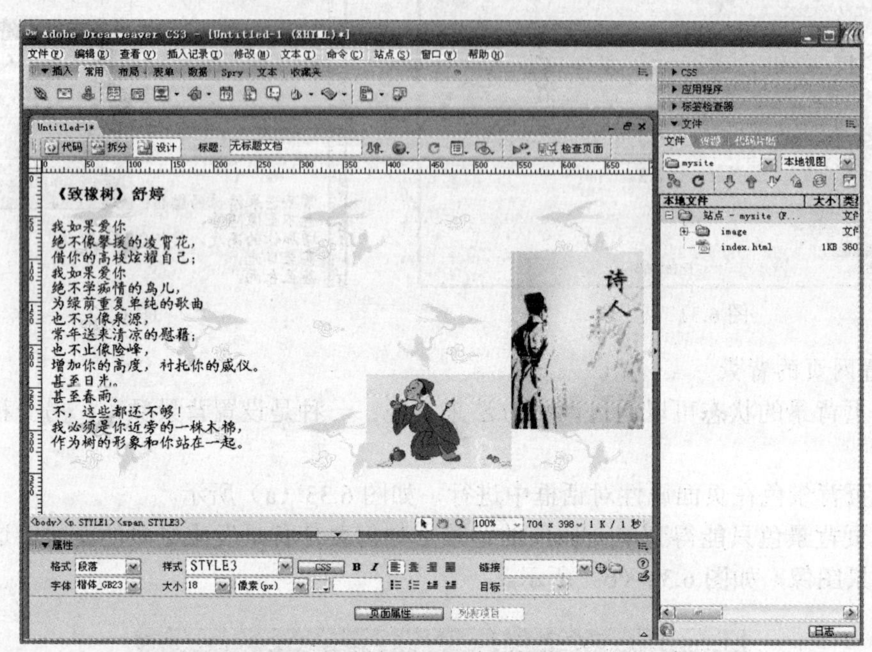

图 6.34

### 6.3.3 使用超连接

作为网站肯定有很多的页面，如果页面之间彼此是独立的，那么网页就好比孤岛，这样的网站是无法运行的。在网页中使用超链接技术，使网页与网页之间产生了关联性，每个网页不再是一个单独的个体，而是通过超文本技术统一起来了。

1. 超链接简介

超链接是 WWW 技术的核心，是网页中最重要、最根本的元素之一。超链接能够使多个孤立的网页之间产生一定的相互联系，从而使单独的网页形成一个有机的整体。

（1）什么是超链接。

所谓超链接是指从一个网页指向一个目标的连接关系，这个目标可以是另一个网页，也可以是相同网页上的不同位置，还可以是一个图片、一个电子邮件地址、一个文件，甚至是一个应用程序。而在一个网页中用来超链接的对象可以是一段文本或者是一个图片。当浏览者单击已经链接的文字或图片后，链接目标将显示在浏览器上，并且根据目标的类型来打开或运行。

按照链接路径的不同，网页中超链接一般分为 3 种类型：内部链接、锚点链接和外部链接。

如果按照使用对象的不同，网页中的链接又可以分为：文本超链接、图像超链接、E-mail 链接、锚点链接、多媒体文件链接、空链接等。

（2）合理安排超链接。

合理安排超链接在网页制作中是非常重要的。采用什么结构的链接会直接影响到网页的布局。

设计链接的建议如下：

- 避免孤立文件的存在。应该避免存在孤立的文件，这样能使将来在修改和维护链接时有清晰的思路。
- 在网页中避免使用过多的超级链接。在一个网页中设置过多的超链接会导致网页的观赏性不强、文件过大。如果避免不了过多的超链接，可以尝试使用下拉列表框、动态链接等一些链接方式。
- 网页中的超链接不要超过 4 层。链接层数过多容易让人产生厌烦的感觉，在力求做到结构化的同时，应注意链接避免超过 4 层。
- 页面较长时可以使用书签。在页面较长时，可以定义一个书签，这样能让浏览者方便地找到想要的信息。
- 设置主页或上一层的链接。有些浏览者可能不是从网站的主页进入网站的，设置主页或上一层的链接会让浏览者更加方便地浏览全部网页。

2. 为文字添加超链接

在创建超链接之前，要了解网站中的 3 种文档路径类型：绝对路径、和根目录相对路径、和文档相对路径。

绝对路径：是包含服务器协议（对于网页来说通常是 http://或 ftp://）的完全路径，绝对路径包含的是精确地址而不用考虑源文件的位置。但是如果目标文件被移动，则链接无效。创建外部超链接时必须使用绝对路径。

和根目录相对路径：是从当前站点的根目录开始的路径。站点上所有可公开的文件都存放在站点的根目录下。和根目录相对路径使用斜杠来告诉服务器从根目录开始。

和文档相对路径：是指和当前文档所在的文件夹相对的路径。这种路径通常是最简单的路径，可以用来链接和当前文档处于同一文件夹下的文档。

（1）创建文本超链接。

在网页上选择需要添加超链接的文本，此时属性面板成为文本属性面板，如同 6.35 所示。

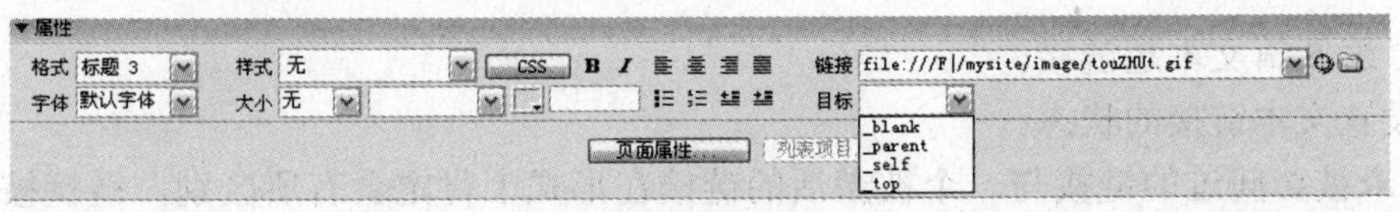


图 6.35

在属性面板上指定文字的链接目标。可按以下 4 种方法指定超链接：

- 单击“链接”下拉列表框右侧的文件夹按钮，弹出“选择文件”对话框，在其中选择链接的目标文件。
- 在文本框中直接输入目标的绝对路径。
- 利用属性面板中的“指向文件”按钮为文字加入超链接。但必须要建立本地站点，且本地站点上还要有文件存在，才能使用此方法。
- 选择“修改”→“创建链接”命令，也会弹出“选择文件”对话框。

确定完链接目标后，在“链接”下拉列表框中会出现文字的链接目标。在“目标”下拉列表框中选择目标文件的打开方式。其中共有 4 个选项：

- blank：将目标文件载入到新的未命名浏览器窗口中。
- parent：将目标文件载入到父框架集或包含该链接的框架窗口中。

- self：将目标文件载入与该链接相同的框架或窗口中。
- top：将目标文件载入到整个浏览器窗口并删除所有框架。

_parent、_self、_top 只有在使用框架页面时才有效。

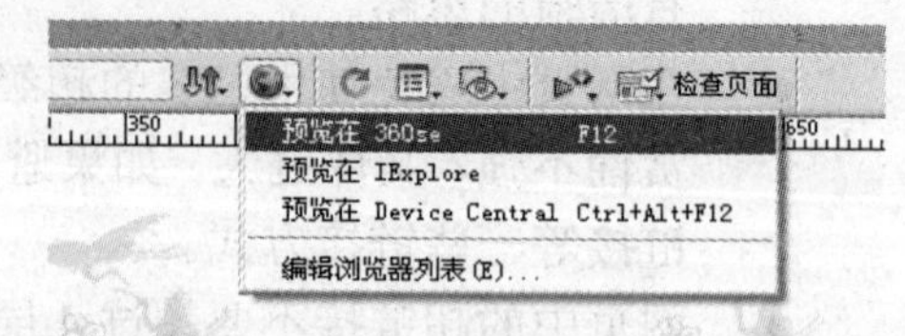


图 6.36

设置结束后，在网页中被选择的文字颜色变为蓝色，且在文字底部出现一条下划线，即文字的超链接设置完成。然后保存网页，再按 F12 键预览网页（工具栏操作如图 6.36 所示），效果如图 6.37 所示。如果不先保存网页，则按 F12 键后会提示保存。

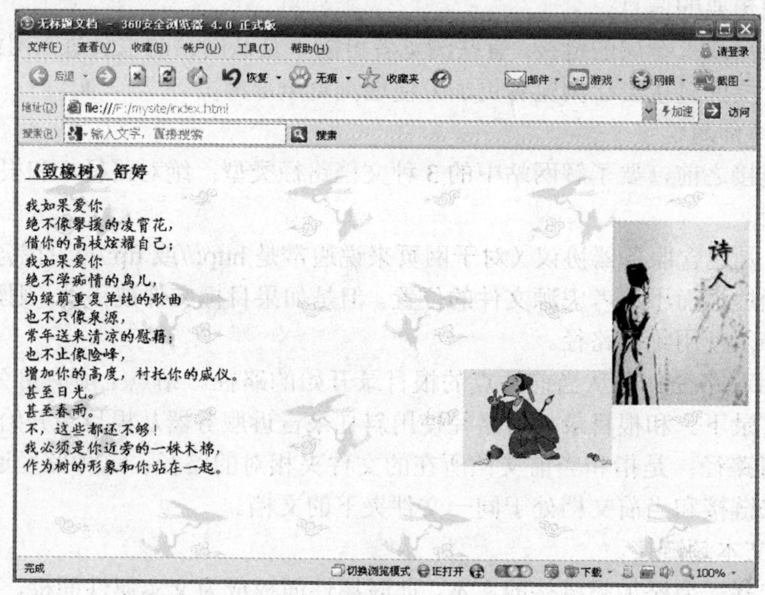


图 6.37

（2）编 5 辑文本超链接。

1）设置文本链接的状态。

一个未被访问过的链接与一个被激活的链接在形式上肯定会有所区别，链接被访问过了也会发生变化，提示用户这是一个已经点击过的链接，所有这些都是链接的状态。通过设置不同的文本颜色可以使各个状态区别开来。

设置不同的文本颜色的具体步骤如下：

①选择“修改”→“页面属性”命令，弹出“页面属性”对话框，如图 6.38 所示。

②单击“链接颜色”后的图标，打开调色板，选取一种颜色。同样为“已访问链接”、“活动链接”、“变换图像链接”设置不同的颜色。

③单击“确定”按钮完成设置。

设置完成后，按 F12 键预览网页，链接的 3 种状态通过不同的颜色区别开来。

2）删除文本超链接。在 Dreamweaver 中要删除一个文本超链接很容易，先用鼠标选定文本对象，将光标定位于属性面板的“链接”文本框中，用退格键或 Delete 键将其显示的超链接对象文件名删除，再回车或选择“修改”→“移除链接”命令，都可以删除超链接而保留原文本对象。

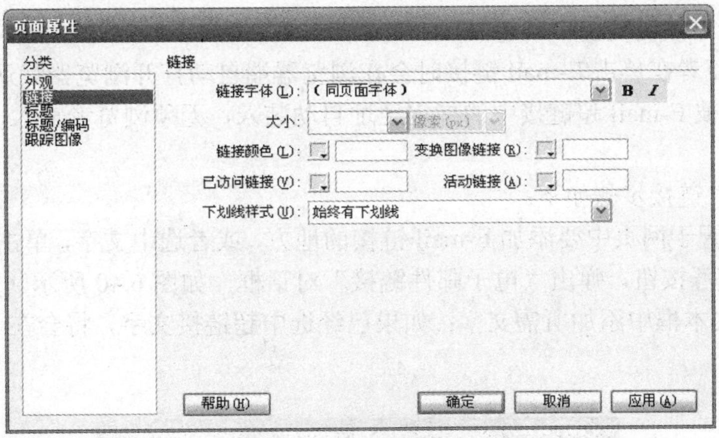

页面属性
分类
外观
链接
标题
标题/编码
跟踪图像
链接
链接字体(L)：(同页面字体)
大小：
链接颜色(L)：
变换图像链接(R)：
已访问链接(V)：
活动链接(A)：
下划线样式(U)：始终有下划线
帮助(H)
确定
取消
应用(A)

图 6.38

3. 为图像建立超链接

为图像建立超链接和为文本建立超链接类似，但是为图像建立超链接还可以在一张图片上实现多个局部区域指向不同网页的链接。比如一张中国地图的图片上，单击不同的省可以跳转到不同的网页，其中图片中可以单击的区域称为热点。

在图像"属性"面板的左下方有一组设置热点区域的按钮。在 Dreamweaver 中插入一幅图像后，在"属性"面板上选择相应的热点工具，在插入的图像上拖拽鼠标左键绘制出淡蓝色的热点区域，如图 6.39 所示。

Adobe Dreamweaver CS3 - [Untitled-2 (XHTML)*]
东北地区
西北地区
华北地区
华东地区
西南地区
华中地区
华南地区
属性
热点
链接 #
目标
替换
地图 Map

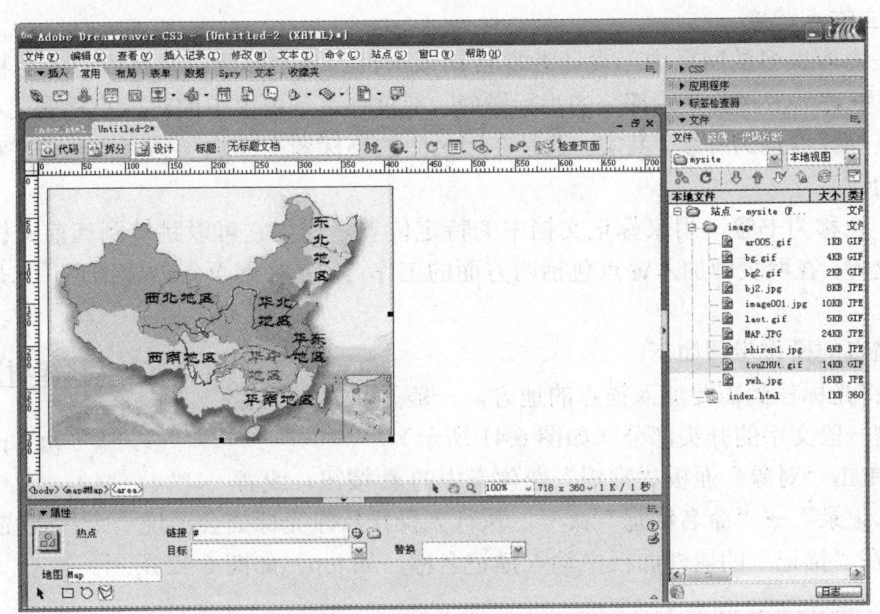

图 6.39

此时，"属性"面板变为"热点"区域的面板，用上节学到的方法为这个热点区域创建一个超链接。可以在图中建立多个超链接。

图像链接不像文本链接那样会发出许多提示，图像本身不会发生改变，只是在预览网页时，当鼠标指针经过带链接的图像时指针的形状会变为"手"的形状。点击图像就会打开所链接的文档。

4. 建立电子邮件超链接

如果希望浏览者在单击 E-mail 链接时会在浏览器端自动打开浏览器默认的 E-mail 处理程序，“收件人”栏被 E-mail 超链接中的指定地址自动装入，无须浏览者输入，这就需要创建电子邮件链接。

创建电子邮件链接步骤如下：

（1）将光标置于网页中要添加 E-mail 链接的地方，或者选中文字，单击“对象”面板“常用”选项卡中的按钮，弹出“电子邮件链接”对话框，如图 6.40 所示。如果未选中文字，可以在“文本”文本框中添加所需文字；如果已经选中超链接文字，将会在“文本”文本框中自动显示。

图 6.40

（2）在 E-mail 文本框中输入你的 E-mail 地址，单击“确定”按钮。

也可以通过选中邮件链接的文字，再在属性面板的“链接”文本框中输入邮件地址的方式来建立邮件链接。但此时“链接”文本框中在邮件地址前面需要添加“mailto:”，表示该超级链接是邮件链接。

5. 建立锚点链接

在一些内容很多的网页中，设计者常常在该网页的开始部分以网页内容的小标题作为超链接。当浏览者单击网页开始部分的小标题时，网页将跳到内容中的对应小标题上，免去浏览者翻阅网页寻找信息的麻烦。其实，这是在网页中的小标题上添加了锚点，再通过对锚点的链接来实现的。

锚点，也称为书签，用来标记文档中的特定位置，使用它可以跳转到当前文档或其他文档的标记位置。在网页中加入锚点包括两方面的工作：一是在网页中创建锚点，二是为锚点建立链接。

创建锚点的操作步骤如下：

（1）将光标移到需要加入锚点的地方，一般是将光标放置在一行或是一段文字的开头部分（如图 6.41 所示）。

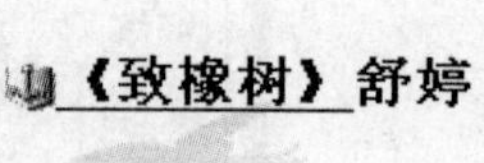

《致橡树》舒婷

图 6.41

（2）单击“对象”面板“常规”选项卡中的按钮，或者选择“插入记录”→“命名锚记”命令。执行完操作后在光标处会出现一个代表锚点的图标。

（3）在“锚记”的属性面板中输入锚记名称，如 top，如图 6.42 所示。

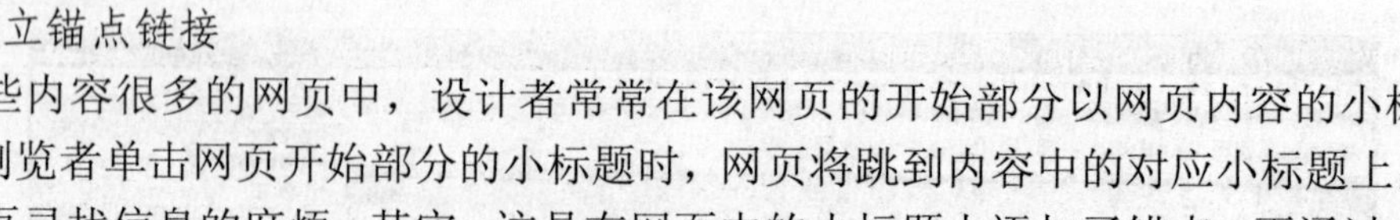

图 6.42

创建锚点后，还必须链接锚点。选择想要链接到锚点的文字或图片，如本例中的“返回顶端”几个字，然后按如下方法中的任意一种进行操作：

- 在属性面板的“链接”文本框中输入符号 # 和锚点名称。
- 选择文字或图片后，按住 Shift 键拖动鼠标指向锚点，在属性面板的“链接”文本框中将自动出现符号#和该锚点的名称。
- 按住属性面板上的按钮并拖动鼠标指向锚点，在属性面板的“链接”文本框中自动出现符号 # 和该锚点的名称。

在链接锚点时，应注意以下事项：

- 在#和锚点名之间不要留有空格，否则链接会失败。
- 符号#必须是半角符号，而不能是全角符号。

## 6.4 网页布局设计

对于一个网站来说，网页的布局设计十分重要，只有当网页布局和网页内容成功结合时，网页才是受人喜欢的。页面布局是指对网页中的元素如文字、图像、页面结构等进行定位。常用的网页定位对象是框架、表格和层。

本节中通过对网页布局的学习，对上节中的例子进行修改，制作出如图 6.43 所示的网页。

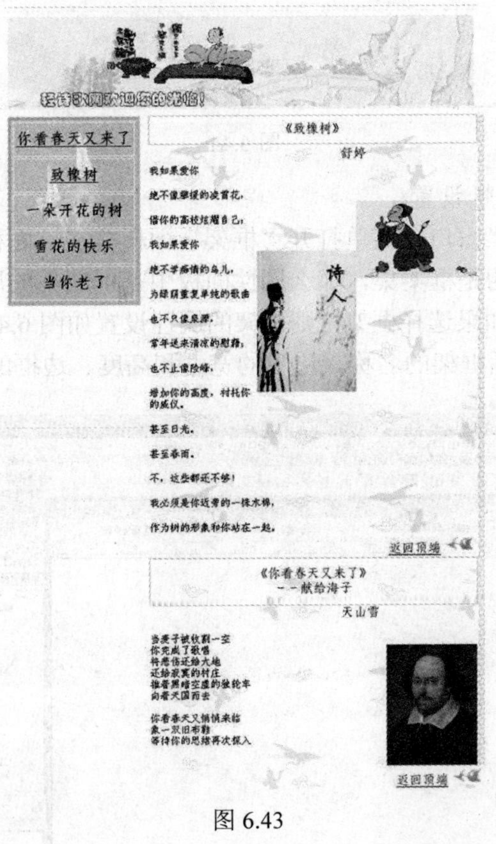


图 6.43

### 6.4.1 框架的处理

利用框架设计的页面，可以将不同的信息内容分类显示在不同的区域内，这样可以简化操作，使页面布局合理，访问者浏览查看也更方便。

1. 框架的创建

在 Dreamweaver 中，在“插入”栏中单击“布局”→“框架”→“顶部和嵌套的左侧框架”选项可以建立一个框架，如图 6.44 所示。

将鼠标移到框架的边界上，当鼠标指针的形状变为←时可以拖拽鼠标来改变框架的大小，按住 Alt 键可以分割框架。

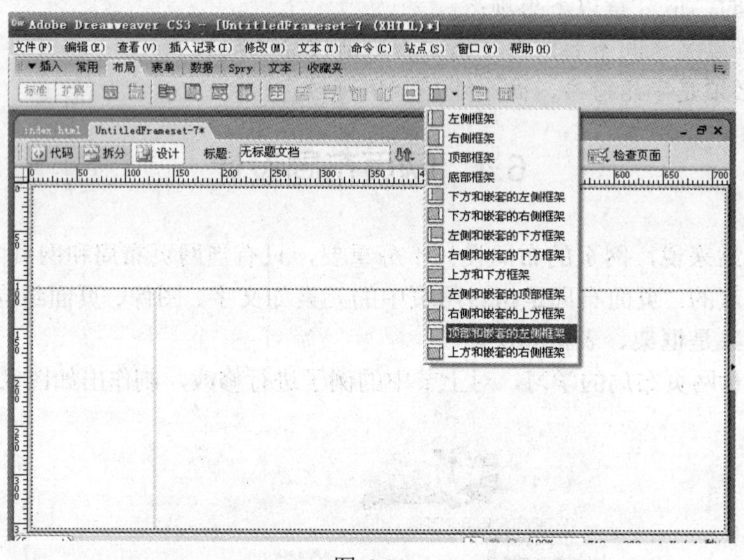


图 6.44

2. 框架和框架集的属性设置

框架建立好后，通过“窗口”菜单打开“框架”面板，在该面板中可以进行框架或框架集的选择，如图中所示选择的是框架集，那么属性面板中是框架集的属性，可以对框架边框等进行设置，如图 6.45 所示。如果选择框架，则框架的属性设置如图 6.46 所示，在其中可以修改选定的框架的各种属性，包括框架的名称、边界的宽度和高度、边框的颜色等。

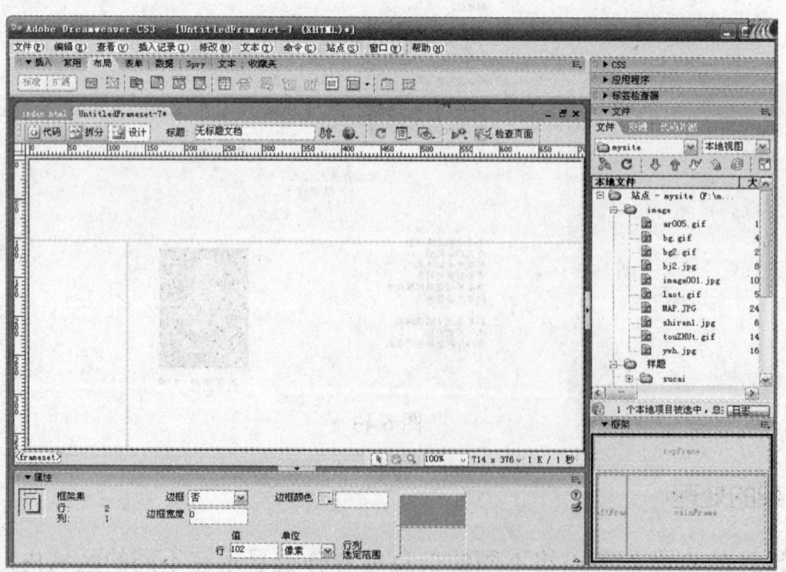


图 6.45

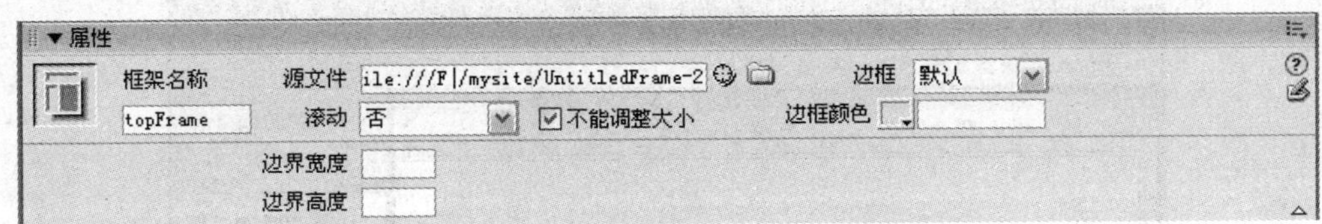


图 6.46

框架属性设置面板中各选项的意义如下：

- 框架名称：用于设置子框架的名称，可以用来标识一个子框架，也可以用在超链接属性设置面板“目标”下拉列表框中。框架的名称应该是一个单词，但可以使用下划线，不能使用连字号（-）、句点（.）及空格。由于框架名称有可能被脚本引用，所以不能使用 JavaScript 的保留字（如 top 或 var 等）。
- 源文件：用于设置框架的文件名。如果在此之前没有保存该框架，则使用系统默认的文件名。
- 滚动：用于设置当没有足够的空间来显示当前框架的内容时是否显示滚动条。有 4 个选项：“是”表示显示滚动条；“否”表示不显示滚动条；“自动”表示由浏览器根据需要决定是否显示滚动条；“默认”表示使用系统默认设置，大部分浏览器默认为“自动”。
- 不能调整大小：选择此复选框可防止用户浏览时拖动框架边框来调整当前框架的大小。
- 边框：用于设置当前框架是否显示边框。有 3 个选项：“是”表示显示边框；“否”表示不显示边框；“默认”表示使用系统默认设置，大部分浏览器默认为“是”。
- 边框颜色：用于设置边框的颜色。
- 边框宽度：用于设置框架中的内容与左右边框之间的距离，以像素为单位。
- 边框高度：用于设置框架中的内容与上下边框之间的距离，以像素为单位。

3. 框架的保存

当建立好框架之后，选择“文件”→“保存全部”命令，弹出“保存文件”对话框，同时会显示整个框架被选中的状态，在“文件保存”对话框中选择合适的保存目录，在“文件名”文本框内输入一个文件名，再单击“保存”按钮保存整个框架；接着又要求保存下一个子框架文档，同时在文档窗口中被选择保存的子框架周围会出现一个虚拟框，在“保存文件”对话框中的“文件名”文本框内输入一个文件名后保存。接着还会同样地出现两次“保存文件”对话框，同时会选择其他的子框架，以此保存这些文档。本例中的顶部和嵌套的左侧框架保存之后应该有 4 个文件，这里分别命名为 frameset.html、top.html、main.html 和 left.html。

4. 编辑框架内的文件

将光标定位在主体框架内，这时文档工具栏上的文件名变成了 main.html，“框架”面板上的 mainFrame 高亮显示，这表明此时处于 main.html 文件的编辑状态，接下来可以如上一节的操作一样来制作网页的内容，如图 6.47 所示。另外两个框架内容的添加也是一样的，只是这里都需要用到表格的操作，将在下一节中进行添加。

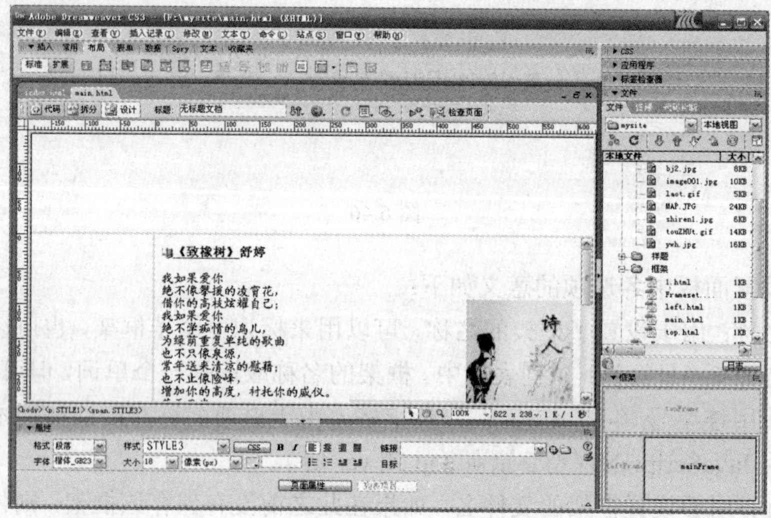


图 6.47

### 6.4.2 表格的处理

表格是网页制作的一个重要组成部分，表格之所以重要是因为表格可以实现网页的精确排版和定位。

1. 创建新表格

利用 Dreamweaver 创建新表格时可以通过以下 3 种方式中的任意一种实现：

- 单击“插入”面板中的“常用”选项卡，再单击“插入表格”按钮。
- 选择“插入记录”→“表格”命令。
- 使用 Ctrl+ Alt+ T 组合键。

采用上述任一操作后，将在插入点处创建一个具有 3 行 3 列的表格，如图 6.48 所示。

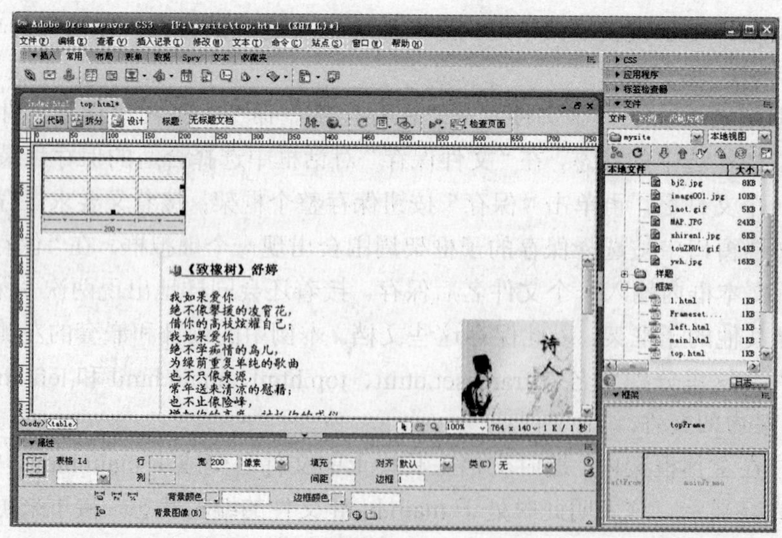


图 6.48

2. 编辑表格

可以利用表格的“属性”面板来对表格进行编辑，如图 6.49 所示。

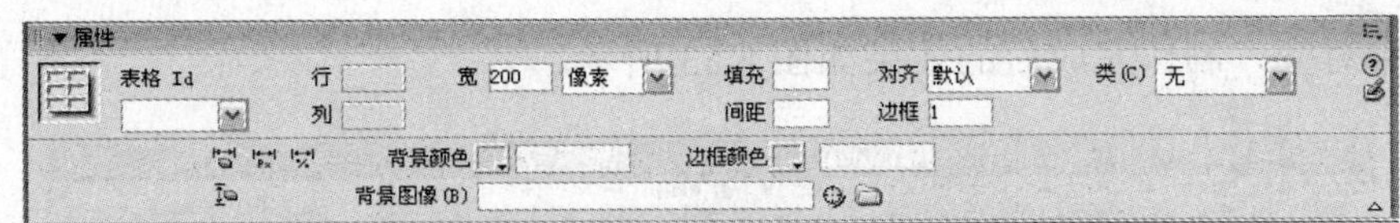


图 6.49

设置表格的行列数和宽度：在属性面板中，输入行列数，宽度设置的单位可以是像素，也可以是百分比的方式。

设置表格的边框颜色：设置表格的边框颜色时，必须指定表格边框线的宽度不为 0。要为表格的边框指定颜色，首先选择表格，再单击属性面板上“边框颜色”的颜色框，在弹出的调色板中选择颜色，或者是在后面的文本框中直接输入颜色的色码，既可为表格的边框添加颜色。

设置表格的背景：表格的背景与网页背景一样，既可以设定为单一的颜色，也可以用图片作为表格的背景。要将表格背景设为单一的颜色，首先选择整个表格，再单击属性面板上“背景颜色”后面的颜色框，在弹出的调色板中选择颜色，或者是在后面的文本框中直接输入颜色的色码；要将图像设为表格的背景，首先选择整个表格，再在属性面板上的“背景图像”文本框中输入图像所在的路径，或者是单击其后的文件夹图标，在弹出的对话框中选择图像文件。

当插入点在表格中时，属性面板显示的是“单元格属性”，如图 6.50 所示，在这里可以设置单元格内的文字或图片的对齐方式，单元格的背景图像、背景颜色、边框颜色和超链接等。

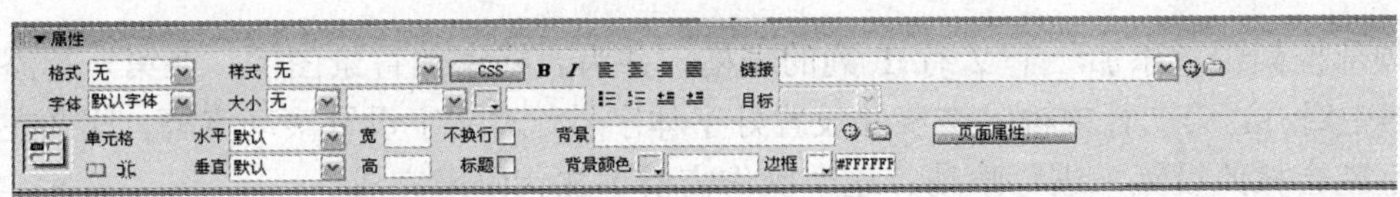


图 6.50

3. 表格的嵌套

在 Dreamweaver 中表格是允许嵌套的，熟练、合理地运用表格在网页设计中是非常重要的。嵌套表格的操作步骤如下：

（1）新建一个表格，如图 6.51 所示。

（2）选择“插入”→“表格”命令在原来的表格中再插入一个表格，这里我们插入一个 3×3 的表格，效果如图 6.52 所示。

图 6.51　　图 6.52

4. 用表格进行页面布局

在 Dreamweaver 中，表格的作用不仅仅是安排素材元素和记载资料，还有一个更为重要的作用就是排版布局，固定网页中各个元素的位置。下面以左侧框架和顶部框架为例介绍利用表格布局页面的方法。

在左侧页面中插入表格，然后在属性面板中进行如下设置：表格为 5 行 1 列，表格填充为 3 像素，间距为 3 像素，边框宽度为 5 像素，表格边框颜色值为#CCCCCC，并给表格添加了一个淡蓝色的背景图像，单元格边框颜色为#FFFFFF，然后添加文字内容，并在单元格属性中设置为居中对齐，制作完成后的效果如图 6.53 所示。

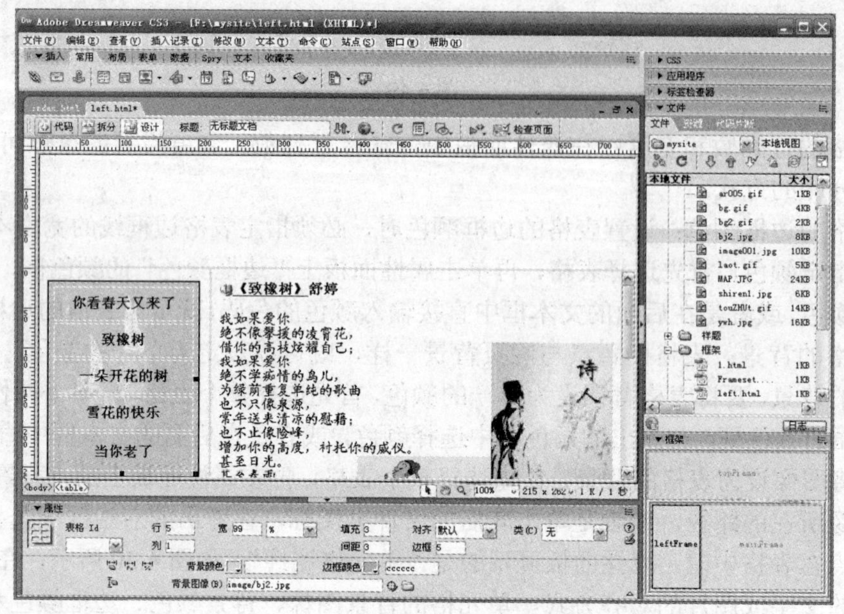


图 6.53

在顶部框架中，添加一个 2 行 1 列的表格，并为表格添加背景图像，在第一行添加一张图片，居中对齐；第二行中输入文字并设置好字体字号，对文字设置滚动字幕，这样在预览时这几个字就会按照设置来进行滚动，这个操作需要添加代码来完成。

在文档工具栏中单击“拆分”按钮，将文档拆分成两个部分：代码区域和设计区域，在代码区的“轻歌诗网欢迎您的光临！”两端添加 marquee 标记，代码如下（如图 6.54 所示）：

```
<marquee behavior="scroll">轻歌诗网欢迎您的光临！</marquee>
```

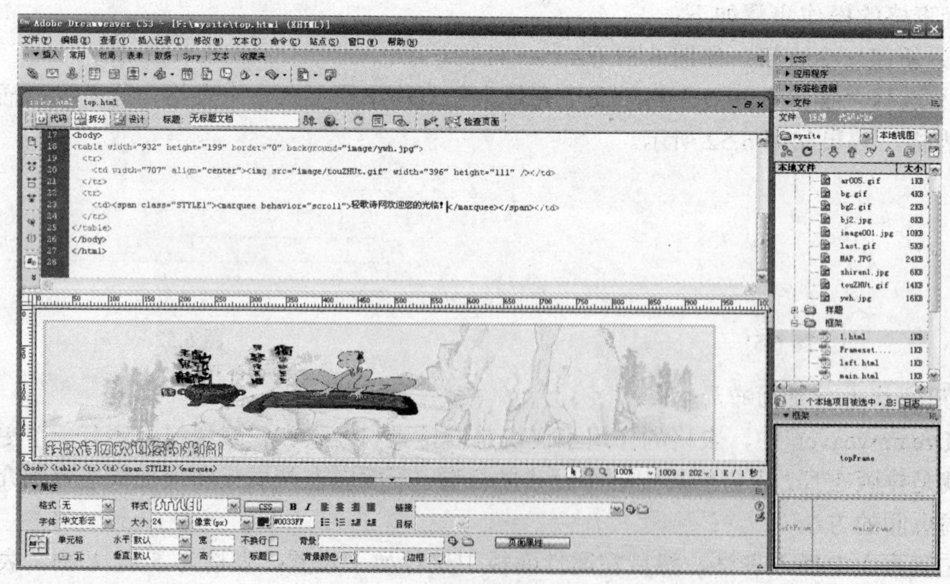


图 6.54

添加完成后，预览的效果如图 6.55 所示。

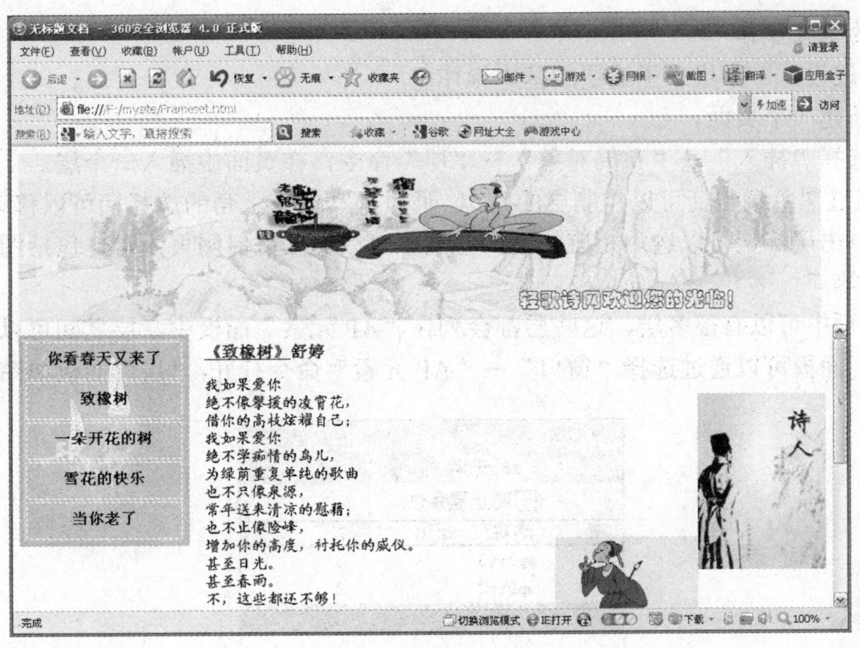


图 6.55

### 6.4.3　层的应用

1. 层的基本概念

层(Layer)是一种 HTML 页面元素，可以将它定位在页面上的任何位置。层是 Dreamweaver 中最有价值的对象之一，它提供了一种对网页中的对象进行有效控制的手段。层可以包含文本、图像、表单、插件，甚至层内还包含其他层。由于层可以放置在网页中的任何位置，因此能有效控制网页中的对象。层的出现使网页从二维平面拓展到了三维立体，可以将页面上的元素进行重叠和复杂的布局，如图 6.56 所示。

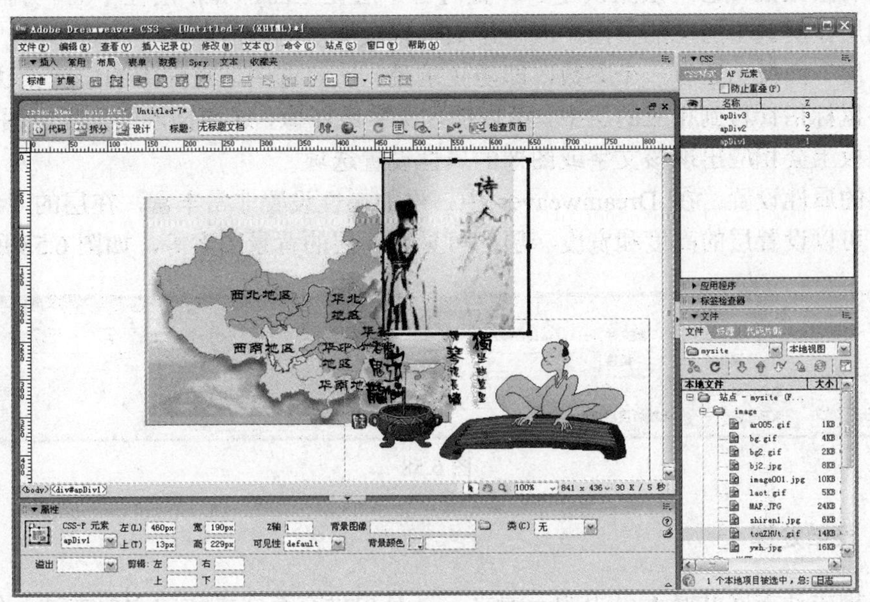


图 6.56

2. 层的基本操作

下面通过设计一个层来了解层的基本操作。

（1）新建一个页面。

（2）选择"插入"→"布局对象"→"层"命令，在页面中插入一个层。

（3）通过黑色调整柄可以控制层的大小，通过拖动层左上角的选择柄可以移动层的位置。

（4）单击层标记可以选中相应的层，在层中可以插入任何网页元素，包括图片、位子、链接、表格等。

一个网页中可以有很多层，这些层都会列在"AP 元素"面板中，层之间可以相互重叠，"AP 元素"面板可以通过选择"窗口"→"AP 元素"命令打开，"层"面板如图 6.57 所示。

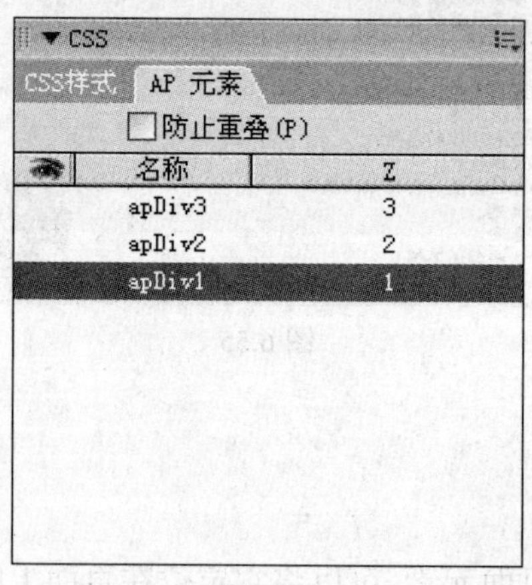


图 6.57

要理解层必须搞清楚以下几个概念：

- 层有隐藏和显示属性。这是层的一个重要属性，单击"AP 元素"面板列表的左边，可以打开/关闭"眼睛"。"眼睛"睁开和关闭表示层的显示和隐藏。
- 层有层数的概念，层数决定了重叠时哪个层在上面，哪个层在下面。例如层数为 2 的层在层数 1 的层的上面，改变层数可以改变层的叠放顺序。
- "层"面板上还有一个参数，即防止重叠。一旦选中，页面中的层就无法重叠了。
- 将鼠标指针移到相应的层中，可以插入文字或图像，选中插入的文字或图像，在属性面板上会相应出现该文字或图像的属性设置选项。
- 层的属性设置。在 Dreamweaver 中，层的属性设置非常丰富，在层的"属性"面板中可以设置层的高度和宽度、层的可见性、层的背景图案等，如图 6.58 所示。

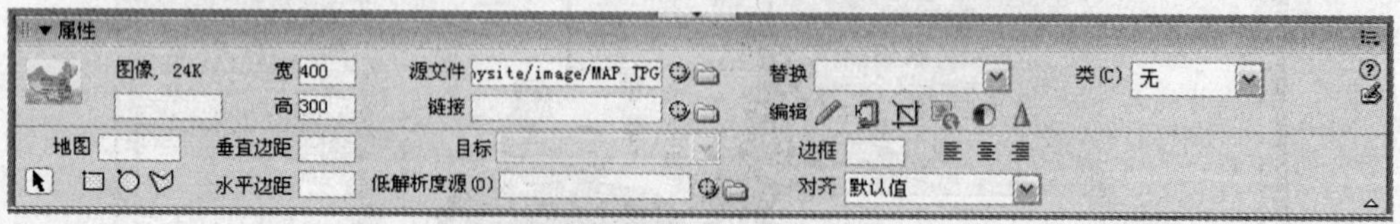


图 6.58

### 6.4.4 表单处理

表单是构成动态网站必不可少的元素之一，是提供交互式操作的主要方法，用户可以通过表单和网站的管理人员进行交流和沟通。一个有效的表单由前台的表单样式和后台的表单处理程序（如 CGI、ASP、JSP、PHP 等脚本程序）两部分构成。

在 Dreamweaver CS3 中提供了大量的表单元素，所有的表单对象都集成在“插入”栏的“表单”选项卡中，大大简化了表单的制作，如图 6.59 所示。

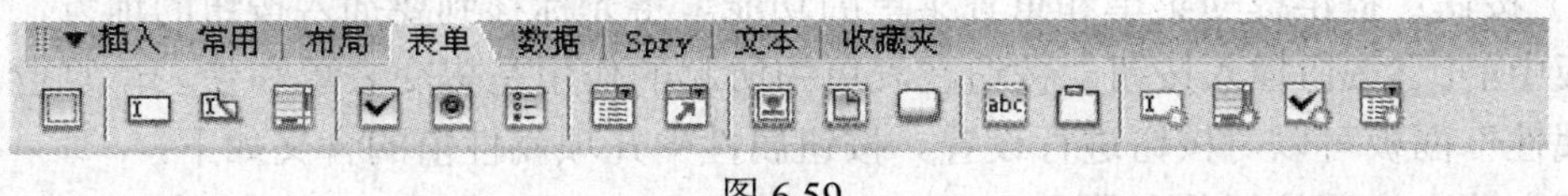


图 6.59

1. 表单的创建

将光标移动到要插入表单的位置，单击“表单”面板中的按钮插入一个表单，这时表示表单区域的红色虚线方框就会出现在文档窗口中，如同 6.60 所示。

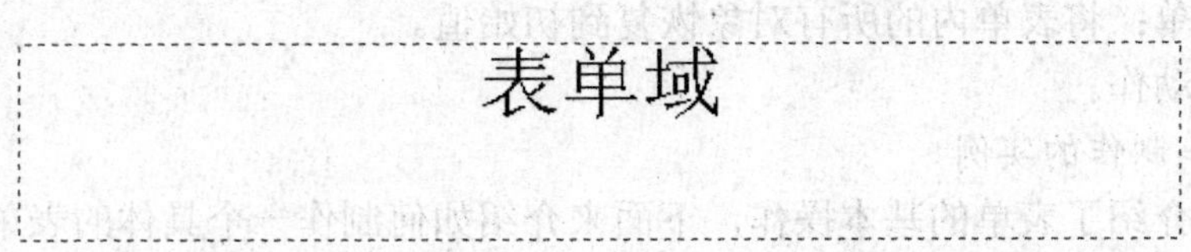


图 6.60

插入表单后，可以在表单的“属性”面板中设置表单的属性，如图 6.61 所示。

图 6.61

表单名称：用来表示该表单的唯一名称。

动作：表示该表单的数据将交给某个程序处理。

方法：表示表单提交的方法，有 POST 和 GET 两种方法。POST 是传输信息的内容，GET 是传输 URL 的值。

2. 表单元素及其添加

在已经建立的表单域中加入各种表单元素。

（1）文本域：提供输入单行的文本，如姓名、密码等。将光标移动到要插入文本域的位置，单击“表单”面板中的按钮插入一个文本域。在文本域的“属性”面板上可以对文本域进行设置，例如文本域的名字、字符格式、类型等，如图 6.62 所示。

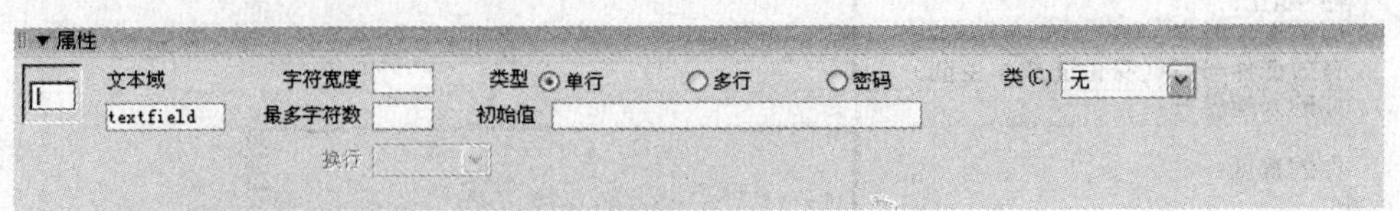


图 6.62

文本域有 3 种类型：单行、多行和密码。

（2）选择域：分为单选按钮和复选按钮。单选按钮提供单项选择，如性别选择、学历选择等；复选按钮提供选择并列的选项，如个人爱好、性格选项等。要插入一个选择域，只需将光标移到要插入选择域的位置，再单击中对应的按钮。

（3）列表和下拉菜单：下拉列表框提供下拉式菜单，如国籍、属性等。将光标移到要插入列表和下拉菜单的位置，单击“表单”面板中的按钮插入列表/菜单。在列表/菜单的属性面板中可以设置其属性。

（4）按钮：提供提交菜单和重置菜单的功能。将光标移到要插入按钮的地方，单击“表单”面板中的按钮插入按钮。按钮在表单中所起的作用是提交表单和使表单复位。通过按钮的“属性”面板可以对按钮进行设置。按钮属性中几项属性值的含义如下：

按钮名称：设置按钮的名称。

标签：设置按钮的标识，这个将显示在按钮上。

动作：设置按钮的动作，有 3 种选择：

- 提交表单：将表单中的数据提交给表单的处理程序。
- 重设标单：将表单内的所有对象恢复到初始值。
- 无：无动作。

3. 一个表单制作的实例

在前面已经介绍了表单的基本操作，下面来介绍如何制作一个具体的表单。

（1）新建一个页面。

（2）单击“表单”面板中的按钮插入一个表单，在表单区域中插入一个 10 行 2 列的表格，在表格的第一列输入内容，如图 6.63 所示。

| *用户名： | |
|---|---|
| *密码提示问题： | |
| *密码提示答案： | |
| *性别： | |
| *E-MAIL： | |
| 你的真实姓名： | |
| 有效证件号码（身份证或学生证）： | |
| 你的兴趣爱好： | |
| 你的意见： | |
| | |

图 6.63

（3）在表单的相应位置上插入文本域，如图 6.64 所示。通过表单的属性面板调节各文本域大小到合适的尺寸。

| *用户名： | |
|---|---|
| *密码提示问题： | |
| *密码提示答案： | |
| *性别： | |
| *E-MAIL： | |
| 你的真实姓名： | |
| 有效证件号码（身份证或学生证）： | |
| 你的兴趣爱好： | |
| 你的意见： | |
| | |

图 6.64

（4）在表单的相应位置上插入单选按钮域和复选按钮域，如图 6.65 所示。

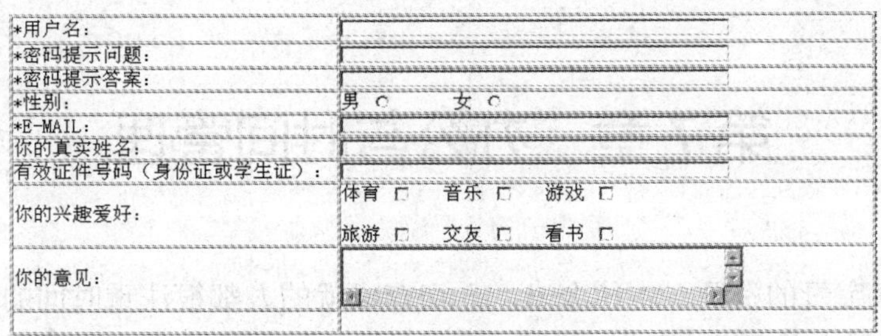


图 6.65

（5）在表单的相应位置上插入按钮，设定好按钮的名称，并将“提交”按钮的动作选定为“提交表单”，“重置”按钮的动作为“重设表单”。这样一个基本表单就完成了，如图 6.66 所示。

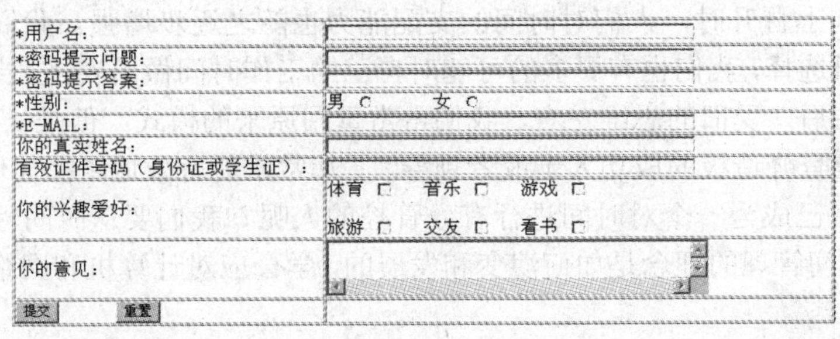


图 6.66

### 6.4.5　使用网页布局样张的制作

通过以上介绍，本节中的样张已经完成了顶部框架和左侧框架的制作，而主体框架也应该使用表格布局来进行修改，将文字都添加到表格中，而图片最好利用图层来完成，这样图片的位置才容易进行调整。

将上述内容进行修改后，在主体框架的“你看春天又来了”标题处添加一个锚记，命名为 m1，在“致橡树”前面加上一个锚记，命名为 m2，然后选择左侧框架表格中的“你看春天又来了”这几个字，在其属性面板的“超链接”处通过“指向文件”指向主体框架中的 m1 锚记处，或者在“链接”文本框内输入 main.html#m1，然后在“目标”下拉列表框内选择 mainframe。这样就完成了此处的锚记链接。

与此一样完成剩下的锚记链接操作，在网页中预览的效果如图 6.67 所示。

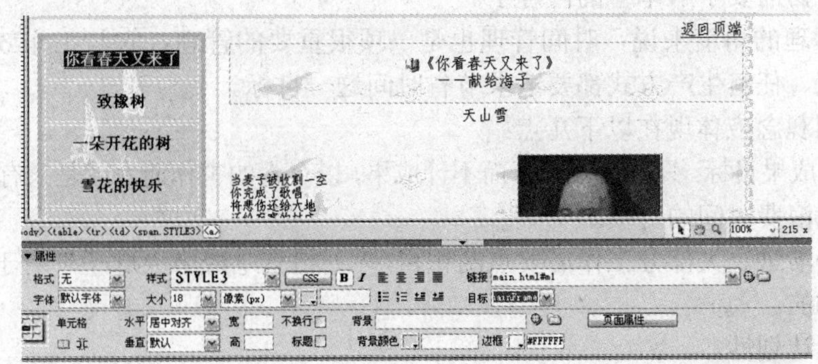


图 6.67

# 第 7 章　办公与时间管理

时间是人生最宝贵的资源，古往今来，一切有成就的人都很注重时间的价值，懂得珍惜，为活着的每一天，努力多劳动、工作、学习。时间是我们拥有的最珍贵也是最有限的一种资源。当我们刚从学校毕业踏入社会时，我们是在公司的最底层奋斗，那时我们有相对充裕的时间。我们按照上司的指令去做事，被人呼来唤去，根本不必考虑如何安排自己的时间，因为我们不能支配自己的时间，我们的时间在公司主管和上司手中。这种情形从我们的学生时代就已经开始，到我们进入社会开始自食其力的时候，这种意识其实早已根深蒂固了。

当人们步步向上晋升时，人们对时间的支配能力也随之逐步增强。我们有更多的机会参加公司决策和项目选择，我们也有更多的可能对自己的工作时间做出安排。当这种转变在我们的生活中慢慢发生后，受旧的思维左右，我们常常重回原来的模式。但是，我们又常常发现，一个已经在事业上登峰造极的成功人士或者领导者，却常常能有效地掌握他们自己的时间。我们怎么样才能使自己成为一个对时间进行有效管控的人呢？我们要从时间管理的确切含义入手，并深入了解时间管理的理念是如何演变和发展的，学会应对计算机和网络对我们工作时间安排的挑战。

## 7.1　时间管理基础

要想了解什么是时间管理，就要从了解时间开始。

时间是一种重要的资源，却无法开拓、积存与取代，人一天的时间都是相同的，但是每个人却有不同的心态与结果，主要是人们对时间的态度颇为主观，不同经历与不同职务的人，对时间会抱持着不同的看法，于是在时间的运用上就千变万化了。面对时间，有的人怨天尤人，总是抱怨时间不够用；有的人却能轻松驾驭时间，取得生活和事业上的成功。对于我们每个人而言，同样是每天 24 小时，为什么有的人安排得井然有序，应对自如；而有的人从早忙到晚，废寝忘食，却依然有忙不完的事情。究其原因，效率是其中的一个重要因素，而效率的背后却是时间利用的差异，也就是时间管理的效能。只有管理好时间，才能把工作做好，把生活的方方面面安排好。如果你总是觉得时间不够用、经常处于忙乱中或者想让自己的生活工作更加从容，那么你就迫切需要了解本章的内容了。

从办公室管理的角度来说，时间管理也是一项很重要的管理，它与工作效率有着直接的联系。任何时代、任何生产方式都要追求节省时间这一目标。

正确的时间观念应体现在以下几点：

- 要追求成果目标。只是埋头苦干而不计成果，以个人的工作而言就是只有苦劳没有功劳。
- 要根除浪费时间的习惯。
- 要循序渐进。大部分工作需要点滴积累，“一口气吃成个大胖子”对于工作而言往往是不利的。
- 要加强计划性。
- 要劳逸结合。

不正确的观念列举如下：

- 不切实际地进行时间估计。
- 做事拖沓。
- 凡事亲力亲为。

总的来说，利用看似不够的时间完成大量的有效工作，办法虽然有很多，归结起来只有 3 点：

- 减少工作量。
- 做有效的事。
- 做该做的事。

而以上 3 点正是时间管理的核心内容。围绕这 3 个核心内容，对时间管理的概念进行总结，时间管理（Time Management）就是用技巧、技术和工具帮助人们完成工作，实现目标。时间管理并不是要把所有的事情做完，而是更有效地运用时间。时间管理的目的除了要决定你该做些什么事情之外，另一个很重要的目的是决定什么事情不应该做。时间管理不是完全的掌控，而是降低变动性。时间管理最重要的功能是将事先的规划作为一种提醒与指引。

GTD是Getting Things Done（完成每一件事）的缩写，是著名时间管理人戴维・艾伦（David Allen）在 *Getting Things Done-The Art of Stress-Free Productivity*（中文书名为《尽管去做——无压工作的艺术》）中提出的一套非常行之有效的管理方法。也有人将 GTD 看成是最新的时间管理概念，后面会将 GTD 作为时间管理的一种方法进行介绍。

## 7.2 时间管理发展概述

根据人类学家的推算，在石器时代，以打猎为生的猎人一周只需要工作 15 小时即可解决温饱问题，但实际上人们很快就发现了工作投入大收获也大的道理。随着人类文明的发展，工作时间也在延长。一个农夫，从播种、耕耘到收获这一系列的工作，所需的时间要比一个猎人长很多，但他的工作回报则是比猎人更稳定、更滋润的生活。

有关时间管理理论的创始时间可以追溯到公元 6 世纪，当时发现了一段有关本笃会僧侣生活日志的记录。随着社会团体在组织机构和运作上的日趋成熟，时间管理这一概念也就应运而生了。尽管在随后的数个世纪里，时间也是被有计划地划段使用，但是没有人将时间视为一种极为珍贵的资源，并从这一角度进一步研究如何最大限度地提高其利用率。

当时，最大的障碍是无法精确地计算时间，导致无法计算时间的利用率。过去人们常常借助自然景观来诠释时间，如“当太阳升起时”指的是黎明，“当太阳落下时”指的是黄昏。14 世纪“钟”的应用还不普及，直到 17 世纪晚期，对钟的计时功能的研制技术才达到成熟，而钟真正被广泛认可接受是 18 世纪的事情了……事实上，在西方，17 世纪初工厂的老板们首先开始对他们的工人实施工作时间制度的管理，那时有许多工作推行考勤制度。直到 19 世纪，工厂的老板们已经强烈地感受到时间的价值，他们开始视时间如金钱，而工人却没有这样的感受。而此时，经济学家们开始对工厂的管理、收益、分配进行研究，具有代表性的人物有意大利经济学家维拉福莱多・帕累托，他发现并提出了“不均衡分配定律”，之后许多经济学家进一步拓展了这条理论，并最终形成了“帕累托定律”，它指投入的 20%的有效时间能产生 80%的成果。如果每个人能找出自己最具成效的 20%的时间，并将其尽量延长，那将对我们人类的生产力产生巨大的影响。与此同时，许多工程师和科学家也在探索提高单位工作效率的方法，商人们也在 20 世纪的初期加入到这一探索的行列中，追求生产效率。通过工作研究来测量和提高工人效率的科学管理理论开始萌芽。

20 世纪 80 年代和 90 年代，由于对个人时间管理技能的重视而广为推崇的时间管理理论体系真正地被建立起来，其代表人物是斯蒂芬• 柯维。他提出了以原则为重心，配合个人对使命的认知，兼顾重要性与急迫性，强调产品与产能的齐头并进的时间管理六标准。

时间管理的发展经历了 5 代，人们从认识到时间管理的重要性，到开始进行时间管理，期间也经历了管理方式和管理重点的转移。

（1）第一代：时间增加和备忘录。

第一代时间管理通俗地说就是“当日事当日毕”或“日清月结”，要求人们做事情有记录，做到心中有数，已经初具对事务和时间的管控。

第一代称为时间的单纯增加和备忘录。时间的增加是指当时间不够用，而工作任务比较多的时候，就单纯地加班加点，延长工作时间。备忘录就是把所有要做的项目列出来，制作成一个工作任务清单，做一件勾掉一件，以此种方式进行时间的分配和使用管理。

（2）第二代：工作计划和时间表。

第二代时间管理强调行事历程和日程表，反映出时间管理已经注意到规划未来的重要性。

第二代称为工作计划和时间表，即在所有要做的工作任务开始之前，把清单列出来，在每一项任务之前定一个时间的期限，例如早晨 8 点至 9 点做什么，9 点至 10 点做什么，下午 1 点至 2 点做什么，每一项任务都有开始和结束的时间，在这个时间段中完成规定的某项任务。这个方法有时候也称为行事历时间管理法。

（3）第三代：排列优先顺序以追求效率。

第三代称为排列优先顺序以追求效率的时间管理，讲求优先顺序。也就是依据轻重缓急设定短、中、长期目标，再逐日制定实现目标的计划，将有限的时间、精力加以分配，争取最高的效率。

当工作任务越来越多，多到在规定的时间里没有办法彻底做完的时候，就要求对时间管理的内容进行一定的更改，第一，对工作任务要做一些取舍；第二，对工作任务要排优先顺序，比如先做哪一件，后做哪一件；重点做哪一件，非重点做哪一件；主要做哪些，次要做哪些；做哪些，不做哪些等，描述这个取舍和优先顺序的办法可以通过象限法进行。

如果按照重要程度的轴来标记横坐标，按照紧急程度的轴来标记纵坐标，可以构成 ABCD 四个象限，A 象限是又重要又紧急的事情，B 象限是重要但不紧急的事情，C 象限是紧急但不重要的事情，D 象限是不重要也不紧急的事情，如图 7.1 所示。

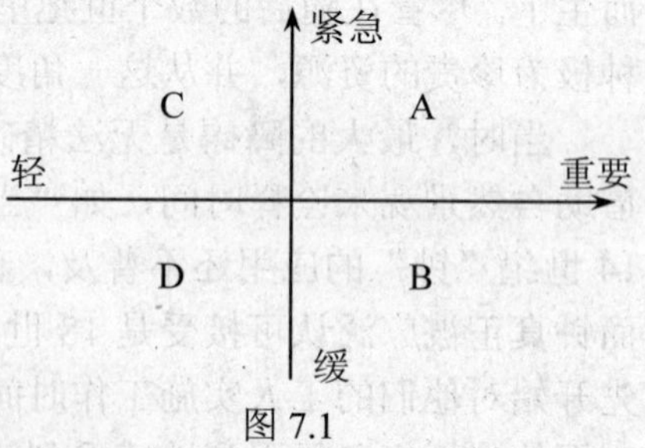

图 7.1

（4）第四代：以重要性为导向，价值导向，目标导向，结果导向。

第四代是在前三代的基础上，以原则为重心，配合个人对使命的认知，兼顾重要性与急迫性，注重生命因素的均衡发展，始终把个人精力的焦点放在“重要”的事务上。

第四代时间管理的代表是前面所提到的时间管理的二八定律。定律认为万事万物都可以分为重点的少部分和一般的大部分，这就是通常所说的二八定律，即 80%的结果源于 20%的努力，也就是 80%的结果是因为 20%的关键因素所致。

所谓“打蛇打七寸，擒贼先擒王，好钢用在刀刃上”，用最有效率的时间去做 20%的最有效率的工作，在这些时间段，注意力要高度集中，一口气把事情干完，不要中间停止，从而达到一种高效率。同时，要调整生物钟，控制好工作的节奏，使得效能最高。

（5）第五代：在追求社会或团队公益的前提下，同时追求自我价值和目标，期平衡，求和谐。

在社会愈演愈烈的竞争压力下，工作中的人们也饱受“摧残”，如何让人们在分担压力的同时又不伤害工作的积极性而直面压力呢？这时，结合工作效益与个人舒适度的新一代时间管理应运而生。

第五代时间管理是经前四代的发展演变，克服前四代的缺点，逐步完善的产物。突破原本只顾工作、不顾个人发展的理论，倡导两者均重要、互为补充、力求平衡的新主张。要求人们在认真工作、争取最大社会及团队利益的同时，幸福生活，充分享受生活带来的快乐，实现团队利益与个人利益的和谐。

五代时间管理之间是一个演进的过程，从第一代到第五代，从低级到高级，随着生活的要求不断提高。下面是对五代时间管理关系的总结：

（1）第一代时间管理。

第一代就像一只公鸡，有备忘录，但缺少计划。所以第一代时间管理的问题是每做一件事情就做一个记录，没有主动的计划。

（2）第二代时间管理。

第二代有了进步，事先就有一个计划，按照计划办事。第二代时间管理的问题在于缺乏工作目标，对于为什么工作、工作的价值并没有衡量过。

（3）第三代时间管理。

第三代时间管理虽然确立了一个目标，但是问题在于它过于强调个人的人生价值和人生目标，而忽视了团队的利益。人是一种社会动物，每一个人都不是孤立的，不能没有团队精神，像北极熊一样独立生存。

（4）第四代时间管理。

第四代时间管理确立了团队的意识，强调奉献。它存在的问题是过分地强调集体利益，强调对集体任务的执行，而抹煞了个人的人生规划，使个人的利益和要求得不到满足。

（5）第五代时间管理。

第五代时间管理强调既要有一个人生规划，又要使个人的人生规划和整个社会的发展以及自己的社会公德心融为一体，相辅相成。

可见，几代时间管理的演变是一个循序渐进、逐步完善的过程。每个人的时间管理方式都不外乎这 5 种，要真正把握自己的人生，就必须改掉不良的习惯，学习先进的时间管理方法。

## 7.3　时间管理的原则及方法

1. 有效个人管理的 4 个步骤

（1）确定角色：确定你认为重要的角色。

（2）选择目标：分别为每个角色确定未来一周要达成的目标。

（3）安排进度：为这些目标确定完成时间。

（4）逐日调整：每日清晨依据行事历安排一天做事的顺序。

2. 艾维·利时间管理法

（1）写下你明天要做的 6 件最重要的事。

（2）用数字标明每件事的重要性次序。

（3）明天早上第一件事是做第一项，直至完成或达到要求。

（4）然后再开始完成第二项、第三项……。

（5）每天都要这样做，养成习惯。

3. 柯维时间管理法

以原则为重心，配合个人对使命的认知，兼顾重要性与急迫性，强调产品与产能的齐头并进。

有效个人管理的 6 个标准：

（1）一致：使命与价值观、角色与目标、重点与计划、欲望与自制等应和谐一致。

（2）平衡：人应在事业、财富、生活、奉献等方面平行发展。

（3）有重心：以一周为单位制订计划，每天应各有不同的优先目标，但要相互呼应，最有价值的事先做。

（4）重人性：个人管理的目的在人而不在事。

（5）有弹性：应可因个人作用和需求的变化而调整。

（6）携带方便：管理工具应便于携带，随时记录与调整。

4. 杜拉克时间管理法

现代管理之父杜拉克认为，有效的管理者不是从他们的任务开始，而是从他们的时间开始。

（1）记录时间（分析时间浪费在什么地方）。

（2）管理时间（减少用于非生产性需求的时间）。

（3）集中时间（在整段时间内的工作效率大于在分散时段的工作效率之和。

5. 生理节奏法

（1）注意研究你精力最充沛、脑子最清楚的时段，在此时段做最有价值的事。

（2）注意研究你注意力集中的时间有多长，在此时间内解决问题。

（3）该休息的时候一定要休息，在你感到疲倦之前就休息，你每天清醒的时间就多增加了 1 小时。

（4）做最有价值的事（提升你做事的价值）。

（5）在单位时间内做最多的事（提升你做事的效率）。

6. GTD 的基本方法

GTD 的核心理念在于只有将你心中所想的所有的事情都写下来并且安排好下一步的计划，你才能够心无挂念，全力以赴地做好目前的工作，提高效率。而当你总是有些事萦绕在心头，悬而未决的时候，你要么就是会不时地想起它而影响现在的工作，要么就是会忘记了去做。而 GTD 通过将所有的这些事都罗列出来再进行分类，确定下一步的处理方法，将所有这些悬而未决之事都纳入我们可控制的一个管理体系中。戴维·艾伦还提出了一个“二分钟法则”：如果任何一件可以在二分钟内完成的事情，那么就必须得现在马上完成。

GTD 的基本方法：GTD 的具体做法可以分成收集、整理、组织、回顾和行动 5 个步骤。

（1）收集：就是将你能够想到的所有的未尽事宜（GTD 中称为 stuff）统统罗列出来，放入 inbox 中，这个 inbox 既可以是用来放置各种实物的实际的文件夹或者篮子，也可以是用来记录各种事项的纸张或 PAD。收集的关键在于把一切赶出你的大脑，记录下所有的工作。

（2）整理：将 stuff 放入 inbox 之后，就需要定期或不定期地进行整理，清空 inbox。将这些 stuff 按是否可以付诸行动进行区分整理，对于不能付诸行动的内容可以进一步分为参考资料、日后可能需要处理以及垃圾几类，而对可行动的内容再考虑是否可在两分钟内完成，如果可以则立即行动完成它，如果不行对下一步行动进行组织。

（3）组织：个人感觉组织是 GTD 中的最核心的步骤，组织主要分成对参考资料的组织和对下一步行动的组织。对参考资料的组织主要就是一个文档管理系统，而对下一步行动的组织则一般可分为：下一步行动清单、等待清单和未来/某天清单。

等待清单主要是记录那些委派他人去做的工作，未来/某天清单则是记录延迟处理且没有具体的完成日期的未来计划。而下一步清单则是具体的下一步工作，而且如果一个项目涉及到多步骤的工作，那么需要将其细化成具体的工作。

GTD 对下一步清单的处理作了进一步的细化，比如按照地点（计算机旁、办公室、电话旁、家里、超市）分别记录只有在这些地方才可以执行的行动，而当你到这些地点后也就能够一目了然地知道应该做哪些工作了。

（4）回顾：回顾也是 GTD 中的一个重要步骤，一般需要每周进行回顾和检查，通过回顾和检查你的所有清单并进行更新可以确保 GTD 系统的运作，而且在回顾的同时可能还需要进行未来一周的计划工作。

（5）行动：现在你可以按照每份清单开始行动了，在具体行动中可能会需要根据所处的环境、时间的多少、精力情况以及重要性来选择清单以及清单上的事项来行动。

## 7.4 时间管理工具与 Outlook

随着科技的进步，现代人可以使用的时间管理工具也越来越多，如传统的笔、纸质笔记本、手机、计算机、收纳盒、日程表、电子邮箱等。

那么如何从这些五花八门的工具中挑选一种适合自己的时间管理工具呢？ 有人曾经对时间管理工具的选择原则进行总结，现列举如下：

（1）时间管理的目的是为你节约时间，管理时间的工具应该是你能熟练运用且本身操作不复杂的，工具太复杂会让你浪费时间，得不偿失。

（2）日常使用的便利程度。例如你是经常在计算机旁，自然计算机是最容易取得的工具，但对于经常在外工作的人们，计算机就是很不方便的。

（3）每个工具的特性。例如 PAD 可以灵活地实现多种任务视图，但输入不便。纸质笔记本则刚好相反，熟悉不同工具的特性会让你的时间管理更上一层楼。

（4）注重收集。事情多了，靠记忆实在不行。

下面详细介绍各类时间管理工具的特点。

1. 第一梯队（传统的笔、纸质笔记本、收纳盒）

特点：高效、便捷、易用、廉价。

高效：虽说现在是 E 时代了，但输入的效率还是传统的笔占有绝对优势。当你要记录事情时，脑随笔动就可以了。如果换成 PAD，先打开记式本工具软件，输入还要区分作图还是字符输入，过程有些啰嗦和缓慢。

便捷：当我要记录灵感的时候，PAD 过多的操作会打断思路，笔和纸则顺手拈来，快速完成。电子产品还会因为没电或其他原因停止工作，笔和纸并不存在这样的问题。

易用：写字，大部分人已经熟练掌握，但电子产品的熟练掌握还不容易做到。电子产品的使用过程中还会出现各种问题，如一般用户会犯困。这些问题会让时间管理的效率降低。

廉价：这个和第二梯队一比较便知。

2. 第二梯队（PAD、Listpro、日程表）

特点：轻便、灵活、昂贵。

轻便：PAD 小巧，方便携带，比起带个电脑方便多了。日程安排、收发电邮、上网、打份小文件等需求还是能胜任的，但还要求它能干电脑做的事情，那就太难为 PAD 了。

灵活：PAD 可以用不同的视图查看任务和约会，随时修改里面的信息，任务的排序、警告、完成情况都可以轻松掌握。这些是用纸质笔记本不能办到的事情，现在的 PAD 是 WIFI、GPRS 一个都不能少，随时可以在线，让你的信息沟通更快。所以，PAD 成为任务管理中心是理所当然的。

昂贵：PAD 不仅在硬件上要花钱，软件也要付出版权费，这样的花费是大众难以接受的。

3. 第三梯队（手机、电脑、电子邮箱）

这 3 个工具在时间管理工具中只起到辅佐的作用。

手机：这里指的是传统手机，它只能起到沟通的作用，若还想它帮你更多就考虑一部 PAD 吧。

电脑：功能强大——我们一般都用它打字，将它作为时间管理工具的备份中心绝对是个好选择，汇集你的思想，表述你的看法，它可以轻松办到。另外一个出色的功能就是：同步你的 PAD。

建议：最好让电脑和 PAD 各司其职。如需交换资料尽量使用导出和导入的功能，在交换资料前尽量做好备份的工作。

电子邮箱：接收外来信息，多一种信息渠道而已。

4. 第四梯队（歪批网、Google 日历、Yahoo！Widget）

歪批网的任务管理功能不但提供了日历，还提供了方法。这是“歪批网”与 Google 日历、Yahoo！的 Widget 最大的不同。

另外，歪批网的时间管理（任务管理）功能还具备 SNS（社交网络）功能，可以让一个小型的俱乐部或车友会等高效率地组织一次活动。

其实这一批也是电脑与手机功能的延续，之所以单独提出来就是因为它与其他建立在手机及电脑上的本地软件有所不同。

在前面的章节中，我们已经较为系统地学习了在办公室管理中如何利用 Office 2003 实现文字处理（Word）、数据统计（Excel）和数据展示（PowerPoint），尽管 Office 家族的上述成员被人们熟知且广泛应用，但作为 Office 家族成员之一的 Outlook 却鲜为人知。Outlook 和其他微软办公系列产品一样，也是用来提高人们办公效率的，是为人们提供包括文字、表格、幻灯片、电子邮件等一系列日常办公事务处理的软件工具。事实上，人们可以利用 Outlook 所具备的在通信和协作客户端上的整套解决方案更好地管理办公信息和日程。Outlook 到底有什么样的功能呢？收发电子邮件、管理联系人信息、记日记、安排日程、分配任务，这些职场行为 Outlook 都能实现。下面就对 Outlook 的邮件管理和日程、任务安排进行着重介绍。

## 7.5 Outlook 邮件管理

现今，邮件已经成为人人必备的即时通信工具，而身处现代社会的职场人员时常会被大量邮件所围绕，及时分类、标记、回复邮件成为每天必须进行的工作。Outlook 的邮件功能能够帮助人们对纷繁复杂的邮件进行精确的管理，提高效率，以实现较为高效的时间管理。我们以 Outlook 2003 为例进行说明。

### 7.5.1　邮件配置

在第一次启动 Outlook 时，系统会提示用户进行账户信息配置，具体步骤如下：

（1）打开 Outlook 2003 启动界面（如图 7.2 所示），同时出现如图 7.3 所示的提示界面。

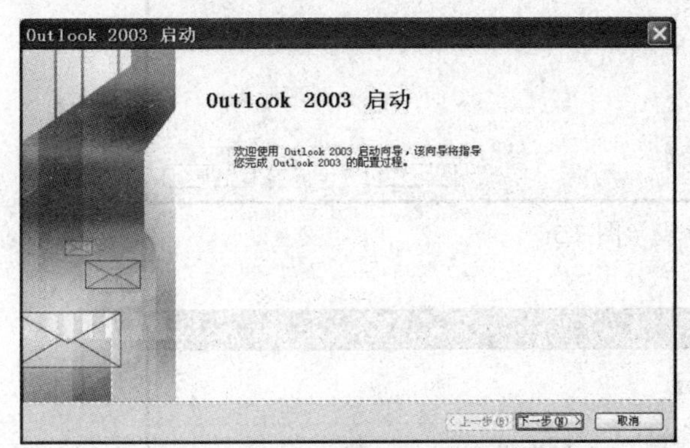


图 7.2

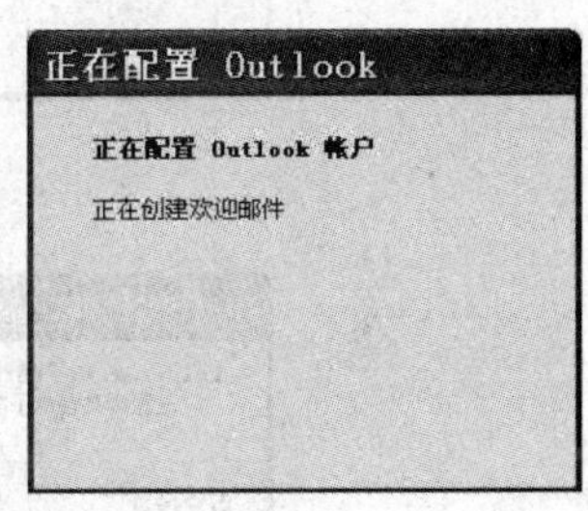


图 7.3

（2）单击“下一步”按钮，弹出“账户配置”对话框，如图 7.4 所示。

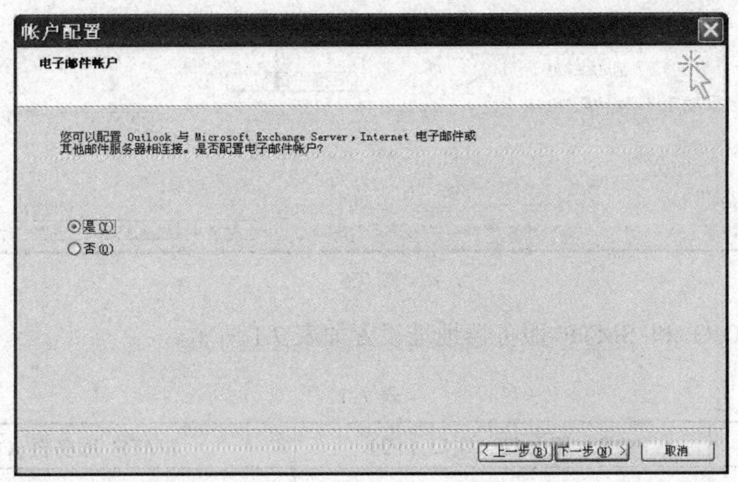


图 7.4

（3）默认选中“是”单选按钮，单击“下一步”按钮，弹出“电子邮件账户”对话框，在其中用户可以对新建电子邮件账户的服务器类型进行选择，如图 7.5 所示。

（4）以选择 POP3 邮件服务器为例，单击“下一步”按钮后可对电子邮件账户信息进行详细设置，如图 7.6 所示。用户需要输入“用户信息”、“登录信息”、“服务器信息”，而这 3 项内容需要用户根据个人电子邮件账户信息进行填写。比如本人电子邮箱为 fuzh@swust.edu.cn，可将 fuzh 填写于“登录信息”中的“您的姓名”文本框中，然后输入密码，在“接收邮件服务器（POP3）”文本框中将本人电子邮箱 POP3 服务器地址填入 mail.swust.edu.cn，在“发送邮件服务器（SMTP）”文本框中填写对应的 SMTP 服务器地址。

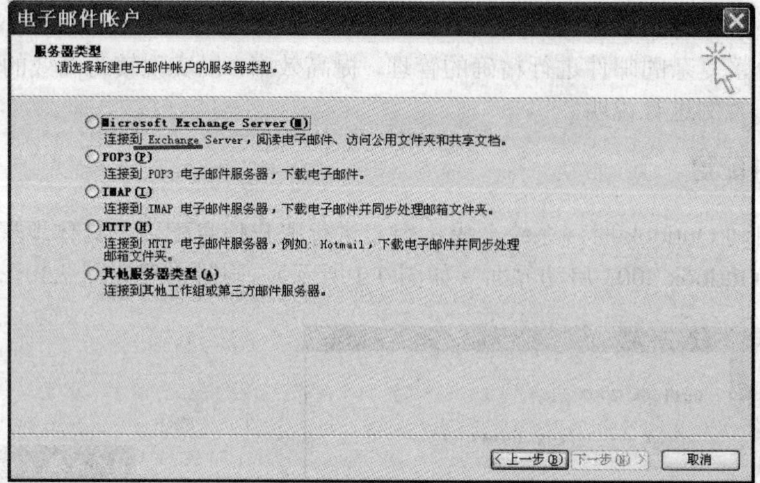


图 7.5

电子邮件帐户
Internet 电子邮件设置 (POP3)
这些都是使电子邮件帐户正确运行的必需设置。
用户信息
您的姓名 (Y): 付智华
电子邮件地址 (E): fuzh@swust.edu.cn
登录信息
用户名 (U): fuzh
密码 (P): ******
记住密码 (R)
使用安全密码验证登录 (SPA) (L)
服务器信息
接收邮件服务器 (POP3) (I): mail.swust.edu.cn
发送邮件服务器 (SMTP) (O): mail.swust.edu.cn
测试设置
填写完此这些信息之后，建议您单击下面的按钮进行帐户测试。（需要网络连接）
测试帐户设置 (T)...
其他设置 (M)...
< 上一步 (B)
下一步 (N) >
取消

图 7.6

各个邮箱 POP3 和 SMTP 服务器地址设置如表 7.1 所示。

表 7.1

| 邮箱 | POP3 服务器（端口 110） | SMTP 服务器（端口 25） |
|---|---|---|
| 188.com | pop3.188.com | smtp.188.com |
| 163.com | pop3.163.com | smtp.163.com |
| 126.com | pop3.126.com | smtp.126.com |
| netease.com | pop.netease.com | smtp.netease.com |
| yeah.net | pop.yeah.net | smtp.yeah.net |

大家不难从上表中找出通用服务器的地址规律。

当然，在相关信息填写完毕后，用户可以单击“测试账户设置”按钮进行测试，将弹出如图 7.7 所示的测量结果对话框。

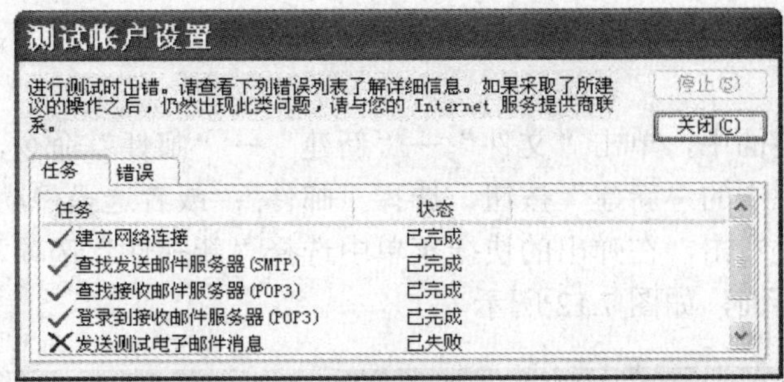


图 7.7

测试完毕后，单击“关闭”按钮可关闭“测试账户设置”对话框，进入下一步骤完成设置，如图 7.8 所示。

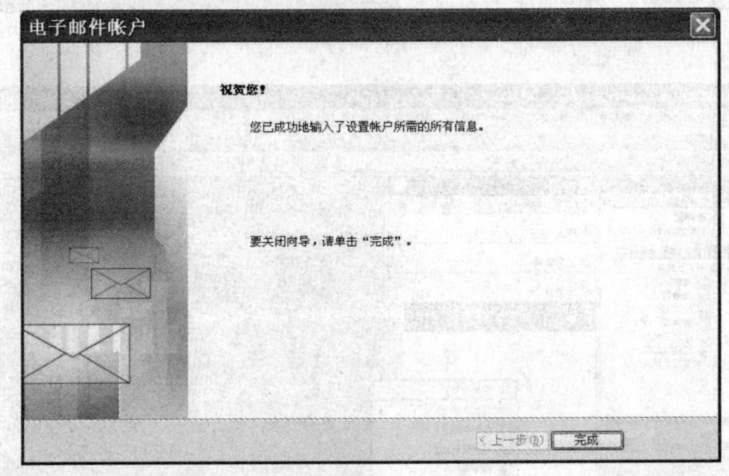


图 7.8

（5）单击“完成”按钮，进入到 Outlook 系统界面，如图 7.9 所示。

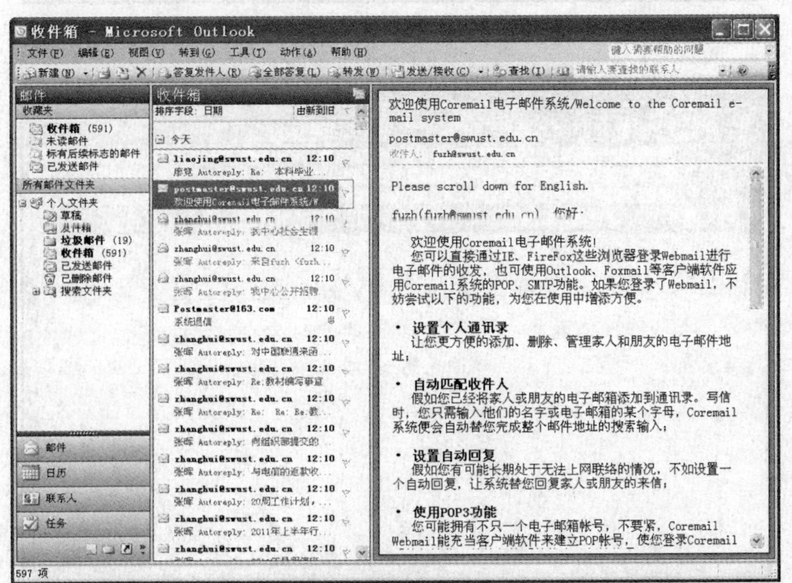


图 7.9

### 7.5.2 发送邮件

在 Outlook 用户界面中，单击“文件”→“新建”→“邮件”命令，如图 7.10 所示；或者单击“常用”工具栏中的“新建”按钮，选择“邮件”；或者选择“动作”→“新邮件”命令；或者在邮件空白处右击，在弹出的快捷菜单中选择“新邮件”选项，如图 7.11 所示，即可进入电子邮件发送界面，如图 7.12 所示。

图 7.10

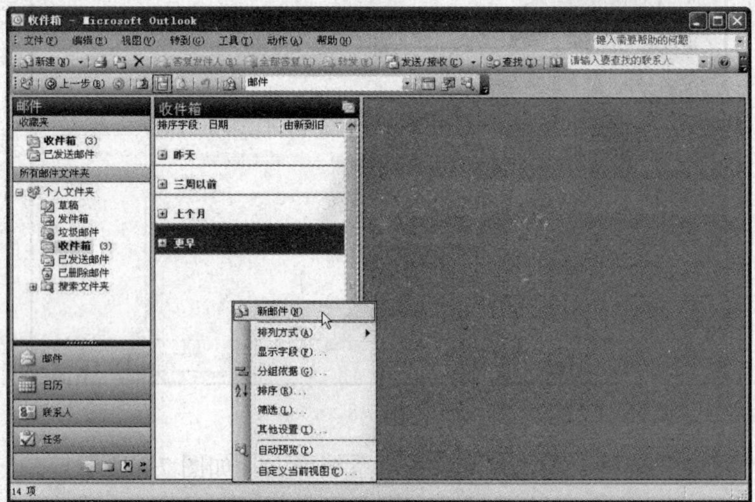

图 7.11

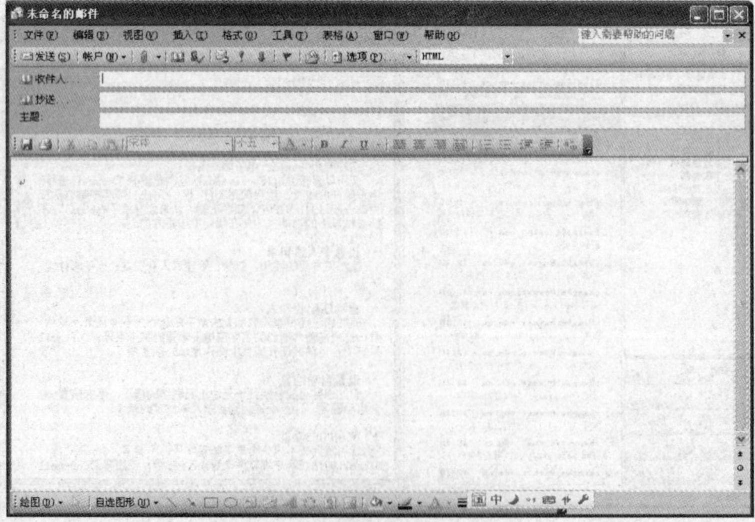

图 7.12

在电子邮件发送界面中首先要做的是输入收件人，可以直接输入收件人的电子邮箱地址，值得注意的是，如果需要输入多个收件人，一般使用“;”间隔，此外还可以单击“收件人”按钮 收件人... ，弹出“选择姓名”对话框，如图 7.13 所示，直接选取收件人。

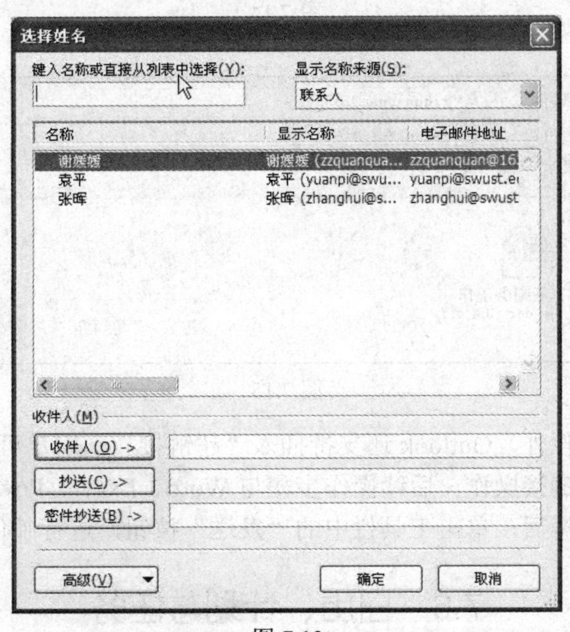

图 7.13

在“选择姓名”对话框中，不难发现有“收件人”、“抄送”、“密件抄送”3 种不同的收件人状态。

收件人：邮件直接发送的接收者。

抄送：邮件副本接收者，邮件的其他接收者均可看到该接收者的姓名。

密件抄送：邮件副本接收者，邮件的其他接收者看不到该收件人的姓名。

接下来可以向邮件“主题”文本框中添加邮件的简要概述——主题，收件人在接收到邮件后，可以借助主题大体了解邮件内容。

然后，用户可以在邮件正文处对邮件内容进行输入并完成编辑，而编辑的过程包括添加背景色、添加图形、更改字体、添加编号列表或项目列表、添加表格、添加符号、公式、下划线等，而这些对于熟悉 Word 操作的人员来说是手到擒来的。

如果需要添加附件，用户可以通过以下几种方式实现：

- 单击工具栏中的“插入文件”按钮，弹出“插入文件”对话框，在其中选择作为附件的文件，单击“插入”按钮。
- 单击邮件发送窗口中的“附加”按钮，同样可以打开“插入文件”对话框，后续操作与上述方法相同。
- 将作为附件的文件选中后拖动到邮件发送窗口的“附件”文本框中。

值得一提的是，附件样式有两种。默认情况下，邮件格式为 Html，此时附件将以图 7.14 所示的样式显示。若邮件格式是纯文本的，则除附件中的图片被自动删除外，其在邮件中的样式与 Html 格式相同。若选择 RTF 格式，那么“附件”将会被嵌入到邮件正文中，如图 7.15 所示，但实际上其仍是一个单独的附件。

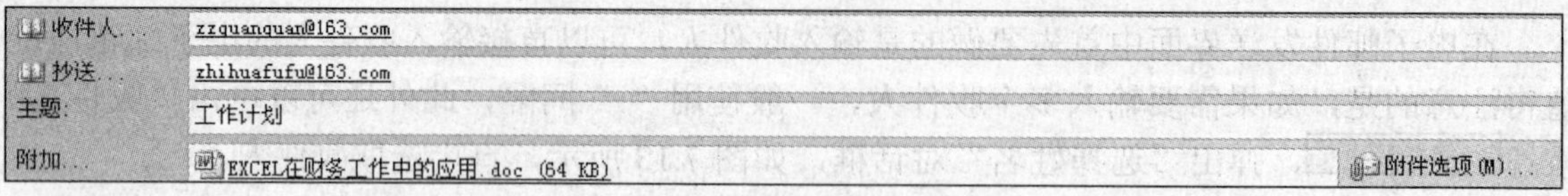

收件人...
zzquanquan@163.com
抄送...
zhihuafufu@163.com
主题:
工作计划
附加...
EXCEL在财务工作中的应用.doc (64 KB)
附件选项(M)...

图 7.14

收件人...
zzquanquan@163.com
抄送...
zhihuafufu@163.com
主题:
工作计划
EXCEL在财务工作
的应用.doc (64 K

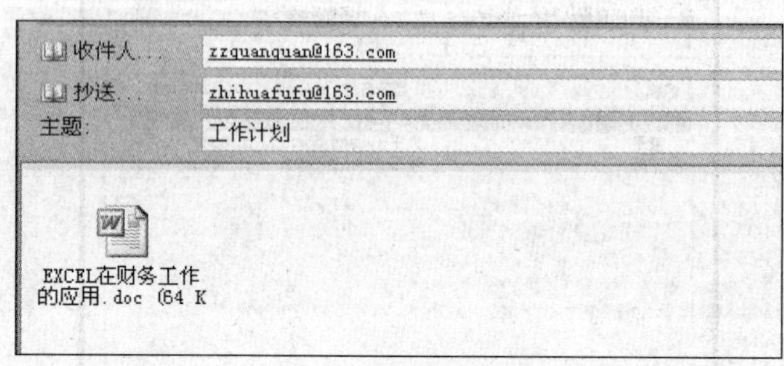

图 7.15

此外，除了添加附件外，Outlook 还支持插入“超链接”，用户可以通过“插入”→“超链接”命令进行插入超链接操作，后续操作步骤与 Word、Excel、PowerPoint 中一致。

当内容全部添加完毕后，单击工具栏中的“发送”按钮，进行邮件发送。

## 7.6 日历、计划与任务

在 Outlook 2003 用户界面的左下方有 4 个可选项：邮件、日历、联系人、任务，用户可以根据不同的工作要求单击对应的按钮以改变 Outlook 工作环境。在前面已经介绍了与“邮件”相关的内容，下面来了解一下 Outlook 的日历功能，看看办公室工作者应如何利用它来安排好每天的工作。

“约会”是一个美好的字眼，职场中，我们随时都会与手上的工作来一场亲密的约会，可以把“约会”看成是在“日历”中安排的一项活动。在 Outlook 2003 日历中，可以将活动安排为约会、会议或事件。具体选择哪种条目类型取决于两个方面：一是还涉及到其他哪些人，二是您希望如何显示条目。通过在日历中正确地选择条目，活动的进展、发生的时间和涉及的人员就会一目了然。

1. 安排好每天的工作

在 Outlook 中打开“日历”视图，右击并选择“新建约会”命令，或者直接单击工具栏中的“新建”按钮，均可创建一个“约会”事件，如图 7.16 所示。

在“约会”窗口中输入约会事件的主题、地点和时间等信息。当所有的资料都已输入完毕后，单击工具栏中的“保存并关闭”按钮，新的约会事件就建立好了。如果想在约会事件发生前得到 Outlook 的提醒，可以在“约会”窗口中选中“提醒”复选框，并且可以设定多久前发出提醒声音和信息，如图 7.17 所示。

针对周期性发生的约会事件，可以使用 Outlook 中的“定期约会”功能建立一个周期性重复的约会。单击工具栏中的“重复周期”按钮，在弹出的“约会周期”对话框中可以自定义定期模式，你需要确认约会事件发生的时间，并设定约会事件定期循环的起止日期，如图 7.18 所示。

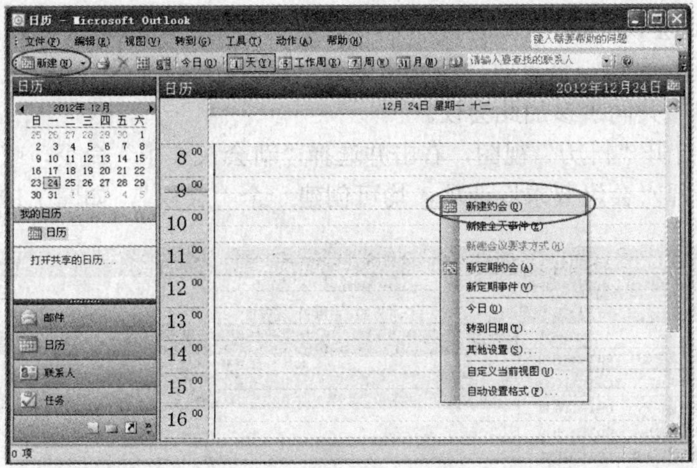

图 7.16

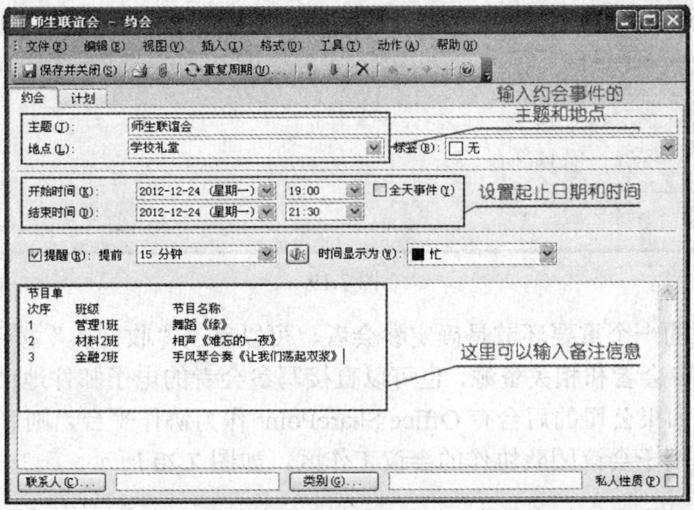

图 7.17

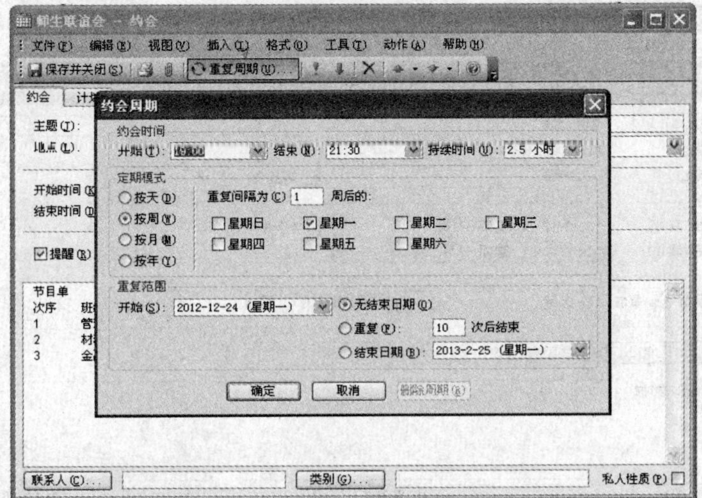

图 7.18

2. 创建和发送会议邀请

Outlook“日历”中的一个重要功能就是创建“会议要求”，不仅可以定义会议的时间和相关信息，还能邀请相关同事参加此会议。

在 Outlook 中打开“日历”视图，右击并选择“新会议要求”命令，或者单击工具栏中的“新建”按钮，选择“会议要求”选项，均可创建一个“会议”，如图 7.19 所示。

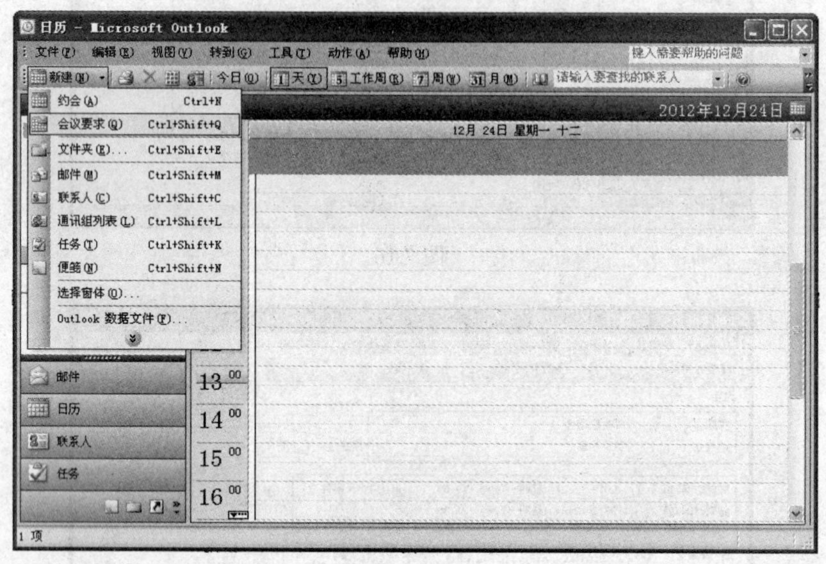


图 7.19

创建会议要求的一个重要环节是确定参会者，可以单击“收件人”按钮，从 Outlook“联系人”中选择多个参会者和相关资源，也可以直接写参会者的电子邮件地址，多人之间仍用分号分隔开。另外，如果公司的后台有 Office SharePoint 作为协作平台，则可以单击“会议工作区”按钮创建一个用于会议团队协作的会议工作区，如图 7.20 所示。

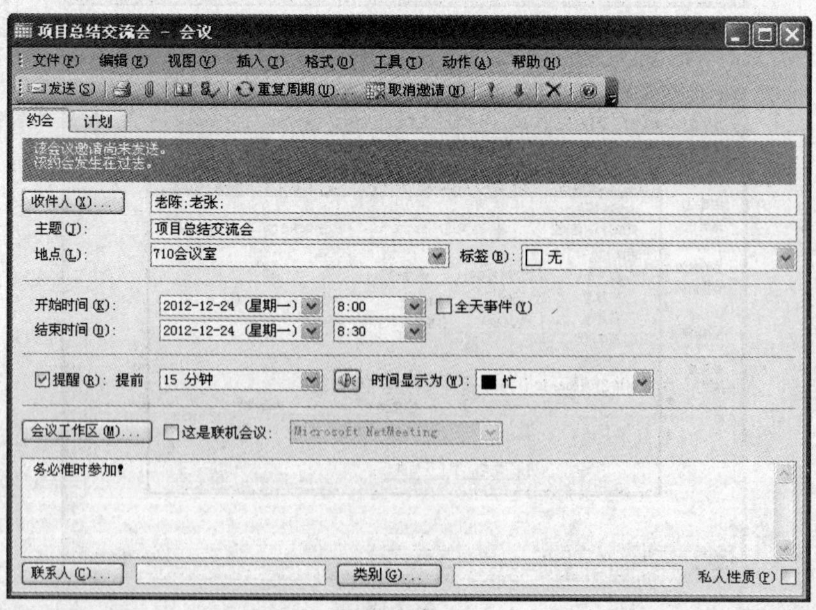


图 7.20

在安排会议的时候，经常很难确认各位参会者是否都有时间参加会议。单击“会议”窗口中的“计划”选项卡，里面会以图形的形式展现每一位参会者的时间安排，如图 7.21 所示。

注意，实现此功能的前提是每一位员工都将自己的工作日历共享出来，这样才能供项目组成员随时查看。

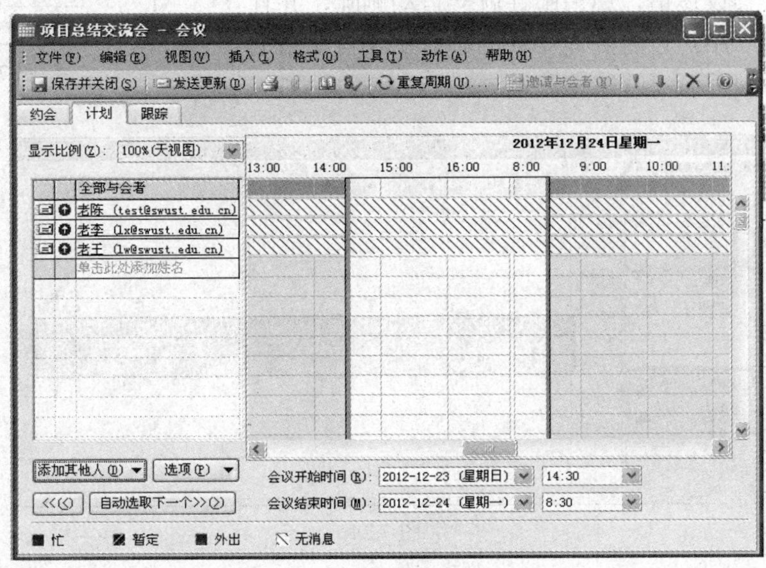


图 7.21

单击工具栏中的“发送”按钮，这封会议邀请就会以 E-mail 的形式发送到每一位参会者的邮箱中。

3. 接受会议邀请

在收到会议邀请的邮件以后，单击窗口中的“接受”按钮即可接受此会议。另外，还可以根据实际情况单击“暂定”或“谢绝”按钮向会议组织者说明原因并回复，甚至还能建议新的会议时间，如图 7.22 所示。

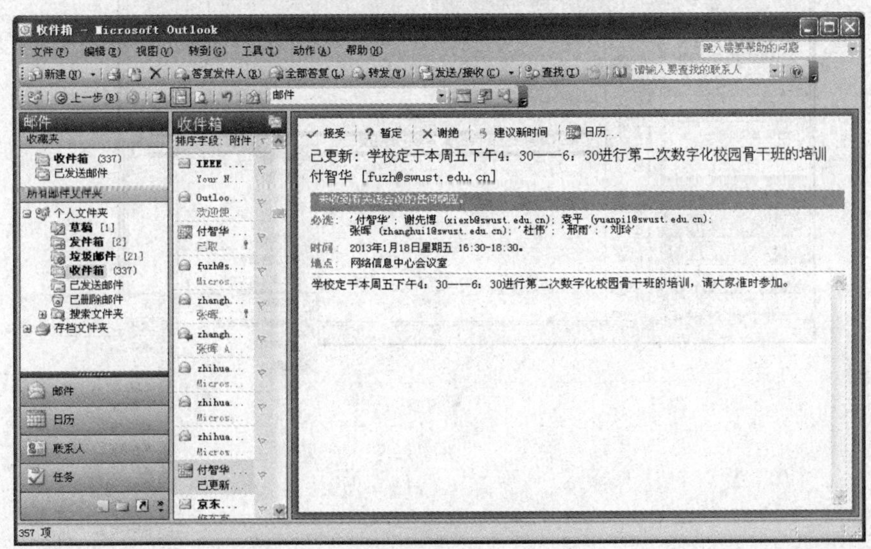


图 7.22

无论接受、暂定还是拒绝会议邀请，都可以选择将响应发送给会议组织者。如图 7.23 所示，会议组织者会收到系统自动发送的邮件，说明我已经接受了邀请，参加此会议。

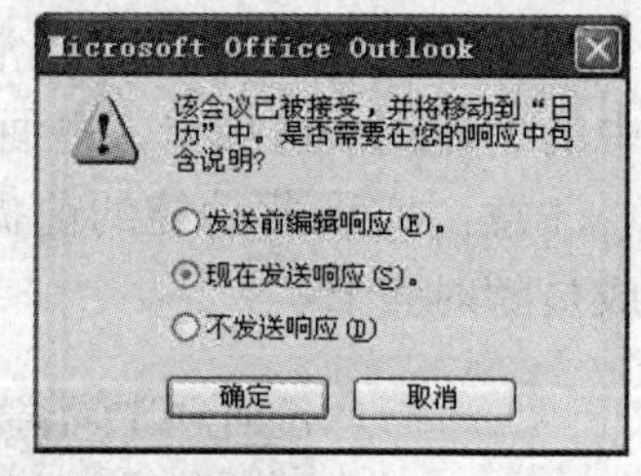

图 7.23

一旦接受了会议邀请，邀请邮件就会自动删除，并且在 Outlook“日历”中可以看到此会议的条目已经自动添加进去了，如图 7.24 所示。

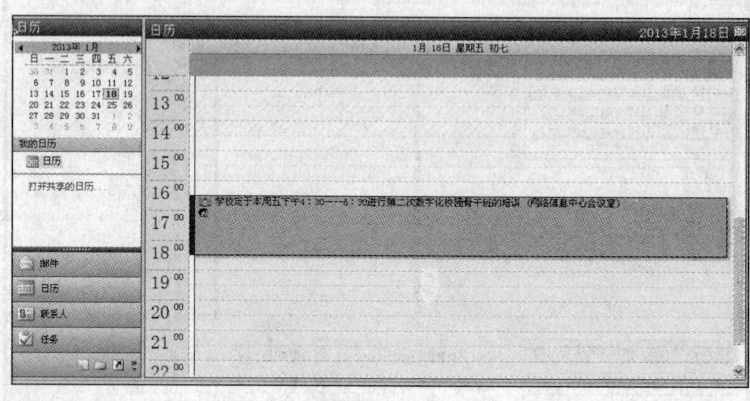

图 7.24

4. 标识重要日程

方法一：用颜色区分约会或会议的类别及重要程度。

在“日历”视图中右击约会或会议的条目，在快捷菜单的“标签”子菜单中可以选择某一类颜色，如图 7.25 所示。

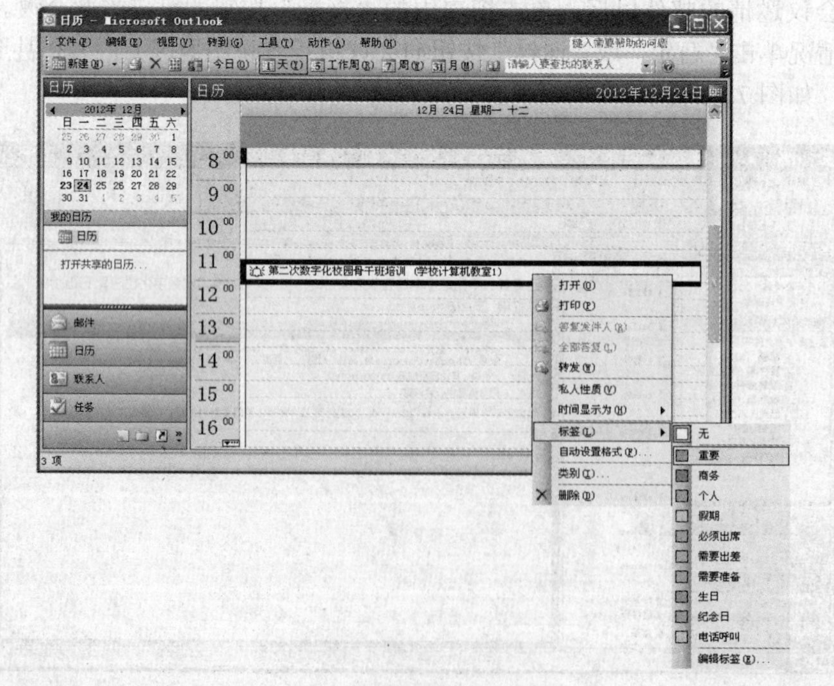

图 7.25

在 Outlook 中，不同的标签颜色可以代表不同类型的内容，可以把它理解为是一种针对内容的虚拟分类方式。Outlook 中一共有 10 种不同的颜色类别，可以在刚才弹出的快捷菜单中选择“编辑标签”命令，在弹出的对话框（如图 7.26 所示）中按照自己的意愿对不同的类型进行重命名。

方法二：自动为特定的会议添加颜色标签。

Outlook 允许我们设定规则，为满足条件的约会或会议自动套用相应的颜色和格式，操作步骤如下：

（1）在“日历”视图中右击，在弹出的快捷菜单中选择“自动设置格式”命令，如图 7.27 所示。

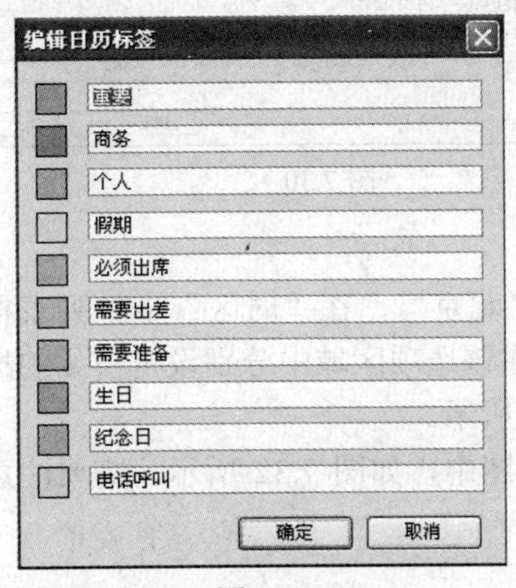


图 7.26

图 7.27

（2）在弹出的“自动设置格式”对话框中单击“添加”按钮，键入名称，然后单击“条件”按钮，指定套用指定标签颜色的条件，如图 7.28 所示。

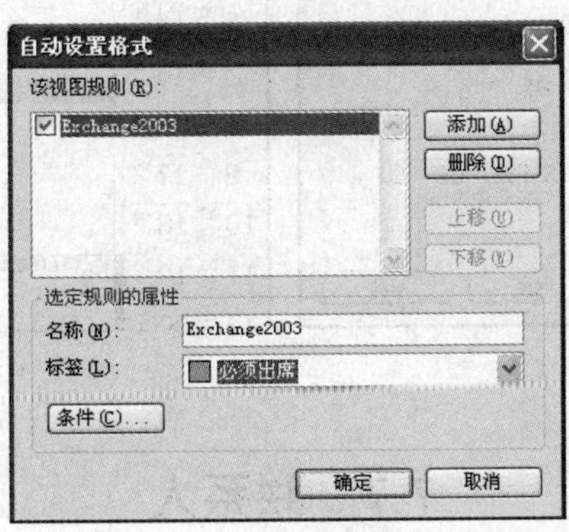


图 7.28

5. 使用不同时区的时间

外企的同事常常需要协调和安排世界多地的工作和会议，由于可能会处于不同的时区，因此比较麻烦。Outlook 支持附加时区的添加，可以在保持当前主时区不变的前提下使用不同的时区。

单击“工具”→“选项”命令，在弹出的对话框（如图 7.29 所示）中单击“日历选项”按钮，弹出“日历选项”对话框，如图 7.30 所示。

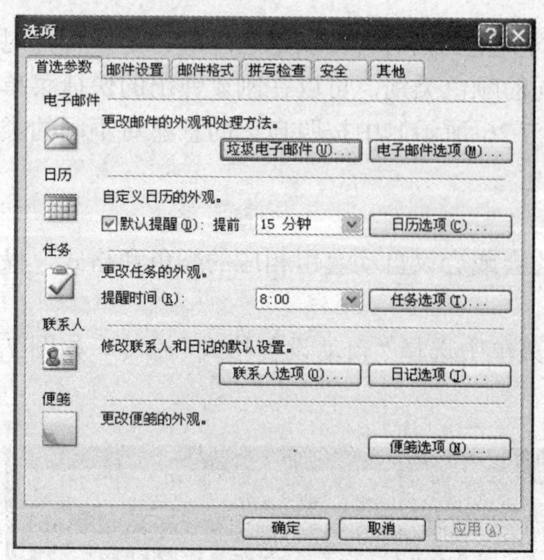


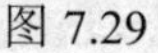
图 7.29

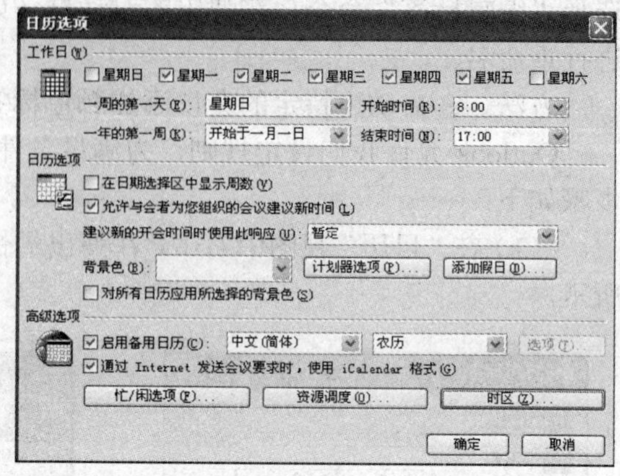


图 7.30

单击“时区”按钮，弹出“时区”对话框。

在“当前时区”选项区域的“标签”文本框中可输入“北京”，在“时区”下拉列表框中选择相应的选项内容，选中“显示附加时区”复选框，并在该选项区域中分别设定需要的标签名称和时区，即可为 Outlook 添加第二个时区，如图 7.31 所示。

这样一来新添加的时区将显示在 Outlook 的“日历”视图中，如图 7.32 所示。需要注意的是，只有“天”视图和“工作周”视图支持双日历的显示。

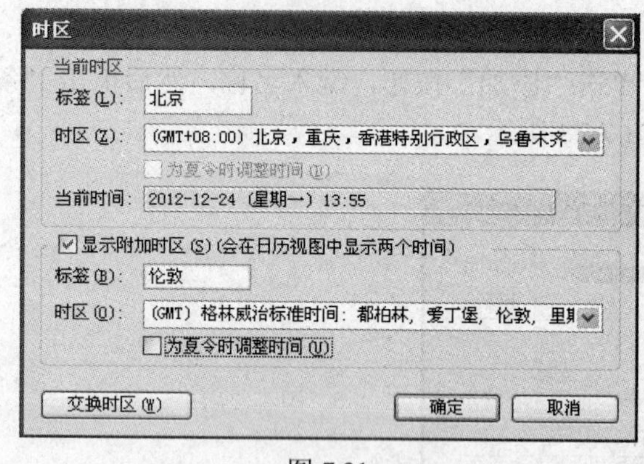


图 7.31

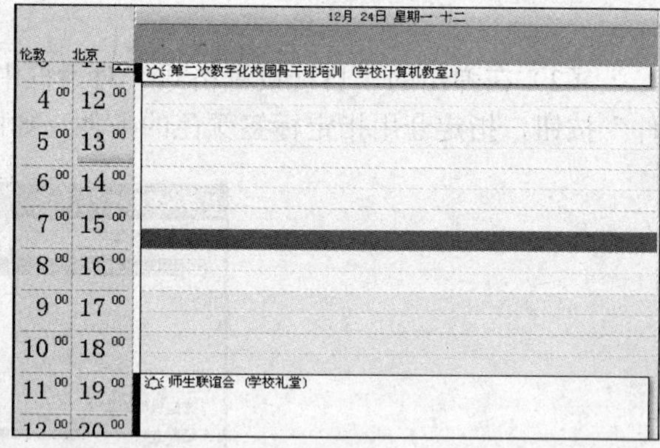


图 7.32

## 7.7 联系人

在平时的职场生活中，我们要与许多人交往，这些人里有我们的同事，也有客户以及合作伙伴。随着工作时间的延长，我们将与之联系的联系人也会越来越多。在办公室中，最直接的联系人管理方式是通过名片夹将收集来的名片进行集中保存。到工作需要与其中的某位联系时，再从名片夹里将该联系人的名片找出。但不难发现，在众多的名片中找出某个特定的联系人将会花费许多时间，且这一张张小小的名片其本身所能记录的信息也相当有限。而 Outlook 提供的“联系人”功能在一定程度上解决了上述问题。这项功能不仅能够将某个联系人的姓名、电话号码、地址、E-mail、生日信息等相关信息进行集中存放，而且可以将这些联系人的资料进行动态管理、分类存放和快速查找，同时还提供了多方式排序及存档的强大功能，甚至方便地实现了电子邮件群发、拨打电话、收发传真、发送短信，还将每一次的联系都记录下来，使我们在跟踪重点客户、维系客户关系、实现管理联系人等方面都游刃有余。下面就 Outlook 的“联系人”功能进行详细介绍，首先了解一下“联系人”视图。

打开 Outlook，单击界面左侧的“联系人”文件夹，在“当前视图”下选择相应的显示方式即可将已建立的所有联系人信息显示出来，如图 7.33 所示。

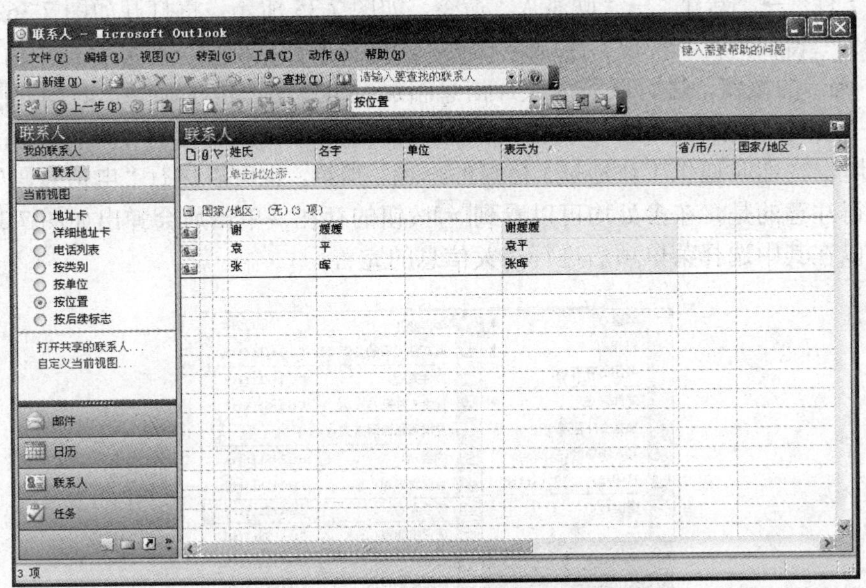


图 7.33

中间区域显示的条目即为联系人项目。用户可以通过双击条目来打开该联系人用户信息存储卡，如图 7.34 所示。其中有“常规”、“详细信息”、“活动”、“证书”、“所有字段”5 个选项卡，将用户的信息进行分类标识和存储。

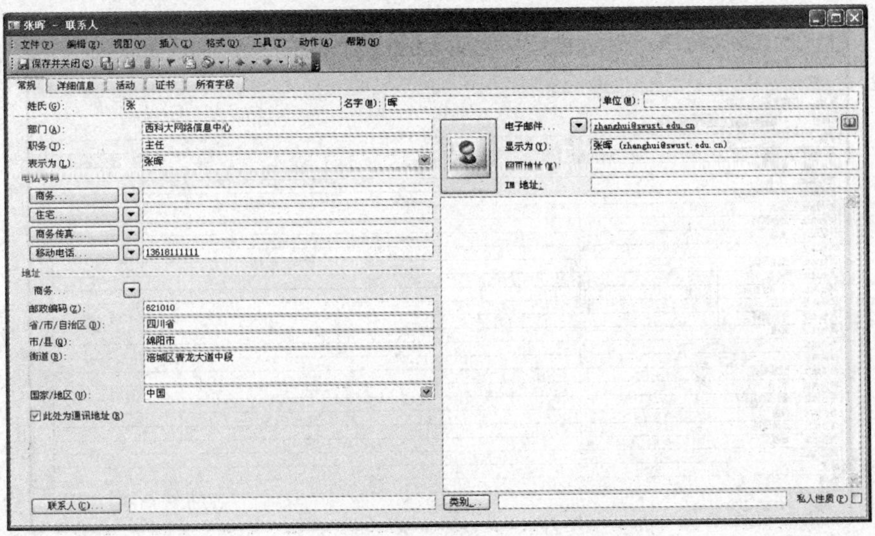

图 7.34

在“详细信息”选项卡中可以看到“配偶”、“生日”、“纪念日”等有关内容。了解了“联系人”视图后，再来学习一下联系人的基本设置与操作。

1. 新建联系人

如果要经常和某个人进行联系，如洽谈生意、商讨工作等，则可以为这个人在“联系人”中创建一个条目，用于保存该人的相关信息。在 Outlook 中，创建联系人项目的方法有多种，可以任选一种来实现。

（1）用菜单命令新建联系人。

选择“文件”→“新建”→“联系人”命令，如图 7.35 所示，将打开如图 7.36 所示的“未命名－联系人”窗口，在“常规”选项卡中输入姓名、单位、部门、职务等基本信息。然后单击如图 7.37 所示的按钮，进行联系人照片信息添加。再单击“电子邮件”右则的▼按钮，最多可以添加 3 个电子邮件，如图 7.38 所示。此外，还可以根据工作需要进行联系人“网页地址”、“IM 地址”（即时通讯工作地址）信息的添加。当然，也可以进行“电话号码”和“地址”的添加。值得注意的是，在多处均可以看到▼按钮的存在，单击后会弹出如图 7.39 所示的下拉菜单，可以在其中选择菜单项后进行相关信息的完善。

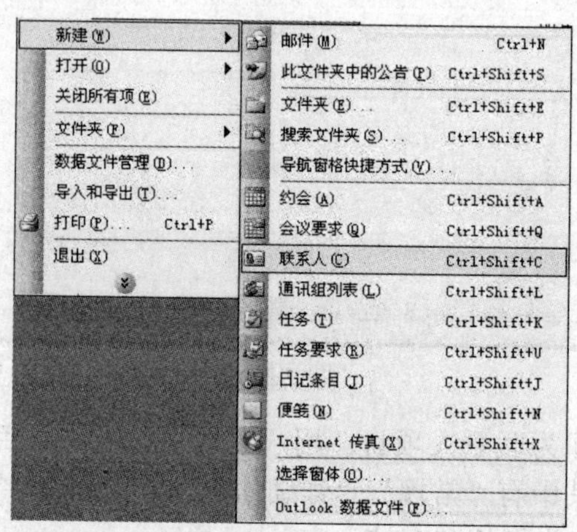


图 7.35

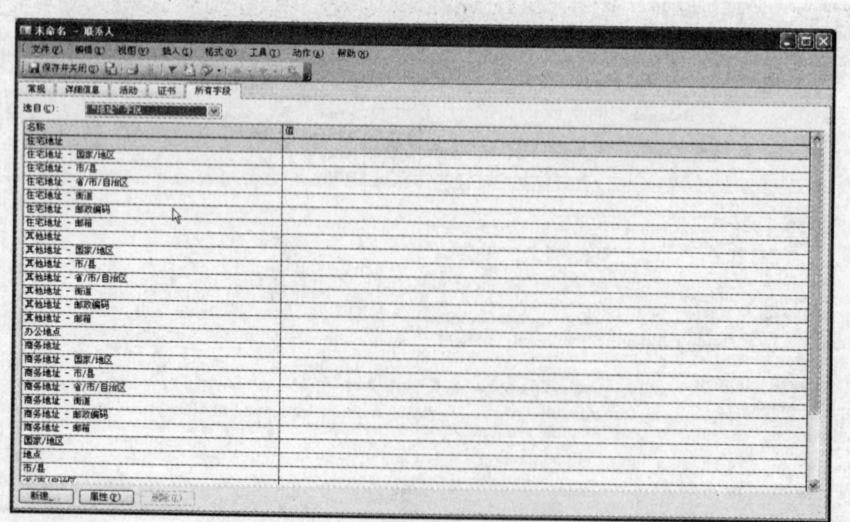


图 7.36

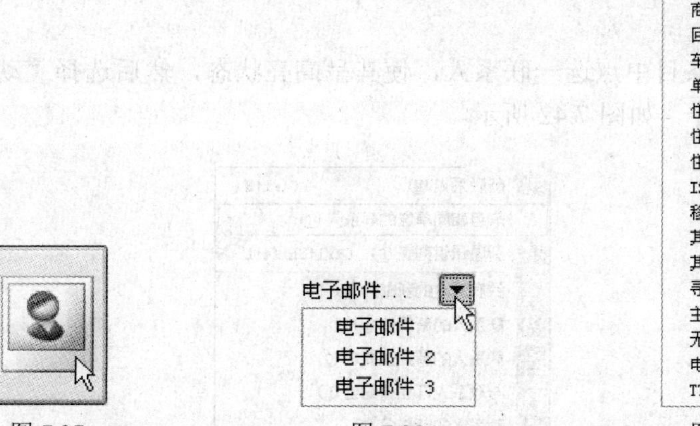


图 7.37　　图 7.38　　图 7.39

以上所描述的联系人信息添加都是在“常规”选项卡中完成的，对于较为重要的商务联系人，还可以在“详细信息”选项卡中添加“部门”、“办公室”、“职业”、“经理姓名”、“助理姓名”、“昵称”、“中英文称谓”、“配偶”、“生日”、“纪念日”等更加详细的信息。

此外，可以在“活动”选项卡中对与联系人进行的电子邮件、任务、约会等联系进行跟踪、记录。为确保与重要联系人邮件往来的安全性，也可以在“证书”选项卡中通过导入证书的方式进行邮件的加密。在“所有字段”选项卡中可以通过不同的选择分类查看联系人的全部信息。

（2）利用快捷按钮等新建联系人。

在“联系人”视图中单击“新建”按钮或单击其右侧的下拉三角按钮打开“新建”菜单，如图 7.40 所示，选择“联系人”选项；或者在“联系人”视图中的空白条目区域中双击；或者在“联系人”视图状态下右击，在如图 7.41 所示的快捷菜单中选择“新联系人”选项；或者保持“联系人”视图状态，单击“动作”→“新联系人”命令，均可打开“未命名－联系人”空白窗口。总而言之，方法多种多样，读者完全可以根据自身的喜好进行选择，实现殊途同归的效果。

图 7.40

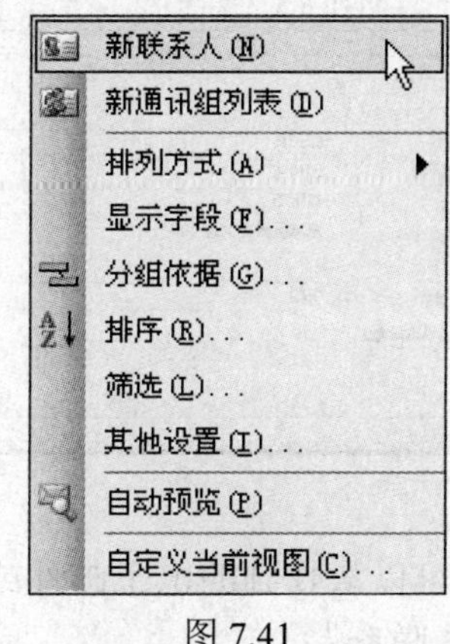


图 7.41

（3）创建同一单位联系人。

在日常工作的联系人中，人们不难发现来自同一单位的多个联系人信息，如果对于这些具有重复单位信息的联系人都选择一一输入的话，显然是一件较为繁琐的事情，而 Outlook 为人们带来了解决这一烦恼的方案，即通过“来自相同单位联系人”的功能来实现，具体步骤如下：

①在联系人已建条目中点选一联系人，使其呈高亮状态，然后选择“动作”→“来自相同单位的联系人”命令，如图 7.42 所示。

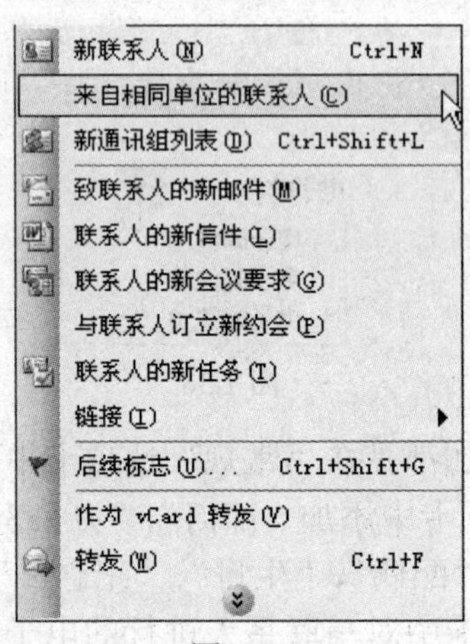


图 7.42

②打开如图 7.43 所示的“某某单位－联系人”窗口，其中在“单位”、“表示为”、“商务”、“邮政编码”等区域已经被自动填充了相关内容，我们只需要针对于该联系人进行其他信息录入，最后单击“保存并关闭”按钮即可。

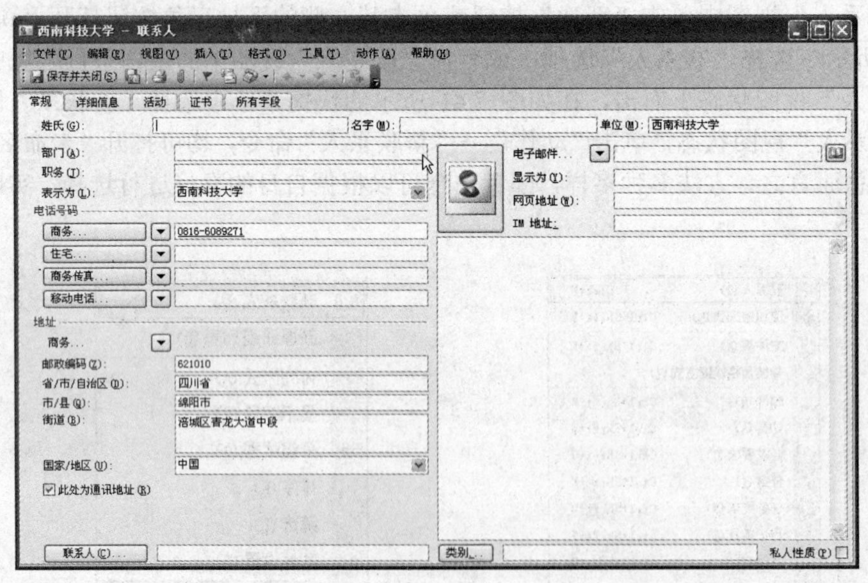


图 7.43

当然，用户还可以从收到的电子邮件或电子名片中创建联系人。

2. 查找并查看联系人

随着联系人的增多，在平时的工作中还要掌握利用 Outlook 进行联系人查找的技巧，以提高工作效率。

（1）在工具栏中找到“查找联系人”输入框，如图 7.44 所示，输入待查找的联系人姓名，按 Enter 键即可打开要查找的联系人的相应信息窗口，若没找到将显示如图 7.45 所示的提示信息。

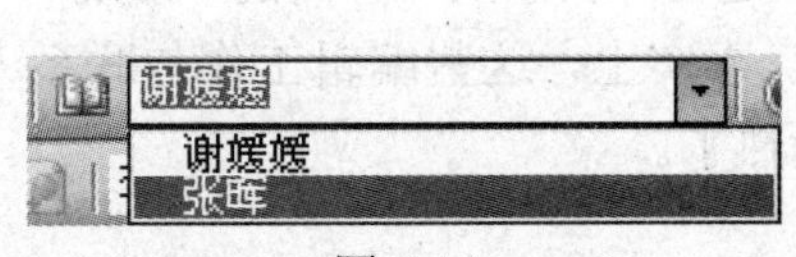

图 7.44

图 7.45

在上述过程中，用户输入时也可以输入姓名的一部分，如姓氏或名字，也可以输入电子邮件别名、单位名称等。举个例子，如果在“查找联系人”输入框中输入“谢”，则将显示姓名中包括“谢”的所有联系人列表，如图 7.46 所示。用户在这个“选择联系人”对话框中进行进一步选择。

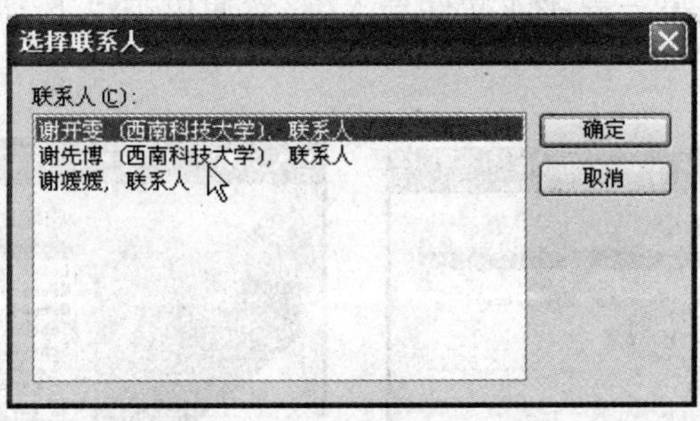

图 7.46

（2）在任一卡片视图（如“地址卡”或“详细地址卡”）中，单击卡片右侧显示的按字母顺序排序的索引即可快速定位到以相应拼音开头的联系人，如图 7.47 所示。

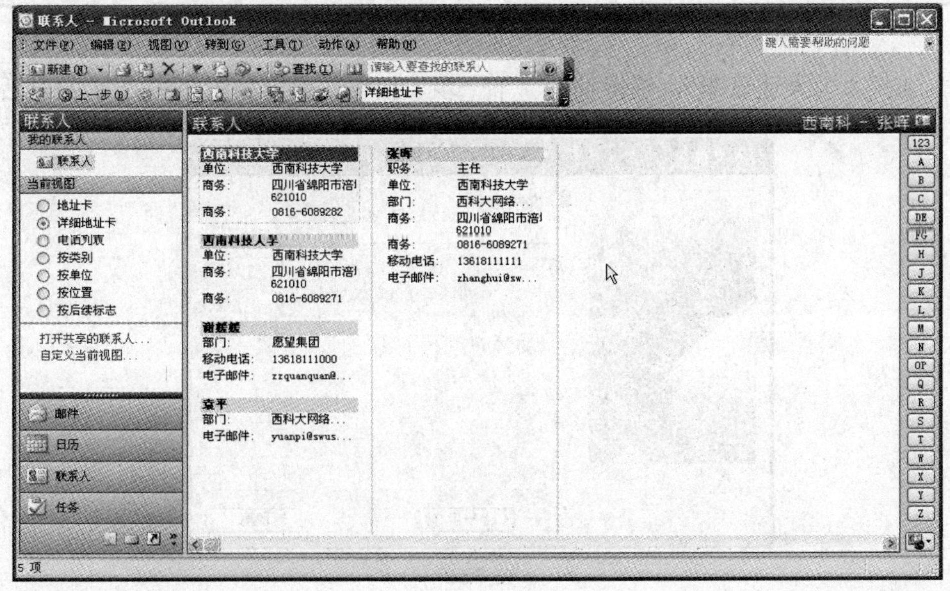

图 7.47

（3）在任一表格视图（如“电话列表”、“按类别”、“按单位”、“按位置”等）中，单击某个列标题，联系人项目将以此为条件进行排序，即按“姓氏”、“名字”、“单位”等进行排列。

3. 编辑联系人

由于联系人的信息经常是变化的，因此对已经创建好的联系人进行修改或详细设置是 Outlook 所提供的编辑功能可以实现的。而这些修改基本上是在“联系人”窗口的“常规”、“详细信息”、“活动”、“证书”、“所有字段”选项卡中进行的。事实上，这些编辑工作与联系人创建密不可分，熟悉了创建工作，编辑修改工作也就驾轻就熟了。

4. 导入联系人

在前面已经了解了联系人的创建过程，但有时候也可以一次性将先前已经建好的联系人数据或从其他程序中来的联系人数据导入到 Outlook 中，作为丰富联系人信息的一种手段，具体操作步骤如下：

（1）在“联系人”视图状态下单击“文件”→“导入和导出”命令，弹出如图 7.48 所示的对话框。

（2）在其中选择“从另一程序或文件导入”，然后单击“下一步”按钮，弹出如图 7.49 所示的对话框。

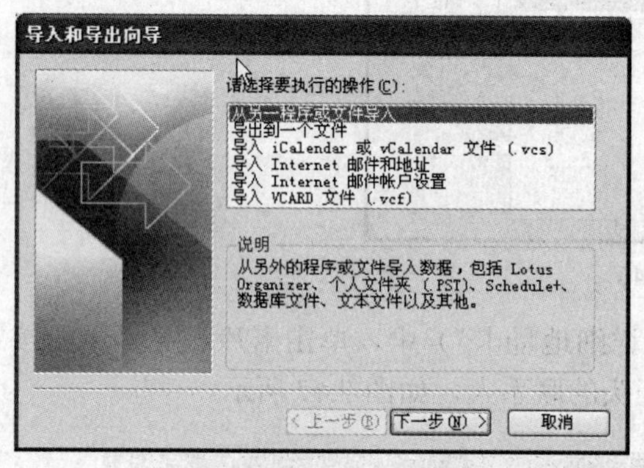

图 7.48

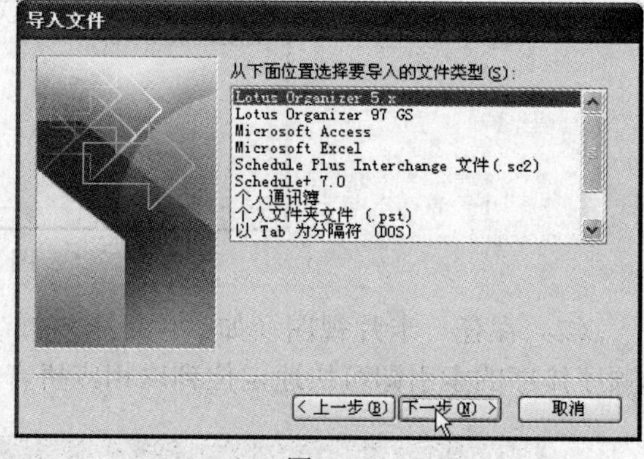


图 7.49

（3）选择“个人通讯簿”，然后单击“下一步”按钮，弹出如图 7.50 所示的对话框。

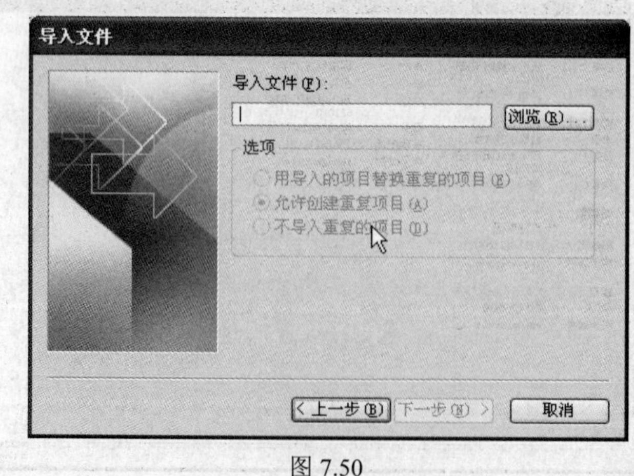


图 7.50

（4）单击“浏览”按钮，选择需要导入的个人通讯簿文件，根据提示完成即可。

**说明**：Outlook 可以导入的文件类型很多，用户可以根据实际工作需要选择。

5. 删除联系人

当然，在实际工作中，人们也发现了联系人项目重复出现的可能性以及一些联系人失去联络的情况，这时就要考虑删除一些不必要的联系人项目。在进行这项工作前，先要完成一项查找重复联系人的准备工作。如图 7.51 所示即为重复创建联系人所弹出的提示对话框。

同样，在导入联系人时，为保证导入的顺利和高效，建议先关闭“重复检测”功能或在图 7.52 所示的单选按钮中选择“允许创建重复项目”。

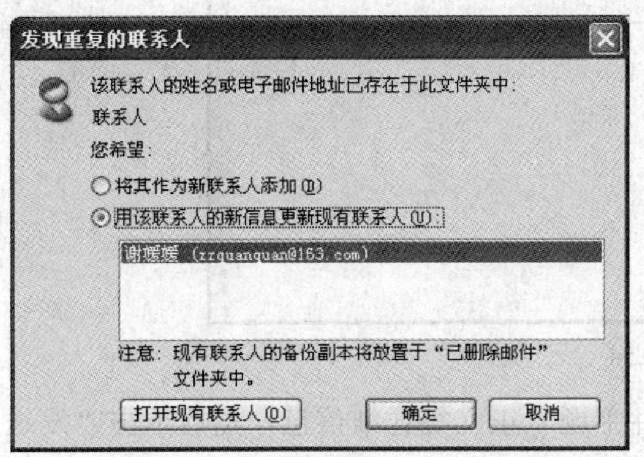


图 7.51

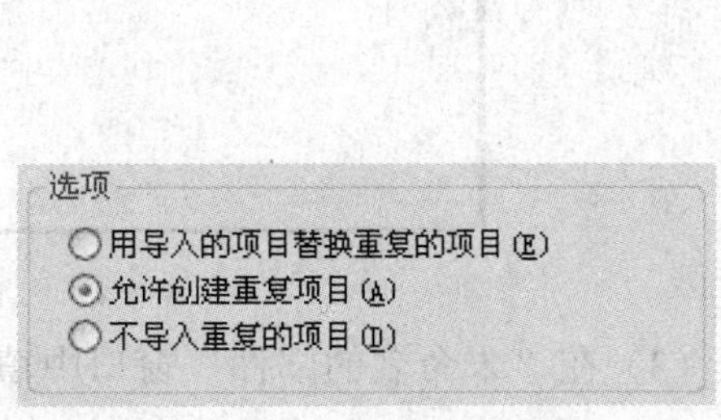


图 7.52

而实现对重复或不必要联系人的删除方法很简单，选中所需删除的联系人项目，按 Delete 键；或者右击，在弹出的快捷菜单中选择“删除”选项即可。

6. 与联系人建立新邮件

用户在“联系人”视图下打开一个联系人项目后，可以非常方便地使用联系人项目中所保存的邮件地址向该联系人发起发送邮件操作，具体步骤如下：

（1）打开“联系人”视图，选择要向其发送邮件的联系人项目并右击，在弹出的快捷菜单中选择“致联系人的新邮件”命令，如图 7.53 所示。

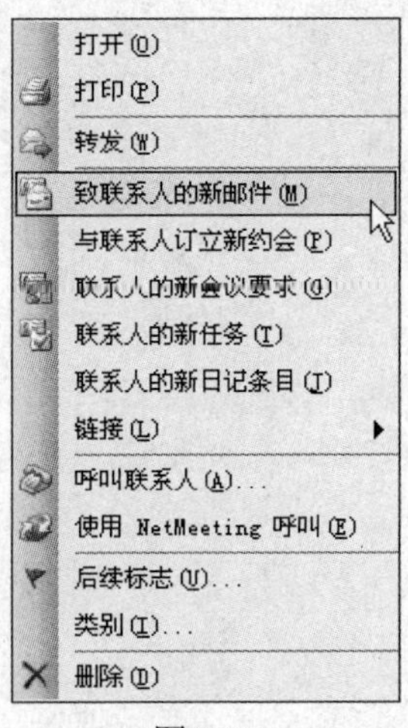


图 7.53

（2）在打开的“未命名的邮件”窗口中选定的联系人的邮件地址将直接显示在“收件人”文本框中，如图 7.54 所示。

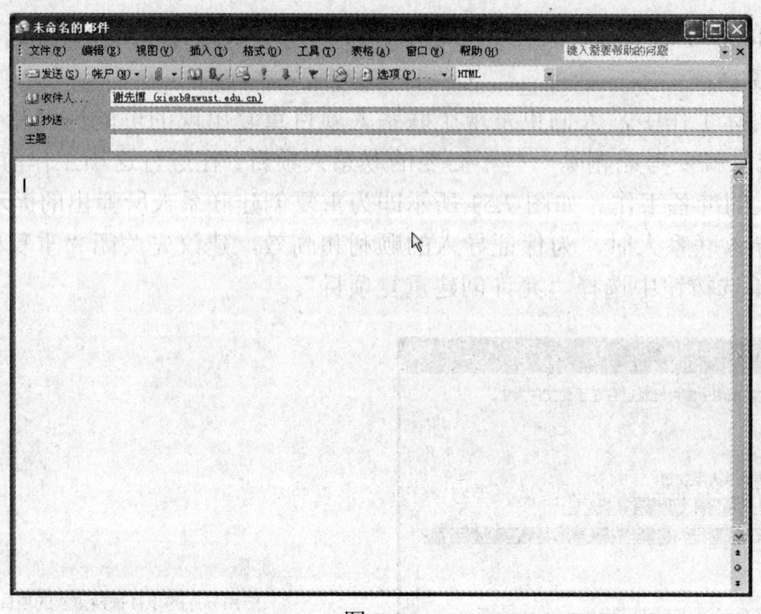

图 7.54

（3）在“未命名的邮件”窗口中填入邮件主题、正文等详细信息，然后单击“发送”按钮。

7. 与联系人建立新约会、会议、任务

与上述内容类似，用户在“联系人”视图下选择要向其发起新约会、会议、任务的联系人项目并右击，选择“与联系人订立新约会”、“联系人的新会议要求”或“联系人的新任务”命令，可以方便地实现与该联系人的新约会、会议、任务的创建。

# 第 8 章　办公硬件常识

随着人类社会的发展和技术进步，新的设备和技术不断应用于办公领域，并对办公活动产生着深刻的影响。与传统的办公模式不同，自动化办公必须借助这些新设备及新技术。“工欲善其事，必先利其器”，掌握常用办公自动化设备的使用和维护方法、保障设备的正常运行，就是一个利器的过程。

在日常的办公操作中，不仅需要使用到计算机，还需要打印机、刻录机、扫描仪等外部办公设备的协作，熟悉并熟练操作这些办公设备，工作起来会更加得心应手。

## 8.1　办公自动化设备概述

要充分利用现代化的办公设备来提高办公效率，就必须掌握与设备使用和维护有关的基本知识。

### 8.1.1　办公自动化设备的分类

办公自动化设备种类繁多，不同的设备有着各自不同的应用领域。常用的办公自动化设备有打印机、复印机、传真机、扫描仪、数码相机、光盘刻录机、摄像头、投影仪、碎纸机等。总括起来，它们可以分为信息复制设备、信息处理设备、信息传输设备、信息存储设备，以及其他辅助设备。

（1）信息复制设备。信息复制设备主要包括复印机等，生成原稿的复印件，操作便捷、忠实于原稿。

（2）信息处理设备。信息处理设备包括计算机、文字处理机、打印机和图形图像处理系统等。在信息处理设备中，信息经过处理，产生人们期望的结果。

（3）信息传输设备。信息传输设备包括各种局域通信网络和广域通信网络，以及电话机和传真机等。使用信息传输设备可加快信息传送的速度，实现资源共享，提高办公工作质量和效率。

（4）信息存储设备。信息存储设备包括磁盘存储系统、光盘存储系统、缩微胶片系统、摄录像设备等。现代信息存储设备具有容量大、速度快、使用方便和保存时间长等特点。在相应的软件环境下，可快速实现信息的检索、浏览、统计、备份等。

（5）其他辅助设备。其他辅助设备主要指为保证以上设备正常工作而必需的设备，如稳压电源、不间断电源（UPS）、碎纸机等。

### 8.1.2　办公自动化设备的发展趋势

科技进步和办公室工作的细化使各类新型办公设备层出不穷，但总的趋势如下：

（1）数字化。

随着计算机技术的不断发展，尤其是多媒体技术的出现，使得对各种信息（文字、声音、图形图像等）的处理都可以通过计算机及相关设备实现，形成数字化的信息，主要体现为信息的数字化处理、数字化网络传输、相应标准的制定等。

（2）智能化。

办公自动化设备的智能化要以人们的办公过程为参考，建立良好的人机界面，简化操作手段，最大程度地发挥设备的作用，主要体现在以下两个方面：

- 办公过程的智能化。其表现形式是通过运行相应的办公软件，由系统自身自动完成相应工作，在越来越多的场合减少人工干预。例如，对于新设备的出现可自动识别，并能处理相应的配置工作，使设备正常运行；对于运行过程中出现的问题，可进行自我诊断、发出提示信息、自动排除，具有容错、纠错功能；有规律地自动存储、整理相应信息，根据要求进行转发、播发等。
- 设备自身的智能化。通过对办公设备中各种参数的设置，使设备具有相应的功能。例如，实现整机或部件的节能工作方式；设置自动接收、应答模式；自动卸载故障部件等。

（3）无纸化。

信息在进行相应的处理后，传统的做法是将要保存的数据、结果记录在纸张上，用纸张作为主要的信息载体，当需要对数据进行更新、充实、查找、修改时，其工作量很大而效率很低，且容易出错、不便保管。

采用先进的技术可以实现信息处理、传递、保管、使用的一体化。数据记录在磁盘、光盘等介质上，这些存储信息的介质可以与各种设备连接，具有良好的适应性，携带方便，可大幅压缩信息载体的体积，降低管理成本。在互联网络及相应软件的支持下，准确、快速地实现信息的各种应用及共享，实现高速信息传输。

（4）综合化。

办公自动化设备的综合化体现在两个方面：

- 通过计算机及计算机网络连接各种现有的独立设备，在网络技术的支持下，充分发挥每个设备的作用，做到物尽其用，构成综合的办公自动化系统。
- 随着制造技术的提高，集多种功能于一身的设备逐步取代那些单一功能的设备。例如，多功能一体机集打印、复印、扫描、传真多种功能于一体。

## 8.2 打印机

打印机是一种精密仪器，在现代办公中发挥着越来越重要的作用，是必不可少的输出设备之一，它涉及了光、机、电、材料科学等多个学科。下面介绍目前主流打印机的分类、工作原理、基本结构、主要技术指标等基础知识。

### 8.2.1 打印机的分类

打印机的种类很多，也各有特色，办公自动化应用中主要使用到其中的针式打印机、喷墨打印机和激光打印机 3 类。

1. 针式打印机

针式打印机又叫点阵式打印机（如图 8.1 所示），如 Epson-1600、1600k、DPK-3600 等。针式打印机是最早出现的打印机，目前市场上有 9 针、24 针、72 针、144 针等多种针式打印机。针式打印机是利用机械和电路驱动原理，使打印针撞击色带和打印介质，进而打印出点阵，再由点阵组成字符或图形来完成打印任务的。其特点是：结构简单、技术成熟、性能价格比好、消耗费用低，使其在银行存折打印、财务发票打印、记录科学数据连续打印、条形码打印、快速跳行打印和多份拷贝制作等应用领域具有其他类型打印机不可取代的功能。

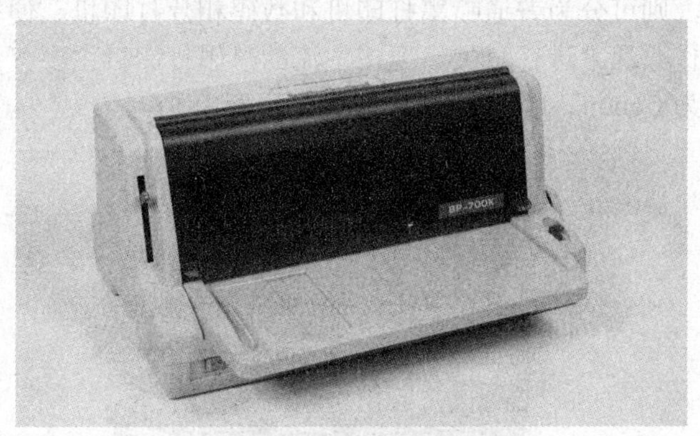


图 8.1

现在的针式打印机普遍是 24 针打印机。所谓针数是指打印头内的打印针的排列和数量。一般情况下针数越多，打印的质量就越好。

打印机在联机状态下，通过接口接收 PC 机发送的打印控制命令、字符打印或图形打印命令，再通过打印机的 CPU 处理后，从字库中寻找与该字符或图形相对应的图像编码首列地址（正向打印时）或末列地址（反向打印时），如此一列一列地找出编码并送往打印头驱动电路，使打印头出针打印。

针式打印机由“打印机械装置”和“控制驱动电路”两大部分组成，在打印过程中共有 3 种机械运动：打印头横向运动、打印纸纵向运动和打印针的击针运动。这些运动都由软件控制驱动系统通过一些精密机械来执行。

针式打印机的机械装置包括打印头驱动机构、打印头、色带驱动机构、输纸机构和打印状态传感机构。

控制驱动电路中采用了微处理器、ROM 和 RAM 存储器。其中 ROM 主要用来存储针式打印机的管理程序、字符库和汉字库。

对针式打印机的性能一般是通过以下几个指标来衡量：

- 速度。各种打印机的打印速度并不相同，在打印中文、西文或者应付高速、高密等不同情况时，打印速度也不一样。普通的 24 针针打在中文高速情况下打印速度为 120～180 字/秒之间。打印机生产厂家也开发出一些超高速针打，它能提供更高的打印速度，能够应付高强度的打印任务，但价格比较贵。
- 耐用性。针式打印机的打印头好坏直接决定了针打的使用寿命。针打大多数都可以换针，其他部件的寿命相对比较长，针打的维修也较方便，而且配件价格不贵。针打所需的色带更换比较容易，价格便宜，一般十几元一条色带，打印量在 200 页左右。
- 缺点。针打与激光打印机、喷墨打印机相比噪音比较大，不能连续打印单页纸，用户需要购买与打印机相配套的单页进纸器才可以实现单页纸的连续打印。它的打印分辨率也不高，大多数针打只能打印单色，即黑色或红色。

2. 喷墨打印机

喷墨打印机通过将墨滴喷射到打印介质上来形成文字或图像，图 8.2 所示即为一款喷墨打印机。早期的喷墨打印机以及当前大幅面的喷墨打印机都是采用连续式喷墨技术，而当前市面流行的喷墨打印机都普遍采用随机喷墨技术。这两种喷墨技术在原理上是有很大差别的。喷墨打印机如果单从打印幅面上分，可大致分为A4 喷墨打印机、A3 喷墨打印机、A2 喷墨打印机；如果从用途上分，则可分为普通喷墨打印机和数码相片打印机、便携移动式喷墨打印机。当然也可以通过其工作原理来进行分类，现在主流的喷墨打印机主要分为热气泡式和压电式。热气泡式的代表厂商为Canon、HP，压电式的代表厂商为Epson。

图 8.2

喷墨打印机凭着良好的打印效果与较低价位占领了广大中低端市场。此外，喷墨打印机还具有灵活的纸张处理能力，在打印介质的选择上，它既可以打印信封、信纸等普通介质，还可以打印各种胶片、照片纸、卷纸、T恤转印纸等特殊介质。

喷墨打印机的工作原理前面已经提到，通常分为压电式和气泡式两种，压电喷墨技术是将许多小的压电陶瓷放置到喷墨打印机的打印头喷嘴附近，利用它在电压作用下会发生形变的原理，适时地把电压加到它的上面，压电陶瓷随之产生伸缩挤压喷头中的墨水，使喷嘴中的墨汁喷出，在输出介质表面形成图案。而气泡式喷墨系统又称为电热式，是在喷头的管壁上设置了加热电极，将短脉冲电流作用于加热器件上，在加热器上产生蒸汽，形成很小的气泡，气泡受热膨胀形成较大的压力，压迫墨滴喷出喷嘴，喷到纸上墨滴的多少可通过改变加热元件的温度来控制，从而达到打印图像的目的。

喷墨打印机的主要部件分为“打印机械装置”和“控制电路”两大部分。其中打印机械部分主要包括：

- 墨盒和喷头：将墨水喷射到打印介质上形成图案。
- 清洗部分：是喷头的维护装置。
- 字车机械：用于实现打印位置定位。
- 输纸机构：输送纸张，它必须和字车机械很好地配合才能完成全页的打印。
- 传感器：检查打印机各部件的工作状况。

喷墨打印机的控制电路采用了微处理器、ROM 和 RAM 存储器。其中 ROM 主要用来存储喷墨打印机的管理程序。

喷墨打印机的主要性能指标包括：

- 打印质量。衡量图像清晰程度最重要的指标就是分辨率 dpi，即每平方英寸能打印多少个点，分辨率越高图像精度越高，打印质量越好。300dpi 是肉眼识别能力的临界点，再加上其他一些因素，要能达到 360dpi 以上的打印效果才能令人基本满意。而要达到照片级效果，分辨率至少要 720dpi 以上，且大部分需要专门的照片纸。

- 打印速度。对商业用户来说，打印速度是极其重要的。打印速度是以每分钟打印多少页纸（ppm）来衡量的。厂商在标注产品的技术指标时通常都会用黑白和彩色两种打印速度进行标注，因图像和文本的打印速度有很大的差距。打印速度还与打印时设定的分辨率直接相关，打印分辨率越高，打印速度越慢。所以衡量打印速度必须在统一标准下进行。
- 打印色彩。老式的喷墨打印机由红、黄、蓝三色（CMY）单墨盒组合出所有的色彩，后来又加入了黑色（CMYK），这就是现在市场上的主流产品四色打印机，理论上三色也可以调配出与四色同样多的色彩，但事实上更多的彩色墨盒数往往能提供更好的色彩效果。而针对那些对图像色彩有更高要求的用户，现在又开发出了六色打印机来适应他们近乎苛刻的要求。
- 整机价格及打印成本。打印机除了购机投入之外，打印成本也是购买打印机时必须考虑的因素。打印成本主要包括墨盒与打印纸，一般办公用文件，普通纸张基本都可以使用，所以在购买时主要需要考虑墨盒的消耗，而要打印大量高质图像则纸张的消耗也在考虑之列。打印机若用黑色墨水打印黑色就可以节省价格较高的彩色墨盒，有利于节约打印成本；低档彩色喷墨打印机黑色的打印是通过彩色合成的，所以打印成本较高。

3. 激光打印机

激光打印机（如图 8.3 所示）脱胎于 20 世纪 80 年代末的激光照排技术，兴起于 90 年代中期。激光打印机是将激光扫描技术和电子显像技术相结合的非击打式输出设备，机型可能不同，但工作原理基本相同，都需要经过充电、曝光、显影、转印、消电、清洁、定影 7 道工序。激光打印机分为黑白和彩色两种，能够提供更快速、更高质量、对纸张的广泛适应、成本更低的服务，因其多功能和自动化的特点，越来越受到用户的青睐，并快速成为商务办公的首选输出设备。彩色激光打印机具有专业水准的打印品质，可在更高层次上满足用户的要求。

图 8.3

激光打印机采用的是电子成像技术，激光束扫描感光鼓，将墨粉吸附到感光区域，再将墨粉转印到打印介质上，最后通过加热装置将墨粉熔化固定到打印介质上。

激光打印机的主要功能部件如表 8.1 所示。

表 8.1

| 部件 | 功能 |
|---|---|
| 激光器 | 发射激光，对感光鼓曝光 |
| 鼓粉组件 | 完成充电、感光、显影 3 个步骤，产生墨粉图像 |
| 转印单元 | 将感光鼓表面上的墨粉图像转印到打印介质上 |
| 定影单元 | 将墨粉融化固定在打印介质上 |
| 纸张传输机构 | 取纸、传输纸张、排出纸张 |
| 控制电路 | 处理计算机传来的打印内容，控制各部件的运转 |

与前面两种打印机相比，激光打印机的主要性能指标如下：

- 打印质量。激光打印机普遍能提供令人满意的打印质量，在 3 种打印机中特别是对文件的打印是最好的。而有些彩色激光打印机能支持 sRGB、Pantone、ColorSync、ICC 等行业色彩匹配标准，可以为用户在彩色图像输出过程中正确处理图像的色彩关系起到重要作用，从而达到最佳效果。
- 打印速度与可靠性。激光打印机的打印速度并不是单纯的 ppm 数值。特别是购买彩色激光打印机一定要向厂家或经销商询问清楚，他们的打印机在最佳打印质量模式下是多少 ppm，而其他品牌或机型在相同情况下又是多少。激光打印机对可靠性的要求也比较高，负荷高的打印机更加适应工作的需要。
- 网络性能。激光打印机主要应用于工作组以上的商用办公领域，因此激光打印机的网络性能也是很重要的。网络性能主要包括网络打印速度、对各种网络的支持情况、打印机在网络上的安装难易、打印机的网络管理功能等。这些都是衡量激光打印机网络性能的指标。

### 8.2.2 打印机的安装

不论使用哪种类型的打印机，在让其为我们进行工作前，均需要在办公计算机上对打印机进行安装，包括硬件物理连接和驱动程序安装两大步骤：

（1）将打印机接线接到计算机打印并口上（目前流行 USB 接口，按要求连接后操作方法基本相同），物理连接完成。

（2）一般来说，新打印机会有随机光盘，将光盘放入光驱，按提示要求安装程序即可完成安装，软件安装完成。

也可以按如下步骤操作：

（1）选择“开始”→“打印机和传真”命令，如图 8.4 所示，打开如图 8.5 所示的窗口。

图 8.4

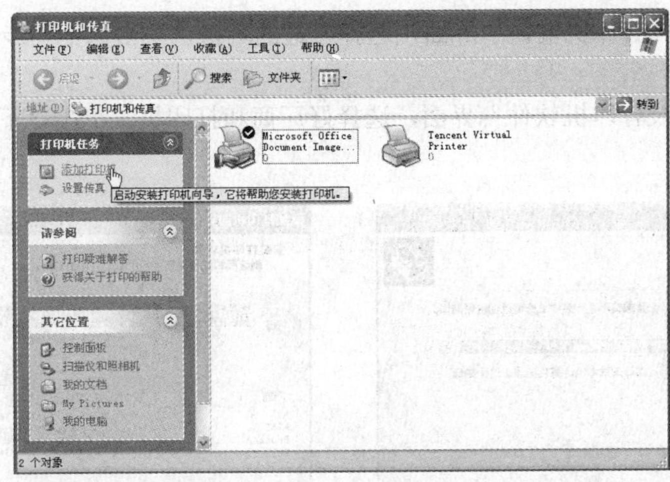


图 8.5

（2）选择“添加打印机”选项，弹出“添加打印机向导”对话框，如图 8.6 所示，单击“下一步”按钮进入“本地或网络打印机”界面，如图 8.7 所示。

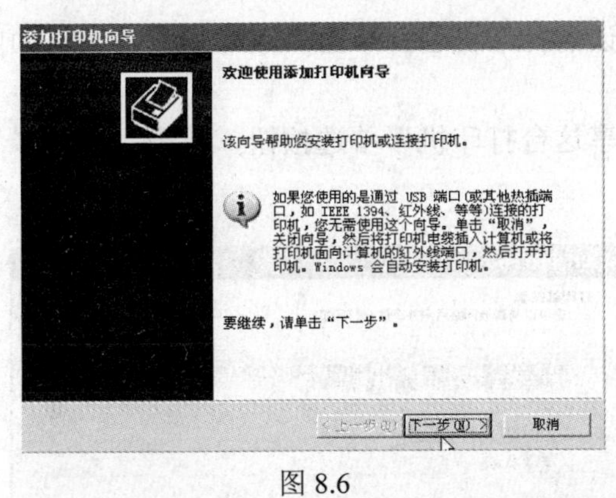


图 8.6

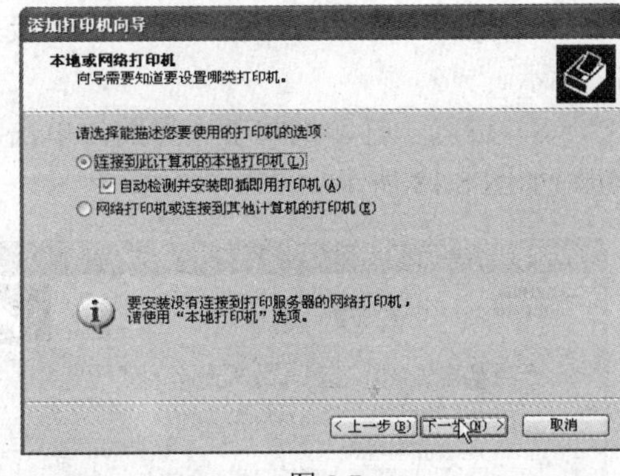


图 8.7

（3）单击“连接到此计算机的本地打印机”单选按钮，单击“下一步”按钮，Windows 对即插即用的打印机进行搜索，如图 8.8 所示。

（4）系统未检测到即插即用打印机，提示进行手动安装打印机，单击“下一步”按钮，如图 8.9 所示。

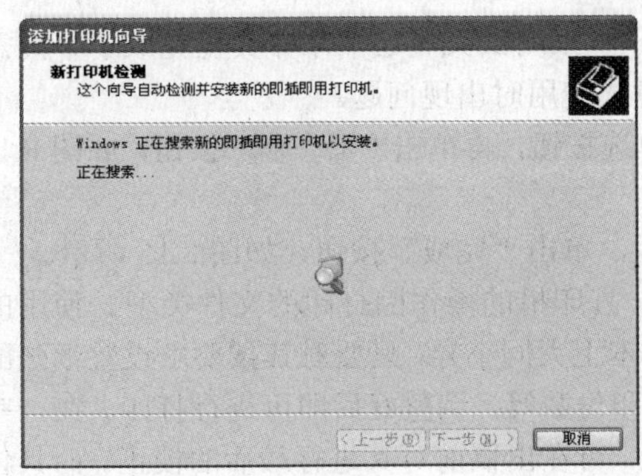


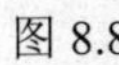
图 8.8

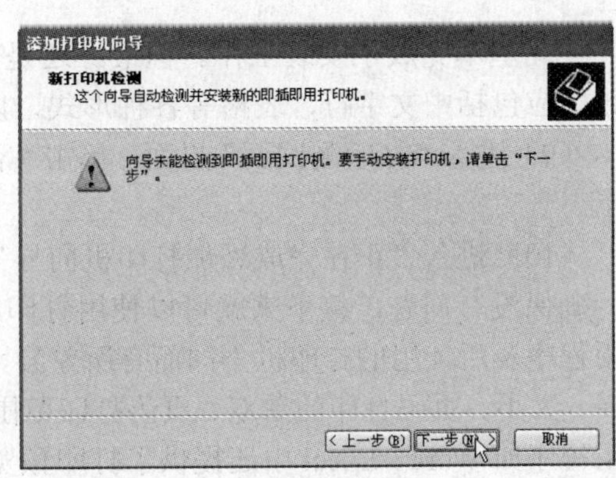


图 8.9

（5）进入“选择打印机端口”界面，选择合适的端口，单击“下一步”按钮，如图 8.10 所示。

（6）进入“安装打印机软件”界面，选择好厂商和打印机，单击“下一步”按钮，如图 8.11 所示。

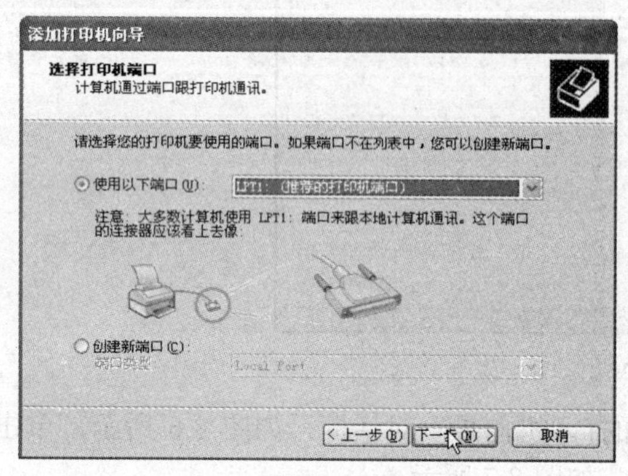


图 8.10

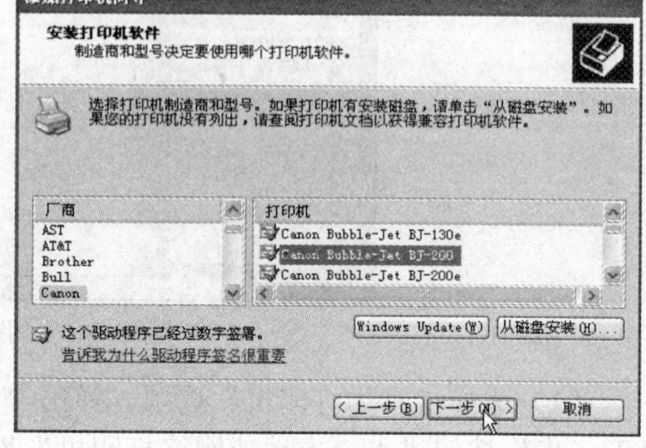


图 8.11

（7）进入“命名打印机”界面，一般采用默认的打印机名，单击“下一步”按钮，如图 8.12 所示。

（8）进入“打印机共享”界面，单击“不共享这台打印机”单选按钮，单击“下一步”按钮，如图 8.13 所示。

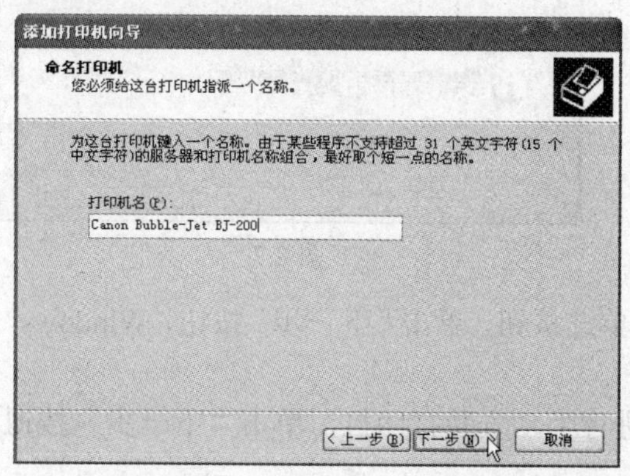


图 8.12

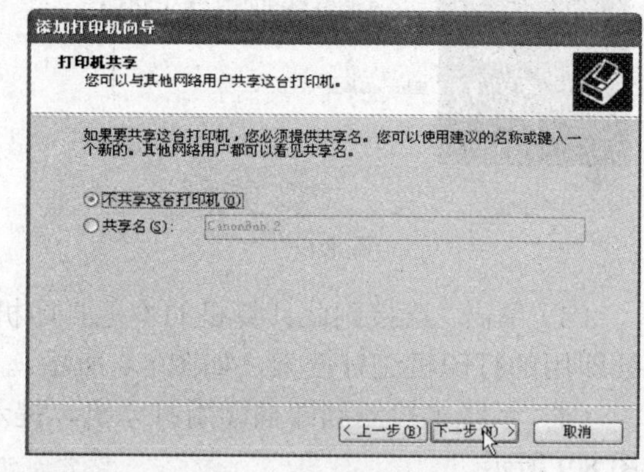


图 8.13

至此基本完成了安装工作。但最好还是先打印一张测试页，这样才算真正完成了，注意样张中应包括中文字符、表格等各种形式，以免正式使用时出现问题。

（9）进入“打印测试页”界面，单击“否”单选按钮，再单击“下一步”按钮，如图 8.14 所示。

（10）进入“正在完成添加打印机向导”界面，单击“完成”按钮，如图 8.15 所示。

确保没有问题，接下来就可以使用打印机了。打印机的操作因打印的文件类型、使用的应用程序及所使用的打印机不同而有所差异，但基本上大同小异，只要对其按要求设置纸张的纵横、大小、页码打印的单双、页码打印范围、打印份数等，调整好后即可进行打印。在一些应用程序如 Word、Excel 中还提供了打印预览功能，可在出稿前对其进行最后的校正。而具体的操作流程，在前面的章节中均有介绍。

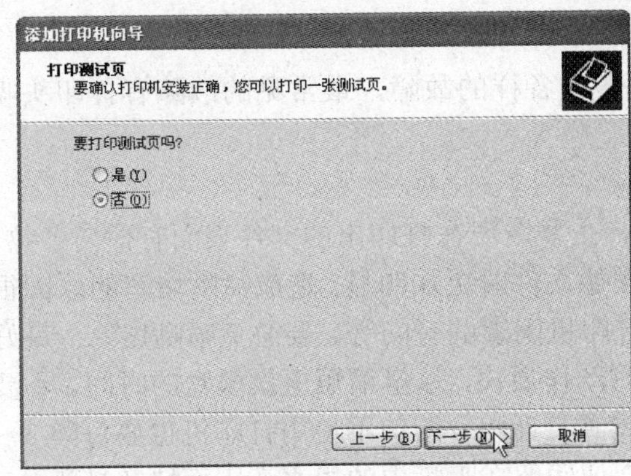


图 8.14

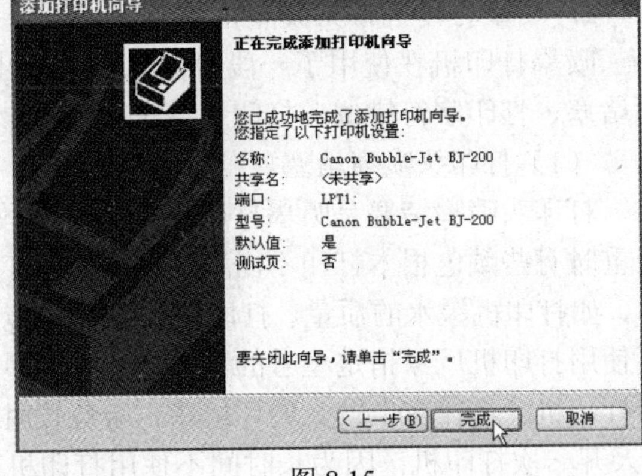


图 8.15

### 8.2.3　打印机常见故障排除

打印机由于使用、保养、操作不当等原因经常会出现一些故障，如何解决是用户关心的问题。下面我们就对这个问题进行说明。

1. 针式打印机常见故障排除

（1）计算机与打印机接口部分。

接口部分是针式打印机中较易发生故障的部分。发生此类故障时，首先要判断故障是在主机一边还是在打印机一边，采用故障分离法判断，方法是：

- 用 DOS 引导计算机，按屏幕拷贝键（PrintScreen），如果能打印出西文，说明打印机接口和主机打印口正常，问题出在操作系统上，进行杀毒或检查操作系统后故障可排除。
- 如果上述方法仍不能使打印机正常打印，可将打印机的通信电缆接到另外一台计算机上进行测试，如打印正常就说明打印机接口部分正常，问题出在原来的那台计算机的打印口上，必须排除故障。

（2）打印头及其驱动控制部分。

打印头是针式打印机中出现问题最集中的部分，故障的原因主要有以下几种：

- 打印头断针：会造成打印的字符和汉字缺点少划，打印的图像中间夹杂白线。
- 打印针线圈烧坏：会产生字符和汉字的缺点少划。
- 打印头电缆断线：会造成打印针不能出针。
- 打印头和打印辊的间隙不正确：间隙过大会造成打印的字迹太淡，过小则容易断针。
- 打印头控制和驱动电路有故障：使打印的内容缺点少划，打印噪声过大或字迹太淡。
- 打印头太脏：会造成字迹淡、缺点少划，甚至打印针断针。可用无水酒精清洗。

注意，不要在带电情况下任意转动手动走纸旋钮和拔插打印机电缆线。

打印时一定要把打印纸装正，否则打印较长的文件，纸会走偏，若纸走偏，不要在打印时强行调整，那样会把打印针拉断或折弯。应首先关机，再进行调整。万一卡纸，不要强行拽拉或按进/退纸按钮，以免损坏部件。遇到这种情况，应首先关闭电源，然后用一只手转动单页/连续纸转换杆，另一只手轻轻抽动被卡住的纸张。切忌带电拔插打印机电缆线，因为带电拔插打印机电缆线会使接口电路集成块的输入线产生一个突发的冲击电流，电流过大会烧坏集成块。

2. 喷墨打印机常见故障排除

喷墨打印机在使用了一段时间以后，会出现各种各样的故障，最常见的故障有打印头喷嘴堵塞、打印字符错位、打印头撞车。

（1）打印头喷嘴堵塞。

打印头喷嘴堵塞是喷墨打印机最常见的故障，主要表现在打印出的文件表面有横向条纹，严重时有些颜色根本打印不出来，尤其是在打印图像文件时更加明显。造成喷嘴堵塞的原因很多，如打印机墨水的质量、打印机的工作环境、打印机闲置的时间等。要避免喷嘴堵塞，最好要使用打印机厂家指定型号的墨水，在更换墨盒时动作要快，尽量缩短更换墨盒的时间。不要让打印机工作在灰尘较大的环境中，避免长时间闲置打印机，即使不使用打印机也要每隔 3～5 天开一次打印机，因为长时间不使用打印机，会使残留在喷嘴中的墨水变干而堵塞打印头，特别是在夏天墨水更容易变干。如果这样打印头还是被堵塞了，可以根据打印机附带的使用手册中介绍的方法来清洗打印头。由于打印机生产厂家或型号的不同，具体清洗打印头的方法也不同。一般喷墨打印机都有清洗程序，当清洗程序不能解决时，多数打印机也可用无水酒精进行清洗。

（2）打印字符错位。

引起的原因：一是在运输或搬移打印机的过程中打印头错位所引起的，二是打印头在使用过程中撞车也可能引起打印字符错位。解决方法是使用打印机附带的“打印校准程序”来校准打印头，如果手头没有打印校准程序，可以通过在打印时设置打印机为单向打印来解决问题，但是这样会影响打印速度。

（3）打印头撞车。

造成的原因有以下几种：

- 打印头控制电路出现故障。
- 打印头机械部件损坏。
- 打印头在工作时阻力过大。

一般来说，前两种情况出现的可能性非常小，大多数打印头撞车是由第三种情况引起的，可以找一些脱脂棉和一些高纯度缝纫机油，先用脱脂棉将导轨上的油垢擦净，再用脱脂棉蘸上一些缝纫机油均匀地反复擦拭两个导轨（缝纫机油应适量，以免在打印时油滴落在稿件上影响打印质量），直到看不见黑色的油垢为止。一般在打印头撞车之前打印机工作时的噪音会明显增大，为了防止打印头撞车，可以用这种方法每隔两三个月清洗一次打印头导轨，使打印机一直工作在良好的环境下。

3. 激光打印机常见故障排除

激光打印机又有什么故障呢？遇到故障又如何排除呢？

（1）激光打印机卡纸或不能走纸。

激光打印机最常见的故障是卡纸。此故障发生时，操作面板上相应的指示灯会发红光，并向主机发出一个报警信号。排除这种故障方法十分简单，只需打开机盖，取下被卡的纸即可。但要注意，必须按进纸方向取纸，绝不可反方向转动任何旋钮。如果经常卡纸，就要检查进纸通道，纸的前部边缘应刚好在金属板的上面。取纸辊是激光打印最易磨损的部分。当盛纸盘内纸张正常而无法取纸时，往往是取纸辊磨损或弹簧松脱，压力不够，不能将纸送入机器。取纸辊磨损，一时无法更换时，可用缠绕橡皮筋的办法进行应急处理。缠绕橡皮筋后，增大了搓纸摩擦力，能使进纸恢复正常。此外，盛纸盘安装不正、纸张质量不好（过薄、过厚、受潮），也都可能造成卡纸或不能取纸的故障。

（2）激光打印机输出空白。

造成这种故障的原因可能是显影辊未吸到墨粉，也可能是感光鼓未接地，由于负电荷无法向地泄放，激光束不能在感光鼓上起作用，因而在纸上也就无法印出文字来。感光鼓不旋转，也不会有影像生成并传到纸上，故必须确定感光鼓能否正常转动。断开打印机电源，取出墨粉盒，打开盒盖上的槽口，在感光鼓的非感光部位作个记号后重新装入机内。开机运行一会儿，再取出检查记号是否移动了即可判断感光鼓是否工作正常。如果墨粉不能正常供给或激光束被挡住，也会造成白纸。因此，应检查墨粉是否用完、墨盒是否正确装入机内、密封胶带是否已被取掉或激光照射通道上是否有遮挡物。需要注意的是，检查时一定要将电源关断，因为激光束可能会损坏你的眼睛。

（3）输出字迹偏淡。

墨粉盒内的墨粉较少、显影辊的显影电压偏低和墨粉未被极化带电而无法转移到感光鼓上，都会造成打印字迹偏淡现象。取出墨粉盒轻轻摇动，如打印效果没有改善，就应更换墨粉盒或请专业维修人员进行处理。此外，有些打印机的墨粉盒下方有一组感光开关，用来调节激光的强度，使其与墨粉的感光灵敏度很好地匹配。如果这些开关设置不正确，也会造成打印字迹偏淡。

（4）输出时出现竖立白条纹。

安装在感光鼓上方的长反射镜上如有脏物，激光遇到镜子上的脏物时被吸收掉，不能到达感光鼓上，从而在打印纸上形成一窄条的白条纹。次级电晕线装在打印纸通道下方，会吸引灰尘和纸屑，电晕部件有的部分会变脏或被堵塞，从而阻止墨粉从感光鼓转移到打印纸上，也会造成在打印纸上形成一窄条的白条纹。墨粉盒失效，通常会造成大面积区域字迹变淡。取下墨粉盒轻轻摇动，使盒内墨粉均匀分布，如果仍改进不大，应更换墨粉盒。

（5）打印纸上单侧变黑。

激光束扫描到正常范围以外、感光鼓上方的反射镜位置改变、墨粉盒失效、墨粉集中在盒内某一边等都可能产生打印机单侧变黑的故障。取下墨粉盒，轻轻摇动，使盒内墨粉均匀分布，如仍不能改善，请更换墨盒。

（6）打印纸上重复出现脏迹。

一张纸通过打印机时，机内的各种轧辊转过不止一圈。最大的感光鼓转过 2～3 圈，送纸辊可转过 10 多圈。当纸上出现间隔相等的脏迹时，可能是由脏污或损坏的轧辊引起的。可根据间隔长度推算，然后进行检查并清洗。

打印机是比较精密的设备，没有足够的经验，出问题后最好找专业技术人员来进行维修。

## 8.3　传真机

传真机（如图 8.16 所示）是在公用电话网或其他相应网络上传输文件、报纸、相片、图表及数据等信息的通信设备。传真机的英文名为 facsimile，国际上通常简称为 FAX。

传真机是现代通信的主要工具之一，通过公用电话网或数据网传输静止文稿，使接收方获得与发送方原件相同的副本，能够传递信息真迹是其最大优点及获得广泛应用的重要原因。

图 8.16

### 8.3.1 传真机概述

传真机作为一种信息传递工具，以其方便、快捷、准确和通讯费用低等优势成为企事业单位必不可少的通信工具。传真机不但可以传送文字、图表，还可以在接收端直接获得发信人的签名、手迹等。下面就来了解一下传真机的功能和特点。

现代传真机从发展趋势看，日趋系统化、网络化和智能化，其功能上也愈发强大。

（1）具有液晶显示和接收、发送端识别系统。该系统可预先登记数十个发送端识别名称，包括发送人姓名、地址、邮政编码、电话号码等，可对这些识别加以确认后进行接收、发送选择，还可打印出一个报告，列出接收和发送端编码名、电话号码、接收和发送时间、使用时间、使用页数、遇忙信号、不回答呼叫等情况。

（2）具有中继接收、发送能力。在网络中一台具有中继发送功能的传真机可自动向多个地址转发图文，从而提高组网传输能力。

（3）具有保密信箱发送能力。传真机内具有相当于保密信箱功能的内存储器，该接收用户输入口令后才可将信件取出。较先进的传真机有数十个保密信箱。

（4）定时发送和多路预约。传真机可在预定的时间（如线路费用最低时）自动发送信函，也可在预定的时间自动接收多个地址发来的信函。

（5）多功能一位触及缩位拨号。此功能使传真机只要按一位键即可启动拨号传真程序，可达到快速、方便地与经常联系的地址通信的目的。若被叫地址占线，还可自动再呼叫几次。

（6）自动存储接收能力。当记录纸用完后，传真机可将信息存入存储器，待有记录纸后再自动打印出来。

（7）复印功能。可复制出 8dpi/mm×15.4 线/mm 的超高清晰信函。

（8）图文输送量大。图文信函自动输送可达数十页，能自动控制印刷深浅、自动切纸、扬声器监听、中止警告等。

从使用角度看，传真机有以下两个特点：

- 传递图文真迹方便：传真机可方便地将文稿图表、图形、签字手迹或手写件保持原样向远方传递。
- 传真机易学易用：不使用键入方式输入资料，只需将原始资料放入机器内即可。即使是文化层次较低的人，经过一天培训即可操作。

目前，可与计算机联用，能存储、检索的传真机已经问世并广泛使用。集计算机与传真机于一身的新型通信设备已经出现，前景看好。传真机作为一种不可或缺的办公利器，它又是如何工作的呢？

传真机主要由主控电路、传真图像输入机构、传真图像输出机构、调制解调电路、操作面板及电源组成。

其中，主控电路就像计算机的主机，主要是发送传真操作和接收传真操作，发送传真操作包括传真图像扫描输入、图像数据传送、图像数据处理及调制输出；接收传真操作包括传真信号接收、解调、存储及输出。

传真图像输入机构像一台扫描仪，在主控电路发出的信号控制下完成传真稿的扫描输入和图像数据处理。

传真图像输出机构像一台打印机，完成已接收传真稿的打印输出，有些传真机设有并行接口，可将传真图像输出至计算机或打印机。

调制解调电路像一台 Modem，完成传真信息的调制发送、接收解调和线路切换。操作面板类似于计算机的键盘和显示器，由用户观察并操作控制传真机的工作状态。大多数传真机使用开关式电源，为整机提供能源。

在上述几个装置的操控下，传真机的基本工作流程如下：

（1）扫描：以机械或电子的扫描装置读取图稿，并将其转换为数字形式，又称为光电转换。

（2）压缩编码：对得到的数字信号压缩编码，以节省传输的数据量及时间。

（3）调制：以调制器将压缩后的信号转变为电话线路上可以传输的声频类比信号。

（4）电话网路传送：将信号送到电话传输线上传输到接收端。

（5）电话网路接收：由电话线上接收类比信号送到解码器。

（6）解调：将声频类比信号复原为数字资料码。

（7）解码扩展：将压缩后的影像数字资料码解码。

（8）记录打印：将得到的信号打印。

### 8.3.2　传真机的主要技术指标

传真机有多项技术指标，功能也各不相同，最主要的是分辨率、有效记录幅面、发送时间、中间色调（灰度级）级数。

（1）分辨率。分辨率又称扫描密度，可分为垂直分辨率和水平分辨率。垂直分辨率是指垂直方向上每毫米的像素点数。传真机（三类传真机）国际标准的水平扫描密度为 8 像素点/mm。垂直方向的扫描密度可分为标准 3.85 像素点/mm、精细 7.7 像素点/mm、超精细 15.4 像素点/mm。低分辨率传真机在复印或发送时会造成细节缺失。

（2）有效记录幅面。有效记录幅面可分为 A4 和 B4。A4 有效扫描宽度为 216mm，B4 为 256mm。A4 幅面的像素点每行 1728 位，B4 为 2048 位。同等功能条件下，B4 幅面传真机的价格往往比 A4 幅面的高许多。

（3）发送时间。发送时间是指传真机发送一页国际标准样张所需要的时间。发送时间的长短，取决于传真机调制解调器的速度、电路形式及软件编程。中低档传真机的调制解调器速度最高为 9600b/s，高档传真机的调制解调器最高速度为 14400b/s，发送时间最快可达 6 秒。发送时间在 9 秒以下的为高档传真机。

（4）中间色调。中间色调又称灰度级，它是反映图像亮度层次、黑白对比变化的技术指标。中间色调的级数越多，表现的图像层次就越丰富、越逼真。

### 8.3.3 传真机的分类

传真机按价格高低可分为高、中、低档 3 类，它们都具有复印、发信、收信 3 项基本功能。采用的扫描方式、记录幅面的大小和其他附加功能基本上决定了传真机的价格。

传真机的种类很多，分类方法也不尽相同。从目前使用情况来看，大致有以下几种分类方法：

（1）按传送色调分。可分为黑白传真机和彩色传真机。

（2）按用途分。可分为相片传真机、报纸传真机、信函传真机、气象传真机和文件（或图文）传真机。文件传真机是目前使用范围最广、用量最大的传真机，主要用于传送图片和文件。

（3）按采用的扫描方式分。可分为电荷耦合扫描（CCD 扫描）和接触式图像扫描（CIS 扫描）。采用 CCD 扫描方式的中间色调（灰度级）一般为 16～64 级，而采用 CIS 扫描方式的中间色调一般为 8～32 级。特别是当对具有图像的稿件进行复印和发送时，CCD 扫描方式优于 CIS 扫描方式，得到的图像更加清晰，层次更加丰富。

（4）按记录方式分。可分为热敏纸记录方式和普通纸记录方式。普通纸记录方式又可分为：热传导方式、激光静电复印方式、喷墨记录方式、LED 记录方式。采用普通纸记录的高档传真机普遍采用激光静电复印方式。采用热敏纸记录方式的优点是费用便宜，缺点是文件保存时间短。采用普通纸记录方式的成本稍高，但文件保存时间长。目前采用热敏纸记录方式的传真机较多，但采用普通纸记录的传真机是发展趋势。

### 8.3.4 传真机的使用

本节就来了解一下传真机的一般使用方法。

在发送传真前，要做好发送原稿的准备，如通过调对比度、清晰度（分辨率）、选用图片（半色调）的方式改善传送原稿的质量。

在办公中，传送文稿前还需要注意以下事项：

- 在装入文稿时，要将待发文件按传真机所示方向放入传真机的输入槽，按文件尺寸调正文件导板，使之紧挨文件边缘。
- 文件上的墨水、胶水及涂改液必须干透后才能传送。
- 不能传送卷曲或折叠的原稿。
- 文稿字迹较小时，可选择传真机的精细或超精细方式，以改善文件的清晰度。
- 应先除去原稿上的订书钉后才能传送。
- 如果文稿中含有图片，可以选用半色调的方式，当原稿的对比度较弱时，可选用“浅色”方式，以补偿对比度。
- 不能使用厚度大于传真机所要求的文件最大厚度或小于文件最小厚度。
- 如果要放入多页文稿可先将文件码齐，对齐上下边，文件页数不得超过 ADF 的指标，通常第一张要传出去的文稿放在底部，依此类推。
- 原文稿为碳纸、蜡纸或胶面纸时，必须使用复印稿传送。

然后进行发送效果设定，根据不同原稿的需要调整选择开关的位置，可以使传真机设定在不同的状态，一般选择开关位于传真机的右侧，发送效果设定步骤如下：

（1）调整 MODE 开关位置，设定传真机发送的精细度 MODE。通常情况下，开关有 3

档位置：

- STD（标准模式）：适用于普通原稿。
- FINE（精细模式）：适用于原稿上有细微的文字和绘图情况。
- SUPER FINE（超精细模式）：适用于原稿上有十分细微的文字和绘图情况。

（2）调整 CONTRAST（对比度）开关位置，设定传真机发送的色度。一般 CONTRAST 开关有 3 档位置可供选择：

- NORMAL（正常）：适用于普通原稿。
- LIGHT（加黑）：适用于原稿比较淡色的情况。
- HALFTONE（半色调）：适用于彩色或图片的原稿半色调，使用时机器会自动选用精细模式。

一切准备就续后，可以进行手动拨号呼叫对方；等待对方“准备好”的回音或听到“哔”声后按“启动”（START）键启动发送操作，稿件发送结束时机器会自动恢复到待机状态。

了解了传送过程，再来了解一下接收传真的操作。接收分为自动接收和人工接收两种。

（1）自动接收。

只有具有自动接收功能的传真机才能按此方式操作。在接收前首先要检查接收机内是否有记录纸，各显示灯或液晶显示是否正常，只有当接收机处于“准备好”状态时才能接收。

自动接收时，无需操作人员在场，过程如下：电话振铃一次，机器自动启动，液晶显示 RECEIVE 接收状态或接收指示灯亮，表示接收开始；接收结束时，机器自动输出传真副本，液晶显示的 RECEIVE 消失或接收指示灯熄灭；机器自动回到“准备好”（READY）状态。

（2）人工接收。

操作步骤为：使机器处于“准备好”（READY）状态，当电话振铃后，拿起话机手柄与对方通话；通话结束后，按发送方要求按“启动”（START）键开始接收；收到传真副本后，挂上话机；若接收出现差错或质量不好，可与发送方联络重发。

### 8.3.5 传真机的保养及维护

为保证传真机处于良好的工作状态，对于已经安装好的机器，应当定期进行清扫和检查工作。应严格按操作手册进行操作，清除传真机外部灰尘，清洁反光镜与输纸辊，擦拭荧光灯、压纸辊、感热头，添加润滑油，检查连线与接头、图像质量和整机性能。

此外，需要做好传真机的日常保养工作，包括以下几个方面：

（1）注意使用环境。传真机不要放在阳光直射、热辐射、强磁场、潮湿、灰尘多的环境，或是接近空调、暖气等容易被水溅到的地方。同时要防止水或化学液体流入传真机，否则会损坏电子线路及器件。在遇有闪电、雷雨时，传真机应暂停使用，并拔去电源及电话线，以免雷击造成传真机的损坏。

（2）正确的放置位置。传真机应当放置在室内的平台上，左右两边和其他物品保持一定的空间距离，以免造成干扰，要有利于通风。前后方保持 30 厘米的距离，以方便原稿与记录纸的输出操作。

（3）不要频繁开关机。因为每次开关机都会使传真机的电子元器件发生冷热变化，而频繁的冷热变化容易导致机内元器件提前老化，每次开机的冲击电流也会缩短传真机的使用寿命。

（4）使用标准传真纸。请按传真机说明书使用推荐的传真纸。劣质传真纸的光洁度不够，使用时会对感热记录头和输纸辊造成磨损。记录纸上的化学染料配方不合理，会造成打印质量不佳、保存时间极短，而且记录纸不要暴露在阳光或紫外线下，以免记录纸逐渐褪色，造成复印或接收的文件不清晰。

（5）定期清洁。使用柔软的干布清洁传真机，保持传真机外部的清洁。传真机内部清洁，需要将舱盖打开，使用纱布蘸酒精擦拭打印头、滚筒、扫描部件等部分。需要注意的是，不要将酒精滴入机器中。扫描部件的清洁需要使用特定工具，由走纸口送入传真机。复印时，可以清洁扫描仪玻璃上的灰尘。切不可直接用手或不洁布、纸去擦拭。传真机一旦发生故障，不宜自己修理，应由专业维修人员处理。

## 8.4 复印机

由于人们在日常办公中经常需要复印一些资料，因此复印机（如图 8.17 所示）成为现代办公中不可缺少的一种设备。不过，由于复印机的价格普遍较贵，即使是低档复印机，其价格也在万元以上，大幅面高档复印机更是天价，不是小型办公及家庭用户所能承受的。

图 8.17

### 8.4.1 复印机概述

复印机主要是用来复印大量文件、书刊等稿件，同时它还被应用于大幅面工程图纸的复印、显微胶片的放大复印等特殊用途。彩色复印机的出现将复印机的应用扩展到了许多新的领域。新一代复印机——数码复印机，不仅使复印机增加了很多新的功能，而且使它从独立操作的脱机型设备向联机型方向发展，即它可以同计算机以及其他的办公自动化设备联机使用，从而又开拓了一系列新的应用领域。

自从 20 世纪 50 年代美国施乐公司推出第一台商用复印机以来，复印机已经历了半个多世纪的历程，复印技术也日趋完善。目前，市场上复印机的种类、型号繁多。

根据复印机工作原理的不同，复印机可分为模拟复印机和数码复印机两种。市面上的大多数为模拟复印机。第一部数码复印机于 1991 年由日本佳能公司推出。数码复印机具有高技术、高质量、组合化、提高生产能力、可靠性极高等一系列优点。

根据复印的速度不同，复印机可分为低速、中速和高速 3 种。低速复印机每分钟可复印 A4 幅面的文件 10～30 份，中速复印机每分钟可复印 30～60 份，高速复印机每分钟可复印 60 份以上。绝大多数的办公场所只配备中速或低速复印机。

根据复印的幅面不同，复印机可分为普及型复印机和工程复印机两种。一般在普通办公场所看到的复印机均为普及型的，也就是复印的幅面大小为 A3～A5。如果需要复印更大幅面的文档（如工程图纸等），则需要使用工程复印机进行复印，这些工程复印机复印的幅面大小为 A2～A0，甚至更大，不过其价格也非常昂贵。

根据复印机使用的纸张，复印机可分为特殊纸复印机和普通纸复印机。特殊纸一般指可感光的感光纸，而普通纸是指普遍使用的复印纸。

根据复印机显影方式不同，复印机可分为单组份和双组份两种。

根据复印机复印的颜色不同，复印机可分为单色复印机、多色复印机、彩色复印机 3 种。

虽然复印机种类繁多，但其工作原理大体相同，工序是一个光电物理变换过程，原理是利用电荷同性相斥、异性相吸的道理。具体过程是先充电于感光板的感光层上，再将原稿面对感光层进行曝光，这样感光层上就形成了原稿的图形，即静电潜象。感光板上由负电荷构成的静电潜象用带正电荷的墨粉显影，再通过加热熔化或常温加压等方法使墨粉固定于纸上。

静电复印机的基本结构因机器的类型不同而有所差异，但就其组成部件而言，大体上是相同的。

1. 外部构造

机器的外部主要是其外壳，它既对机器内的各部分起保护作用，又保证了操作者的安全。大多采用铁板、工程塑料制成。

前护板：机器的前护板位于操作者一侧，是保养维修机器时经常需要打开的一侧。打开前护板即可见到机器的感光鼓轴、显影器、电极、纸路、清洁器、定影器等部件，还可以看到维修时需要调节的可变电阻及发生卡纸等故障停机后使用的复位按钮。

两侧护板：机器的两侧护板分别是插入纸盒的进纸口和输出复印品的出纸口，也有些机器的进纸口和出纸口位于同一侧，通常出纸口部分可以打开，为取出卡在定影器中的纸张提供了方便。打开两侧护板除了能看到进纸搓纸辊及出纸输送轮外，还可以看到部分线路板，其中也有一些是可以调节的元件。打开侧板时需要旋下几颗螺钉。

后护板：机器的后侧护板内装有驱动齿轮、链条、输纸、显影、定影、原稿台等部件的电磁驱动离合器，机器的高压充电部件高压发生器、电源和电极端头也在后护板内。除了维修机器时要打开后护板外，一般不可随意拆开。

纸盒与接纸盘：纸盒是放入复印纸、插到机器中的容器，是机器外部部件之一，纸盒内有压力弹簧、纸张压角及托纸板。接纸盘是接住复印品的托盘，一般为铁或塑料制成。有些复印机的纸盒连在机器上，位于机器前护板内的下部，可以推进拉出。有的机器还装有可以手工送入单张复印纸的供纸板或可容纳 2000 张复印纸的大型纸盒。

其他部件：一些功能齐全的复印机还装有自动进稿装置，位于原稿台的上部，可以自动地将原稿输入并到达原稿台玻璃合适的位置；复印品自动分页装置可以加装在出纸口，对多份复印品进行分页，大大减轻了人的手工劳动。有些台式复印机还配有带脚轮的机器底座。

2. 内部构造

光学部件：位于机器的上部，包括原稿台玻璃、曝光灯管、反射镜组、镜头和可调的曝光窄缝、防尘玻璃等，它们共同的作用是将原稿上的光经反射、传递、透射到感光鼓的表面。

感光鼓：位于机器的中心部位，有的机器感光鼓轴上装有小功率的感光鼓加热器，以防止感光鼓受潮。机器的其他部件都是围绕感光鼓发挥各自的作用的。

电极：位于感光鼓的周围，一般的机器都装有 3 个电极：充电电极、转印电极和消电电极。有些复印机的电极比较多。

显影部件：位于感光鼓的一侧或下边，包括墨粉盒、显影辊、显影间隙刮刀、显影箱等几个部分。

分离部件：由分离片（或分离带）、分离辊、小弹簧等构成，作用是将转印过的纸张从感光鼓上剥离下来。有的复印机采用负压分离或电极分离方式，用空气或静电将纸张吸引下来。

定影部件：位于机器的出纸口一侧，它主要由定影加热灯管（或加热丝）、定影加热辊（或加热板）、定影压力辊、恒温元件（热敏电阻）、清洁润滑组件（硅油盒、油毡盒等）构成。

清洁部件：一般安装于感光鼓的上部，清洁刮板或毛刷与感光鼓紧密接触，清扫残余墨粉。清除下来的墨粉被磁辊吸附，回收继续使用，有些机器则要求不能重复使用。清洁部件还包括消电灯管，它位于消电电极附近，利用光照消除感光鼓表面的残余电荷。

输纸部件：由上下纸盒搓纸辊（轮）、纸张对位辊、纸张传递带，以及定影器中的上下定影辊和排纸辊等部件构成，它们共同完成使纸张行进的任务。

机械驱动系统：驱动部分的零部件很多，主要有主电动机、光扫描（或原稿台）电磁驱动离合器、显影部件驱动离合器、送纸部件驱动离合器、定影部件驱动离合器、感光鼓驱动离合器等，这些部件都安装于机器后部。

电气装置：这部分包括电源部件、高压发生装置、偏压控制电路、显影控制电路、操作驱动电路、灯光控制电路、继电器控制电路、时序脉冲控制电路，以及位于机器各部分的传感器（光电开关或超声波开关）、微动开关等。电路的印刷线路板多位于机器后部及两侧，主控板位于机器前侧。目前，在电路上已采用了微处理器和大规模集成电路，极大地提高了电路的集成度和自动化程度，也使机器的体积大为缩小。

### 8.4.2 复印机的操作程序

作为办公室工作人员，心须熟练地使用包括复印机在内的各种办公设备，下面简单介绍一下复印机的一般操作程序。

（1）打开复印机进行预热。

按下电源开关，开始预热，面板上应有指示灯显示并出现等待信号。当预热时间达到时，机器即可开始复印，这时会出现可以复印信号。

（2）检查原稿。

拿到需要复印的原稿后，应大致翻阅一下，需要注意以下几个方面：原稿的纸张尺寸、质地、颜色，原稿上的字迹色调，原稿装订方式，原稿张数，以及有无图片等需要改变曝光量的原稿。这些因素都与复印过程有关，必须做到心中有数。对原稿上不清晰的字迹、线条应在复印前描写清楚，以免复印后返工。可以拆开的原稿应拆开，以免复印时不平整而出现阴影。

（3）检查机器显示。

机器预热完毕后，应看一下操作面板上的各项显示是否正常。主要包括以下几项：可以复印信号显示、纸盒位置显示、复印数量显示为“1”、复印浓度调节显示、纸张尺寸显示、是否默认分套显示，一切显示正常才可进行复印。

（4）放置原稿。

根据原稿台上玻璃刻度板的指示及当前使用纸盒的尺寸和横竖方向放好原稿。需要注意的是，查看液晶屏上“自动分套”是否开启。若“自动分套”开启，复印有顺序的原稿时从第一张开始复印，印出来的复印品顺序正确；若“自动分套”未开启，复印有顺序的原稿时应从最后一页开始，这样复印出来的复印品顺序就是正确的，否则需要重新颠倒一遍顺序。

（5）设定复印份数。

按下数字键设定复印份数。若设定有误可按 C 键，然后重新设定。

（6）设定复印倍率。

复印机的放大分两种：一种是粗略的放大，直接选择放大或缩小百分之多少。例如 A4 纸上的原稿写的很靠边，在复印时很靠边的地方复印不上，这时选择缩小百分之九十七八左右，就可以复印得很完整；另一种是精确的放大，量一下原稿的尺寸，在液晶屏上输入原稿尺寸和使用复印纸的尺寸，精确地将原稿适合地放在复印纸上。这种调节多是在复印书时使用，精确复印的书没有黑边，好看又节省耗材。

（7）选择复印纸尺寸。

根据原稿尺寸、放大或缩小倍率按下纸盒选取键。如机内装有所需尺寸的纸盒，即可在面板上显示出来；如无显示，则需更换纸盒。

（8）调节复印浓度。

根据原稿纸张、字迹的色调深浅，适当调节复印浓度。原稿纸张颜色较深时，如报纸，应将复印的浓度下调，如果字迹或线条比较细、不十分清晰的，如复印品原稿是铅笔原稿等，则应将浓度上调。复印图片时一般应将浓度调淡。

（9）开始复印。

待预热指示灯熄灭，复印指示灯亮时，即可按下复印按钮开始复印。

一次复印结束后，应从接纸盘上取出复印品，进行整理、装订，并将原稿从原稿台上取下并整理好，放回原处。对于使用频繁的复印机，在每次复印完毕后可不必切断电源，使其保持待印状态，这样可缩短以后的预热等待时间。

在复印工作中经常会遇到原稿有污迹、只需复印原稿局部、特厚原稿产生阴影等情况，这时可用一张白纸遮住这些部分，然后放在稿台上复印，即可去掉。如原稿不可拆分且纸张较薄，为防止透出下一页图像，可在原稿下垫一张白纸。

### 8.4.3　复印机的维护与保养

复印机是由光、电、机械等部分组成的一个系统，只有精心维护保养才能保证机器长期可靠运行。复印机需要保养的部位可分为两大部分：机腔（机内各部件）和光学系统。下面就来了解一下复印机日常保养的内容。注意，一些关键部件的养护需要专业人士或在专业人士指导下进行。）

（1）定期清洁原稿台玻璃。

用干净的潮湿软布擦拭复印机原稿台玻璃和原稿盖板，擦不掉的污迹可蘸少许酒精擦拭。

带有自动输稿装置的机器可用蘸有中性清洁剂的湿布擦拭输送带，并用干布擦干。

（2）定期清洁充电部件。

打开机器前门，轻轻拉出充电、消电、转印电极，用脱脂棉擦拭。擦拭电极丝时要当心折断。遇有不易擦净的污物时，可用少许酒精浸湿棉球擦拭。完全干燥后，再插入机内。插入电极时要避免因碰到感光鼓而造成划伤。

（3）做好机内清洁。

对机器内部的纸盒仓、电极轨道、感光鼓周围、定影器架、纸路传送轮及传送带等部件也要经常擦拭，保证无粉尘及纸屑。除常规清洁外，还要定期清洁以下部件：反光镜及镜头、光路透射镜片、清洁扫描部件、曝光灯、纸路部件、感光鼓、显影器、清洁部件、分离部件、定影器、全面曝光灯和前曝光灯、空白曝光灯等。具体拆卸组装的方法可参见复印机的说明书。除了定期进行清洁外，还要做到随脏随擦，特别是机器内膛，可用脱脂棉蘸少许工业酒精擦后，再用干布擦干。另外，复印机是比较精密的仪器，所以维护时要格外小心，如自己没有把握，应向专业人员请教或让专业人员操作，以避免对复印机造成损害。

下面再来了解一下复印机在工作中的常见故障及处理方法。

（1）卡纸故障。复印机偶然卡纸属正常情况，但频繁卡纸就必须检查维修了。应确定卡纸部位，如发现零件明显损坏，更换即可。如无任何零件明显损坏，也无任何阻碍物，但却频繁卡纸，可再按下述方法进行故障查找：如供纸部位卡纸，首先应检查所用纸是否合乎标准（纸张重量、尺寸、厚度、干燥度）。若未能解决，可在纸盒里只放几张纸，然后走纸，如果搓不进或不到位，可判定是搓纸轮或搓纸离合器的问题。如果搓纸到位，但纸不能继续前进，则估计是对位辊打滑或对位离合器失效所致。有时出纸歪斜，可能是纸盒两边夹紧力不等引起的。另外，操作人员插放纸盒用力过大，造成上层几张纸脱离了卡槽，也是卡纸的原因。

如定影部位卡纸，应检查定影辊分离爪尖端磨钝情况或小弹簧有无疲劳失效。出纸口的输纸轴长时间使用严重磨损后，会频繁卡纸。定影辊严重结垢后也会造成卡纸。如果还是不能解决，就应找专业维修人员检修。

（2）复印件全黑与底色发灰。

复印品全黑时，可能是如下原因：

- 曝光灯管损坏或曝光灯控制电路故障。可更换损坏的灯管或电路板。
- 复印机的光学系统被异物遮蔽，使曝光灯发出的光线无法到达感光鼓表面。可清除异物，并对光路进行适当清洁。
- 反光镜太脏、损坏或反光角度偏斜。可以清洁、更换反光镜，或调整反光镜角度。反光镜表面出现老化则必须更换。
- 光缝开得太小或调节光缝宽度的拉线断开致使光缝关闭。可开大光缝，增加光量，必要时更换曝光灯管，同时还要对光学系统进行全面清洁。
- 扫描驱动或曝光灯控制电路出现故障，使扫描部件不运动或曝光灯完好而不亮，这里要分别更换相应的电路板。
- 复印机由冷环境移到热环境，产生水汽凝结，也会出现黑色复印品，但不十分均匀。解决的办法是清洁光路部件，将机器预热一段时间。

复印品白底部分呈现灰色是静电复印机的一种常见故障，而且不易解决。下面简单分析一下底灰形成的原因。

原稿本身有底色，可以增加曝光量，使底色消除，但图像部分的浓度也会相应变淡。为了使原稿上较浅的字迹显出，复印时加大了显影浓度或减小了曝光量，使阴影区仍有较强的吸墨粉能力，产生底灰。

复印纸受潮，底灰也容易出现。

原稿台玻璃板、曝光灯管及其反光罩、镜头透镜、反光镜、光路部分与感光鼓之间的透光防尘玻璃片被灰尘或机内的墨粉污染，也会造成底灰增加。可对这些部件进行清洁。

曝光不足也是原因之一，包括曝光灯老化、照度下降、光缝开得太小、曝光量小。这里需要更换新灯管，调整光缝。

检查显影器上的显影偏压插头是否接触良好，再检查显影偏压电路是否良好。

显影器中游离的墨粉过多，载体难以吸附。这时要重新调整载体与墨粉的配比。此外墨粉、载体受潮会造成显影效果不良，载体疲劳也易产生底灰。墨粉与载体不匹配会产生严重的底灰，甚至粘结在感光鼓上，难以消除。一旦出现这种情况，应全部更换载体和墨粉。

充电部件输入电压过低，也易出现底灰。可加装机外稳压电源，保证电压不低于 220V。

感光鼓疲劳，光敏性下降，会使残余电位升高。可取下感光鼓置于暗处，过一段时间后再使用。

清洁毛刷倒伏、板结、脱毛或与感光鼓距离不当，由于收集墨粉的磁辊上墨粉过多使粉尘脱落，也会造成复印品均匀或不均匀的底灰。需要经常清洁磁辊上的废粉。毛刷不良时，可将毛刷梳理后换方向使用，或更换新的毛刷，并应清除吸尘箱中的墨粉。消电灯污染或不亮、粘有墨粉等污物，使消电能力下降。必须认真进行清洁处理，灯管损坏时必须更换。

**注意：** *复印机的内部构造比较复杂，内部有些器件也带有一定的危险。而一般厂家对保修条件也有一定要求，不允许用户擅自拆装修理等，所以发现问题后，如对修理没有把握，最好还是向有关技术人员求助，让厂家派人来修理或找专业技术人员进行检修。*

## 8.5　扫描仪

扫描仪是一种集光、机、电为一体并将捕获图像转换成计算机可以显示、编辑、存储和输出的数据的数字化输入设备。简言之，扫描仪可以将图片和文本页面、图画和实物等输入计算机，配合图像处理、OCR 和传真软件可实现图像输入、高速文字录入和传真等功能，是办公室中一种较为常用的硬件设备。

### 8.5.1　扫描仪概述

扫描仪是一种能将印刷品、相片、文稿转换为图形，可编辑文字并且能在计算机上显示、编辑、存储及输出的输入设备（如图 8.18 所示）。它需要计算机配合工作，属于计算机外设的一种。在十几年前，只有邮电、税务等少量、业务量巨大的部门以及出版印刷行业才能见到扫描仪，它只是作为大型主机系统的一个特殊外设。扫描仪产品不仅价格昂贵，而且应用面很窄，不会引起用户的普遍关注。随着计算机的逐渐普及，人们对图像及文稿的输入、管理和使用有了更高的要求。同时，在最近十几年里，由于 CCD 扫描仪的发展以及成本的下降和应用软件的繁荣，扫描仪的应用范围逐步扩大到桌面排版、广告设计、影像处理等行业。尤其是近一两年来，随着计算机技术的迅猛发展，多媒体技术、Internet 技术的大幅提高及应用普及，扫描仪可以轻松地完成图片扫描、文字扫描录入、文件资料扫描复印，它已经成为继键盘、鼠标后最重要的计算机输入设备，从一种特殊的应用外设产品变成仅次于打印机的普及型外设，走进了普通办公室和家庭。

图 8.18　扫描仪

扫描仪的品种很多。从产品的类型上来说，目前市场上的扫描仪有 CCD 扫描仪和 CIS 扫描仪两种。CCD 是传统扫描仪所使用的技术，其优点是焦距长、景深好，缺点是耗电量大且相对寿命较短，维护也不容易。而 CIS 扫描仪所采用的 CIS 技术采用点到点接收，不用反射设备，因此不容易出现失真的情况，而且耗电量小，发光的亮度也比较合适，但是焦距小、景深短。此外由于 CIS 技术在扫描仪上的应用时间不是很长，因此并不是一种很成熟的技术，这也是目前在同等性能指标的 CCD 扫描仪与 CIS 扫描仪相比较时，CIS 扫描仪的实际扫描效果要差一些的缘故。购买时可以从外形上分辨扫描仪是属于 CCD 扫描仪还是 CIS 扫描仪。使用 CIS 技术的扫描仪都非常薄，而 CCD 扫描仪由于构造的不同，没有办法做到如此薄小。从产品的构成形式上来说，有滚筒式扫描仪、平板式扫描仪、馈纸式扫描仪、手持式扫描仪等。

（1）滚筒式扫描仪。

滚筒式扫描仪是利用光电倍增管来作为扫描时的感光组件，被扫描的稿件贴放于滚筒上，在扫描时稿件不停地旋转着。由于光电倍增管的感光特性优良，扫描出的图像具有很好的色彩效果，因此滚筒扫描仪一直被传统地用于印刷高色彩要求的领域。但是，由于其复杂的设备结构导致的高成本和繁琐的稿件放置步骤使用户望而生畏，很难在使用个人计算机的用户中得到普及。

（2）平板式扫描仪。

平板式扫描仪是采用光电耦合器（CCD）作为传感组件的扫描仪。CCD 即电荷耦合器件（ChargedCoupledDevice），它是一种能根据照射在其上的光强输出对应于光强的模拟电压的器件。在平板式扫描仪内部，由一个带光源并包含一系列反射镜、光学透镜和 CCD 组件板的镜头组件不停地进行纵向移动，从而将放置于工作台板上的反射稿件扫描入计算机。扫描透射稿（如胶片）时，扫描仪就将光源加到扫描稿的背面。随着 CCD 组件成本的下降，平板式扫描仪由于其使用上的方便性和良好的图像品质正逐步推广到广大的计算机用户手中。现在平板式扫描仪的分辨率一般为 600～1200dpi 左右，最高的已经能达到 2400dpi，扫描的速度快、精度高，而且是扫描仪家族中用途最广、种类最多、销量最大的产品。

（3）馈纸式扫描仪。

馈纸式扫描仪可以说是平板式扫描仪的一个特殊形式的产品。它采用 CCD 作为感光组件，结构上是用特殊的传动装置带动扫描稿件，而传感组件位置不动，以完成扫描。这种结构广泛用于传真机上。馈纸式扫描仪能将体积做得较小，便于携带。但在应用上，由于仅能扫描单页的稿件，使其主要面对小型办公室和家庭，可以完成一般的文件管理、复印、传真、发 E-mail 等。

（4）手持式扫描仪。

手持式扫描仪也采用 CCD 作为感光组件，扫描稿件时，需要细心操作方能得到完整图像。其扫描精度受制于手动操作，不能达到较好的效果，但作为一种廉价产品，应用于家庭和其他特殊领域。由于平板式扫描仪大量普及，手持式扫描仪目前正处于淘汰的状态。

### 8.5.2 扫描仪的主要技术指标

扫描仪的构成与传真机有很多相似之处，在技术指标的设置上也有许多共通之处，只是在数值上要比传真机高出许多。扫描仪主要有分辨率、有效扫描幅面、传输速度、色彩深度等几项指标。

（1）分辨率。

扫描仪的分辨率有两种：一种是光学分辨率，另一种被称为最大分辨率，是通过软件用数学方法进行插值计算得出的分辨率。可以看出，扫描仪的精度是由光学分辨率决定的，所以选购扫描仪时主要看其光学分辨率。普通平板扫描仪的光学分辨率有 300×600dpi、600×1200dpi、l200×2400dpi 等，在专业领域还有更高的，其价格也从三四百元到数万元乃至数十万元不等。一般光学分辨率为 300×600dpi 的扫描仪适用于家庭用户进行普通图像扫描及办公室文档扫描，而光学分辨率为 600×1200dpi 的扫描仪属于中档扫描仪，适用于专业图像处理和桌面印刷排版系统。

（2）有效扫描幅面。

扫描仪的扫描幅面至少要在 A4 以上，市场上的绝大部分扫描仪都能达到。不过，幅面越大价格就越高。

（3）传输速度。

扫描仪的传输速度与接口有很大关系。接口一般有 SCSI（小型计算机系统接口）、EPP（增强并口接口）、USB（通用串行总线）等。SCSI 接口的扫描仪传输速度快，在使用时还要配上一块 SCSI 卡。EPP 接口是最普遍的一种接口，使用 EPP 接口的扫描仪价格低廉，传输速度比较慢。USB 接口支持热拔插，速度比 EPP 快几倍，现在 USB 已成为市场主流。随着 USB 2.0 标准的发布，USB 接口扫描仪的传输速度会更快。

（4）色彩深度及灰度。

现在市场上常见的色彩深度为 24 位、36 位及更高。一般来说，色彩深度越高，表现的层次就越丰富，图像也就越逼真。对于一般用户来说，30 位色彩的扫描仪已经足够了。但是对于图像工作者或需要进行幻灯片制作的人来说，应当考虑 36 位以上色彩的扫描仪。扫描仪的色彩位数取决于扫描仪内部的模/数转换器的精度，当色彩位数精度增加时，扫描设备可以捕捉的色彩细节也会增多。

灰度级反映扫描图像由暗（纯黑）到亮（纯白）的层次。灰度级位数越多的扫描仪，扫描出的图像的层次越分明。当前市面上家用扫描仪的灰度级多为 10 位。

此外，扫描仪还有其他一些技术指标，如可否进行实物扫描、底片扫描等；有没有附带图形处理软件等。

### 8.5.3 扫描仪的使用

在使用扫描仪之前，应仔细阅读相关说明书。

扫描仪的基本工作流程如下：

（1）预览：将图片（也可以是实物、文稿、底片等）放入盖板与玻璃平台之间，开启扫描仪进行预览。

（2）调整：这是最重要的一步，最终出图的质量都要靠这一步来控制。要在操作面板中对预览图片进行色彩、对比度、饱和度、分辨率大小、范围、输出格式等设置。需要掌握一定的专业知识，并能熟练地掌握扫描仪的各种选项才可以扫描出高质量的图片。

（3）出图：将最终结果输出到计算机。

一般扫描出来的图片都会有一些小的问题，如倾斜、杂点、色差等，有时因特殊需要还要做较大幅度的改动。这必须用到图像处理软件，而扫描仪本身是不具备这样的功能的。现在很多图像处理软件（如 Photoshop 等）都有 TWAIN 接口，可以将扫描结果直接输入图像处理软件中进行精细加工，简化了工作步骤。下面简要介绍一下 TWAIN。

如果要通过任何图像编辑器、OCR 或可接受扫描资料的程序来扫描，可以使用 TWAIN 这个标准驱动程序来达到目的。TWAIN（Technology Without An Interesting Name）是一个由扫描仪厂商和有关软件公司制订的界面标准，可以使扫描仪在支持 TWAIN 的标准的图像处理软件中直接进行扫描。也可以选择其他的图像处理软件同时完成图稿的扫描及编辑操作，不必另外安装扫描软件。

OCR（Optical Character Recognition）是字符识别软件的简称，原意是光学字符识别，是扫描仪的重要用途之一。将文稿上的文字图形扫描后，通过计算机识别可将其转化为文字。OCR 需要专门的 OCR 软件，一般只支持 TIF 图像格式的 Bitmap（纯黑纯白二色）模式。在字迹清晰的情况下，OCR 的正确率接近 100%。目前市面上的扫描仪很多都支持通过 TWAIN 接口直接向 OCR 软件输出图像的功能，只需在图像类型中选择 OCR 即可，在一定程度上简化了操作。在 OCR 软件中也可进行一些操作，如倾斜校正、版面分析等，可对大部分文稿直接处理。

需要注意的是，在扫描仪中以 OCR 模式扫描单面扣印或双面厚纸问题不大，但是如果是双面印刷且纸张较薄有透光现象时就不能用 OCR 模式扫描了，否则会造成正确率的严重下降，甚至到无正确率可言的地步。必须先将其扫描成 TIF 黑白模式，在图像处理软件中将对比度调至最高，亮度调高一定幅度，使背面透出的字迹消隐后再存盘为 TIF 的 Bitmap 格式，最后在 OCR 软件中调入识别。

识别后一般会存为 TXT 文件。有的 OCR 软件会将结果放入剪贴板中，只需将其粘贴到文字处理软件中进行编辑即可。常用的 OCR 软件有清华紫光（文通）的尚书系列和汉王系列。

当然人们在使用扫描仪时也要注意一下使用技巧。

如何提高 OCR 识别率：通常情况下，OCR 的识别率和所使用的 OCR 软件、原稿质量、扫描质量等都有关系。除了上述因素外，在以下几个方面注意一下，也可有效地提高 OCR 的识别率。

- 将扫描方式设置为黑白方式、300dpi，然后在“版面分析”（或类似选项）中选择与原稿对应的版面类型，如横排、竖排等。

- 适当调整明亮度，使扫描出的图像既不断线也不会模糊成黑块。
- 在原稿的版式较为特殊的情况下，可进行自动或手动版面分析。
- 做好原稿的清洁工作。

彩色图片的扫描：彩色图片的扫描是扫描仪最重要的应用。除了扫描仪本身的质量之外，扫描的技巧也对彩色图片的扫描效果起着决定性的作用。事实上，大多数情况下使用系统预设值并不能得到最佳的扫描效果，因此要得到较好的图片扫描质量，很有必要根据原稿情况来调整设置，包括：

- 亮度、对比度、曝光设置的调整。图像的亮度是指一幅图像中亮度和暗调的平衡。当灰阶和彩色图像的亮度太亮或太暗时，可通过拖动亮度滑动条上的滑块改变亮度，使图像的亮度适中。图像对比度是指图像中最暗调和最亮调之间差异的范围。高的对比度使图像看上去像图像的影印件，很少或几乎没有灰度层次，低的对比度使图像看上去平滑而暗淡，所以应该选择合适的对比度。曝光类似于照相中的曝光特性。曝光可以增加或减少图像的感光量。多的曝光量显示较亮的图像，看到更多的细节；少的曝光量使图像比较暗，细节不丰富，为了保证效果，可通过调整曝光时间滑动条上的滑块来控制曝光量。
- 色调和饱和度的调节。色调是一种颜色区别于另一种颜色的色彩表现方式。当原图像中有某些特定颜色偏色时，应使用色调工具调整，使图像看起来更自然。在 RGB 模式中，色调用标准色彩轮所在的位置来测量，用 0 度代表红色。通过将色盘中的一个小点移到色盘中的另一个位置，改变其角度和半径值，从而调整图像的色调。饱和度是指色彩的强度或纯洁度。饱和度是用与色调成一定比例的灰度数量表示的，从 0%（灰）～100%（最饱和）。通过拖动饱和度滑动条上的滑块来控制饱和度，正确地选择饱和度会加强所有的色调。

在对以上项目进行适当的设置与调整后，必会使扫描的质量大大提高。

### 8.5.4 扫描仪的安装与维护

扫描仪的安装难度相对较低，一般只需将连线接好并安装驱动程序即可运行。有的（如 USB 接口的）一开电源，操作系统会自动检测出新设备。按其步骤一步一步进行即可。也可用搜寻新硬件的方法进行安装，Windows 会给出一个列表，在列表中选择，如在列表中没有就选择其他设备，再选择从磁盘安装，找到驱动程序所在的位置进行安装即可。也有一些扫描仪提供 SETUP 的安装模式，找出驱动盘上的 setup.exe 或 Install.exe 运行，就会自动进行安装，不必再进行设置。一般扫描仪都有安装手册，可对照进行安装。

扫描仪是一种较成熟的产品，极少出故障，但是扫描仪的各种选项比较多，涉及到色彩、感光、输出调整等方面，操作时有一定难度。弄不清楚很容易出现问题，必须熟练掌握才行。扫描仪如有硬件故障，一般办公人员很难排除，应找厂商或专业维修人员来解决。

在使用中要注意的是保持平板玻璃的清洁，当文件台玻璃变脏时，可用一块软干布擦拭；如果玻璃沾了油脂而软干布擦不掉，就用一点玻璃清洁剂，再用软干布将其擦净。要将所有残留液体擦掉，而且文件台玻璃上一定不能有灰尘，否则扫描的图像上将会有斑点。图片文稿在扫描过程中要尽可能地贴在玻璃上，否则会造成最终成像的污迹或感光不均现象。对彩色印刷品的扫描要注意使用去网纹的功能，避免造成最终成像质量不好。

## 8.6 数码相机

数码相机也叫数字式相机（如图 8.19 所示），是光、机、电一体化的产品。随着科技的不断进步，数码相机凭其将影像直接传送到计算机中、辅之以各种不同形式的特效处理、网络传输的便捷等诸多外因，已经成为商业及家用计算机新一代的标准外设产品。数码相机在拍摄和处理图像方面比传统相机有着得天独厚的优势，表现为即拍即得、记录介质可重复利用、图像具有可重复处理性和可传输性等。

图 8.19

### 8.6.1 数码相机概述

DC 是 Digital Camera 的缩写，即数码相机的意思。在拍照时，使用者通过数码相机的液晶显示屏观看要拍摄的影像，拍摄后可以马上看到拍好的图像。通过数码相机能够把拍摄到的图像转换为数字信号，直接保存到数码相机的存储卡中。数码相机可以与计算机连接，以读取存储卡中的内容，继而对这些内容进行后期处理，如编辑、打印等，还可以刻成 VCD 或 DVD 保存起来。像素是数码相机最重要的技术指标。像素越高，图像分辨率也越高。

数码相机通常由以下几个部件组成：

- 光线感应器：相机可以通过光线感应灯的指示来判断是否使用闪光灯。
- 镜头：镜头是由透镜组成的数码相机的最重要部件之一，镜头的好坏直接决定了相机的档次。
- 液晶 LCD（Liquid Crystal Display）显示屏：液晶显示屏看到的图像就是接近真实成像的成像效果。
- 闪光灯控制按钮和自拍模式按钮：控制闪光灯模式（自动、红眼消除、强制等选项），自拍旋钮设置自拍延迟时间。
- 曝光模式旋钮：具有最佳场景模式、自动模式、光圈优先模式、编程模式、快门优先模式、全手动模式等选择。
- 光学取景框：为了节约电源，拍摄时常常通过光学取景框取景，但其在显示拍摄效果时往往比较粗糙，并且有一定的误差，需要在使用的过程中体会和掌握。
- 状态查看显示屏、功能按钮、菜单启动按钮、液晶显示控制按钮等。

数码相机的产品类型可以理解为数码相机的“人为”分类，根据数码相机最常用的用途可以简单分为：单反相机、卡片相机、长焦相机和家用相机。其中，单反数码相机指的是单镜头反光数码相机，这是单反相机与其他数码相机的主要区别。卡片数码相机在业界没有明确的概念，仅指那些小巧的外形、相对较轻的机身以及超薄时尚的设计，这些是衡量此类数码相机的主要标准。长焦数码相机指的是具有较大光学变焦倍数的机型，而光学变焦倍数越大，能拍摄的景物就越远。传统对家用机定义不是很清楚，一般对成像没有特别高的要求，主要用来拍摄人物的都可以称为家用机。

1. 单反相机

单反数码相机如图 8.20 所示，指的是单镜头反光数码相机，DSLR 即为 Digital（数码）、Single（单独）、Lens（镜头）、Reflex（反光）的缩写。目前市面上常见的单反数码相机品牌有尼康、佳能、宾得、富士等。

图 8.20

在单反数码相机的工作系统中，光线透过镜头到达反光镜后，折射到上面的对焦屏并结成影像，透过接目镜和五棱镜，可以在观景窗中看到外面的景物。与此相对的，一般数码相机只能通过 LCD 屏或者电子取景器（EVF）看到所拍摄的影像。显然直接看到的影像比通过处理看到的影像更利于拍摄。

在 DSLR 拍摄时，当按下快门钮时，反光镜便会往上弹起，感光元件（CCD 或 CMOS）前面的快门幕帘便同时打开，通过镜头的光线便投影到感光原件上感光，然后反光镜便立即恢复原状，观景窗中再次可以看到影像。单镜头反光相机的这种构造确定了它是完全透过镜头对焦拍摄的，它能使观景窗中所看到的影像和胶片上永远一样，它的取景范围和实际拍摄范围基本上一致，十分有利于直观地取景构图。

单反数码相机的一个很大的特点就是可以交换不同规格的镜头，这是单反相机天生的优点，是普通数码相机不能比拟的。

另外，现在单反数码相机都定位于数码相机中的高端产品，因此在关系数码相机摄影质量的感光元件（CCD 或 CMOS）的面积上，单反数码相机的面积远远大于普通数码相机，这使得单反数码相机的每个像素点的感光面积也远远大于普通数码相机，因此每个像素点也就能表现出更加细致的亮度和色彩范围，使单反数码相机的摄影质量明显高于普通数码相机。

2. 卡片相机

卡片相机（如图 8.21 所示）在业界没有明确的概念，仅指那些小巧的外形、相对较轻的机身以及超薄时尚的设计，这些是衡量此类数码相机的主要标准。其中索尼 T 系列、奥林巴斯 AZ1 和卡西欧 Z 系列等都应划于这一领域。

图 8.21

卡片数码相机可以不算累赘地被随身携带，而在正式场合把它们放进西服口袋里也不会坠得外衣变形，女士们的小手包再也不难找到空间挤下它们，在其他场合把相机塞到牛仔裤口袋或者干脆挂在脖子上也是可以接受的。

虽然它们功能并不强大，但是最基本的曝光补偿功能还是超薄数码相机的标准配置，再加上区域或者点测光模式，这些小东西有时还是能够完成一些摄影创作的。至少你对画面的曝光可以有基本控制，再配合色彩、清晰度、对比度等选项，很多漂亮的照片也可以来自这些被"高手"们看不上的小东西。

卡片相机和其他相机的区别在于时尚的外观、大屏幕液晶屏、小巧纤薄的机身、操作便捷。同时也具有手动功能相对薄弱、超大的液晶显示屏耗电量较大、镜头性能较差等缺点。

3. 长焦相机

长焦数码相机（如图 8.22 所示）指的是具有较大光学变焦倍数的机型，而光学变焦倍数越大，能拍摄的景物就越远。代表机型为美能达 Z 系列、松下 FX 系列、富士 S 系列、柯达 DX 系列等。镜头越长的数码相机，其内部的镜片和感光器移动空间越大，所以变焦倍数也更大。

图 8.22

长焦数码相机其实和望远镜的原理差不多，通过镜头内部镜片的移动来改变焦距。当拍摄远处的景物或者是被拍摄者不希望被打扰时，长焦的好处就发挥出来了。另外焦距越长则景深越浅，和光圈越大景深越浅的效果是一样的，浅景深的好处在于突出主体而虚化背景，相信很多 FANS 在拍照时都追求一种浅景深的效果，这样会使照片拍出来更加专业。

如今数码相机的光学变焦倍数大多在 3～12 倍之间，即可以把 10 米以外的物体拉近至 5～

3 米；也有一些数码相机拥有 10 倍的光学变焦效果。家用摄录机的光学变焦倍数在 10～22 倍，能比较清楚地拍到 70 米外的东西。使用增倍镜能够增大摄录机的光学变焦倍数。如果光学变焦倍数不够，可以在镜头前加一增倍镜，其计算方法是这样的，一个 2 倍的增倍镜，套在一个原来有 4 倍光学变焦的数码相机上，那么这台数码相机的光学变焦倍数由原来的 1 倍、2 倍、3 倍、4 倍变为 2 倍、4 倍、6 倍和 8 倍，即以增倍镜的倍数和光学变焦倍数相乘所得。

对于镜头的整体素质而言，实际上变焦范围越大，镜头的质量越差。10 倍超大变焦的镜头最常遇到的两个问题就是镜头畸变和色散，紫边情况都比较严重，超大变焦的镜头很容易在广角端产生桶形变形，而在长焦端产生枕形变形，虽然镜头变形是不可避免的，但是好的镜头会将变形控制在一个合理的范围内。

而理论上变焦倍数越大，镜头也越容易产生形变。当然很多厂家也为此做了不少努力。比如通常厂家会在镜头里加入非球面镜片来预防这种变形的产生。对于色散来说，厂家通常使用防色散镜片来避免，比如尼康公司的 ED 镜片。随着光学技术的进步，目前的 10 倍变焦镜头实际上在光学性能上应该可以满足我们日常拍摄的需要。

### 8.6.2 数码相机的常用术语

分辨率：是用于量度位图图像内数据量多少的一个参数，通常表示成 ppi（每英寸像素）。包含的数据越多，图形文件就越大，也能表现更丰富的细节。但更大的文件也需要耗用更多的计算机资源、更多的 RAM、更大的硬盘空间等。另一方面，假如图像包含的数据不够充分（图形分辨率较低），就会显得相当粗糙，特别是把图像放大到一个较大尺寸观看的时候。所以在图片创建期间，必须根据图像最终的用途来决定正确的分辨率。这里的技巧是要先保证图像包含足够多的数据，能满足最终输出的需要。同时也要适量，尽量少占用一些计算机资源。通常，“分辨率”被表示成每一个方向上的像素数量，如 640×480 等。而在某些情况下，它也可以同时表示成“每英寸像素”（ppi）以及图形的长度和宽度。如 72ppi 和 8×6 英寸。ppi 和 dpi（每英寸点数）经常会出现混用现象。从技术角度说，“像素”（p）只存在于计算机显示领域，而“点”（d）只出现于打印或印刷领域。

快门：是镜头前阻挡光线进来的装置，一般而言快门的时间范围越大越好。秒数低适合拍摄运动中的物体，某款相机就强调快门最快能到 1/16000 秒，可轻松抓住急速移动的目标。不过当你要拍的是夜晚的车水马龙时，快门时间就要拉长，常见照片中如丝绢般的水流效果也要用慢速快门才能拍出来。至于单眼相机常见的 b 快门功能，虽然可由你自由决定曝光时间的长短，拍摄弹性更高，不过目前大多数的消费性数码相机都还不能支持，最多提供如 2 秒、8 秒、16 秒等较慢速度的默认值。

像素：“像素”（Pixel）是由 Picture 和 Element 这两个单词所组成的，是用来计算数码影像的一种单位，如同摄影的相片一样，数码影像也具有连续性的浓淡阶调，如果把影像放大数倍，会发现这些连续色调其实是由许多色彩相近的小方点组成的，这些小方点就是构成影像的最小单位“像素”。数码相机的像素值是由数码相机可拍摄照片的最大分辨率决定的。200 万像素相机可以达到的相片最大分辨率是 1600×1200 像素，300 万像素是 2080×1542 像素，400 万像素是 2272×1704 像素，500 万像素是 2592×1944 像素。

普通光学取景：这是最常见的取景方式，其唯一缺点是取景误差大。用过数码相机的朋友一定知道，数码相机光学取景器在近距离拍摄时，上下左右位置误差与实际拍摄景像的误差很大（远距离不是特别明显），一般说来光学取景器看到的景像约占实际拍摄景像的 85%。

最大像素数：最大像素的英文是 Maximum Pixels，所谓的最大像素是经过插值运算后获得的。插值运算通过设在数码相机内部的 DSP 芯片，在需要放大图像时用最邻近法插值、线性插值等运算方法，在图像内添加图像放大后所需要增加的像素。插值运算后获得的图像质量不能与真正感光成像的图像相比。最大像素，也直接指 CCD/CMOS 感光器件的像素，一些商家为了增大销售额，只标榜数码相机的最大像素，在数码相机设置图片分辨率的时候，的确也有拍摄最高像素的分辨率图片，但是用户要清楚，这是通过数码相机内部运算而得出的值，在打印图片的时候，其画质的减损会十分明显。所以在购买数码相机的时候，看有效像素才是最重要的。另外，像素也直接和数码照片的输出有关系。

最高分辨率：数码相机能够拍摄最大图片的面积就是这台数码相机的最高分辨率。在技术上说，数码相机能产生在每寸图像内点数最多的图片，通常以 dpi 为单位。在相同尺寸的照片（位图）下，分辨率越大，图片的面积越大，文件（容量）也越大。分辨率是用于度量位图图像内数据量多少的一个参数。通常表示成 ppi（每英寸像素）和 dpi（每英寸点）。包含的数据越多，图形文件的长度就越大，也能表现更丰富的细节。但更大的文件需要耗用更多的计算机资源、更多的内存、更大的硬盘空间等。另一方面，假如图像包含的数据不够充分（图形分辨率较低），就会显得相当粗糙，特别是把图像放大为一个较大尺寸观看的时候。所以在图片创建期间，必须根据图像最终的用途来决定正确的分辨率。这里的技巧是要先保证图像包含足够多的数据，能满足最终输出的需要。同时也要适量，尽量少占用一些计算机资源。通常，“分辨率”被表示成每一个方向上的像素数量，如 640×480 等。而在某些情况下，它也可以同时表示成“每英寸像素”（ppi）以及图形的长度和宽度。如 72ppi 和 8×6 英寸。

光学变焦：光学变焦英文名称为 Optical Zoom，数码相机依靠光学镜头结构来实现变焦。数码相机的光学变焦方式与传统 35mm 相机差不多，就是通过镜片移动来放大与缩小需要拍摄的景物，光学变焦倍数越大，能拍摄的景物就越远。在买数码相机的时候，很多用户都会问，什么是数码变焦，什么是光学变焦，下面就用图示来解释一下。光学变焦是通过镜头、物体和焦点三方的位置发生变化而产生的。当成像面在水平方向运动的时候，如图 8.23 所示，视觉和焦距就会发生变化，更远的景物变得更清晰，让人有物体递进的感觉。

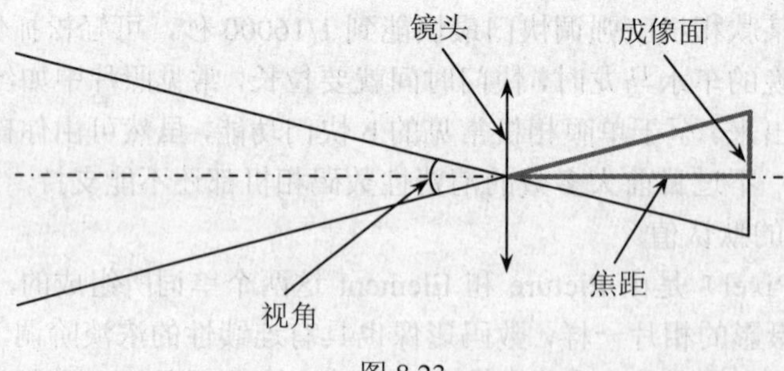


图 8.23

显而易见，要改变视角必然有两种办法：一种是改变镜头的焦距，用摄影的话来说这就是光学变焦，通过改变变焦镜头中各镜片的相对位置来改变镜头的焦距；另一种是改变成像面的大小，即成像面的对角线长短，在目前的数码摄影中这就叫数码变焦。

数字变焦：数字变焦也称为数码变焦，英文名称为 Digital Zoom，数码变焦是通过数码相机内的处理器把图片内的每个像素面积增大，从而达到放大目的。这种手法如同用图像处理软件把图片的面积改大，不过程序在数码相机内进行，把原来 CCD 影像感应器上的一部分像素使用“插值”处理手段进行放大，将 CCD 影像感应器上的像素用插值算法将画面放大到整个画面。与光学变焦不同，数码变焦是在感光器件垂直方向上的变化，而给人以变焦效果的，如图 8.24 所示。在感光器件上的面积越小，那么视觉上就会让用户只看见景物的局部。但是由于焦距没有变化，所以图像质量是相对于正常情况下较差。

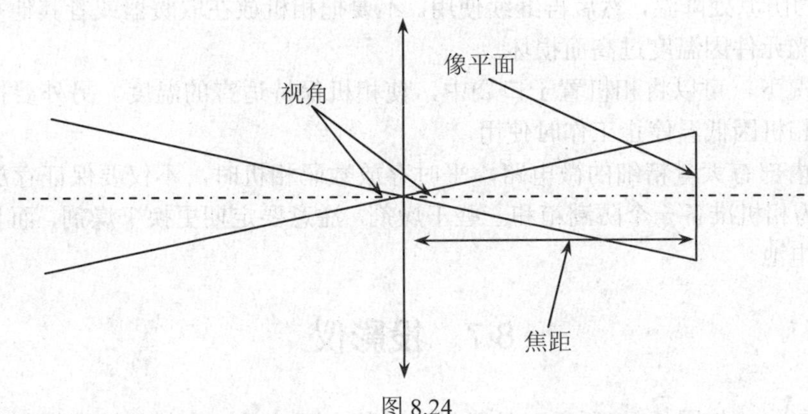


图 8.24

通过数码变焦，拍摄的景物放大了，但它的清晰度会有一定程度的下降，所以数码变焦并没有太大的实际意义。不过索尼独创了“智能数码变焦”，据说该先进技术可以使图像在数码变焦之后仍然保持一定的清晰度。

白平衡：白平衡对于数码相机来说是很重要的一个指标。在日常生活中，人眼会根据气候或光照条件的不同来调节对色彩的感应程度，这样白色物体始终会呈现白色。白平衡校正功能就是为了让相机具有人眼一样的功能，通过计算不同光照的平均值自动调节内部的色彩平衡，来达到所有条件下均能真实再现白色的效果，这种调整称为“白平衡”。

曝光模式：曝光模式分为手动曝光和自动曝光两种模式。手动曝光模式下拍摄必须手动完成光圈和快门速度的调节，可惜有此功能的数码相机不多，不过数码相机的曝光补偿功能可以在一定程度上满足这部分用户对于曝光调整的需求。有曝光补偿的数码相机能使相片的明暗度得以改变。自动曝光（Automatic Exposure，AE）模式可分为光圈优先 AE 模式、快门速度优先 AE 模式、闪光 AE 模式和景深优先 AE 模式等。

感光度：感光度一般用 ISO（International Standards Organization）值表示，随着这个数值的增大，光敏元件对光线的敏感程度也会增大，这样就可以在不同的光线条件下进行拍摄。数码相机的 CCD 对曝光也有相应的要求，即有感光灵敏度高低的问题，和胶片具有一定的感光度一样。数码相机厂家为了方便数码相机使用者理解，一般将数码相机的 CCD 的感光度（或对光线的灵敏度）等效转换为传统胶卷的 ISO 值，因而数码相机也就有了“相当感光度”的说法。目前商用级数码相机的感光度一般有 ISO 100、ISO 200、ISO 400、ISO 800 等几个档次，可以根据拍摄需要改变相机的 ISO 数值来获取满意的拍摄效果。

取景：与传统相机相比，数码相机除了有光学平视旁轴取景和单镜头反光式 TTL 取景外，还有一大特点即带有一块可供取景的液晶显示屏，拍摄时十分方便。而从原理方面分析，这其实也是一种 TTL（Through The Lens，通过镜头）取景方式。通常 TTL 取景较之旁轴取景没有取景视差，在近拍时几乎是必需的。对于用惯了传统相机的用户而言，初用液晶屏可能不太习惯，而且液晶屏的显示精度有限，不能观察被摄物体的细节，因此单镜头反光式取景模式是摄影发烧友们所心仪的。但有一些品牌的数码相机在技术方面采用了结构独特的棱镜，不需要反光镜也可以实现单反方式的取景。

### 8.6.3 数码相机的保养与维护

数码相机不宜用于高温环境，也不能在阳光下长时间暴晒。在高温或强光环境使用一段时间后，应放回阴凉处降温，然后再继续使用。不要把相机放在取暖器或者其他高温或潮湿的地方，避免感光元件因温度过高而损坏。

在低温情况下，可以将相机置于口袋中，使相机保持适宜的温度。另外要携带足够的备用电池，以备相机因低温停止工作时使用。

数码相机内部有大量精细的微电路，平时存放数码相机时，不仅要保证存放环境足够干燥，同时还要为相机准备一个防潮箱和一些干燥剂，注意要定期更换干燥剂，而且在保存前要取出相机内的电池。

## 8.7 投影仪

多媒体投影仪（如图 8.25 所示）是现代办公的主要工具，它能与计算机画面同步投影，使声音、动画、文字融为一体，富有感染力。投影仪能够将全彩色图像和视频图像投影到大屏幕上进行演示，可以用摇控器控制投影仪，利用投影仪提供的菜单随意转换图像源和调整影像。遥控器还可以作为无线鼠标器使用，控制计算机屏幕上的鼠标器操作。

图 8.25

投影仪主要使用 3 种显示技术，即 CRT 投影技术、LCD 投影技术和近些年发展起来的 DLP 投影技术。

CRT（Cathode Ray Tube，阴极射线管）投影机是早期开发出来的产品，技术成熟、色彩丰富、还原性好，具有丰富的几何失真调整能力，但其亮度值始终徘徊在 300 流明以下。另外，CRT 投影机操作复杂，使用 3 个投影镜头，汇聚调整十分困难，需要专门的技术人员安装，机身体积大，不宜搬动，只适合环境光较弱、相对固定的场所。三枪投影机就是由 3 个投影管组成的投影机，它使用三支红、绿、蓝的高亮度 CRT 作为影像的来源，把输入信号源分解到 R（红）、G（绿）、B（蓝）3 个 CRT 管的荧光屏上，荧光粉在高压作用下发光，在大屏幕上显出彩色图像。

LCD 投影机本身不发光，它使用光源来照明 LCD 上的影像，再使用投影镜头将影像投影出去。利用液晶的光电效应，即液晶分子的排列在电场作用下发生变化，影响其液晶单元的透光率或反射率，从而影响它的光学性质，产生具有不同灰度层次及颜色的图像。

DLP（Digital Light Processor，数字光学处理器）投影技术是显示领域划时代的革命，由于数字技术的采用，使图像灰度等级达 256～1024 级，色彩达 256～1024 种，图像噪声消失，画面质量稳定，可随意变焦，分辨率高，不经压缩分辨率可达 1280×1024。

投影仪使用方式分为桌式正投、吊顶正投、桌式背投、吊顶背投。正投是投影仪在观众的同一侧，背投是投影机与观众分别在屏幕两端（需要背投屏幕）。如果有足够的空间，选择背投方式整体效果最好。固定使用时可选择吊顶方式，这种模式适合公众场所使用，例如大型会议室、学校、教室、专业视听室等，要求流明度高一些，最好采用 DLP 投影仪，可产生较佳的视觉画质。机动使用时以移动方便为优先考虑因素。出于便利性和耐用性的考虑，以 LCD 单片式的投影仪较为适合，既经济又轻便，而且不需要过多的维护保养。

投影仪与计算机（台式机）连接的步骤如下：

（1）计算机显卡与投影仪 RGB 输入端相连接。

（2）投影仪 RGB 输出端与计算机显示器相连接。

（3）调整投影屏幕。

（4）打开投影仪开关。

（5）弹出菜单并进行设置，按 INPUT 键选择图像输入源。

（6）投影计算机中的内容。

投影仪使用时要注意以下事项：

- 关机时，按下投影仪或遥控器的电源键，此时电源指示灯会变成红色。
- 一定要等待 2～3 分钟，让风扇停止运转，再关电源或拔下电源线。
- 冷却风扇停止运转前，请勿将电源总开关切到关的位置，不可将电源线拔掉。
- 投影机在使用 40 小时后，最好对其底部的防尘罩进行清洗。
- 在使用实物投影仪时，收投影臂时一定要将 UNLOCK 键按下，否则会毁坏实物投影臂的内部开关，造成实物投影无法使用。
- 切勿将投影仪底部及后部的通风口堵住。不要将投影仪放在较软的支持物（如沙发等）上，以保证通风顺畅。
- 切勿用手调整电动镜头。

# 参考文献


[1] 庄海滨．中文版 Outlook 2003 教程．北京：中国宇航出版社，2004.

[2] [美] 戴维・艾伦著．尽管去做：无压工作的艺术．张静译．北京：中信出版社，2003.

[3] 姚常晓．时间管理．北京：北京工业大学出版社，2004.

[4] 赵自立，吴昊．时间管理：把握最宝贵的财富．北京：中国物资出版社，2004.

[5] 顾兵．现代办公自动化．广州：中山大学出版社，2006.

[6] 陈露晓．网络基础．北京：中国社会出版社，2010.

[7] 沈淑娟，曹建春，武学东．计算机网络应用教程．北京：机械工业出版社，2011.

[8] 吴霞．常用办公设备与办公软件．北京：清华大学出版社，2009.

[9] 钟勤．办公设备使用与维护．重庆：重庆大学出版社，2007.

[10] 李永平．Office 综合应用教程．北京：科学出版社，2010.

[11] 毛应爽．Office 办公软件同步实训教程．北京：清华大学出版社，2010.

[12] 王晓红．网页设计与制作．北京：机械工业出版社，2011.